韓國史硏究叢書 103

일제 암흑기 의사 교육사

이충호 저

국학자료원

■ 표지설명 : 구 대한의원 본관(종로구 연건동 28번지 2호)

　서울대학교 부속병원에 들어서면 현대식 건물의 남쪽으로 서양식 벽돌로 지어진 2층 건물이 있는데, 이 건물은 대한제국 시기에(1908년) 세워진 것으로 사적 제248호로 지정되어 있다. 얼마전까지 서울대학교 부속병원으로 사용되었던 이 건물은 창경궁의 외원인 함춘원의 마두봉(馬頭峰) 언덕에 위치하고 있다.

　이 건물은 붉은 벽돌로 지어졌는데, 중앙에는 마늘꽃 모양의 돔을 얹은 네오 바로크풍의 시계탑이 세워져 있다. 탑의 몸체와 두 날개 부분의 대조가 조금은 어색하고 창문이 너무 단조롭기는 하지만 건축이 아름답고 이채롭다. 연건평 410평의 이 건물은 탁지부 건축소 소관으로 설계되어 지어진 것이다.

　원래 건물을 지을 무렵에는 별채로 병동과 부검실, 그리고 의학교 등이 함께 건립되어 건평이 1,500평에 달하였다. 대한의원 본관은 6·25전쟁 당시 피해로 시계탑을 수리하고, 내부도 부분적으로 개수하였다.

현재 서울대학교 의과대학 시계탑(의학박물관)

사진 삽화

이 사진 삽화의 내용은

① 미공개된 대한의원 본관(현재 서울대학교 의과대학 시계탑 건물-의과대학 박물관) 건축
   당시(1908년)의 개원회보 사진첩)
② 윤병학(尹秉學)과 홍대철(洪大喆) 선생의 진급증서, 상장, 졸업증서, 진찰장면 등의 내용
③ 그 외 한국 근대의사교육 초창기에 활동한 인물들의 사진

◀ 대한의원 개원식 회
보 사진첩

◀ 당시 정부의 고관들
(위에서 　왼쪽으로
朴濟純, 李完用, 伊
藤博文, 目賀田種太
郞, 佐藤進, 任善準,
宋秉畯, 　李址鎔)의
모습

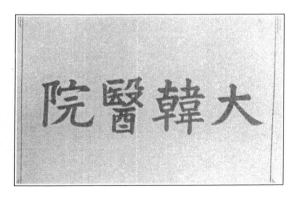

◀ 皇太子殿下御筆額

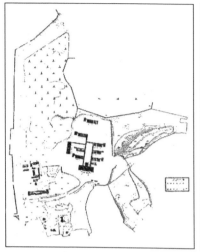

부지평면도

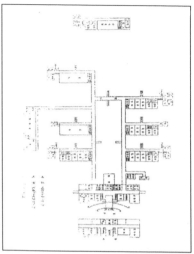

배치도

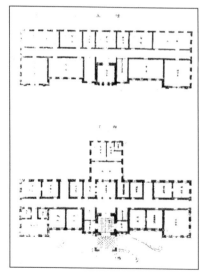

평면도

◀ 기공전 사진

◀ 본관 공사중 사진

◀ 정문

◀ 본관 정문도

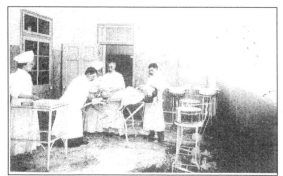

◀ 수술실

◀ 외과실

◀ 내과실

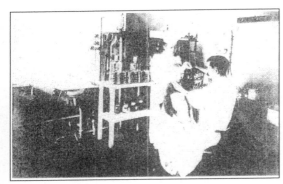

◀ 안과실

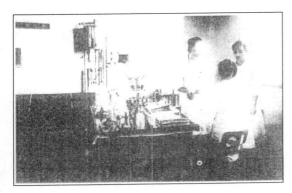

◀ 이비인후과실

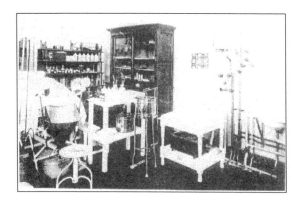

◀ 부인과실

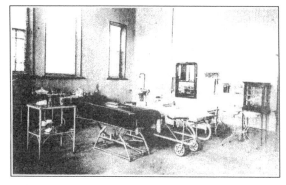

◀ 회복실

◀ 실험실

◀ 교실

◀ 藥取人 控室 정면

◀ 약국

◀ 긴 복도

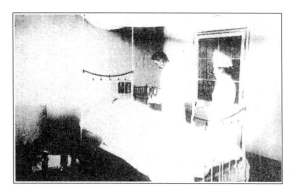

◀ 1등 병실

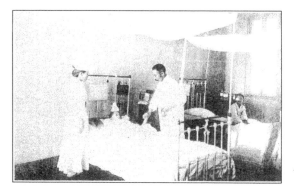

◀ 2등 병실

◀ 3등 병실

◀ 賄 室

◀ 간호부 학생 기숙사

◀ 관사

◀ 본관 우측면도

◀ 후면 전경

◀ 격리실

◀ 운동장

◀ 원장실

◀ 응접실

◀ 醫局

┏ 尹秉學

▲ 진급증서(1905년)

▲ 진급증서(1905년)

洪大喆

▲ 진급증서(1906년)

第一號　賞狀　洪大喆

右 と 今期 의 試驗 에 優等 이 기 賞品 을

授與 홈

物品　罫紙 一卷　簡筆 三柄

　　　　　鉛筆 五 枘　真墨 二丁

光武 十一年一月二十日

官立醫學校長 池錫永

▲ 상장(1906년)

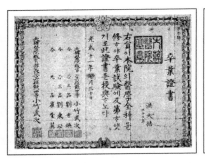

▲ 대한의원 교육부 졸업증서(1907년)

任慈惠醫院助手敍判任官三

洪大喆

隆熙 二年十二月廿四日

內部大臣

▲ 자혜의원 조수 임명(1909년)

▲ 公醫 임명(1925년)

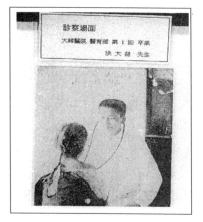

▲ 진찰 장면

▲ 지석영선생

▲ 佐藤剛藏(77세 후반)

조선총독부의원부속의학강습소
현관 앞에서(1915 · 6년 경)

뒷열
오른쪽부터

小林晴治郎　千葉叔則

平野勝次　莊鳳四郎

岡田勝利　早野龍三

久慈直太郎　渡邊晉

조선인女醫
（졸업생 3명）　芳賀榮太郎

久保武　植村俊二

工藤中尉　稻本龜五郎

吉木彌三

佐藤剛藏

앞열
오른쪽부터

마에다(前田) 京大教授來訪기념(1927년)

부속의원 지진제에 藤田 · 芳賀 兩先生 來校 기념
경성제대 의화학 교실 앞에서(1928년 여름)

상단 佐藤 進(초대 대한의원장)

뒷열 오른쪽부터
中西右一
北村忠次
平野勝次
武藤忠次
作井純明
鈴木鍋次
繁澤五郎
春田雇員
成田不二生
小池金藏
小俣角治

앞열 오른쪽부터
寺坂源雄
俞日濬
稻本龜五郎
芳賀榮次郎(초대경성의전교장)
藤田嗣章(초대총독부의원장)
志賀潔(2대경성의전교장)
佐藤剛藏(3대경성의전교장)
柴田至
廣川幸三郎
植平正男

연혁(History)

1899.3.28	관립의학교 설립.
1899.4.26	內部병원 설립.
1899.6.30	
1899.7.7	內部병원 설립.
1902.8.5	
1907.3.10	대한의원 관제 발표
1910.9.30	조선 총독부 관제 발표

의과

1928.5.28	총독부의원, 경성제국대학 의학부 부속의원으로 재출발.
1928.11.29	경성의학전문학교 부속의원 설립.
1945.10.17	광복으로 경성제국대학 의학부 부속의원에서 경성대학 의학부 부속의원 으로 개칭.
1946.8.22	국립 서울대학교 설치령에 의거 경성대학 의학부와 경성의학전문학교를 통합하여 서울대학교 의과대학 출범, 경성대학 의학부 부속병원을 서울대학교 의과대학 제1 부속병원으로, 경성의학전문학교 부속의원을 서울대학교 의과대학 제2 부속병원으로 개편.
1963.1.4	제2 부속병원 국방부로 이관.

치과

1922.4.1	경성치과의학교 설립.
1924.10.15	경성치과의학교 부속병원 개설.
1929.1.25	경성치과의학교 부속병원에서 경성치과의학전문학교 부속병원으로 개칭.
1946.8.22	국립 서울대학교 설치령에 의거 경성치과의학전문학교 부속병원은 서울대학교 치과대학부속병원으로 개편.

종합

1978.7.15	서울대학 의과대학부속병원, 치과대학부속병원을 통합하여 특수법인 서울대학교병원 발족.
1985.10.15	어린이 병원 개설.
1987.10.1	시립 영등포병원 수탁 운영.
1991.11.18	시립 영등포병원 새 건물 준공, 보라매병원으로 개칭.
1993.5.18	새 치과병원 개설.

증보판을 간행하면서

『한국의사교육사』의 증보판을 『일제 암흑기 의사교육사』란 제목으로 출판하게 되어 이 책을 찾는 사람들에게 도움이 될 수 있어 기쁘게 생각합니다.

그동안 한국의 의과대학생들의 증가로 이 책을 찾는 사람들이 부쩍 증가 되었음에도 불구하고 이에 부응하지 못한 필자로서 안타까움이 매우 컸습니다.

국학자료원에서도 필자의 요청이 없어 어찌할 수 없었나 봅니다. 이 점에 대해 필자로서 심히 유감을 표합니다.

초판을 출판하고 나서 필자는 3차례 일본 근무로 수요자의 입장은 전혀 생각할 수도 없었습니다. 그런 가운데 수요자들로부터 일본까지 전화하게 하는 번거로움도 갖게 한 점에 대해서도 죄송스럽게 생각하고 있습니다.

귀국 후 지난해는 여유가 없어 생각도 못했는데, 출판사 정사장님의 적극적인 요구에 의해 여름방학을 기해 집중 정리·보완하여 증보판을 출판하게 되었습니다.

필자는 2009년 2월말에 일본에서 교육영사 근무를 마치고, 귀국에 앞서 2월20일 東京의 정책연구대학원대학에서 문부과학성의 예산으로 「20世紀前半の韓國近代醫學教育史」(ー佐藤剛藏 : その足跡。そして日韓の將来を考える)라는 제목으로 본인을 비롯한 3명이 주제 발표를 하고, 4명이 보조 발표를 하였습니다.

이 발표회는 일본학술원회장인 黑川淸^{구로가와기요시} 선생이 佐藤剛藏^{사토고}

^{오쿄}선생에 대한 자세한 내용을 알고자 하는 노력에서 이루어진 학술 발표였습니다.

그가 2005년 12월 8일자『週間新潮』게시판(86쪽)에 한국과 북한, 그리고 일본에 佐藤剛藏^{사토고오죠}선생을 아는 분들을 찾는 광고를 게재한데서부터 시작되었습니다.

佐藤剛藏^{사토고오죠}선생의 딸이 한 분 계셨는데, 이 게시판을 통하여 그 딸의 아들을 찾게 되었고, 그로부터 시작하여 이 날의 심포지엄이 이루어지게 되었습니다. 나도 덕분에 그 딸의 아드님(佐々木定)을 뵙게 되는 영광을 얻게 되었습니다.

이 날 심포지엄에 이 분도 오시어「祖父京城醫專校長佐藤剛藏の思い出」란 제목으로 발표하셨습니다. 이 분은 현재 구마모토에서 살고 계시는데, 주후쿠오카 대한민국 총영사관 나의 사무실에 와서 서울에서 살던 그때의 이야기와 그 후의 이야기를 들려주었습니다. 서울에서는 외할아버지인 佐藤剛藏^{사토고오죠}선생 댁에서 살던 추억도 이야기해 주었습니다.

필자는 3차례의 일본 근무를 마치고 귀국하기 직전에 한국의사교육에 종사했던 여러분들의 후손들을 이 심포지엄 자리에서 만나 함께 이야기하고, 사진도 찍으면서 보람 있는 시간을 보내게 되었습니다.

본 증보판에는 그간 미진한 내용을 보완하고, 한국에 와서 의사교육에 종사한 일본인들과 당시의 한국인들의 醫家를 정리하여 보완작업을 하였

습니다(「일제 강점기 조선인 의사교육에 종사한 일본인 교사에 관한 자료」,
『역사교육논집 제45집』, 2010.8). 이 내용에 대해서 초벌작업을 한 분은
아오야마대학에 근무한 石田純郎이시다 선생이십니다. 이 분의 노력에 감사
드립니다.

　끝으로 한국 의사교육사의 기초적인 자료를 정리한 본서를 중심으로
하여 새로운 연구진들이 많이 배출되어 한국 의사교육의 역사가 잘 정리
보완 될 수 있기를 간절히 바라는 바입니다.
　아울러 국학자료원 여러분들의 수고로 증보판을 출판하게 됨을 다시
한 번 감사드립니다.

2011년 8월
저자 이충호

추 천 사

故 李炫熙

성신여자대학교 명예교수

이충호 박사가 심혈을 기울며 저술한 본서는 일제하의 의사교육사에 관한 학술적인 전문 연구서로서 현재까지 이 분야에 대한 연구 업적은 매우 드문 실정에 놓여 있다.

일제가 우리나라를 어떤 분야에서 어떻게 침략을 시도했는가는 한마디로 정확하게 이야기 할 수 없다. 그러나 이 책의 저자는 일제의 침략을 과감하게 의사교육 분야에서 본격적인 접근을 하였다고 지적하였다. 뿐만 아니라, 이 분야에 관한 체계적인 정리와 연구 성과는 독보적인 것으로 많은 사람들이 관심을 끌기에 부족함이 없다고 평가할 수 있다.

그 내용을 줄거리만 살펴보면, 일제의 침략 전초 작업으로 일본 왕실 및 고관들은 손을 잡고 『동인회』를 조직하여 중국의 동북3성과 한국에 의사를 파견한다. 이 의무는 침략할 식민지 지역의 일종의 선무공작과 같은 임무를 수행하게 되었다는 파악으로 시작하였다. 일제가 통감부시대에 우리의 의료기관을 점차로 잠식하여 대한의원이란 이름으로 통폐합하였다. 그리하여 일제는 급속히 우리의 의료기관을 일본인으로 교체하여 가장 중요한 인술이란 미명하에 우리 민족 사활권을 장악하게 된다. 그 후 총독부시대에 접어들면서는 본격적인 의사교육활동을 전개하는 내용들을 풍부한 자료들을 열거하였다. 그리하여 그는 일제하의 의사교육활동의 내용을 경성의학전문학교와 경성제국대학교 의학부의 내용을 착실하게 천착하였다. 이 의사교육활동은 식민통치 즉, 지배와 피지배의 악연관계를 철저히 주입시켜가는 식민지교육의 악랄한 모델로 여러 차례 시행착오를 거듭하는 중에 의학교육 활동을 통해 이루어졌다고 강조하고 있다.

일제가 식민지 통치 중에서 가장 역점을 둔 것이 바로 일본으로의 동화교육 활동이었는데, 그 중 의사교육활동이 이민족 지배에 가장 첩경임을 연구자는 강조하면서 식민지 교육의 원리를 도출해 내려고 노력하였다.

이미 1907년 사립학교령을 통하여 교육 침략의 손길을 뻗치기 전에 이미 동인병원으로 침투하여 의사교육의 활동이 있었고, 대한의원으로 우리의 의학기관을 통합하여 의사교육의 주도권을 장악하는 등의 내용을 전개하였는 바, 이 과정을 연구자 李忠浩박사는 이 점을 매우 진지하고도 심오하게 분석 제시하여 감동을 준다. 특히 의사교육이 그 주도권을 장악한 것은 고등교육기관에서 더욱 자신했음을 강조하였다. 대부분의 고등교육 기관은 일본인 중심의 학교로 전환되었다. 그 중에서 의사교육 기관이 더욱 심했음을 강조하였다. 이런 일련의 내용을 통해서 일제가 한국 통치의 가장 중점을 둔 것이 교육이었는데, 그런대로 충분한 논증이 될 만한 자료를 통해서 논리를 전개하였다. 따라서 일제 전 통치기간을 다룬 희귀한 자료로서 가치가 충분하다.

이 책은 의학사를 연구하는 사람은 물론이거니와 교육사, 일제시대사 연구의 기본 자료로서 부족함이 없다. 당시의 역사적 실상을 알게 해 주는 일반 교양서로서도 더욱 추천할 만한 양서라고 생각되어 추천한다.

　끝으로 많은 시간과 노력을 들려 필자는 의학사의 한 분야이면서도 일제 통치사를 교육사적 측면에서 풀어간 역작이라고 생각되어 치하하는 바이다.

무인년 정월

(2010.10.18 작고)

서 문

이 책은 일제 통치기(1900년대 초기부터 1945년)에 우리나라의 의사교육이 어떻게 강탈 당하여 그들의 통치체제로 실시되었는가를 조사 정리한 의사교육사에 관한 내용이다.

일제는 서양의 선교사들이 교육과 의료활동을 통하여 이질 문화인 이방 땅에서 접근하는 방법을 그대로 우리나라에서 식민지 통치의 접근 방법으로 활용하였다.

즉 일제는 우리나라에서 의사교육을 통하여 식민지 교육의 한 모델로 적용하여 식민지 교육 체제를 형성시켰다는 논리의 전개가 이 책의 핵심이다.

「일시동인(一視同仁)」이란 식민지 교육정책의 교육방침을 일제는 구한말 동인회의 의사교육활동을 통하여 파급시켜 갔다.

일제는 우리나라에서 정치적인 침투 이면에 다른 한편으로 1907년 평양·대구 동인의학교를 설립하여 문화적 침투방법으로 접근하였다. 그후 우리의 기존 의료기관을 통폐합한다는 명분을 세워 대한의원을 설치하여 조선통감부가 주도하는 방향으로 의사교육을 이끌어 가게 되었다. 그러다가 조선총독부 설치 후에는 본격적으로 우리의 의사교육을 말살하고자 조선총독부의원 부설의학강습소로 그 기능을 격하시켰다. 이는 일제가 한국인에 대한 의사교육 말살 정책이요, 식민지교육의 실험 대상으로 운영했다고 볼 수 있다.

본격적인 의사교육활동 내용은 경성의학전문학교와 경성제국대학 의학부의 개설이었다. 이는 식민지 고등교육 기관의 설치를 통한 일제의 정치적 목적과 식민교육 목적을 달성한 내용이다. 이런 일련의 내용을 통하여 일제가 우리나라에서 의사교육을 중심으로 하여 식민지 교육을 어떻게 실시했는가를 밝힌 것이 이 책의 개요이다.

당시의 여러 자료들은 필자가 5년 동안 도쿄한국학교 역사교사로 파견 근무 중에 수집한 것을 정리하여 이 책을 낼 수 있게 되었다.

이 책의 내용은 大韓醫史學會(제4권 제1호), 聖信史學(제12 · 13합집), 鄕土史學論叢(萬升 金顯吉교수 정년기념), 韓國史論叢(竹堂 李炫熙敎授 華甲記念), 경주사학회(제15집)에 게재된 논문을 정리하여 한 권의 책으로 편찬하게 되었다.

무엇보다 이 책이 나오기까지 많은 분들의 도움이 있었다.

그 중에서 몇 분들의 은혜를 열거하면, 한국 근 · 현대사의 권위자이신 故 이현희선생님의 성심성의 있는 지도, 대한의사학회 회장이신 故 奇昌德선생님은 후학들이 어찌하던지 많은 연구를 할 수 있도록 용기와 격려를 아끼지 않으신 사랑, 그리고 許程선생님은 문제를 쉽게 풀 수 있는 방법을 가르쳐 주신 것 등을 들 수 있다.

이 분들의 도움으로 이 책이 이루어진 것을 감사드린다. 끝으로 이 책을 좋은 의사학의 교육자료로 사용할 수 있도록 심혈을 기울여 편찬해 주신 국학자료원 정찬용 사장님과 한봉숙 실장님 이하 여러분들에게 심심한 감사를 드린다.

1998년 2월 25일

저자 이충호

개 요

본서는 일제의 침략시기에 의사교육을 어떻게 실시했는가를 1900년대 초기부터 1945년까지 조사 정리한 내용이다.

일제는 한국에서 식민지 동화교육의 방법으로 의사교육이 쉬울 것으로 판단하였다. 그래서 그들은 정부의 최대 역점 사업으로 총리를 수뇌부로 하고, 왕실까지 동원해서 국민들의 이해와 협력을 얻어 1902년 동인회(同仁會)를 창설하여 우리나라를 비롯하여 만주 지역을 식민지로 개척하기 위해 의사를 파견하였다.

이 동인회는 문자 그대로 '同仁'이란 허울로 식민지 민족을 회유하는 방법으로 사용되었다. 이러한 목적으로 한반도에 파견된 의사들이 평양·대구, 그리고 용산에 동인의원을 설치하고 구한말(舊韓末)에 이미 일제가 우리의 의사교육 활동을 주도하기 시작하였다. 일제가 우리의 의사교육 활동을 통하여 한국에 그들의 의료진을 진출시킨 역할을 다했다고 볼 수 있다.

동인회 창설의 논지에서 보듯이 서양 제국들의 식민지 개척 방법(의료와 교육)을 일제가 그대로 도입 적용하였다. 동인회의 의사교육 활동을 통하여 식민지 침투 정책의 일환으로 일제가 한국을 강제 병탄한 이전부터 이미 식민 교육의 접근을 시도하고자 한 것이 동인회의 의사교육 활동이었다.

「一視同仁」이란 식민 교육 정책의 교육 방침을 일제는 구한말에 동인회의 의사교육 활동을 통하여 이미 파급시켰다.

이러한 목적을 갖고 일제가 1907년 평양·대구 동인의학교를 설립하여 이를 서로 대립시키면서 매우 경쟁적으로 의사교육 활동을 시작하였

다. 즉 대구 동인의학교는 3년간 의사교육을 실시하였지만, 제대로 체계
도 잡히지 않은 채, 한 명의 졸업생도 배출하지 못하고 자혜의원으로 이관
되었다.

또, 평양 동인의학교는 1910년 자혜의원으로 이관될 당시 57명의 학생
이 있었다. 이미 이때부터 일본 학생들과 공학을 하고 있었다. 제1회 8명
의 졸업생을 배출하여 모두 의사 면허증을 주었다. 이들 재학생은 평양 자
혜의원으로 이관되었다. 일제는 구한말에 한국을 강압적으로 병탄하여
조선총독부를 설치하는 과정에서 먼저 대한의원을 설립하였다. 이 대한
의원의 설립은 그 목적이 우리나라의 의사교육을 통일시킨다는 명목으로
식민 지배를 위한 기초 작업이었다.

이러한 목적 하에 일제는 대한의원을 설립하여 우리의 기존 의학교를
이에 통합시킨 작업을 하였다. 즉, 우리의 의사교육 활동을 일제가 주도하
는 방향으로 이끌어 가고자 하는 목적이 바로 대한의원의 설립이었다.

이로 인하여 우리의 의사교육 기관을 일제가 완전히 말살시키고 박탈
하게 된 것이었다. 조선통감부의 의도 하에 대한의원에 의사교육 기관을
교육부→ 의육부→ 부속의학교란 이름의 단계를 거치면서 조선총독부의
식민 교육정책을 위한 준비 작업을 이루어 갔다. 이미 이때부터 교과목은
일어로 통역을 붙여 일본인들이 강의하다가, 일어판 교재를 만들어 완전
히 일어로 강의하는 교육 체제로 바뀌었다. 이로써 일제는 우리나라에서
의사교육을 시작으로 식민지 교육 체제로 만들어 갔던 것이었다. 그들의

한국인에 대한 교육 목적은 전문기술인을 교육시키는 것보다 기능인 양성의 의도가 의학교육에서 여실히 나타났다.

佐藤進^{사토스스무}, 菊池常三郎^{기쿠지츠네사브로}, 藤田嗣章^{후지다츠키아키} 3명의 원장이 교체되면서 대한의원의 의사교육 활동이 이루어졌다. 그러나 이렇다할 특징도 없이 단지 식민화 해 가는 기초 작업의 일환으로 끝났다. 그 중심적인 내용은 한국인 교수들은 추방하고, 대부분 일본인 교수가 우리의 의사교육을 독점한 점과 강의 내용을 완전히 일어로 바꾼 점이었다.

대한의원의 의사교육 활동은 1907년 3월에 학생들이 입학해서 1910년 9월까지 1기생도 졸업시키지 못하고, 그대로 조선총독부 의학강습소로 이관되는 짧은 기간으로 끝났다.

동인의원이나 대한의원의 직원들은 일본의 동인회 본부에서 파견된 의사들이 중심이 되었는데, 당시 한국 의료계를 이들이 장악하였다. 그러나 통감부의 의도와 동인회 본부와의 의견이 서로 상충되어 대한의원의 의사교육 활동은 많은 문제점을 갖고 뚜렷한 진전 없이 끝나고 말았다.

이렇게 하여 대한의원의 의사교육 활동은 결국 의사, 약제사, 산파 등을 양성한다고 했으나, 실질적으로는 한 명의 졸업생도 배출하지 못하고 우리의 근대 의사교육을 말살하는 역할만 하였다. 대한의원의 의사교육 활동은 오로지 식민지 체제 형성을 위한 산파 역할을 하는데 지나지 않았다.

이와 같은 과정을 거쳐 우리의 의사교육이 일제 식민 통치하에 들어가게 되었다.

일제 식민 통치 시기에 접어들자, 대한의원을 조선총독부 부속의원으로 개명시키고, 의사교육도 그 부속의학강습소로 전락시켜 실시하는 식민지 교육 체제의 과도기적 현상을 보였다. 이는 치밀한 식민 교육의 계획하에서 이루어진 것이 아님을 알 수 있다.

조선총독부의원을 개·중축하여 식민 통치라는 중차대한 업무 수행에 명을 받고 온 일본인 가족의 보건 위생을 위한 병원으로 면목을 갖추어 갔다. 이 의원은 일본의 병원에 손색이 없을 정도로 정신과, 치과를 새로 신설하고, 제1, 제2내과로 분리 확장하였다. 이렇게 우리의 대한의원이 일제의 식민 정책을 수행하는 도구로 완전히 이용되었다.

조선총독부는 그 규모를 확장하여 종합병원의 면모를 갖추어 갔다. 이에 반하여 한국인을 의사로 양성하는 의사교육 활동은 최악의 상태로 등한시하였다. 그나마 의사교육에 관심이 있었던 몇 사람들의 노력으로 의학강습소가 유지되어 우리의 의사교육 기관으로 계승되었다. 의학강습소는 대부분 대한의원의 체제를 그대로 답습하였다. 획기적인 변화는 의학강습소로 전락했기 때문에 외형적으로는 학생들이 각모(角帽)에서 환모(丸帽)로 변화된 점과 교수진이 대폭 축소된 점이었다. 조선총독부의원의 의관들이 겸임으로 몇 시간씩 가르쳐 준 것이 고작이었다. 내면적으로 교과 과정은 수신(修身) 과목을 전 학년에 걸쳐 이수하도록 편성되었다. 이 교과목은 후지다 원장이 직접 강의한 조선총독부의 정치 학습인, 곧 식민 교육이었다. 또 일어를 국어 과목으로 전환하여 일제의 식민 동화교육 체제로 실시한 첫 번째 교육 대상으로 시도한 것이 바로 총독부 부속의원 의학강습소의 교육 활동이었다. 이는 우리나라의 식민 교육사의 한 획을 그을 수 있는 내용이다.

또 한국인과 일본인의 공학 체제를 운영하여 동화교육 실시 체제로 이루어 갔다. 점차로 교육 내용도 실습 위주로 편성하여 기능인으로서 의료 행위를 할 수 있거나 의료 행위 보조자로서 활동할 수 있도록 만드는 것이 그들의 목적이었다. 조선총독부 부속의학강습소는 한국인에 대한 의사교육 말살 정책이요, 식민 교육의 실험 대상으로 운영했다고 볼 수 있다.

본격적으로 식민 통치기의 의사교육 활동 내용은 경성의학전문학교의 설립과 경성제국대학 의학부의 개설이었다.

의사교육 활동은 식민 통치 시대의 고등교육 활동 내용이었다. 일제가 식민지 고등교육 정책을 어떻게 시도했고, 경성의학전문학교와 경성제국대학 의학부의 교육 양상이 어떠했나를 정리하였다. 경성의학전문학교 초창기에는 한국 학생들은 본과생, 일본 학생들은 특별과생으로 교과과정을 구별하여 차별교육을 하였다.

경성의학전문학교 학생들은 초기에는 3·1운동에 가담해서 민족 독립 운동을 했고, 그 이후에는 久保武구보다케시교수의 조선인에 대한 망언을 민족적 모독으로 느끼고 차별적인 일본인의 처사에 대하여 항거하였다. 이런 사건들은 일제의 식민 교육에 대한 민족 저항 운동이었다. 그러나 이와 같은 민족운동적인 요소는 1920년대 후반부터는 완전히 없어졌다. 1930

년대 초반에 한글 보급 운동에 경성제국대학 학생들(한국인만) 전원이 가담하였다. 이후의 학생 활동은 거의 보이지 않았다.

조선총독부의 주도하에 모든 교육의 체제가 잡혀져 한반도 거주 일본인 자녀들을 위한 고등교육 기관으로 이루어진 사실들을 여러 가지 통계자료를 통하여 조사해 보았다(주로 학생 및 직원 현황).

1928년부터는 경성의학전문학교 부속의원으로 사용하던 총독부의원이 예상대로 경성제국대학 의학부의 부속의원으로 바뀌었다. 이에 따라 경성의학전문학교 부속의원은 새로 건축하게 되었다.

경성제국대학 의학부의 특색 있는 교육 내용으로는 ① 조선인의 인체 연구와 관련된 조선의 풍토병 연구, 병원(病源) 연구를 위한 미생물학 제2강좌의 신설과 ② 우리의 한의학을 점령하기 위해 약물학 제2강좌를 열어 한약 연구를 목적으로 하였다. 이는 일제가 조선 통치를 위한 정치적 목적이었다.

또 하나 특징적인 것은 경성제국대학 의학부 부속병원의 환자 진료 통계(1930~40)를 보면, 우리 한국인 환자를 관비(官費)로 하여 「학용 환자(學用 患者)」로 이용하였다는 사실을 알 수가 있다. 지금까지도 대학병원에서는 「학용 환자」라는 용어를 그대로 사용하고 있는데, 이것은 비인도적인 일제 식민정책의 잔악한 잔재 중의 하나이다.

경성제국대학 의학부는 대부분의 일본인 교수와 70%이상의 일본인 자녀들이 다니는 일본인 중심의 의과대학 교육을 실시한 고등교육 기관이었다(대만의 예는 50%). 이로 인하여 소수의 한국인들이 일제에 항거할 수도 없이 동화될 수밖에 없었다.

1932년에는 대학원까지 설치하여 박사 학위를 수여하는 대학으로서의 일련의 체제가 갖추어진 교육 활동을 하였다. 그리고 경성제대의 의학부에는 선과(選科)·청강과 전공과를 신설하여, 기존의 의사들을 재교육하는 등의 역할도 하였다. 일제 침략기 동안의 의학생 총수는 한국인이 3,340명, 일본인이 6,160명 배출되었다.

그러던 가운데, 경성의학전문학교와 경성제국대학 의학부에서의 의사교육 활동이 식민지 고등교육 기관으로서의 어떠한 역할을 하였는가를 살펴보았다.

이 활동으로 인하여 우리의 의생(醫生)들은 대폭 줄어들었다. 또한 우리나라에서 활동하던 의료 선교사들의 활약이 1920년대 이후는 거의 무력하게 되었다.

이상의 내용들, 즉 일제가 조선 침략의 구체적인 방법의 하나로 고등교육인 의사교육 활동을 통하여 우리의 소수 우수한 인재들을 시작으로 동화교육을 실시하였다. 또한 식민지 의사교육의 결과 우리나라 의학계는 독일 의학의 영향을 받은 일제에 의해 주도되었다.

결국 일제의 조선 침략 수법이 서양 제국주의의 침략 방법을 그대로 우리나라에 도입 적용하였다(의료와 교육). 그 중에서 일제는 의사교육이란 방법을 사용하여 식민 교육을 시도하였다. 일제는 식민지 민족과 피식민지 민족과의 공학 체제를 갖추어 교육을 실시하면서 차별교육을 교육 원리에 맞지 않게 이루어 갔다. 이와 같은 차별교육은 엄청난 교육의 모순으로 민족 감정을 오히려 부추기는 결과를 만들었다.

그 결과 광복 반세기가 지난 오늘날까지 한 · 일 양국민에게 미친 식민교육의 영향은 지배자와 피지배자라는 인간성 형성을 이루어 놓았다. 이것은 바로 동인회의 의사교육에서 시작된 「일시동인」이란 식민 교육정책의 결과였다.

이상의 내용과 같이 일제가 우리나라에서 의사교육을 통하여 식민 교육을 실시한 것을 이 책에서 단계적으로 정리하였다.

즉, 한일합방 이전에는 동인회와 대한의원을 통한 의사교육 활동, 그 이후는 조선총독부 부속의학강습소, 경성의학전문학교, 경성제국대학 의학부의 의사교육 활동을 중심으로 전개하였다.

목 차

표 목 차

Ⅰ. 서 론

일본인들에게는 패전 반세기가 훨씬 지난 오늘까지도 일본제국주의(이하 '일제'라 함) 식민지 시기의 의식들이 그대로 존재하고 있다. 즉 식민지 시기에 교육을 받은 일본의 기성세대는 아직도 한국인들에 대한 식민지 지배자로서의 이미지를 그들의 머리속에서 지우지 못하고 있다. 그 결과 일본은 역사 교과서의 왜곡된 서술을 개정하지 않고 있으며, 아울러 자라나는 새로운 세대들에게 올바른 역사를 가르치기 꺼리는 교육적 오류를 범하고 있다. 그뿐만 아니라 식민지 교육을 받은 한국의 기성세대조차 식민지 교육을 통해 식민지 사관에서 완전히 벗어나지 못하고 있는 현실이다. 이를테면, 우리의 기성세대가 일본식 교육방법을 그대로 도입하고자 하는 것이라든가, 식민지 교육에 대한 어떤 향수를 갖기까지 하는 사람들이 있는 것들이 그것이다. 또한 재일 동포 사회는 식민지 교육으로 동화된 그 테두리에서 벗어나는 속도가 더욱 느려, 현재도 일본의 식민지 국민이라는 열등감을 스스로 느끼면서 살고 있을 정도로 당시 동화 교육의 결과가 아직도 상존 하고 있다.

이처럼 각기 다른 양상으로 상존하고 있는 양 국민의 식민지병에 대한 책임은 식민지 교육 35년간의 결과였다. 70여 년 간의 세월로는 아직도 식민지 교육화 된 인간을 바꾸기에는 너무나 부족할 정도로 식민지 교육의 뿌리를 완전히 캐낼 수가 없다. 식민지 교육이 식민지 국민과 피식민지 국민들에게 끼친 엄청난 영향을 심어 준 현상을 분석·정리하는 작업은 광복 이후 바로 추진되어야 했다. 그렇게 하지 못한 결과 아직도 이 시기에 대한 연구가 석연치 못한 실정이다. 이 책에서는 당시 일제가 식민지 동화교육 정책을 언제부터 어떤 방법으로 수행하였는가를 밝히기 위한 작업으로서 일제 암흑기의 의사교육 활동에 나타난 식민지 교육의 일면을 밝혀야 한다고 생각하였다.

1945년 민족의 광복은 이루어졌지만, 광복을 위한 충분한 준비와 교육이 없는 상태에서 우리는 광복을 맞이하였다. 당시로서는 외형적인 광복이지 내면적으로는 식민지 시대 그대로의 연장선상에 불과하였다.

일제에 의해 동화교육 된 우리 민족의 식민지병을 치료해야 하는 반식민지 교육이 광복 이후 이루어져야만 했는데, 이러한 움직임은 1980년대에 와서야 비로소 식민 교육을 받지 않은 신세대들에 의해서 나타나기 시작하였다. 그 이전까지만 해도 여전히 식민지 사관에 의한 역사 교육(일제가 주도한 방향의 교육)은 수정되지 않은 채 우리의 교육 현장에 그대로 남아 있었다.

아직도 분석·정리되지 않은 일제 암흑기의 친일파의 문제를 포함한 여러 가지 문제들을 학문적으로 분명히 밝혀 정리되어야 비로소 식민지의 잔재와 후유증들을 완전히 극복할 수 있을 것이다.

특히 우리나라에서 식민 고등교육으로서의 의사교육 활동에 나타난 식민 교육 내용은 아직 밝혀내지지 못한 중요한 부분이다.

이 책에서는 ① 식민지 고등교육 중 의사교육 기관을 어떠한 단계를 통하여 설치·운영하였는가 살펴보고, ② 일제 침략 과정에서 의사교육 활동이 식민지 교육 중에서 얼마만큼의 비중을 차지하였는가를 밝히고, ③ 이것이 식민지 교육에서 어떠한 역할을 담당하였는가를 중심으로 살펴보고자 한다.

이 책은 관련 문헌 자료와 그 내용을 분석하는 문헌 연구 방법을 주로 사용하였다.

관련 문헌으로『韓國醫學史』(탐구당, 1981),『朝鮮醫育史』(형설출판사, 1993),『朝鮮醫學史 및 病藥史』(富士精版印刷株式會社, 1963),『서울대학교 의과대학사』(서울대학교 의과대학사 편찬위원회, 1978),『朝鮮醫學會雜誌』(京城 조선의학회, 1911.12~1943.10),『朝鮮 植民地 敎育史料 集成』(大學書院, 영인본, 1990),『日帝의 對 韓國 植民地 敎育政策史』(一志社, 1985) 그리고 조선총독부 편찬의『朝鮮總督府官報』,『朝鮮總督府職員錄 1926~1940』,『朝鮮總督府 統計年報1908~20』,『朝鮮要覽』,『朝鮮諸學校 一覽』등에서 자료를 발췌하여 분석·정리하였다.

이 책의 내용은 위의 자료들을 통하여,

> 첫째, 우리나라에서 동인회의 의사교육 실시 과정
> 둘째, 대한의원을 일본식으로 개조해서 일본인들이 지배하는 과정과 그들
> 　　　의 의사교육 활동 양상
> 셋째, 조선총독부 부속의원에서 임시적인 방편으로 실시한 의사교육 형태
> 넷째, 경성의학전문학교의 교육 활동 내용
> 다섯째, 경성제국대학 의학부의 교육 활동 등을 중심으로 정리 되었다.

이상과 같이 일제가 조선에서 의사교육 기관을 단계적으로 어떻게 빼앗아 차지했는가를 살펴보고, 그들이 식민지 교육을 실시한 방법과 식민지 교육의 본질 등에 관해서 분석·정리했다.

또한 이 책은 다음과 같은 가설을 설정하여 이 가설을 검증하는 방법으로 추진했다.

역사적으로 볼때 종교나 문화는 의학이란 수단을 통하여 전파되어 왔다. 이와 동일한 방법으로 일제도 한반도에서 식민지 침투의 수단으로 추진한 것이 바로 이러한 의사교육을 이용하였다. 특히 식민지 교육의 목표인 동화교육 방법 중 의학교육을 한 모델로 하여 식민지 교육 정책을 수립하여 전국으로 확산시켜 갔다. 이 의사교육이 일제의 식민지 고등교육의 기본이 된 것을 가설로 설정해서 본 연구를 추진하였다. 그러면 한국의사교육의 역사를 간단히 정리해 보기로 한다.

1. 한국 의사교육사

1) 東醫學 교육사

우리나라에 의학이 어떤 경로를 통하여 전래되었는가에 관하여는 여러가지로 연구가 이루어져 왔다. 삼국 시대에는 각기 관직으로서의 의박사(醫博士)가 존재하였고, 고려 시대에는 국초부터 의사교육이 실시되었다. 그것이 상당 수준으로 발전한 조선시대에는 보다 체계적인 의사교육 활동이 있었으며, 이를 통해 중국을 능가하는 의사교육 제도가 실시되었다.

의학이란 사람들의 생활과 가장 밀접하고 중요한 것이므로 이에 대한 관심은 어느 시대를 막론하고 누구에게나 지대하였다.

우리나라의 의학은 수천년 동안 동양의학의 전통 위에 형성되었는데, 이러한 동양의학에 대한 의사교육이 언제부터 시작되었는가 하는 사실은 정확히 알 수가 없다.[1]

---

1) 佐藤剛藏 著, 李忠浩 역, 『朝鮮醫育史』, 형설 출판사, 1993, 18쪽.
조선에도 옛날에 의학교가 있었던가는 나로서는 알 수 없다. 동서고금을 통해 醫育 기구는 처음부터 의학교로 창설된 것은 적고, 그 많은 의료 시설인 병원, 또는

그러나 역사적으로 상당히 오래 전부터 의사교육을 실시했는 바, 신라
시대 경주에서 국학·의학에 관한 약전이 있었다는 것을 다음의 기록에
서 찾아볼 수 있다.

孝昭王 원년(692)에 처음으로 의학교를 두고, 박사 2명이 학생들에게 本草經,
甲乙經, 素門經, 針經, 脈經, 明堂經, 難經 등을 교수하였다.[2]

위의 자료는 지금까지 알려진 우리나라 의사교육에 관한 가장 오래된 기
록이다. 그러나 일본의『書記』欽明天皇 14~5년(553~4)에는 의박사 등이
遞番來朝한 醫博士 奈率 王有淩陀의 일에 대해서 기록해 두고 있다.[3]

이 사실에 의하면 그 연대는 훨씬 더 거슬러 올라간다. 여기에서 奈率은
백제 관직의 位階로 6품이고, 따라서 의박사 奈率 王有淩陀라는 자가 있
으므로 의박사는 백제의 관등 명이다. 의박사는 大宝養老의 醫疾令 중에
典藥寮에 속하고, 諸藥方 脉經을 장악하고 醫生 등을 敎授한다고 하고, 또
唐令에도 박사의 가르침이 있었다. 그밖에 針博士 按摩博士 呪術博士도
각각 학생들을 가르치는 일을 장악했다고 하였으므로, 박사는 교육관이
고, 의박사는 의사교육에 종사했던 관리였다.

이후 의학을 가르치는 의사교육 제도의 모습을『삼국사기』에서도 찾아
볼 수 있다. 聖德王 16년(717)에 의박사·산박사(算博士)를 각 1명씩 둔다
고 기록하였다.[4]

의원이 먼저 정비되었고, 그로부터 醫育 기구가 태동되었다.
2) 이병도 역주,『三國史記』下, 乙酉文化社, 1986. 258쪽.
　　卷 第39號, 雜誌 第8, 職官志 醫學(醫學校),
　　孝昭王元年初置敎授學生以本草經·甲乙經·素問經·針經·脈經·明堂經·難
　　經爲之業, 博士二人.
3) 三木榮,「朝鮮醫學敎育史, 百濟-新羅-高麗-李朝」,『朝鮮學報』제14집, 74쪽.
4) 이병도 역주『三國史記』권 제8 新羅 本紀 제8, 聖德王 16년,「春二月 置醫博士·
　　算博士 各一員」三國史記 上, 乙酉文化社, 1987. 172쪽.

고려 시대에는 태조 13년(930) 12월, 서경에 학교 및 학원을 설치하고, 겸하여 醫・卜 二業을 두어 교수하였다. 서경에 학교 및 (醫)학원이 설치되었으므로 『고려사』에서는 볼 수 없으나 주요 도시인 수도에도 같은 시설이 있었다고 생각된다.[5]

이외에도 서경에 학교를 설치하여 醫・卜 두 과를 두어 의학에 관한 교육을 실시했다는 기록이 있어 국초부터 의사교육이 실시되었음을 알 수 있다.[6]

그 후 의학에 관한 교육과 표리일체(表裏一體)를 이루어 그 홍학(興學)에 도움이 된 것은 과거 시험에 의한 醫人의 등용이었다. 광종 때(958) 후주의 귀화인 쌍기의 건의로 당나라 제도를 받아들여 인재를 등용하는 과거제도를 실시하였다. 그 시험 과목 중 制述(시문을 주로 함), 明經(尙書 周易 등)의 二業이 있었다. 그 밖에 諸業 혹은 雜業이라 칭한 醫・卜・地理・律・算・書 등의 시험도 행해졌는데, 광종 9년 처음으로 과거 시험에 醫・卜에 관한 시험도 치렀던 것이다.[7]

이렇게 하여 고려 시대는 어느 정도 구체적이고 독자적인 의학을 육성시키는 방향으로 진전되어 갔다.

조선 시대에 와서는 태조 2년(1393) 10월 6학을 설치하였다가[8] 태종 6년(1406) 11월에 10학으로 늘렸다.[9] 즉, 6학은 兵・律・學・譯・醫・算이고, 10학은 6학에 儒・武・吏・陰陽風水가 증가되었다. 이와 같이 국초부터 의학은 독립된 분야로 되었다. 여기서 의학을 교육하는 職은 매우 하위직으로서 의학 교수가 종6품, 의학 훈도는 정9품 정도였다. 그 외 의학 훈도・의학습독관・醫學 敎諭 등으로 나뉘어 졌다. 즉 京官職 典醫監에 보면,

5) 三木榮, 앞의 『朝鮮學報 14輯』, 「고려 시대의 의학 교육」, 78쪽.
6) 『高麗史節要』권1, 태조 庚寅. 13年 冬12月, 아세아 문화사 1983. 21쪽.
　　行西京 創置學校 先是西京 未有學 王命秀才延鶚 留爲書學博士 別創學院 聚六部生徒教授 後王聞其興學 賜繪帛勸之 兼置醫卜業.
7) 『高麗史』, 卷 第2, 光宗 9年, 아세아 문화사, 1983. 61쪽.
8) 『太祖 實錄』권14.
9) 『太宗 實錄』권12.

從六品 醫學教授 二員, 正九品 醫學訓導 一員[10]

세조 2년(1456) 8월에는 지금의 대학원에 해당하는 습독청을 설치하여 醫書 習讀官을 장려했다는 기록이 보이고 있다.[11] 이처럼 역시 조선 시대에도 의사교육에 대한 관심이 지대했던 것은 두말할 것도 없다. 조선 시대 말기의 의사교육은 『經國大典』에 보면, 중앙에서는 典醫監과 惠民署에서 醫學 교수와 훈도에 의해 교육되었다. 지방에서는 의학원 또는 士官의 丞, 錄事, 助敎들에 의하여 醫員取才科 또는 醫科 科試 과목을 교육하였다.[12]

그러면 서양의학의 전래 과정은 어떠한 경로를 통하여 우리나라에 들어왔으며, 그 교육은 어떻게 이루어져 왔는가?

2) 서양의학 교육사

서구의 과학은 일찍이 17세기 실학자들에 의해 서학이라 하여 수용되었다. 이러한 서구의 과학이 우리나라에 미친 영향을 살펴봄은 우리의 근대 사상에 있어서 매우 흥미 있는 과제의 하나라고 하겠다. 특히 우리의 실생활에 이미 많은 영향을 끼치고 있는 서양의학이 우리나라에 전해 온 경로를 밝혀 보는 것은 이 과제의 일면을 해결하기 위한 노력이며, 방법이라고 생각한다. 또한 그 생활과의 접촉면이 복잡다단한 것이기 때문에 수입된 경로 역시 단일하지 않았다. 대체로 보아서 그 수입된 경로를 세 가지 방면으로 나누어서 생각할 수 있다.

첫째는 중국을 거쳐서 들어온 것, 둘째는 일본을 거쳐서 들어온 것, 셋째는 미국으로부터 직접 들어온 것 등인데, 그 중에서 중국과 일본을 거친 것은 간접적이라고 볼 수 있고, 미국으로부터 전래된 것은 직접적인 것이

---

10) 韓㳓劤 역, 『經國大典』 권1, 吏典, 한국정신문화연구원, 1985. 48쪽.
11) 위의 책, 軍3, 禮典, 醫學, 48쪽.
12) 奇昌德, 「西洋醫學敎育의 嚆矢」, 『醫史學』 제1권 제1호, 대한의사학회, 1992.1, 3쪽.

라고 볼 수 있다. 서구 열강의 군대와 상인들, 그리고 선교사와 함께 서양의 과학이 동양으로 밀려오던 17세기부터 근대 서양의학의 이론이 우리나라에도 소개되기 시작하였다.

근대 서양의학을 우리나라에 처음 소개한 사람은 李之藻(?~1631)로 『西學凡』과 『職方外紀』를 저술하여 유럽 각국의 교과과정과 학문의 특징 등을 설명하였다.[13)]

수입된 연대로 보아 중국을 거쳐 전해진 서양의학이 가장 오래된 것이라 할 수 있겠으나, 그것은 중국인들이 번역한 『西洋醫說』을 문헌 그대로 轉載한 정도를 벗어나지 못한 것이다.[14)] 그 다음은 아담샬(1591~1666)의 『主制群徵』이 있다.[15)] 이 책은 그 후 李圭景(1788~?)이 『五洲衍文長箋散稿(19권)』에 인용하여 「人體內外總象辨證說」이란 글로 轉載하였다.[16)]

星湖 李瀷(1681~1763)의 『星湖僿說(권5)』에 「西國醫」라는 글을 통해 17세기경에 발견된 혈액순환설과 중추신경설 등을 轉載하였다. 그 후 네덜란드의 『小兒經驗方』같은 것이 朴燕岩의 『熱河日記』에 소개되어 있다.

서양의 과학과 기술의 도입을 주장했던 실학자 楚亭 朴齋家(1759~1805)도 서양의술에 대하여 다음과 같이 기록하고 있다고 하여 정확한 서양의학 기술의 도입을 제안하였다.

---

13) 위의 논문, 4~5쪽.
14) 李英澤, 「우리나라에 처음으로 소개된 西醫說」, 『醫史學』 제4권 제2호(통권1호) 1995, 179~185쪽.
15) 아담샬은 독일 태생으로 예수회 선교사로 1622년 중국에 도착하여 천주교 교리를 전도하면서 많은 저서를 남겨 明末·淸初의 중국 문화 발전에 공헌하였다. 이 『主制群徵』은 교리서로서 아리스토텔레스 철학을 주로 소개하였고, 아울러 당시 유럽에서 인정되던 갈레노스의 인체 생리설을 소개하였다. 1645년 귀국 당시 소현세자가 이 책을 가져온 것으로 추측하고 있다.
16) 李圭景, 「人體內外總象辨證說」, 『五洲衍文長箋散稿』, 明文堂, 1982, 559쪽.

중국에 서양인 의서의 번역이 있다고 들어 이를 구하고자 하였으나 얻지 못하였다. 무릇 구라파인들은 4등으로 구분되며, 그 중 상등에 속한 자들이 의학과 도학을 배운다고 한다. 그런고로 의술이 정확하다.[17)

또 실학의 거두인 다산 정약용(1762~1836)은 그의 저서『麻科會通』의 부록인「種痘心法要旨」에서 두창이 전염병의 일종이라는 설명과 종두 기법을 상세히 기술해 놓았다.[18)

이렇게 하여 1796년에 창안된 제너의 牛痘 種法이 그때부터 약 40년이 지나 헌종 6년(1835)에 중국에서 정다산을 통해 전해진 듯한 사실이 알려져 있을 뿐이다.[19)

그보다 훨씬 후인 당시의 한역 醫術書인 1857년경에 영국인 의사 흡손이 저술한『西醫略論』,『內科新說』,『婦嬰新說』,『全體新論』등의 서적이 상하이로부터 우리나라에 전해 온 것이 있다. 이것을 崔漢綺(1803~1877)가 읽고, 이를『明南樓叢書』에 소개하였고,[20) 스스로『身機踐驗』을 저술하여 서양의학의 장점을 설파하였다.[21)

이와 반대로 미국이나 일본에서 전해 온 의학 지식은 韓末의 정부 당국의 의료 행정면에 있어서 그 주축이 되었으며, 또한 의사교육 기관의 본류가 되어 왔다. 일본과의 관계는 미국보다 조금 앞서 강화도 조약(1876년)이 체결된 후부터 시작된다. 이때부터 개항장에는 검역 및 방역이 실시되었으나, 이는 전혀 우리나라와 관계한 바가 아니었고, 강화도조약 체결 후 1876년 5월 제1차 수신사로 수행했던 朴永善이 일본에서『種痘龜鑑』이란 책을 가져와 우두법을 배웠다. 그는 그 방법을 지석영에게 전하고, 지

---

17) 李元淳,「北學論者의 서양 과학 기술 認識」,『朝鮮 西學史 硏究』, 一志社, 1989, 230쪽.
18) 丁若鏞,「種痘心法要旨」,『韓國醫學大系 36』驪江出版社, 1988.
19) 金大元,「丁若鏞의 醫零」, 1991.
20) 崔漢綺,「身機踐驗」,『明南樓叢書 5』, 大東文化硏究院, 1971.
21) 여석기・노재훈,「崔漢綺의 醫學 思想」,『醫史學』, 1993.2, 66~79쪽.

석영은 그 당시 부산에 있던 일본 해군이 설립한 濟生醫院에서 우두법을 배우고 연마하였다. 그 후 1880년 8월에는 지석영 자신이 제2차 수신사의 수행원이 되어 일본에 건너가서 일본 우두종계소에서 痘苗 제조법을 배워 와서[22] 한성, 공주, 전주, 대구, 충주 등지에 牛痘局을 설치하여 痘醫를 양성하면서 저종두 규칙[23]과 종두의 양성 규칙[24]을 선포하여 서양의학 지식에 의한 보건 행정의 체제를 갖추게 되었다.

한편으로 1899년에는 지석영의 요청에 의해 관립 의학교와 병원을 설치하여 일본인 의사로서 그 당시 일본 공사관에 公醫로 와 있던 古城梅溪를 고용하여 학생들을 지도하도록 하면서 한편으로는 일본 의서를 번역하여 학생들에게 배포, 교수하도록 하였다. 이것이 현 서울대학교 의과대학 또는 세브란스 의과대학의 전신이 되었다.

또 한 가지 첨가하고 싶은 것은 1904년에 러일전쟁의 전운이 급박해짐에 따라 경부선 철도를 건설하게 되자, 일본의 동인회가 각 철도 연선에다 철도의를 파견하여 종업원들의 보건을 돌보게 하는 한편, 일반인의 치료까지 담당하도록 하였다.

특히 대구와 평양의 양 동인의원에서는 그 부속으로써 의사교육 기관까지 別設하게 되었다. 평양동인의학교에서는 제1회 졸업생까지 배출했으나, 이 학교의 폐교와 함께 나머지 학생들은 서울에 있는 조선총독부 부속의학강습소에 모두 흡수되었다(IV에서 자세히 다루었음).

끝으로 미국과의 관계를 살펴보면, 갑신정변이 일어난 다음 해인 1885년(고종 22)에 당시 미국 공사관 소속의 의사로 서울에 와 있던 알렌(Dr. Horace N. Allen)의 요청으로 왕실병원 광혜원을 설립하여[25] 알렌이 그

---

22) 三木榮, 「種痘法의 普及」, 半島牛痘種法史, 『朝鮮醫學史 及 疾病史』, 醫齒藥출판사, 1972, 263쪽.
23) 官報, 「內部令 제8호 種痘規則」 제184호, 개국 504년 10월 10일자.
24) 官報, 「勅令 제180호 種痘의 養成 規程」 제208호, 개국 504년 11월 9일자.
25) 『高宗實錄』 卷22, 8쪽.

원장으로 임명되고, 다음 해에 도착한 의사 헤론과 함께 왕실을 위시한 모든 계층의 환자들에게 서양의학의 혜택을 베풀게 되었던 것이다. 또 1886년에 女醫 엘러스(Ellers, Annie J.)가 來韓하게 되므로 왕실 병원에 여자부를 신설하게 되었으며, 엘러스는 왕비의 侍醫가 되었다. 여기에서 일반 부인 환자들까지도 치료하게 되었다. 그후에 언더우드 목사의 부인이 된 女醫 홀돈(Hall, Rosetta, Mrs.)이 그 뒤를 잇게 되었다. 광혜원이 왕실 병원으로부터 선교기관의 성격을 갖고 제중원으로 발전하게 되었다. 그 후 1893년에 미국 장로회에서 파송된 캐나다 출신 의사 에비슨이 서울에 와서 제중원에 종사하였는데, 기독교인 중에서 유망한 청년들을 선발하여 의사 교육을 실시하였다. 이것이 사립 세브란스 의대의 전신이다.[26]

한편, 서양인 교회 부속의 시료기관으로 제중원 이외에 각 지방에 병원을 설립하여 우리나라 사람들이 실제로 서양의학의 혜택을 많이 받게 되었다. 그 예로 의사 홀씨 부처는 1893년에 평양에서 선교 의료사업을 시작했고, 홀씨가 죽자 그 부인이 그 뜻을 받들어 紀홀 병원을 설립했으며,[27] 1897년에 미국 북장로회에서는 의사 존슨(Dr, WO, Johnson)을 대구에 파견하여 선교 의료사업을 시작하도록 하여 현 대구 동산병원의 시초가 되었다.[28] 또 1900년에는 [미국약방]이라는 이름으로 시료소를 개설하여 진료를 시작하였고, 1901년에는 대구 제중원을 신축하여 의료 조수 교육을 시작했다고 하나 그 상세한 내용은 알 수 없다. 존슨은 1908년 7명의 의학생을 교육하고 있었으며, 날로 번창하는 병원의 인력을 보충하

---

26) 李光麟, 『올리버 알 에비슨의 生涯: 한국 근대 서양 의학과 근대 교육의 개척자』, 1992.
27) 셔우드 홀(金東悅 옮김), 『닥터홀의 조선 회상』, 동아일보사, 1984.
28) 황상익·기창덕, 「朝鮮末과 日帝 강점기 동안 來韓한 서양 선교 의료인의 활동 분석」, 『醫史學』 제3권 제1호, 1994, 65쪽.
Johnson, Woodbridge 1897~1913년에 대구, 서울, 충주에서 활동했다.
처음에는 濟衆院에서 東山基督病院이라 했다.

기 위하여 조수 의학생을 모집하고 이들에게 기초의학 및 임상의학의 교육을 실시하였다. 그 과목은 해부학, 생리학, 약물학, 내과학, 산과학, 외과학과 조제처방학, 그리고 영어를 가르쳤다고 한다. 그 외 자세한 교과과정이나 졸업생 등에 대한 기록은 없으나 학생들과 찍은 사진이 남아 있어 존슨이 의사교육을 했다는 것은 사실이다. 그 후 그는 건강이 나빠져서 1913년 귀국하였다.29)

그 밖에 부산에도 의사 어-르빈(Irwin, Ch. 한국명 魚乙彬)으로 하여금 선교 의료 사업을 하도록 한 일이 있었다.30)

이러한 서양의학의 전래는 크게 두 경로를 통하여 이루어졌다.

하나는 일제가 주도했고, 다른 하나는 일제의 탄압 가운데 미국 선교사들의 노력으로 사립학교란 이름으로 연세대학교 의과대학의 전신인 사립세브란스의학교였다. 전자에 관해서는 본고에서 다루고자 하는 내용이므로 후자인 사립세브란스의학교의 성립 과정을 간략하게 서술하여 서양의학 경로의 맥을 잡아 보고자 한다.31)

우리나라에 서양식 의학교의 여명은 왕립 병원인 제중원 내에서 행해졌다.32) 이는 왕립 병원 설립 당초부터 계획되어져 한국 학생들에게 서양의학을 가르쳤다. 알렌 부인 헤론(Heron)과 언더우드(H. G. Underwood) 선생이 이를 맡았다. 1896년 4월 10일을 기해서 조직을 정비하여 의사교육이 실시되고, 학생들에게는 의술의 실지(實地) 지도를 했다. 그 후에는 화학 및 물리학도 가르쳤다. 이 의학교는 점차 성장해서 1897년에는 완비된 미국식 의학교로까지 성장하였다. 제중원의 의료사업은 북장로회가 맡아서 운영했는데, 헤론이 사망한 후 그 후임으로 빈튼(Dr, CC. Vinton)

---

29) 奇昌德, 「의학 교육의 현대화 과정」, 앞의 책, 제3권 제1호, 1994, 84쪽.
30) 황상익·기창덕, 앞의 논문, 65쪽.
   미국북장로회 의료 선교사 Irwin.CH. 1893~1911년에 활동했다.
31) 연세 대학교 의학 백년 출판 위원회, 『의학 백년』, 연세대학 출판부, 1986.
32) 三木榮, 『朝鮮醫學史 及 疾病史』, 富士精版 印刷株式會社, 1963, 275쪽.

이 감독을 맡았다. 그러나 여러 가지 문제가 많아 업무와 재정상의 곤란을 초래하여 북장로회 본부에서 이를 타개하기 위해 토론토 대학의 의학과 출신의 유능한 의사 에비슨(Dr, OR. Avison 한국명 魚丕信)을 초청하여 제중원의 일을 전담시키고자 하였다.

1893년 7월 1일 에비슨은 그 가족과 함께 서울에 파견된 지 7년 만인 1900년 휴가를 얻어 미국으로 돌아갔다. 그는 뉴욕 시에서 열린 만국 선교사회에 참석하여 한국에 새로운 서양식 병원과 의학교를 설치할 것을 제안하여 동석했던 오하이오주의 세브란스에서 전후 2차에 걸쳐 1만5천 불의 기금을 얻게 되었다. 그것으로 1902년에 현 남대문 밖 봉숭아골(桃洞)에 기지를 택하고 병원을 건축하여 1904년 9월 3일에 세브란스 병원이라 명명하여 진료를 개시하였다. 그런데 제중원의 명칭은 실제적으로 남대문 밖 현재의 위치로 옮긴 후에 세브란스 병원으로 바뀌지게 되었다.

우리나라의 서양의학은 왕립 병원인 광혜원에서 시작하여 제중원의 시대를 거쳐 세브란스 병원을 설립하기에 이르렀다. 본 병원 설립에 유일한 공로자인 에비슨은 왕실 병원과 왕실의 촉탁의(囑託醫)로서의 임무를 다하면서 세브란스 병원을 설립하는데 커다란 공을 세웠다. 그는 알렌과 함께 우리나라에서 서양의학을 전한 공로자였다. 세브란스 병원이 설립됨과 동시에 전도협회는 한국인에 대한 의사교육을 다음 세 가지 방향으로 추진하였다.

첫째는 의학 교과서의 편찬, 둘째는 의사의 양성, 셋째는 간호부의 육성이었다.

① 한국인 의사교육을 위한 의서의 제작으로는 의학어휘의 공식화와 신과학어의 채용을 필요로 하였다. 이것을 위해 에비슨은 달레의 해부서(헨리그레이 Henry Gray의 저 1858년 초판)를 많은 고생 끝에 처음으로 완성하였다. 이어서 생리학·화학·약물학·세균학 및 위생학의 번역서를 편찬하였다. 그리고 이것들은 또 지방전도국의 한국인 조수를 훈육하

기 위해서도 분배하였다. 이를 위해 협력 원조한 사람은 웰스(Dr. J. Hunter. Wells)와 샤록스(Alfred M. Sharrocks)이다.

② 처음 의사교육으로서는 병원 조수와 약국원의 훈육이었다. 이어서 의사의 양성이 행해졌다. 전도교회를 위해서는 의사의 양성 및 채용에 신중을 기하고, 조기 양성을 막기 위해서 처음에는 6명 정도에 그쳤다. 이에 대한 교수로는 에비슨과 그 동료 세브란스(Severance)에서 보낸 허스트 (Dr. Jesse W. Hirst는 1904~1935년까지 산부인과 의사로 근무함.) 등이 맡았다. 의학생들은 규정된 학과를 완수하고 기술을 체득하여 1908년 6월 3일에 첫 졸업생으로 金淳弼 등 7명을 배출하였다. 이들에게 Doctor of Medicine and Surgery의 명칭이 주어졌다. 정부에서는 이들에게 모두 무시험 의사 면허증을 수여하였다. 그 이후 1909년 7월 사립학교령 이후 세브란스 의학교로 허가를 받아 운영하였다.

③ 조산원 및 간호원의 양성 사업은 1903년에 감리교회의 외국부인전도회에서 한국에 파견한 간호원 에드문즈와 북장로교구에서 파견한 간호원 쉴즈는 감리교파의 부인병원과 세브란스 병원에서 여자 2명을 택하여 간호학을 가르쳤고, 수술실의 일을 맡아서 일할 수 있는 여자 5명을 양성하였다. 그들에게 간호원의 제복과 제모를 입혀 1910년에 정식으로 제1회 간호원 졸업생을 배출하였다(金背世 등).

세브란스 병원의 경영은 미국 북장로교회가 단독으로 운영해 왔는데, 1908년 처음으로 북장로회 이외의 교파들도 협력하게 되어 영국 성공회로부터 와이어(Dr. H. H. Weir), 북감리교파로부터 폴웰(Dr. E. D. Fallwell), 남감리교파로부터 레이드(Dr. W. T. Reid)가 취임하였다. 1909년에는 한국연합선교협회로부터 선교 의사들의 봉급을 포함한 재정적 원조를 얻게 되어, 병원 및 의학교의 업무를 확충하게 하였다. 그러나 각 교파들의 연합적 협력이 곧 실행되지 못하였고, 1912년에 이르러 사립 세브란스 연합의학교로서 5교파로부터 7명의 의학교수가 파견되어 미국 북장로회, 캐

나다 장로회, 호주 장로회 등의 교파가 협력하게 되었다.[33]

이렇게 해서 사립 세브란스 병원은 1913년에 조선 프로테스탄트 교회 각 파에 의한 연합 경영으로 되어 연합 세브란스 병원 의학교로 되었다.[34] 이상으로 알렌 및 에비슨을 중심으로 한 왕립 광혜원, 제중원, 사립 세브란스 병원의 의료 사업과 의사교육에 관한 활동을 간단히 소개하였다.

이것은 동서양에서 의학이 우리나라에 어떻게 전래되었는가를 간단히 정리해 본 것이 우리나라의 의학 전래사를 살펴보면 삼국 시대에는 불교의 전래와 함께 불교 의학이 동반해서 들어왔다. 유교가 들어왔을 때에는 중국의 한방 의학이 동반하였으며, 서양 문물이 전래될 때에는 기독교와 동반하여 서양 의학이 전래되었다.

이렇게 중국, 일본, 미국을 통하여 우리나라에 들어온 서양의학은 결국 일제의 식민 교육의 한 수단이 되었는바, 이에 우리나라에서 어떻게 식민지 교육정책에 이용되었는가를 살펴보고자 한다.

2. 연구 동향

현재 의사교육사에 관한 구체적인 논문은 거의 없는 실정이다. 지금까지의 한의학 교육과 서양의학 교육에 관한 연구물들을 살펴보면 다음과 같다.

총괄적으로 우리나라의 의학 관계를 연구한 사람으로는 金斗鍾과 三木榮미키사카에 등이 있다.[35]

---

33) George Paik, The History of protestant Mission in Korea, Chapter V.Medical Work pp.325.
   The Severance Hospital, The Korea Review for Februrary 1906.
34) 그 이후의 내용은 三木榮, 앞의 『朝鮮醫學史 及 疾病史』, 292쪽 참조.
35) 韓國醫學史 연구의 기본서로서는 金斗鍾의 『韓國醫學史』와 三木榮의 『朝鮮醫學史及疾病史』란 대작이 있다.
   金斗鍾, 『韓國醫學史』, 서울: 탐구당, 1981.
   三木榮, 『朝鮮醫學史 及 疾病史』, 富士精版 印刷株式會社, 1963.

① 한의학 교육에 관한 연구 동향

삼국 시대에 관한 연구는 손홍렬의 〈삼국 시대의 불교 의학〉36)이란 연구물이 있다. 또 고려 시대에 관한 연구는 손홍렬, 송춘영, 신순식의 연구물들이 있는 실정이다.37)

그리고 조선 시대에 와서는 손홍렬, 박선미, 李玟洙의 연구가 있다.38) 이상과 같은 연구물들은 우리나라의 한의학 교육이 어떻게 이루어져 왔는가에 대한 내용을 다루었다.

② 서양의학 교육에 관한 연구 동향

먼저 우리나라에 서양의학의 수입 경로에 관한 것은 李英澤과 전휘종의 논문에 잘 정리되어 있다.39)

그 외 서양의학에 대한 내용 중에서 의사교육을 중심으로 다룬 내용은

---

36) 孫弘烈, 「三國時代의 佛敎 醫學」, 伽山李知冠스님 華甲 紀念 論叢 『韓國佛敎文化思想史』, 1992.11.
37) 孫弘烈, 「高麗 時代의 醫療 制度」, 『歷史敎育』 29. 1981.
   宋春永, 「高麗 時代 雜學敎育硏究」, 의학 교육정책, 1991.2, 127~143쪽, 효성여자대학교 박사 학위 논문.
   申舜植, 「高麗 時代 이전의 한의학 文獻에 관한 硏究」, 『醫史學』 제4권 1호, 1995, 45~66쪽.
38) 孫弘烈, 『中世의 醫療制度 硏究』, 1985.
   _____, 「조선 중기 의술과 의약의 발달」, 『國史館論叢』 제56집, 국사편찬위원회, 1994.9, 193~243쪽.
   박선미, 「朝鮮 時代 女醫敎育 硏究 -그 양성과 활동을 중심으로-」, 1995.
   _____, 「조선 전기의 의학교육 강화책의 내용」, 『한국교육사학』 제17집, 한국교육학회, 서울, 1995.10, 39~69쪽.
   李玟洙, 「의료복지사 연구」, 『芝邨金甲周 회갑기념 사학논총』, 간행위원회, 서울, 1994.12, 625~665쪽.
39) 李英澤, 『대학신문』, 서울대학교, 1952년 12월 1일(월) 24면.
   전종휘, 「우리나라의 現代 醫學 그 첫 世紀」, 『최신 의학사』, 1987.7.

기창덕과 佐藤剛藏^{사토고오조}의 연구에 잘 정리되어 있는 실정이다. 그리고 그 외 몇 편의 논문들이 있다.[40]

그리고 최근 의과대학의 학교사에 보면 현대 의학의 교육사가 간단히 정리되어 있을 따름이다.[41]

끝으로 서양의 기독교가 전래될 때에 서양의학이 전래되는 내용에 대해서는 이만열의 연구가 있다.[42]

이러한 연구를 토대로 하여 일제가 식민지 교육의 하나로서 의사교육을 어떻게 전개하여 갔는지를 살펴보고, 그들의 식민 통치의 일 양상을 정리 하였다.

3. 연구의 한계점

한정된 문헌으로 본 연구를 수행하는데는 다소의 문제점과 한계를 느낀다.

의학사적 측면에서 다룬 논문은 한 두 편이 있으나, 식민지 교육사적 측

---

40) 또한 순수한 의사교육에 관한 연구물로서는 奇昌德의 『韓國近代醫學敎育史』(서울, 아카데미아, 1995, 487쪽)와 佐藤岡藏의 『朝鮮醫育史』(李忠浩 譯, 형설출판사,1993, 181쪽)가 있다.

그 외에 奇昌德, 「西洋 의학 교육의 嚆矢」, 앞의 책, 1992, 3~11쪽.

신동원, 「公立濟衆院 1885~1894」, 한국문화 16, 서울: 서울대학교 한국문화 연구소, 1995, 181~260쪽.

_____, 「일제의 보건의료 정책 및 한국인의 건강 상태에 관한 연구」 서울대학교 보건대학원 석사학위 논문, 1986년.

41) ▷ 서울대학교 의과대학사 편찬위원회(편), 『서울대학교 의과대학사』, 1885~1978, 서울: 서울대학교 출판부, 1978.

▷ 연세의대, 『의학백년: 1885~1985』, 1986.

▷ 高麗醫大校友會, 『明倫半世紀: 고려의대 50년사』, 1988.

▷ 서울대학교병원, 『서울대학교병원사』, 1993.

▷ 가톨릭중앙의료원, 『가톨릭중앙의료원 50년사』, 1988 등이 있다.

42) 李萬烈, 『기독교 선교 초기의 의료 사업』, 1985.

면에서 의학교육 활동을 다룬 논문은 거의 없기 때문에 더욱더 일방적인 견해만을 주장하는 것은 아닌지 우려도 된다.

일반적인 식민 교육사는 식민 교육정책사적 측면을 기본축으로 하여 그 세부적인 내용을 다룰 수 있다. 그러나 의사교육면은 이와 같은 기본 원칙에서 이탈하여 식민 교육 체제가 형성되기 전에 이미 시작되었다. 따라서 본 연구도 그 역순인 일제의 의사교육 활동을 통한 식민지 교육의 양상을 도출해 내야 한다. 기본적인 식민 교육의 원칙하에 이루어졌다면, 식민 교육 정책을 한 축으로 하고, 그 변수로 의학교육을 살펴보는 상관관계를 연구할 수 있겠으나, 우리의 의사교육 활동은 그렇지 못한 실정이어서 연구에 대한 기본 축을 설정할 수 없는 점이다. 따라서 본 연구를 검증할 수 있는 척도를 설정하기가 곤란하다.

이런 문제점 하에서 본 연구를 전개하는데, 다음과 같은 문제점이 있다.

첫째는 의학에 관해서 문외한(門外漢)이 과감하게 의사교육 문제를 다룬다는 자체가 많은 문제점을 안고 시작해야 하는 점이다. 그래서 오류를 범하기 쉬운 곳은 가급적 피하면서 식민 교육과 관련되는 부분을 중심으로 포인트를 맞추어 보고자 한다.

둘째는 사료들이 당시 일본인들의 입장에서 서술된 조선총독부 제공 문헌이기 때문에 얼마만큼 신빙성이 있는지 검증할 수 없다. 따라서 상대적으로 식민지 시기에는 일방적으로 일본인 주도 하에서 이루어졌기 때문에 우리 측 자료는 거의 없는 형편이라 우리측의 입장을 이해하기 힘든 점이다. 이러한 한계점들이 있지만, 주어진 자료를 통해서 그 시대적 배경을 충실히 이해하여 본 연구를 전개하였다.

Ⅱ. 동인회의 의사교육

　일제가 우리나라에서 의사교육 활동을 시작하기 전에 이미 일본 거류 민단이 있는 개항장을 중심으로 그들을 위한 병원을 설립하였다(강화도 조약 이후).[1] 그 중의 하나가 러일전쟁 당시 철도 부설 사업에 파견된 노동자들을 위해 철도 철도의를 1904년부터 각 철도 연선에 파견하게 됨으로써 우리나라에서 동인회의 활동이 시작되었다.

　일제는 식민지 인간형의 창출을 위하여 한국의 식민지 정책 중에서 교육 정책에 가장 힘을 기울였다. 일제는 1911년부터 4차례에 걸친 조선교육령[2]의 제정과 개정을 통하여 우리나라를 영구적인 일제 식민지로 만들

---

1) 金斗鍾, 앞의『한국 의학사』, 472~74쪽.
　　부산 日本濟生醫院(1877년 설치), 원산 生生病院(1880년), 인천 일본병원(1883년), 京城日本館醫院(1883년), 贊化醫員(1891년), 漢城病院(1904년).
2) 조선총독부,『施政 30年史』, 779~780쪽.
　　孫仁洙,『한국 근대 교육사』, 연세대학교 출판부, 1971.

기 위해 강압적 정책을 썼다.

동인회의 의사교육 활동도 바로 식민지 교육 실시의 전초 작업의 일환이었다. 1900년도에 들어서자 일제는 우리나라에 식민지 건설을 위해 막대한 예산을 투자하여 도쿄제국대학 석학들로 하여금 조사단을 구성, 우리나라 지형의 형세, 풍습, 기후, 습관 심지어 각 지방의 당시 물가 시세까지 정확히 조사하게 하였다.3) 이것은 식민지화 작업의 기초를 이루어 간것으로써 이미 '의료 정책'을 중심으로 한 식민지화 작업 과정도 추진하고있었다.4)

식민지 정책사 연구에서 반드시 언급하고 넘어가야 할 부분이 바로 동인회의 활동 중에서 의사교육 활동이다. 동인회의 한반도에서의 활동은 비록 4년(1907~1910)이라는 짧은 기간이었지만, 이 교육 활동이 식민지 고등교육 정책의 모델로 시작되었다고 볼 수가 있기 때문이다.

동인회에서 어떠한 목적과 내용으로 의사교육 활동을 하였는가 살펴보고, 그 목적의 이면에 내포된 그들의 식민지 교육 정책의 접근 방법을 찾아보고자 한다.

즉, 동인회의 창설 목적과 그 목적 하에 설립된 동인병원 내에서 의사교육 활동에 나타난 식민지 교육 정책을 밝혀 보고자 한다.

제1차 교육령(97쪽), 제2차 교육령(166쪽), 제3차 교육령(241쪽),
제4차 교육령(293쪽) 그리고 1945년 5월에는 학도의 決戰 태세 확립을 위하여 소위 「戰時 教育令」을 공포하기까지 하였다.
3) 井上蘇人, 『朝鮮現世の考察』, 大海堂, 昭和 2.
4) 李忠浩, 「일제의 문화적 식민지정책-同仁會 활동을 중심으로」, 『역사교육 논집』 16집, 대구: 역사교육학회, 1991, 175~210쪽.
우리나라의 醫療史에 대한 논문은 드문 실정이다. 이에 대한 연구는 金斗鍾 『한국 의학사』(탐구당, 1981년) 474쪽에 「日本 同仁會의 醫療活動」이라 하여 간단히 요약해 두고 있다.
森安連 「衛生思想의 普及」, 조선 통치의 回顧, 『조선신문』, 昭和 57, 19~24쪽.

1. 동인회 창립의 목적과 사업

1) 과정

일본은 1686년(丁亨3) 막부의 의사들이 네덜란드 사람에게 외과 치료 기술을 배우기 시작한 것이 서양 의술 전래의 시발점이었다.[5]

서양 열강들이 동양에 대한 식민지 정책으로 사용한 방법 중의 하나가 바로 의료 정책이었다. 그래서 일제는 이를 배워서 일찍이 1899년 5월에 대만 총독부 의학교를 개강하였고, 1902년 3월에는 이 사업을 본격적으로 추진하기 위해 入澤達吉[이자와타츠키치][6] 등의 주창으로 '동인회'가 창립되었다.

> 1902년 3월 入澤達吉[이자와타츠키치] 등의 主張으로 同仁會는 創立되고, 同仁會 는 淸·韓 諸國에 醫學을 普及시키는 것을 목적으로 함.[7]

이 동인회는 淸·韓 諸國에 의학을 보급시킨다는 미명하에 그 창립 목적을 두고 있다. 이러한 취지에서 발족한 동인회는 통감부 시대에 우리나라에서 의료 활동을 하였다. 당시 동인회의 창립 과정은 다음과 같다.

> 이와 같은 성격의 단체를 만들고자 하는 움직임은 이미 청·일전쟁을 전후해서 나타나기 시작하였다. 1898년에 近衛篤麿[고노에 아츠마로]가 시작한 東亞同文司의 관계 인사로는 片山國嘉[가타야마], 北里柴三郞[기타사토], 岸田吟香[기지다] 등

---

5) 酒井シ ッ, 『日本醫療史』, 東京書籍株式會社, 昭和 57年, 570쪽.
"1686年 幕府の醫師に, 蘭人から外科治術を學ばせる."
6) 入澤達吉(1865~1938) 明治·大正期의 의학자, 越後 출생, 東大 의학부 졸업, 1890년 독일 유학 후 1894년에 귀국. 東大 조교수, 1902년 ベルツ(Balz, Erwin von)의 후임, 1925년 정년 퇴임후 東大 명예 교수, 1923년 이래 외무성 對華文化事業과 同仁會의 일로 자주 訪中, 중국의 政·財界人이나 의학자와 교류했다. 잡지 『同仁』 (1927년 창간)에 日·中文化 교류에 관한 수필을 자주 썼다(『コンサイス人名辭典』 日本篇, 1991, 217쪽).
7) 酒井シ ッ, 앞의 책, 588쪽.

학계 일부의 사람들이 가담하여 동문의회를 조직하기에 이르렀다. 또 이것은 별도로 1901년 말경에는 淸·韓 등 아시아제국을 의학적으로 개발하기로 기획한 단체이다. 이는 다음해 1902년 아세아의회의 이름으로서 단결을 형성했지만, 그것이 확립되기 이전에 동문의회와 합하여 同仁會란 명칭하에 하나의 큰 단체로 조직하고자 하는 논의가 있었다. 그 해 3월 7일에 그 창립 협의회를 열고, 近衛篤麿, 長岡護美, 北里柴三郎, 田中義一, 岸田吟香, 片山國嘉 등 30여 명이 출석해서 11장 18조로 된 규칙을 만들어 초안을 토의하고, 또 창립 총회 준비위원으로서 北里柴三郎 등 20명을 선임하였다.[8]

준비위원은 4월 6일과 28일 두 차례에 걸쳐 회합하고, 각 방면의 유력자를 설득해서 광범위하게 동지를 구하여, 동년 6월 16일 화족회관에서 창립총회를 열었다. 이 날 외무대신 청국 공사 등 많은 유지들이 참석한 가운데 그 회합은 대체로 순조롭게 원안대로 통과되었다.[9] 그리고 임원을 선출했는데,[10] 회장 長岡護美, 부회장 片山國嘉, 평의원 北里柴三郎 이하 20명, 이사장 岡田和一郎, 이사 日高昴 이하 6명이 선임되고, 岡田 이사장의 추천과 이사의 찬동에 의해서 園田孝吉이 회계 이사로 취임해서 동인회의 창립을 보게 되었다.[11]

창립 당시 도쿄신문 기사 「同仁會の創設」[12]에 의하면 동인회 창립 목적은 첫째, 有形上의 유익이 바로 미개한 국민을 懷柔·誘掖하는 최대의 수단이었으며, 둘째 약의 판로에 대한 지역 개척이라는 제국주의적 식민지 경제정책에 있었다. 이러한 목적을 가지고 창설된 동인회는 우리나라

---

8) 『同仁會 40年史』, 野口活版所, 昭和 18年, 6쪽.
   이 책은 일본이 世界 制覇를 위한 최강국이었을 때, 同仁會의 활동임을 과시할 정도로, 좋은 지질로 862쪽이나 되는 방대한 내용으로 발간되었다.
9) 入澤達吉, 「同仁會的 事業」, 『同仁(1927.7)』, 54쪽.
10) 『東京朝日新聞』, 同仁會役員, 明治 35년 6월 19일자.
11) 「同仁會寄附行爲」 제7조에 보면, 사무소는 東京市神田區 一ツ橋通町 21번지에 두었다.
12) 『東京新聞』 同仁會の役割, 明治 35년 6월 18일자.

에서 의사교육 활동을 식민지 정책의 하나로 시도했음을 분명히 알 수 있다. 이와 같이 한반도를 그들의 식민지로 만들기 위해서 동인회는 다음과 같은 구체적인 목적을 정립하고 사업을 추진해 갔다.

2) 목적

동인회 창립 목적은 〈同仁會 寄附行爲〉 제2장 5조에 잘 나타나 있다.

> 제5조 本會의 목적은 淸·韓 기타 아세아 諸國에 의학 및 이에 수반하는 기술을 보급하고 彼我人民의 건강을 보호하고 고통에서 구제함에 있다.[13]

일제는 일찍이 1894~1895년에 청·일전쟁이 끝나자, 英·美·佛·露國과 함께 1등 국의 대열에 들어서게 되었고, 일본 국민은 동아시아의 선진국으로서 동아시아 諸國을 誘掖·啓發하는 인식을 갖게 되었다. 이와 같이 일본인들은 의계인(醫界人)들로 하여금 "아시아 제국에 대해서 의학·약학 및 이에 부수하는 기술을 보급해서 그 민중의 건강을 보호하고 겸해서 그들과 우리의 교의를 돈독히 하며, 동양의 평화를 확보함으로써 근대 문명의 영역으로 확보함(5~6쪽)."이라는 목적을 가지고 1902년에 동인회를 결성하였다.

이러한 목적을 가지고 설립된 이 단체는 近衛篤麿^{고노에아츠마로}의 알선으로 長岡護美^{나가오카}를 초대 회장으로 추천,[14] 다음해 1903년 2월 4일 재단법인 조직을 위해 기부 행위를 정하고, 우선 회원의 설득과 기부금의 모집에 착수하였다. 그리고 첫 사업으로써 淸·韓·泰國에 의사를 소개·파견하였다.[15]

---

13) 앞의 『同仁會 40年史』, 8쪽.
14) 동인회 창립 때 특히 힘을 쏟은 近衛篤麿를 회장으로 예정했으나, 그는 東亞同文會에 힘을 쏟고 있다는 의미에서 사퇴하고, 長岡護美를 추천한 것이다.
   長岡은 舊구마모토(熊本) 藩主 細川齋護의 5男으로 분가해서 長護의 이름을 가졌다.

그들은 이와 같은 목적을 달성하기 위해서 어떠한 사업을 추진해 왔는 가를 살펴보고자 한다.

3) 사업

동인회 사업의 대개(大槪)는 〈同仁會 寄附金 行爲〉 제2장 목적 및 사업의 제6조에 잘 나타나 있다.[16]

이 목적에 준해서 추진된 "사업"은 1) 진료・방역・위생 및 의사교육, 2)「同仁會 醫學雜誌」의 간행, 3) 醫藥學書 中國文 刊行, 4) 중국 의사 강습회, 5) 일본 유학 및 중국 醫・藥 학생의 연락 장려, 6) 중국 위생 조사 등이다. 특히「동인회 의학잡지」의 각 호(즉 상기 발간 이래의 잡지「同仁會」로 게재되어 제13권 제16호로 발간되었음.)는 점차 증가해서 시설 명, 인원 명을 함께 게재하였다.

각국에서 체재하고 있는 일본인에 대한 유의 사항은 본회 창립 당시의 취의서와 법인 등기에서 잠정 회칙 정도로 나타나 있지만, 상기 규정에는

---

15) 李忠浩 譯, 앞의『조선의육사』, 34~41쪽.
16) 앞의『同仁會 40年史』, 8~9쪽.
  제6조 본회는 전조의 목적을 달성하기 위해서 아래의 사항을 점차 실시함.
  1. 淸・韓 기타 아세아 諸國에 대하여 의학교 및 의원 설립을 권유 또는 이를 설립할 것.
  2. 前記 諸國의 정부 및 彼我 人民의 초빙에 응해서 의사 및 약제사 기타 이에 수반하는 기술을 가진 자를 소개할 것.
  3. 前記 諸國의 의사 위생 및 약품에 관한 件을 조사하고 時誼에 의하여 그 기관의 설치를 권유할 것.
  4. 前記 諸國에 本邦의 의사 및 의약사의 이주 개업을 돕거나 이에 편익을 제공할 것.
  5. 前記 諸國의 의학생 및 약학생의 유학을 권유하고, 또 그 유학생을 보호해서 수업의 편익을 제공할 것.
  6. 本會는 前記 諸國에 적절한 의학 약학 및 이에 수반하는 기술에 관한 도서를 간행할 것.
  "本會의 목적과 사업은 재단법인 인가 후의 明治 36년 2월 13일 登記, 大正 14년 5월 20일 개정 인가한 것임"

전혀 기술된 바가 없다. 그러나 외지에 있는 의료 기관이 당시 거류민의 보건 건강에 관여한 것은 말할 것도 없고, 일이 있을 때마다 재해 구호에 출동하기도 하고, 군의 협력도 이루어졌다. 특히 이 "목적" 1항에서 의학교 설립을 강조하고 있는데, 이 조항에 의해 우리나라에서 의사교육이 이루어졌던 것이다.

초대 회장으로 추천된 長岡護美^{나가오카}는 재단법인을 조직하고, 규정 내에 "기부 행위"를 정해서 회원을 설득시켜 기부금 모집에 착수하였다. 제2대 회장으로 취임(1904년 8월)한 大隈重信新^{오오쿠마시게노부}는 러·일전쟁 중에도 이 회를 중단시키지 아니하고, 오히려 戰勝의 세력을 가지고 일본 전국에 동인회 지부를 설치하고 점차적으로 회원과 자금 모집에 힘쓰는 한편, 초대 회장의 사업을 전승하여 조선·만주·중국은 물론 香港(홍콩)·盤谷(태국)·星港(상하이)·木曜島(호주) 등 각지에 의사를 소개·파견하였다. 그 수는 확실한 기록에 있는 자만도 329명에 달했다. 그 중에 98명이 중국에 파견되었다.[17]

1911년 중국의 신해혁명이 일어났을 때 일본 동인회 본부에서 그곳에 구제반을 파견하여 일본 의학의 명성을 높였다. 또 大隈重信新^{오오쿠마시게노부}는 1906년에 기관 잡지 「同仁」을 창간해서 사업 정신을 높여 사회를 고무하고, 새롭게 東京 同仁醫藥學校를 창설, 이에 부수해서 早稻田醫院, 清韓語研究會를 일으키고, 특히 진료 사업에 착수해서 조선, 만주 각 요지에 병원을 세우고, 의사를 파견하였다. 그 후 조선에서는 조선총독부, 만주에는 남만주철도주식회사가 생김에 따라서 각 병원을 이에 이양하고 동인회는 사업지를 중국 본토로 옮기게 된다.[18]

---

17) 위의 책, 2~3쪽.
　　初代會長の事業踏襲して, 朝鮮·滿洲·支那は勿論,香港,盤谷,星港,木曜島(濠洲) 等の各地に醫師を紹介派遣し,其の數は確實なる記錄ある者のみにても三百二十九名に達した。内九十八は支那に在りて。。。
18) 위의 책, 9쪽.

2. 국내 동인회의 의사교육

古城梅溪의 贊化醫院(1891)이나 瀨脇太雄의 漢城醫院(1904) 등의 일본 병원이 일본 거류민단의 경영 형태로 경성에 설치되었다.[19] 그 후 동인회에서 1904년 육군 군의 총감인 佐藤進[사토스스무][20]가 군의로 처음 파견되어 (1907.3) 대한의원을 설립하고, 초대 원장으로 근무하다가 1909년 2월에 귀국하였다.[21]

또 山根正次[야마네마사츠구][22]가 한국 정부 內部 위생국에 위생 고문격인 위생 사무 촉탁으로서 부임해서 활동하게 되었다. 그리고 佐佐木四方志[사사키요모시]를 중심으로 철도 촉탁의로 1920년대 초기까지 활동하였다. 통감부를 설치하고 이에 따른 고문 정치 실시에 의해 경찰 顧問醫 제도가 실시되어 활동하였다. 佐佐木四方志[사사키요모시]는 1906년 봄에 동인회의 추천으로 우리나라에 와서 이 제도를 주관하게 된다. 이 결과에 의해 각 지방의 경찰 고문의, 各 港, 鐵道 沿線, 주요 도시의 병원장이나 철도의는 대부분이 동인회의 주선으로 일본인 의사가 부임하여 활동하였다.[23]

또 대구, 평양, 용산에 동인의원을 설치하여 운영하였다.[24] 이들 의원에서 소규모이기는 하나 의사 양성을 위한 교육 활동도 하였다. 뿐만 아니라, 간호부 및 산파 교육도 실시하였다.[25]

---

19) 金斗鍾, 『韓國醫學史』, 서울: 탐구당, 1981, 473~4쪽.
20) 佐藤進[사토스스무](1845~1921): 1867년 東京大學에서 최고의 위치에 있었다. 동년 베르린에 유학. 1875년 順天堂醫院에서 외과를 담당하고, 순천당대학의 창립자. 또 西南戰爭, 청일전쟁, 러일전쟁에서 軍醫로 활약. 李鴻章 저격 사건 때 치료를 담당했다. 육군 군의 통감에서 대한의원장으로 됨(1908~9). 그 후 사토츠네나카 (佐藤常中)의 양자가 되어 3대 順天堂 堂主, 明治 大正期의 의사.
21) 佐藤進은 明治 2년 동경대학에서 최고의 위치에 있었던 佐藤尙中의 양자. 동년 베를린에 유학, 明治 21년 일본 7호 의학박사가 되고, 順天堂 대학의 창립자.
22) 山口縣 출신으로 前衆議員, 同仁會 理事였음.
23) 앞의 『同仁會 40年史』, 69쪽.
24) 三木榮, 앞의 『朝鮮醫學史 及 疾病史』, 290쪽.
25) 우리나라 간호부 및 산파 교육에 관한 신문 기사로는 다음과 같다.

1) 대구 동인의원의 의사교육

대구 동인의원은 1906년 8월에 기공을 해서 1907년 2월 1일에 개원하였다.[26] 개원 당시 원장은 京都帝國大學 출신의 池上四郎^{이케가미시로}이고, 부원장은 藤繩文順^{후지나와분슌}, 의원으로는 동인회 본부에서 파견된 福武^{후쿠다케}와 西尾^{니시오}가 진료와 교육을 담당하였다.

대구 동인의원에서도 의사교육을 했다는 기록이 있지만,[27] 그 규모는 매우 보잘 것 없었다. 게다가 겨우 3년간의 의사교육이 제대로 체계도 잡히지 못한 상태에서 끝이 났다. 한 명의 졸업생도 내지 못한 채 자혜의원으로 이관되었다. 대구 동인의원은 평양 동인의원과 서로 경쟁적으로 의사교육을 한 것 같다.

대구 동인의원의 의사교육은 1905년 片山國嘉^{가타야마}라는 동인회 부회장이 여름휴가를 이용하여 대구에서 1박 하면서 조선·일본인 관민을 방문하는 중에 동인회의 취지를 설명하고, 진료는 물론이고 조선 의사 양성의 급무를 선전함으로써 대구 동인의원 설립을 청원하기에 이르렀다.[28]

대구 동인의원에서는 개원과 동시에 한국 의학생, 그리고 한국인과 일본인 간호부 및 산파 양성도 하였다. 1907년 9월과 1909년 5월에 제1·2기생의 의학생을 각각 30명씩을 입학시켜 교육하였다. 그러나 개인 사정으로 일본어를 해득할 수 있는 단계가 되면, 퇴학하여 다른 곳으로 고용되

〈조산부 양성소〉大民, 1910.1.29.　　〈조산부 양성소〉皇城, 1910.1.11.
〈조산부 양성소 임원〉大海, 1910.1.11.　〈조산부 양성 임원〉大民, 1910.6.10
〈산파학도 모집〉皇城, 1910.6.29.　　〈산파 교수〉皇城, 1909.9.15.
〈산파소 확장〉大民, 1910.2.4.
26) 앞의 『同仁會 40年史』, 74쪽.
27) 『高宗純宗實錄』卷3, 隆熙 3년 1월 13일, 526쪽.
　　「南巡視 各道 公益事業費 補充 下賜金 …居留 日本人 教育費 五百圓 同仁病院 二百圓 … 以上 大邱」로 볼 때 동인의원 의학교에는 하사금이 없는 것으로 보아 아주 미비했음을 짐작할 수 있음.
28) 李忠浩 譯, 앞의 『朝鮮醫育史』, 38쪽.

어 가는 자가 많았다. 제1기생 중에는 1910년 말 폐원될 때까지 계속 공부한 학생은 겨우 5명에 불과하였다. 이 5명은 학술 및 임상 분야에 상당한 소양을 갖고 있었다. 제2기생은 일본어, 기타 예비 교육과 물리학, 해부학 등의 일반학을 익히는데 지나지 않았는데, 1910년 9월에 대구 동인의원이 폐원되자 신설된 관립자혜원(官立慈惠院)에 인계하였다.

한국인 의사교육은 동인회 본부에서 파견되어 온 福武^후쿠다케, 西尾^니시오 두 사람이 중심이 되어 한국인 학생을 모집해서 가르쳤다. 일본어를 해득하는 16명(1기 6명, 2기 10명)을 입학시켜서 보통학과, 전문 기초의학을 교수하였다. 그 뒤 대구 동인의원이 폐지되자, 이들 의학생 중 불과 2명만이 장학생으로 1911년 4월에 경성의 조선총독부의원 부속의학강습소로 전학되었다.[29]

또 한국인 간호부 및 산파 교육은 보통학을 소양하는 데에는 여학생이 남학생보다 더욱 어려웠다. 그리고 본원에서는 특별히 전·후반기에 걸쳐서 40명의 종두의(種痘醫)를 양성한 실적도 있다.[30] 자혜의원으로 인계될 당시까지 원장은 池上四郎^이케가미시로, 부원장은 藤繩文順^후지나와분순이었고, 의원 2명, 약제사 1명, 그 밖에 25명의 직원이 있었다.

2) 평양 동인의원의 의사교육

평양 동인병원은 1906년 8월 5일에 창설되어 12월에 개원되었다.[31] 한국인 의사 양성을 위한 공립 동인의원 부속의학교를 만들었다. 평양 동인의원의 직원은 한국 주재군 군의 부장 藤田嗣章^후지다츠키아키의 양해와 원조를 받고, 평양 소재 육군 위무병원의 원장을 비롯, 군의나 약제관과 제휴하여 한국인에게 3년 정도의 과정으로 의사 교육을 하였다. 또 부속 간호

29) 위의 책, 38쪽.
30) 앞의 『同仁會 40年史』, 74쪽.
31) 위의 책, 76~77쪽.

부 양성소도 있었는데, 이것은 한국인과 일본인의 공학이었다. 1907년 당시에는 15~16명의 의학생이 있었는데, 이를 한 조로 하여 한옥(韓屋)의 강의실에서 통역을 붙여서 교수하였다고 한다. 당시의 상황을 佐藤剛藏^{사토고오죠}는 다음과 같이 기록하고 있다.

> 당시 평양에 관립으로 생각되는 일어 학교가 있었는데, 일본어나 그 밖에 보통학과를 가르치고 있었으며, 의학생 중에는 이 학교 졸업생이 몇 명이 있었고, 그들 중에 우수한 자가 통역의 일을 맡았는데 상당히 열심인 자도 있었다. 아주 소수의 직원이 있었는데 나와 나카무라(中村) 외 의원 2명, 그 가운데 한 명은 철도 직원으로 진료실의 전속이었지만, 무엇을 했던가 지금 생각해 보면 매우 많은 노력을 했다고 말하지 않을 수 없다.[32]

또 군의(軍醫) 외에 약제관도 의사교육에 종사하였다. 그런데 그 의사교육을 처음 시작한 것은 中村富藏^{나카무라도미죠}부원장의 생각으로 이루어졌다. 동인회 본부로부터 받은 승인을 기초로 하여 1905년 4월 동대문 거리에서 서당식으로 시작하던 교육을 동인의원 부속의학교로 인계하였다. 中村富藏^{나카무라도미죠}는 의사교육에는 상당히 흥미를 가지고 활동한 듯하다.[33]

또 佐藤剛藏^{사토고오죠}가 부임하던 1907년 10월경에 어떤 기회가 있어서 잠시 학생을 가르쳐 보았는데, 학생들은 매우 열심히 공부했고, 또 잘 이해했기 때문에 이것이 마음에 끌려서 본격적으로 의사교육을 하게 되었다고 당시의 상황을 설명하고 있다.

> 中村富藏^{나카무라도미죠}는 평양에서 의사교육의 창시자로서 그 숨겨진 공적은 실로 조선 의사 교육사에 중요한 위치를 차지한 것이다.[34]

---

32) 李忠浩 譯, 앞의 『朝鮮醫育史』, 39~40쪽.
33) 위의 책, 40쪽.
34) 李忠浩 譯, 앞의 『朝鮮醫育史』, 39~40쪽.

또 한국 정부도 이 의사교육을 정식으로 인정하여, 양 동인병원에 매월 금 6백원을 보조금으로 하사하였다. 또 1909년 1월 순종 황제가 평양을 방문한 적이 있었는데, 그때 의사교육 장려를 위한 특별한 관심에서 부속 의학교에 5백원과 부속 간호부 양성소에 2백원을 하사하여 평양 동인병원으로서는 상당한 면목을 나타냈다. 이는 당시 평양 理事廳(일본측의 행정기관) 통감부 이사관 菊池武一^{기쿠치다케이치}가 노력한 결과로 伊藤^{이토} 통감이 특별히 관심을 써 주어서 이루어진 결과로 감사했다고 한다.[35]

평양 동인병원 부속의학교의 의사교육 현황은 다음과 같다.

> 1910년 동인의원을 자혜의원으로 인계할 당시까지 의학생은 4학년 8명, 3
> 학년 7명, 2학년 6명, 1학년 36명으로 모두 57명이었는데, 이관될 당시는 신
> 입생이 매우 많았음을 알 수 있다. 그리고 간호부 학생은 본과 일본인 5명, 조
> 선인 2명, 예과 조선인 6명으로 모두 13명이었다.[36]

이와 같이 학생들이 많이 있음에도 불구하고 의학교가 폐지된 것은 일제가 조선총독부를 설치하고, 그들의 식민지 정책 하에서 추진된 것이었다.

1910년 5월에는 石黑^{이시쿠로}군의총감의 임장 하에 수업증서 수여식을 거행한 일이 있었다.[37] 이것을 볼 때 졸업식에는 군의총감이 임장해서 수료식을 거행하고 훈시까지 하는 것을 볼 수 있다.

상급생으로 8명의 의학생이 있었는데, 모두가 1910년 9월에 제1회 졸업생으로 배출되었다. 그들의 명단은 다음과 같다.

---

35) 『高宗純宗實錄』下, 隆熙 3年 2月 3日字, 529쪽A.
  "西巡幸時 各道 公益事業費 補充 下賜金···五百圓 同仁病院 三百圓 附屬醫學校
  二百圓 同看護婦 養成所···二百圓 푸레스피테량敎會所屬病院 二百圓 메스디스
  도 敎會所屬病院 ··· 以上 平壤."
36) 앞의 『同仁會 40年史』, 76쪽.
37) 李忠浩 譯, 앞의 『朝鮮醫育史』, 46쪽.

韓應贊(79), 崔成九(80), 邊麟善(81), 金秉基(82), 李景河(83), 金鼎三(84),
金浩淵(85), 邊麟奇(86)[38]

* ( )의 숫자는 면허 번호임.

그들은 실무를 잘 할 수 있었고, 그 중 성적이 우수한 3명이 신설 관립
자혜의원인 의주, 춘천, 광주의 3곳에 임명 배치되었다. 물론 졸업한 8명
은 모두 무시험으로 의사 면허증을 받았다. 또 성적 우수자 3명은 관립병
원에서 의관의 보조자로서 충분히 그 임무를 다하였다. 졸업생 8명 외에
재학생은 모두 그대로 평양자혜원으로 인계되어 공부했고, 또 의원의 사
무 규정 중에 醫育科로 칭하여 의사교육 사업을 계속하였다. 원장 中村富
藏^{나카무라도미죠}, 의원 2명, 약제사 1명 그 밖에 25명의 직원이 있었다.

이와 같은 상세한 상황을 그 당시 평양 동인의원에서 직접 의사교육에
종사했던 佐藤剛藏^{사토고오죠}가 그의 저서에 상세히 기록해 두고 있다.

> 나는 동인의원을 총독부로 이관한 후에는 계속 평양의 자혜의원 의무 촉
> 탁으로 발령을 받고 진료에는 관계하지 않고 의사교육에만 전념하다가 그 뒤
> 얼마 안 되어 京城의 대한의원 의사교육 촉탁의로서 전입되었다.[39]

이는 그가 열과 성을 다해서 의사교육 활동에 종사한 것을 보여 준 것이
라 하겠다. 그 뒤 대구와 평양의 두 자혜의원은 진료 사무가 매우 분주하
여 도저히 의사교육을 할 여유가 없었으므로 1911년 4월을 기해 총독부
의 방침에 따라서 평양의 의학생 7명을 총독부의원 부속 의학강습소로 전
환시켜 이들 모두 장학생으로 받아들였다. 이로써 동인회의 사업으로 시
작된 대구와 평양의 의사교육 사업은 완전히 사라지고 말았다.[40] 이렇게

---

38) 조선 총독부 관보, 〈위생〉 제224호, 明治 44년(1910) 5월 31일.
39) 李忠浩 譯, 앞의 『朝鮮醫育史』, 41쪽.
40) 위의 책, 41쪽.

실시되었던 동인회의 의사교육 사업이 인연이 되어 조선총독부에서 佐藤剛藏^{사토고오죠}는 그 일을 계속 맡게 되어 한국 의사교육 사업에 일생을 바치게 되었다(광복되기까지).[41]

일제의 정치적인 목적으로 우리나라에 건너와서 활동한 동인회의 中村富藏^{나카무라도미죠}가 평양에서 그의 취미 활동으로 실시한 이 의사교육 사업은 한국의 현대 의사교육사에 일익을 담당하였다. 그런데 일본인이 한국인 의사교육을 이렇게 실시하기는 했지만, 그에 따른 염려와 문제점들을 안고 출발했다고 한다. 그들이 말하는 당시의 문제점으로는,

> 첫째는, 조선인은 무책임해서 책임 있는 일을 시켜서는 안 된다는 것이고,
> 둘째는, 조선의 학제제도는 초등교육이 목표이고, 특수교육은 일본어 학교
> 정도뿐이기 때문에 의사교육상의 문제가 있고,
> 셋째는, 합방 후에는 同仁會가 손을 뗐기 때문에 군의들 만으로서는 힘든 점
> 을 들고 있다.[42]

이는 모두 외형적인 문제점들이고, 본질적인 문제점은 한국인에게 의사교육을 해서 한국인 의사를 양성할 필요가 있느냐는 문제가 대두되었던 것이다. 즉 식민교육으로 의사교육까지 필요한지의 여부에 관한 문제였던 것이 분명하였다. 佐藤剛藏^{사토고오죠}가 한국인 의사교육에 사명을 갖고 노력하고자 할 때, 京都帝國大學 외과의 猪子^{시시이노코}교수는 그에게 한국인의 의사교육에 관한 견해를 이렇게 조언해 주었다.

> 조선인을 의사로 만드는 것은 좋은 일이지만, 조선인 의사를 양성할 때 조
> 선인 의사에게만 가서 진료를 받게 될 것이고, 일본인 의사에게는 진료를 받

---

41) 佐藤剛藏는 1907년 6월부터 1945년 12월까지 조선에서 朝鮮醫育 事業에 일생을 바쳤다.
42) 李忠浩譯, 앞의 『朝鮮醫育史』, 52쪽.

지 않게 될 것이다. 이미 대만에서는 그러한 경향이 점차 농후하게 되어서 지방에 따라서는 모처럼 애써서 대만에 건너가서 개업하고 있는 일본인의 醫業이 성립되지 않는다.[43]

그런데 그의 경험으로는 한국에서는 반대로 한국인 의사에게는 가지 않고 일본인 의사에게 의존하는 것은 지방에는 일본인 개업의가 적기 때문이다. 또한 한국 의사는 약값이나 치료비를 싸게 받는다는 이유로 한국인이 많이 찾는 경우도 있다고 밝히고 있다. 그런데 분명한 사실은 佐藤剛藏^{사토고오죠}의 결론적인 이야기에서 보면, 猪子^{시시이노코}교수의 조언이 세월이 흘러감에 따라서 이런 이유들이 쓸데없는 걱정으로 끝난 것은 다행이라고 덧붙이고 있다. 그리고 그는 또 그 이유를 "이렇게 된 것은 조선 통치 상의 덕분이라고만 말할 수는 없겠지만…"[44] 라고 그 당시의 정치 상황을 첨언하고 있다.

이 동인회의 의사교육 문제는 위에서 보는 바와 같이 일제의 식민 통치 하에서 그들의 의사교육 문제도 심각한 고심 가운데 조심스럽게 계속적으로 다루어 왔던 것으로 보인다. 그 후에 조선총독부가 경성의학전문학교를 설립하여 한국인과 일본인의 공학이 내정되었을 때도 이런 문제가 제기되기도 하였다.

배우는 것이 바람직한 일이며, 일본인과 조선인의 융화 상에도 도움이 되며, 조선 통치 상에도 좋은 영향을 줄 것이라고 추정했던 사람들이 있는가 하면, 반대로 외국인의 역사 경험이 가르치는 바로 식민지 본래의 청년과 그 본국의 청년과의 共學은 결코 좋은 결과를 얻을 수 없다고 주장한 사람도 총독부 내에 있었다. 조선을 일본 식민지라고 생각했던 사람들에게 이러한 논쟁이 있었던 듯하다.[45]

---

43) 위의 책, 53쪽.
44) 위의 책, 54쪽.
45) 위의 책, 83쪽.

이와 같이 의사교육의 문제에 관한 많은 논란이 있는 가운데도 한국에서의 의사교육 사업은 계속 이루어져 왔던 것이다. 행정 관청의 통치상의 방향에 빗나가지 않도록 신경을 쓰면서 한국의 의사교육 사업을 이루어 간 것을 여기서 알 수 있다. 그러나 그들이 원래 설정한 목표대로(동인회의 창설 목적인 의사교육을 통한 식민지 문화 정책) 소위 식민지의 문화 교육 사업을 계속 추진해 갔던 것이다. 이처럼 실시 과정에서의 문제점에 관한 논란이 다소 있기도 했지만, 그럴 때마다 행정관청의 통치 상의 기본 방향에서 조금도 빗나가지 않도록 더욱 세심한 노력을 경주하면서 한국에서 의사교육 사업을 이루어간 것을 여기서 찾아 볼 수가 있다. 이 사실을 통하여 일제는 교육은 교육자가 의도하는 방향으로 이끌어 갈 수 있다는 근거 하에서 식민지 교육을 수행해 갈 수 있다는 확신이 서게 된 것이다.

한편 당시 평양 동인의원의 조직과 활동 상황을 살펴보면 다음과 같다.

평양 동인의원은 中村富藏^{나카무라도미죠}가 창립자이고, 1906년 10월 한국 정부로부터 舊監理署의 터를 빌려, 그 주위의 민가를 사들여 특별히 병실 2동과 사무실 1동을 신축해서, 동년 12월에 개원하였다. 그 병원의 시설은 하루에 외래환자 100명 외, 입원 환자 5, 60명을 수용할 수 있을 정도였고, 특히 조선인 醫生 및 조선·일본인 간호부의 양성을 시도하였으며, 1910년 자혜의원으로 인계될 당시 의학생 수는 모두 70명 가까이 수용할 정도로 병원의 규모는 상당히 큰 설비를 갖추고 있었다.46)

이런 규모를 가지고 우리나라에서 처음으로 일제의 정책에 부응하는 식민지 교육의 형태로써 의사교육을 시도했던 것이었다. 그 중심적 역할을 한 것이 바로 평양 동인의원이었다. 이 당시 우리나라의 의사 수는 일본에 비해서 극히 소수에 불과하였다.47)

---

46) 앞의 『同仁會 40年史』, 76~77쪽.
47) 三木榮, 앞의 『朝鮮醫學史 及 疾病史』, 288쪽.
　　隆熙 2년(1908)말 조선 전체의 의사 수는 조선인 2,659명, 일본인 283명, 외국인 19명(인구 1만 명에 의사 수는 3명)이며, 〈衛生局調査統計〉 1910년 통계에 의하

우리 의사교육이 1902년 6월에 조직된 동인회의 활동을 통해 식민지 교육을 시도할 목적으로 이용된 것은 유감이다.

이상에서 살펴 본 바와 같이 대구와 평양의 두 동인의원은 의사교육을 부속 사업으로 소규모로 운영하였다. 그러나 한국인을 의사로 양성하는 공립 동인의원 부속의학교라는 이름을 붙여서 3년 정도로 의사교육을 하였다. 또, 간호부 및 산파 양성도 하였다. 이는 한국인과 일본인을 공학으로 가르쳤는데, 언어의 불통으로 통역을 붙여서 교수하였다. 이렇게 교육하던 동인회의 의사교육 활동은 1910년 10월 1일 조선총독부가 설치되면서 13도에 군부 직계의 관립 자혜의원(도립의원의 전신)을 신설, 대구와 평양 양 동인의원의 건조물은 모두 그대로 관립 자혜의원에 이관되어 두 동인의원은 해산되었다.

직원은 대부분 각 도의 자혜의원에 분산 배치되어 근무하였다. 앞에서 서술한 바와 같이 대한의원은 佐藤進^{사토스스무} 원장이 사임한 후(1909.2) 동인회와의 관계가 자연히 끊어졌다. 그는 경무 고문의로서 동인회의 소개로 조선에 건너와서 각 지방에서 진료 활동에 종사하였다.[48] 동인회에서 파견된 醫家는 그 후에 제도가 개혁되어서 公醫와 警察醫로 바뀌었다.

이와 같이 한국 병합을 계기로 한국에서 동인회 사업은 형식적으로는 일단락지어졌던 것이다. 다만 남은 것은 佐佐木四方志^{사사키요모시}가 동인회 상임이사를 중심으로 해서 용산 동인의원 내에 전국의 철도 촉탁의로 종사하는 자들만 남았는데, 이들은 상당한 기간 계속 남아 활동하고 있었다. 그리고 용산 동인의원은 그 뒤 용산 철도의원으로 명칭을 바꾸어 인계되어, 佐佐木四方志^{사사키요모시}에 의해 운영되었다. 그 후 1926년 3월에 총독부 철도국의 직영으로 운영되었으므로 그 때에는 사사키시호지는 한지(閑地)로 물러갔다.[49]

면 일본의 의사 수는 37,997명으로 의사 1인당 1,345명, 인구 1만 명에 의사 7.43명이다.
48) 위의 책, 290쪽, 이 제도는 1905년 가을 이후의 일이다.

동인회는 문자 그대로 [同仁]이란 허울로 식민지 민족을 회유하는 방법으로 사용되었다. 조선총독부 설치 후, 즉 식민지화 하는 목표가 달성되자 동인회는 한국에서 손을 떼고 새로운 식민지 개척지를 향해 그 손길을 돌렸다. 그리하여 1945년 일본이 패전할 때까지 소위 그들이 말하는 전 세계 인류를 하나로 만들고자 [同仁] 박차를 가하였다. 이것이 바로 일제 식민지 교육의 본질이었다. 일제는 「일시동인」의 열매를 거두기 위해서 조선에서 짧은 기간에 걸쳐 식민지 문화 사업이라는 미명으로 그 기능을 십분 발휘했다고 말할 수 있다.

이 사실에서 동인회의 의사교육 활동은 [同仁]이란 미명 하에 이루어진 일제의 식민지 교육 활동의 전초전이라 말할 수 있다.[50]

이상으로 동인회의 의사교육 활동에 대해서 구한말에 활약한 내용을 중심으로 정리해 보았다. 자료의 부족으로 상세히 정리할 수 없었던 아쉬운 점이 있다. 우리나라에서 실시된 일본 의료진의 총독부 시대의 활동 상황은 어떻게 전개되었으며, 그 활동이 식민지 교육에 어떻게 이바지하고 있었던가에 대하여는 다음 장에서 살펴본다. 총독부 시녀 기관의 역할로 전환되는 총독부 의사교육 활동이 식민지 교육사에서 어떤 위치를 차지했나 하는 것을 살펴보는 것은 실로 흥미로운 일이라고 짐작된다.

어쨌든 그들의 「同仁會の創設」이란 논지에서[51] 보듯이 서양의 식민지 정책 방법(의료 및 교육)을 그대로 도입 적용한 것이었다. 일제는 당시 한반도를 비롯하여 만주 지역 식민지 개척을 위해 일본 정부의 최대 역점 사업으로서 총리를 수뇌부로 하고, 왕실까지 동원해서 국민들의 이해와 협

---

49) 위의 책, 290쪽.

50) 『同仁』, 1929, 3권 2월호, 15쪽.
   故殿下御下賜의 御染筆에「聖人一視而同仁篤近而居袁錄韓兪原人」

51) 『東京朝日新聞』, 明治 35年(1902) 6月 18日(水)字.
   "淸朝兩國へ日新醫學布及을 目的とする. 同仁會の起こる喜ぶ可し知識的啓導東亞振興の最先急務"

력을 얻어 이 동인회의 활동을 전개해 왔던 것을 알 수가 있었다. 그 중에서 식민지 교육 정책의 일환으로써 조선총독부 이전부터 이미 짧은 기간이나마 의사교육 활동을 시도했다는 것을 살펴보았다.

일제는 동인회의 의사교육을 통해서 식민지 교육의 접근을 시도한 것이었다. 또 동인회에서의 의사교육 활동은 합방 이후 계속되는 식민지 교육 정책을 설정하는 기본 방향이 되었다. 즉 '一視同仁'이란[52] 식민지 교육 정책의 교육 목적을 일찍이 파급시키는 데 지대한 영향력을 발휘했다는 점은 간과할 수 없는 새로운 사실로 부각시킬 수 있다.

이외에도 安東(滿洲) 동인의원의 의사교육 활동도 있었는데, 간단히 정리해 보면 다음과 같다.

안동 동인의원의 활동 상황은 자료의 부족으로 상세한 내용은 알 수 없으나, 안동 동인의원에서도 동인회의 목적대로 의사교육이 이루어졌다.

1911년 기숙사 1동을 신축해서 조선인 2명, 중국인 1명에 대하여 의사교육을 실시한 것에 지나지 않았다.

당시 직원은 원장 의학박사 境岬^{사가이미사키}, 醫長 中村勳^{나카무라이사오}(도중에 汁村維雄으로 바뀜), 그 밖에 20여 명이 있었고, 매년 예산은 2만1천원, 진료 수입은 1만7, 8천원이었다. 이곳도 예산의 지원 없이는 운영이 곤란한 형편이었다.[53]

또 1907년 12월에 서울의 용산 동인의원도 설립되었는데, 이는 의사교육 활동에 대해서는 찾을 수가 없었고, 단지 철도 공사에 종사한 일본인들을 위한 병원으로 그 역할을 다 하였다.

---

52) 朝鮮總督府 編纂, 李忠浩 譯, 『朝鮮統治秘話』, 螢雪出版社, 1993, 17쪽.
   齋藤實 總督의 〈官制 改革의 詔書〉에서 "짐이 일찍이 조선의 康寧을 念願하여 그 민중을 愛撫하고, 一視同仁에 입각하여 같은 신민으로서 秋毫의 差異를 두지 않고…"
53) 三木榮, 앞의 『朝鮮醫學史 及 疾病史』, 78쪽.

Ⅲ. 대한의원의 의사교육

　우리나라 최초의 근대식 의학교육은[1] 큰 제도 개혁인 갑오경장 이후 1899년 3월 의학교 관제가 칙령 제7호로 반포된 이래[2] 서양 의학을 도입해서 교육한 관립 의학교에서 실시되었다.

　이 학교에서 졸업생들이 배출되었는데, 그들은 군의, 개업의 등으로 당시 의료계에서 활발한 활동을 전개하였다.[3]

　형식상으로는 이때의 의학교가 대한의원 부속의학교로 이관되어 구한국 시대의 통합된(관립의학교, 적십자의원, 광제의원) 의사교육 기관으로

---

1) 京城관립의학교가 최초의 서양식 근대의학교 교육을 시행했다. 정식 명칭은 〈의학교〉이나 일제가 京城의학교로 명명했다. 이후 의학교로 통일함.
2) 『舊韓國官報』, 1899.3.28.
　金斗鍾, 『韓國醫學文化大年表』, 탐구당, 1982.2, 566쪽.
3) 고려대학교 민족문화연구소, 『한국현대문화사대계 4, 과학 기술사(상)』 1981, 368～373쪽.

서 기능을 다하였다. 그러나 을사조약(1905.11)으로 인하여 그 다음 해부터 통감부를 설치하고, 그 내용에 따라 식민지 체제로 굳어 갔던 때에 의사교육도 이 범주에서 벗어날 수가 없었던 것이었다.

현재까지 이와 관련된 몇 편의 논문은 단순히 그 당시에 의사교육을 어떻게 했는가 하는 단편적인 사실을 정리한 것이었다.[4]

대한의원이 창립된 시기는 이미 일제의 권력 구조가 우리나라에서 조직화된 후였다. 따라서 우리나라에서 그들이 의도한 목적대로 모든 분야에서 식민지 작업을 내면적으로 이루어 가고 있던 시기였다. 그 중 한 분야인 대한의원 부속의학교의 교육 활동이 어떻게 전개되었으며, 당시 일제의 통감부가 의도한 방향이 무엇인가를 살펴보고자 한다. 즉 대한의원은 교육부에서 의육부로, 그리고 1909년에는 대한의원 부속의학교로 이름을 바꾸면서 의사교육 활동을 하였다. 그 후 1910년 10월 조선총독부의원 부속의학강습소로 발전되기 전까지의 상황을 이 장에서 살펴보고자 한다. 일제는 통감부 통치를 실시하면서 각 분야에 걸쳐 식민지 체제로 전환시키는 작업이 진행되었는데, 그 중에서 의료 분야의 변화 과정이 바로 대한의원의 설립이요, 그 교육 체제가 곧 그 부설 의학교의 모습이다.

즉, 여기서는 우리의 기존 의학교 체제인 대한의원의 의사교육 활동이 식민지 체제하로 돌입하는 과정에서 어떻게 전환되었던가를 중심으로 살펴보고자 한다. 이런 측면에서 지방에서는 동인회의 의사교육 활동이 그 전초전으로 행해진 것을 이미 밝힌 바 있다. 일제가 통감 정치를 실시한 순종 시대에는 중앙에서는 대한의원, 지방에서는 동인회를 중심으로 의사교육을 통한 식민지 교육을 시도하였다. 이와 같은 맥락에서 식민 교육의 일환으로 그 조직과 체제를 어떻게 갖추어 갔는가 살펴보고자 한다.

---

4) 이 분야에 관한 연구물로서는 ▷ 김두종, 앞의 책, ▷ 고대민족문화연구소, 앞의 책,
▷ 三木榮, 앞의 주3)의 논문, 73~95쪽. ▷ 奇昌德, 「국가에 의한 서양교육 1885~1945」,
『의사학』 제2권 1호, 1993, 10~37쪽 등이 있다.

자료의 한계로[5] 구체적이고, 상세한 내용은 다 살펴볼 수 없지만, 대한
의원의 설립과 그 의사교육의 역할에 관하여 알아보고자 한다.

1. 대한의원의 설립

1) 배경

대한의원의 교육 활동은 결론적으로 말하면, 우리의 東醫敎育 및 의학
교 말살 정책이다. 이러한 대한의원의 설립 배경은 다음과 같다.

일본의 경시청 경시였던 丸山重後^{마루야마시케토시}가 1906년 1월20일 경무

---

[5] 특히 우리 측 사료는 거의 없음.
사단법인 세종대왕기념사업회, 『승정원 일기』, 純宗(1~7권), 1994. 12. 신흥인쇄
주식회사. 권 7(색인), 77쪽.
이 책에 대한의원에 관련된 내용이 여러 곳에 기술되어 있다.
▷ 대한의원-2권62쪽, 4권69쪽, 6권142쪽. ▷ 관제-4권 70쪽. ▷ 관제개정건-2
권 62쪽. ▷ 관제령-4권 69쪽. ▷ 교수-2권 64, 66, 94쪽, 4권 64, 69, 70, 179,
180, 5권 36쪽, 6권 142, 150, 198, 223쪽. ▷ 技士-2권 62, 94, 95, 145, 211쪽, 3권
122쪽, 4권 64, 66쪽. ▷ 기사 겸약 제관-4권 36, 55, 65쪽. ▷ 技手-2권 89쪽, ▷
번역관-2권 94, 174쪽, 4권 64쪽. ▷ 번역관보-2권 89쪽, 4권 33쪽. ▷ 부교수 전
임-2권 62쪽. ▷ 부속의학교-4권 69쪽. ▷ 부원장-2권 62, 63쪽, 3권39쪽, 4권
69쪽. ▷ 分課-4권 70쪽. ▷ 사무관-2권 62, 183쪽, 4권 69, 70쪽, 6권 81, 102쪽.
▷ 약제관-2권 62, 8, 94, 211쪽, 3권 27쪽, 4권 62, 65, 69, 70, 98, 179쪽. ▷ 원장
-2권 2, 94쪽, 4권 69, 70쪽, 5권 56, 202쪽, 6권 7, 235쪽. ▷ 원장봉급 및 수당건-
2권 63쪽. ▷ 원장사무임시서리-4권 80쪽. ▷ 의관-2권 62, 94, 95, 210쪽, 3권 99
쪽, 4권 69, 70, 179쪽, 5권 10, 36, 180쪽, 6권, 142, 150, 184, 198, 223쪽. ▷ 의관
겸 교수-6권 179, 192, 206, 235쪽, ▷ 의관 겸 승녕부 전의-4권 54쪽, 6권 142쪽.
▷ 의관사무 촉탁-3권 35쪽, 4권 180쪽, 5권 188쪽. ▷ 의관진임(醫官秦任)-4권
69쪽. ▷ 의원 겸 교수-5권 208쪽. ▷ 조수-2권 8, 94, 157, 3권 29, 6, 141쪽, 4권
35, 62, 65, 69, 70, 151, 184, 208, 5권 88, 121, 133, 6권 11, 88쪽. ▷ 주사-2권 2,
89, 94, 106쪽, 3권 112쪽, 4권 65, 69, 70쪽, 5권 196쪽, 6권 110, 168쪽. ▷ 통역-4
권 35, 65, 70쪽, 5권 203쪽, 6권 57, 203쪽. ▷ 통역생-2권 89쪽, ▷ 학감-3권 63
쪽. ▷ 학생감-2권 62, 94, 121쪽, 4권 69, 70쪽, 6권 167쪽.

청 고문관으로 의학교에 고용되어 서울에 도착하면서부터[6] 적극적인 간섭으로 의학교의 존폐가 거론되기 시작하여, 1906년 4월 9일 통감부에서 열린 〈한국 시정 개선에 관한 협의회〉에서 거론되었다.[7] 처음에는 적십자병원으로 통합하는 안이었다가, 동 7월 12일 통합된 병원인 대한의원으로 결정하여 정부 사업으로 추진하고자 했던 것이다. 그 후 1906년 8월에 대한의원 설립 계획이 낙착되기에 이르렀다.[8] 이로 인하여 학생들은 자퇴하는 자들이 늘어나 의학교 마지막 졸업식을 할 수 없을 정도로 악화되었다. 그런 가운데 의학교의 졸업식은 연기되어 1907년 1월 29일에 조용히 졸업증서 수여식을 하는 것으로 끝냈다.[9] 대한의원의 설립은 이와 같이 의학생들의 심한 반발 속에서 이루어졌다.

대한의원의 설립에 대한 일본 정부 측의 의도를 당시 대한의원 부속의학교에 근무한 한 일본인 교사는 그의 저서에서 다음과 같이 말하고 있다.

佐藤進^{사토스스무} 대한의원장은 동인회의 부회장이었으므로 동인회가 조선과 연결되기 위해서는 자연히 좋은 상태로 두었다. 혹은 그렇게 된 것일지도 모른다. 이와 같이 대한의원 창설 당시는 동인회가 그 주역을 담당했다고 볼 수 있다. 부원장에는 궁내성 시의였던 高階經本^{다카시나츠네모토}(東大 출신)를 위임하였다. 그는 온후 독실하고 인자한 사람이었다. 대한의원 창설 당시에는 내부의 통제도 없었고, 직원간에는 무엇인가 모르게 일종의 무거운 분위기였

---

6) 『皇城新聞』〈警顧入來〉제1854호, 光武9(1905)년 1월 21일자.
7) 金正明(편), 『日韓外交資料集成』5・6(上・中・下), 東京: 巖南堂書房, 1967, 171~2쪽.
    1906년 4월9일 통감부에서 열린 〈한국 시정 개선에 관한 협의회〉에서 이토히루부미(伊藤博文)는 다음과 같이 말하고 있다.
    「京城에는 한성병원이 있고, 적십자병원이 있고, 내부 소속의 광제원이 있고, 학부 소관의 의학교 부속병원이 있다고는 하나 전문적인 병원은 어느 것이나 규모가 작고 분립되어 사회에 도움 되는 것이 적으니 통합해서 적십자병원 하나로 하면 규모가 완전한 것으로 될 것이다.」
8) 『帝國新聞』, 「大病院計劃落着」제9권, 262호, 光武 10년 8월 23일자.
9) 『皇城新聞』, 「醫校證書受與」제2,391호, 光武 11년 1월 26일자.

고, 또 자주 도쿄 동인회 본부에서 다카시나(高階経本) 경부원장이 와서 가슴 아팠던 이야기를 했다고 岡田和一郎^{오카다와이치로} 이사로부터 나는 전해 들었 다. 대한의원과 동인회와의 관계는 사토스스무 원장의 사임에 앞서 모든 것 이 끝난 것 같다. 내부 위생국을 신설한 후의 대한의원은 먼저 표면적으로 보 면, 치료 기구 겸 의육 기구라 고친 것으로 보는 편이 좋겠다.[10]

이와 같이 설립 당시 동인회에서 파견된 佐藤進^{사토스스무} 원장과 조선통 감 이토히로부미 사이에 서로의 주도권 문제로 말할 수 없는 알력이 있었 던 것을 알 수 있다.

1907년 8월 대한의원 개원식에 한국 황제 폐하의 行幸을 맞이할 예정이었 지만, 무엇인가 잘못되어 개원식 당일 중지되었다. 한국의 의사 위생 개척의 사명을 띤 초대 佐藤進^{사토스스무} 대한의원장은 그때에 이토히로부미 통감과 누 누이 의견의 차를 가져왔고 문제에 따라서는 원장은 통감에게 明治 폐하를 그렇게 영접해서는 안 된다고 항의한 일도 있어서 통감으로서는 매우 꺼려한 경우도 있다고 했지만, 사토스스무 원장은 얼마 안 되어 사임되었다.[11]

佐藤剛藏^{사토고오죠}는 당시 평양에서 근무하다가 서울로 전근되었다. 그 는 당시 고위층의 분위기를 위와 같이 기록해 두었다. 즉, 이토히로부미 통감과 동인회에서 파견된 佐藤進^{사토스스무} 원장과는 의견 대립이 많았던 것 을 알 수 있다. 서로의 주장이 강하고 너무나 비협조적이어서 의사교육 활 동은 큰 진전이 없었던 것으로 짐작된다.

초대 대한의원장으로 동인회 본부의 부회장이 취임한 데에는 대한의원 이 동인회와의 밀접한 관계 하에서 설립된 사실을 알 수 있다. 동인회가 대한의원 창설에 주역을 담당하였음은 전혀 의심할 바가 없는 것이다.

창설 당시 아직 내무부 위생국에 속하지 않았을 때는 동인회에서 파견

---

10) 李忠浩 譯, 앞의 『朝鮮醫育史』, 30쪽.
11) 위의 책, 154쪽.

된 직원과 그렇지 않은 직원들 간의 갈등 등으로 많은 문제들이 야기되었다고 짐작이 간다. 이 문제를 위해 대한의원 부원장인 高階經本^{다카시나츠네모토}가 도쿄의 동인회 본부에 자주 왕래해서 이 문제를 해결하고자 고심했던 것이다.

그 결과 동인회 이사인 山根正次^{야마네마사츠쿠}12)가 曾彌荒助^{소네아라스케}통감13) 때 한국 정부 내부 위생국에 위생 사무 촉탁으로서 위생 고문격으로 부임해 왔다. 그러나 그는 그 후 寺內正毅^{데라우치마사다케}총독의 오해를 받고, 조선총독부 설치 얼마 후 일본으로 돌아갔다.14) 이미 그 이전에 야마네 촉탁은 동인회 이사라는 이유인지는 몰라도 이토히로부미 통감에게도 한국 입국을 거절당한 적이 있었다.15)

이와 같은 일들을 종합해 볼 때 한국 통치를 꾀하고자 하는 통치자와 동인회와의 갈등이 분명했음을 알 수 있다. 당시의 상황을 佐藤剛藏^{사토고오죠}의 말에 의하면, 대한의원은 초대 통감인 이토히로부미의 의도에 의해 창설된 것이라고 분명히 밝히고 있다. 그런데도 초대 원장으로는 明治천황의 칙명에 의해 동인회 본부 부회장인 佐藤進^{사토스스무}가 관제 발표 후에 부임하게 되었던 것이다.16)

---

12) 山根正次^{야마네 마사츠쿠}(1857.12~1925.8): 東大醫大卒業, 警察醫長, 山口郡部 무소속으로 중의원 6대 당선된 자임.
13) 曾彌荒助(1849~1910): 明治 시대의 관료, 정치가 戊辰戰爭에 從軍한 후 프랑스에서 유학. 明治23년 중의원 서기관장, 25년 중의원 의원. 駐佛 公使, 제3차 伊藤內閣法相, 제2차 山縣內閣 農商務相, 제1차 桂內閣藏相을 역임. 이 사이 33년 貴族院議員.
40년 한국 副統監, 42년 統監이 되고 한일합방을 추진하였다. 樞密顧問官. 子爵.
14) 佐藤剛藏 著, 李忠浩 譯, 앞의 책, 30~31쪽.
15) 위의 책, 155쪽.
「야마네 촉탁은 원래는 국회의원인데 이토히루부미(伊藤博文)통감에게 자신이 재삼 조선에 들어가고 싶다고 간청을 했지만, 통감은 즉석에서 이 청을 물리쳤다.」
16) 위의 책, 29쪽.
「1907년 봄 한국 정부는 경성에 대한의원이라는 큰 병원을 개설했다. 이것은 이토히루부미의 의도에 의한 것이다.」

이러한 설립 배경으로 대한의원이 창설되었는데, 그 구체적인 설립 과정은 이러하다.

2) 과정

대한의원의 설립에 대한 내용은 몇 개의 자료에서 찾아 볼 수 있다.[17] 그 중에서 가장 상세한 것은 1908년 10월 개원 당시, 대한의원 개원식에 참석했던 佐藤剛藏^{사토고오죠}가 찍은 사진첩에 기록되어 있는 [대한의원 연혁]이란 제목의 자료를 들 수 있다(앞의 대한의원 개원식 회보 사진첩 참조).

丙午(1906년) 新政 이후[18] 伊藤太郎^{이토타로}씨는 항상 한국의 위생을 고려하여 이의 개선을 꾀하고자 먼저 京城에 하나의 큰 위생 기관을 완성시킬 것을 원하여 1906년 여름, 의학박사 佐藤進^{사토스스무}남작을 초빙하여 이것의 창립을 감독하도록 하였다. 박사의 청에 응해서 분발한 小竹武次^{고타케츠쿠지} 의학교 교사, 小山善^{고야마요시미} 통감부 기사, 佐々木四方志^{사사키요모시} 광제의원장, 요시모토(吉本) 대한적십자병원 주임, 고쿠분(國分) 통감부 서기관, 구니에다(國枝) 度支部(일본 오오쿠라성에 해당) 기사 및 兒島高里^{고지마타카사토} 의학사로 창립 위원을 구성하여 스스로 그는 이곳의 장이 되었다. 먼저 광제원,[19] 의학교 및 대한적십자병원을 부축시켜 한 단체로 만들고, 한편으로 개개의 분립의 폐단을 제거하고, 또 다른 한편으로 한국 위생의 수뇌 기관을 만들어 낼 것을 기도하였다. 무릇 그러할지라도 광제원은 1899년에 창립하여 내부에 속해서 漢・洋의 菜餌를 모아서 널리 민중의 병고를 구제할 겸, 痘苗를 제조하여 전국에 배부하므로써 종두의 보급을 시도하였다. 그 경상비는 연액 1만원이 계산되었으나, 1906년 2월 2일 일본인을 들어오게 해서 그것을 정리

17) ▷ 위의 책, 29쪽. ▷ 三木榮, 앞의 논문, 90~91쪽. ▷ 김두종, 앞의 책, 36쪽.
　　▷ 앞의『고종순종실록』하, 520쪽, 「十月二十八日…大韓醫院開院式諸費五千圓…」
18) 조선통감 정치(1906.2.1부터 실시)
19) 광제원은 1899년 설치. 내부에 소속되어 질병 치료를 담당. 관원은 長(秦任官) 1명, 의사(判任官) 15명, 鄭喬의『大韓季年史』에 의함.

확장시키기 시작함으로써 진전되었고, 대한의원 치료부 및 위생부의 기초를 이루었다.

의학교는 1899년 창립에 즈음하여 학부(일본의 문부성)에 속하게 되었으며 여학생을 교육하고, 1906년까지 36명을 졸업시켰다. 경상비는 연액 1만원이었는데, 대한의원에 병합하여 교육부로 되었다. 대한적십자병원은 1905년에 창립하여 황실로부터 매년 2만4천원을 하사 받고 빈민 시료를 행하였다. 조선총독부 설치 후에는 치료부가 들어와서 황실의 인자의 뜻을 체득해서 빈민 시료를 존속시켰다. 이상 3개를 합하여 큰 병원을 건축하는 데 있어서 무엇보다 중요한 것은 가장 좋은 땅을 선택하지 않으면 안 되었다.

城內外 적당한 땅은 없었으나 다행히 含春苑 남쪽 기슭 지점을 물색하여 얻었다. 그 위치는 梢梢城의 동북 지역으로 건조하고 높은 좋지 않은 지역이고, 수목이 울창하고 공기와 물의 청수함은 다른 곳에 비교할 수 없을 정도이다. 드디어 이곳에 기공할 것을 결정하고 대한의원이라 命名하였다.

다음에 1907년 3월 대한의원 관제를 공포하고[20] 內閣에 직접 예속시켜 院을 3개로 나누기로 하였다. 하나는 위생부, 또 하나는 치료부, 그리고 나머지 하나를 교육부라 불렀다.

위생부는 전염병 조사 및 예방 치료법의 연구를 담당했고, 겸해서 醫政의 일부를 보조하고, 치료부는 질병의 救療를 담당했고, 교육부는 의사와 약제사 등의 교육을 담당하였다. 처음 1906년 8월 기공식을 하고부터 약 1년에 걸쳐 공사가 태반 준공됨으로써 1907년 11월 1일 일제히 이전하여 발전 도상에 이르게 되었다.

1907년 7월 일제는 어렵게 한·일협약을 개정시켜서 일본인이 한국 관리가 될 수 있는 것과 함께 1908년 1월에 내부에 위생국을 창설하였고, 대한의원 위생부는 직원까지 들어와서 공히 이를 조직하기에 이르러 대한의원은 완전히 행정상의 문제는 관계하지 않고, 오로지 한국 신 의학의 학술적 중추가 되기에 이르러 다시 내부에 소속되지 않았다.[21]

---

20) 대한매일신보, 1907년 2월 7일, 醫院官制.
   정부에서 대한의 관제를 現今 마련 중이라더라.
21) 李忠浩 譯, 앞의 『朝鮮醫育史』, 31~33쪽.

이렇게 하여 대한의원은 1907년 3월에 개원하여 1910년 9월까지 존속하다가 그 후 조선총독부의원으로 계승되었다.

3) 창립과 규모

이상에서 그 과정을 대략 살펴보았는데, 1906년 7월 3일 육군 군의 총감 남작 의학박사 佐藤進^{사토스스무}가 궁내성 御用掛를 임명받고, 광제원 · 의학교 및 대한적십자병원을[22] 합하여 한국 위생의 종합수뇌기관으로 크게 만들고자 기획하였다. 즉 대한의원을 설립하기 위하여 佐藤進^{사토스스무}가 창립 위원장이 되고, 小竹武次^{고타케츠쿠지} 경성의학교 교사, 小山善^{고야마요시미}통감부 기사 佐々木四方志^{사사키요모시} 광제원 醫長, 吉本^{요시모토} 대한적십자병원 주임, 國分^{고쿠분} 통감부 서기관, 國枝^{구니에다} 度支部 기사 및 兒島高里^{고지마다카사토}약학사로서 창립 위원을 임명하고, 열의를 갖고 창립에 착수하였다.[23]

이리하여 다음해 1907년 3월 10일 광제원을 폐하고(칙령 제9호)[24] 대한의원 관제를 발표하여,[25] 동월 15일부터 시행하였다. 이를 의정부 관할직속으로 하고, 한국 황제를 총재로 推戴하였는 바 당초는 내무대신이 원장을 겸하였다.[26]

---

22) 국사편찬위원회, 『高宗純宗 時代史』 6卷, 탐구당, 1970, 16쪽.(1904년 12월 20일).
23) 佐藤進은 1906년 7월 3일 來韓, 8월 21일 서울에서 일본으로 돌아감. 다음해 3월에 다시 와서 위원장에 취임함.
24) 『舊韓國官報』, 光武11년 3월 13일.
　　『高宗實錄』下, 416c, 卷48, 光武 11년 3월 10일. 탐구당(영인본), 1979.
　　「勅令 제9호 大韓醫院官制裁可公布 본원은 의정부 直隸하야 衛生 醫育 治病의 사무를 掌함이나, 院長 1人, 顧問 1人, 醫院 17人, 敎官 7人」
25) 「대한의원 관제 개정」, 앞의 『高宗純宗實錄』下, 477c, 482, 529c쪽.
26) 당시 내무대신은 이지용이었다(1907.3.28). 그 다음 任善準(1907.5.30)이 개각에 의해 내무대신이 되어 겸임함.
　　「대한의원」, 앞의 『고종실록』下, 462b, 446d쪽,(고종실록 권48, 光武11년 4월 19일.) 「內務大臣 李址容 兼任 大韓醫院長」

그리고 새롭게 病舍를 馬凳山상(그 후 경성제국대학 의학부 부속의원 부지)에 세우고, 건물은 2층 기와 건물로 본관과 기와평가 건물, 병실 7동 및 부속 제 건축물로 되고, 立上翠樹의 사이에 숨겨진 장려한 洋風 건물은 도시 중심의 가장 좋은 장관을 이루었다.[27]

건축비는 29만 3천 5백 66원,[28] 시설비는 6만 4천 11원으로 합계 35만 7천 5백 77원이 들었다. 그리고 1개년의 경상비는 약 15만원정도 들었다.[29] 또 수도를 설치하는데 든 비용은 7백5원이 소요되었다.[30]

이렇게 하여 대한의원을 완성하고 1908년 10월 28일 개원식을 동 의원 내에서 성대히 행하였는데, 이때 이토히로부미 통감도 이 행사에 참석하였다. 개원식에 소요된 비용으로는 국고에서 5천원을 들여서 거행하였다.[31]

4) 조직과 체제

병원 사무는 치료, 교육, 위생의 3부로 나누고, 치료 부장은 이토히로부미의 시의였던 통감부 기사 小山善^{고야마요시미} 교육 부장은 예비 육군 군의정 小竹武次^{고타케츠쿠지}, 위생 부장은 광제원 醫長이었던 佐々木四方志^{사사키요모시}였다. 치료부에서는 질병 진료와 빈민의 救療를, 교육부에서는 한국 위생 행정을 장악하고,[32] 또 한국적십자사의 촉탁 사무를 실행하게 되었

---

27) 三木榮, 앞의『朝鮮醫學史 及 疾病史』, 288~9쪽. 현재 서울특별시 종로구 연건동의 현재 서울대학 부속병원의 위치.
28) 金斗鍾, 앞의『한국 의학사』, 619쪽.
29) 植民地朝鮮教育政策史料集成 26, ② 朝鮮의 教育制度 略史, 대학서원, 영인본, 169~170쪽.
30) 「대한의원 수도 포설 경비」,『앞의 高宗純宗實錄』下, 530b, 隆熙 3년 3월 13일.
   七百十五圓 大韓醫院 水道布設 經費.
31) 「대한의원 개원식 諸費」,『高宗純宗實錄』下 520c, 융희 2년 10월 28일.
   大韓醫院開院式諸費5千圓隆熙元年度國庫剰餘金中支出事.
32) 明治 42년(1909) 1월 한국 정부에 내부위생국 신설 후에는 행정사무는 그곳으로 이관되었다. 그러나 1928년 총독부의원이 대학부속병원으로 이관되기까지 원장은 조선 醫事 행정의 고문격의 입장이었다.

다. 그리하여 광제원은 치료부 및 위생부(행정면은 상술한 바와 같이 얼마 안 되어 변경됨)의 그 성립을 보고, 의학교는 의육부로 그 후 의학강습소로 개칭되고, 대한적십자병원은 치료부의 일부(시료)에 편입된 것이다.[33]

이상에서 대한의원의 설립 내용을 간단히 정리하면, ① 왕립 병원이었던 광혜원(후에 제중원), 내부 직할 병원인 내부 병원(광제원)과는 그 조직이나 품격이 다른 의료 기관이었다. 즉 의정부 직할로 격상시켜서 병원장의 직급을 秦任官에서 勅任官으로, 내무대신이 병원장을 겸직하게 되었다. ② 예산의 규모가 광제원 1년 예산의 10배 정도였다.[34] ③ 광제원, 학부 소관의 의학교와 그 부속병원까지 통합한 복합 기능을 갖는 대한의원으로 바뀌었다. ④ 종전의 한방을 배제하고, 순수 서양 의학에 의한 진료를 목적으로 하는 기관이었다. 이는 우리나라 고유의 특성인 한방의를 중심 체제로 한 의료 기관을 말살시킨 것이었다. 종전까지는 내부 병원이나 광제원은 漢・洋方이 공동 진료를 했고, 병원 행정은 漢醫가 관장해 왔다. 이 사실로 볼 때, 일제는 통감 통치 1년 후부터 이미 의료 기관을 그들의 손아귀에 장악해 갔던 것이다.

대한의원의 직원 구성을 보면 발족 당시는 어쩔 수 없이 대부분이 우리나라 사람으로 구성되었으나, 원장이 내부대신에서 佐藤進^{사토스스무}로 바뀌는(1907.11) 1차 개혁 때부터는[35] 교육부 설립 초기에는 의원과 직원은 한국인, 의육부와 부속의학교에도 한국인이 맡았다. 그러나 그 뒤에는 일본인이 대거 포진하였다. 당시의 한국인과 일본인 직원을 비교해 보면 〈표 1〉과 같다.

---

33) 佐藤剛藏 著, 李忠浩 譯, 앞의 책, 156~7쪽.
34) 서울대학교 의과대학사 편찬위원회(편), 앞의 책, 18쪽.
  1907년 광제원 예산 33,947元, 대한의원 293,566元 여기는 민가 철거 보상비(25,650元, 신년도 건설비 포함. 1908년 예산 149,566원 책정(1907.12.20))
35) 1907년 12월 27일 칙령 73호로 관제 개혁 단행.

〈표 1〉 대한의원 직원 구성의 변화[36]

교육부 (1907.3.15~12.31)		의육부 (1908.1.1~09.2.1)	부속의학교 (1909.2.1~10.8.30)
내무 대신이 원장을 겸임할 때		佐藤進 원장 때	菊池常三郎 원장 때
직 위	성 명(직급)	직 위	성명(직급)- 한국인
병원장	李垠鎔(초대 1907.3~5)	의관 교수	李圭璿 奏任(정3품)
	任善準(2대 1907.5~12)		崔國鉉 奏任(9품)
의원	李圭璿 奏任(정3품)		劉世煥 奏任(정3품)
	皮秉俊 判任(정6품)		劉秉珌 奏任(정3품)
	崔國鉉 奏任	학생감	崔奎翼 奏任(9품화학)
	崔馨源,金聖倍,韓宇,李在璿,李秀一,		池錫永 奏任(정3품)
	柳日煥,朴馨來,金錫奎,劉泰完,宋永鎭		
	李應遠(1907.3.15~12.30)金相燮		
	(1907.3.15~12.30)		
	池錫永(奏任3품1907.3.15)		
	劉秉泌(奏任정3품1907.3)		
약제사	劉奎翼 判任(6품)		
敎官(의대교수)	朴泰吉 判任(6품)		
주사	劉日煥判任(7품 1907.3~12)		
	朴馨來判任(9품 1907.3~12)		
	金澈周判任(6품 1907.3~12)		
조수	李應遠·金相燮·康大植		
	尹太河		
교사	W.B 스크랜톤(미국인)*		

---

36) 〈도표〉는 다음 자료에 근거 하여 작성했음.
　　『승정원일기』 순종 2, 순종 2년 1월 1일, 신흥인쇄주식회사, 1994, 89, 94, 106쪽.
　　앞의 『서울대학교 의과대학사』, 18~19쪽.
　　대한매일신보, 1907년 3월 26일, 官報의 敍任 및 辭令에 의함.(3722호)
　　李忠浩 譯, 앞의 『조선의육사』, 156~7쪽.
　　김두종, 앞의 『한국의학사』, 501쪽.
　　三木榮, 앞의 『朝鮮醫學史 及 疾病史』, 288쪽.

의육부(1908.1.1~1909.2.1)		부속의학교(1909.2.1~1910.8.30)	
佐藤進원장, 菊池常三郎원장 때 일본인 및 외국인			
원장 부원장 교수의관	佐藤進(3대 1908.1~09.2)	기사	佐佐木四方志
	菊池常三郎(4대 1909.2~)		田中守(1908.1.1~09.8.17)
	高階經本(내과1909.5.29~)		齋藤謙次(1908.1.1~)
	久保武(1908.1~10.9)	교육 부장	小竹武(1907.3.15~10.8.30)
	長谷川鮑四郎(1908.1~10.9 佐佐木		長谷川驪四部(물리화학)
	四方志(위생부장 1907.~09.1.31)	교사	웰리암
	小山善(치료부장 1908.1~09.7.30)		벤톤
	藤井虎彦(산부인과 1909.5.20~)		스크랜톤(1908.1~10.9)
	多多見五郎(1908.1~10.1)	약국장	坂垣鬱(1908.1.13~)
	村上龍藏(내과1909.11~11鶴田善	약제관	木村龍吉,服部史郎,鬼頭鎬助
	重(외과1910.5.30~)		兒島古里(1908.1.1~)
	鈴木謙之助(외과 1908.1.1~10.5.19)		石丸言知
	矢野兼古(1908.1~10.7)	사무관	井上鯉一(1908.1~)
	清水武文(1907~10.7.21)	번역관	
	森安連吉(내과1909.11.11~		
	河野衛(소아과1909.11.22~宇野功		
	(안과1910.7.11~)		
	內 田 徒 志 (이 비 과		
	1908.1.1~10.8.28)		
	金井豊七(1908.1~10.8.10)		

출처: 앞의『조선의육사』156~157쪽.[37]

* 당시 외국인 스크랜톤은 월봉 300元, 주거비 100元에 계약하여 초빙해 왔다.[38]

위의 표와 같이 대한의원은 일본인 중심의 체제로 이루어졌다.

---

37) 서울대학교 의과대학사 편찬위원회(편), 앞의 책, 20~21쪽에서는 1908.1.13, 자
약제관-坂垣鬱, 木村龍吉, 鬼頭鎬助主事-剛野虎太郎, 市川鼓松, 助手-田川
亮吉, 技手-門義雄 1908.2.7. 부원장-藤田嗣章 技師-佐佐木四方志, 齋藤兼次,
田中守교수-小竹武次, 久保武, 長谷川鮑四郎, 村上龍藏, 鈴木兼之介醫官-多多
見五郎, 內田徒志, 金井豊七, 矢野兼古, 清水武文, 小山善.
38) 서울대학교 의과대학사 편찬위원회(편), 앞의 책, 23쪽.

▲ 우치다토시(內田徒志 1876-1945)
가 참정대신 박제순에게 대한의원
의원 사령장을 받은 내용(1907)

▲ 1910년(융희4)에 독일 유학
을 가기 전에 학생들과 기념
촬영 (학생 25명, 교원 2명)

5) 일제의 대한의원 침식

1907년 3월 10일과 칙령 제9호[39]와 1907년 12월 27일[40]에 발표된 본
원의 직제는 다음과 같다.

1907년 3월 10일		1907년 12월 27일	
원장 1명	고문 1명	원장 1명	의관 10명(2명)
의원 17명	교관 7명	교수 6명	부교수3명(3명)
약제사 9명	통역 3명	약제관 1명	학생감 1명
통역관보 5명	사무원 10명	사무관 2명	주사 6명(3명)
기사 3명		기사 4명	조수 6명(4명)
계　56명		계　40명 중 35명(일본인)	

자료: 칙령 제9호(1907.3.10), 칙령 제73호(1907.12.27)

위의 표에서 볼 때 초창기에는 한국인들로 운영하지 않으면 안 되었기
에 통역관과 통역관보를 두어 운영하였다. 그러나 직제의 개편으로 지석

---

39)『이조실록 399』, 여강출판사(影印本) 245쪽, 고종실록 제48권, 1907.3.10, 칙령 제9
　　호 〈대한의원 관제〉를 비준하여 반포하였다(본원은 의정부에 직속하여 위생, 의사
　　육성, 치료의 사무를 장악할 수 있다. 원장 1명, 고문 1명, 의원 17명, 교관 7명).
40) 앞의『승정원일기』순종 2, 순종 1년 12월 27일, 〈대한의원의 관제 개정에 관한건〉,
　　62~63쪽.

영 선생을 학생감으로 하여 모든 문제를 맡기는 등 한국인들은 최소한의 필수 요원들만 남겨 두고, 일본인으로 충당하였다.

이상에서 대한의원은 제1차 · 2차 개혁을 거치는 가운데,[41] 일제가 의도하는 식민지 의료기관화 하는 방향으로 운영되었다.

제1차 개혁의 골자는 의정부 직속에서 다시 내부대신 직할로 관할권이 환원되고, 부원장제를 신설하였다. 또 관제 개정의 가장 중요한 목적은 일본인 의사들이 우리나라로 대거 진출할 수 있는 문을 열어 주는 내용이었다.

대한의원 직원 및 예산 현황은 다음 〈표 2〉와 같다.

〈표 2〉 대한의원 직원 및 예산 현황(1907~1909)[42]

		직 원						경 비	입원수입
		의원	약제원	산과	간호부	기타직원	계		
1907	한국	3	2			20	25	61,428	5,114(원)
	일본	8	5	3	10	22	48		
1908	한국	3	4		3	41	51	152,813	27,413(원)
	일본	10	6	7	35	35	93		
1909	한국	3	2		6	47	58	188,748	71,980(원)
	일본	17	5	10	44	35	110		

당시 이와 같은 조직으로 이루어진 〈표 2〉에서 살펴본 바와 같이 직원 현황은 의원, 약제원, 산과, 간호부는 거의 일본인들이 차지하였고, 기타 직원은 한국인과 거의 비슷한 형태였다. 이를 볼 때 대한의원의 활동은 일본이 이미 우리의 의료계를 완전히 장악했음을 확인할 수 있다.

다음은 대한의원의 의료인과 이를 이용한 환자의 구성을 살펴보면 <표 3>과 같이 진료 현황에서 한국인과 일본인의 분포가 전적으로 일본인 중심으로 이루어져 갔음을 알 수 있다. 즉, 직원 분포는 이미 1907.12 직제 개

---

41) 제1차 개혁(1907.12.27)은 칙령 제73호로서 관제 개정을 했다.
42) 朝鮮總督府, 『朝鮮總督府 統計年報』, 高島 印刷所, 旿晟社, 1982.9, 影印本, 1909, 249쪽, 1911, 596쪽.

편 시 일본인으로 요직은 교체하였다. 그 후 1908년에는 한국인 16%,
1909년은 그것도 14%로 감소되었다. 환자와 직원 비를 총괄적으로 보면,
1908년에는 한국인이 46%에서 1909년에는 44%로 점차 감소하였다. 이
사실로만 보아도 대한의원이 일본 거류민들을 위한 병원으로서의 역할을
다하고 있다.

〈표 3〉 대한의원 의료진과 진료 환자(1908~9)[43]

		1908년			1909년		
		한국인	일본인	계	한국인	일본인	계
의원		3	10	13	3	17	20
약제원		4	6	10	2	5	7
간호부		3	35	38	6	44	50
입원	실수	159	428	587	208	699	907
	연인원	5,072	5,681	10,753	8,204	17,214	25,418
외래	실수	4,912	5,253	10,166	8,412	6,474	14,886
	연인원	30,052	35,401	65,453	38,844	42,054	80,898
합계		40,205	46,814	87,020	53,741	68,445	122,186

그리고 제2차 개혁의 골자는 대한의원 교육부를 부속의학교로 이름을
바꾸고, 조교제를 신설한 것이다.
이렇게 설립된 대한의원의 의사교육 활동은 다음과 같다.

2. 대한의원의 의사교육

1) 의학교와 대한의원의 교직원 구성 비교

대한의원의 의사교육은 의학교를 그대로 인수하여 교육 활동을 하게
되었다. 경성관립의학교는 일제에 의해 명명한 것이었으나, 원래는 의학
교라 하였다. 당시 의학교의 교관들과 대한의원의 교관들의 구성이 어떻

---

43) 『한국 시정연보』下, 200쪽.

게 연계되어 그만두게 되는가 그 과정을 알아보고자 한다.

앞에서 말한 바와 같이 일제의 침략 야욕에 불만을 가진 학생들은 이에 대하여 투쟁하는 의도에서 자퇴하고, 불과 4명만이 남았다. 제3회로 의학교의 마지막 졸업식을 거행하였다. 그들은 張基茂, 洪鐘殷, 洪錫厚, 尹重翊 4명이었다.[44]

이렇게 해서 대한의원 관제에서 교육부로 개편될 때까지 36명의 의학생을 졸업시켰는데, 당시는 일본인 초빙 교사 1명 외에는 전부 한국인 교사에 의해 교육되었다.

의학교 시대의 교관들은 朴承源, 安商浩, 崔奎翼(제약원), 劉世煥, 張濤, 李周煥, 田龍圭, 李雨承, 朱昌謙, 劉秉珌 등이다.[45]

이 교관들은 학력과 관련해 볼 때 다음과 같이 분류된다.

첫째는 서양 의학교육을 담당한 교관이요, 둘째는 그 외 학생 감독, 행정 서무(서기 포함), 일본어 교육, 기초 과학 교육을 담당한 교관들이다.

외국인 교관으로 처음 고빙된 사람은 古城梅溪였다. 그는 일본 공사관에 의관으로 한국에 와서 활동하다가 사직하고 개업하여 의료 활동을 하던 사람이었다. 그의 고빙 기간은 만 3년이고, 월급은 130만원을 지급하였다.[46] 이에 대해서 「대한 사람 중에서도 의술에 능통한 자들도 많은데 하필이면 외국인을 고빙하여 교사로 삼으려 하느냐」[47]는 의견도 있었다. 古城이 해부학을 가르치면서 착오가 있자 학생들이 퇴학을 학부에 청원하였다.[48] 이런 일들이 있은 후, 1902년 古城선생 대신에 일본인 의사인 일본 1등 軍醫 小竹武次[고타케쓰쿠지]를 공사관에서 추천하였는데, 그를 의학교 교관으로 고빙하여 임명하였다.

---

44) 官報, 2,250.

45) 官員 履歷書, 舊韓國官報(1899.1~1906.12)에 나오고 있다.

46) 『醫學校教師合同』, 奎 23,088(1899.5.6).

47) 『황성신문』, 1899.5.5.

48) 『황성신문』, 1900.4.17.

의학교는 이렇게 해서 일본인 1명과 한국인 교관에 의해서 운영되었다. 의학교의 교육 내용은 기초 학문인 화학, 물리, 종두부터 공부하였는데, 그 뒤 보건 교육도 실시하였다.[49]

서의학을 담당한 교관은 의학과 약학의 두 분야로 나누었다. 의학교육은 金益南(1904~6), 安商浩(1904~5)와 劉秉珌, 朱昌謙이 맡아 가르쳤는데, 金益南의 경우는 기초 과목인 해부학에서 생리학, 세균학, 약물, 위생 등 어느 과목이든지 모두 가르쳤다. 약학 분야는 崔奎翼, 劉世煥이 담당하였다. 유세환은 약학의 선구자로서 1908년 대한의원 교수에 임명되었다.[50]

의학교는 그 뒤 대한의원으로 통합되어 이 의원 내에 교육부가 생겨서 의학교도 이에 흡수되었다.[51]

醫官 교수는 池錫永, 劉世煥, 劉秉珌, 崔奎翼, 朴台吉 등이 취임하고,[52] 외국인 의사「W. B. 스크랜톤」도 교원으로 고빙되었다.[53] 이외에도 醫官과 教官을 임명하였다.[54]

그 후 12월 27일 칙령 제73호로 다시 학제가 개정되어 급격한 변화가 나타났다.

의육부 때에는 公費 학생 20명과 私費 학생 약간 명을 입학시켜 수업 연한을 4년으로 하였다.

명칭부터 교육부에서 의육부로 바뀌고, 교수직은 교수 전임 6명, 부교수 전임 3명을 두어 종전보다 교수 전임 수가 증가되었다. 그 해 11월에는 黃

---

49) 『황성신문』, 1907.2.22.
50) 洪文和, 「한국약학사」, 『현대문화사대계』 4 과학·기술사(상), 고대민족문화연구소, 1981, 414~5쪽.
51) 관보, 칙령 제9호 「대한의원 관제」, 1907년 3월 10일.
52) 앞의 『승정원 일기』 2권, 89, 94쪽.
53) 서울대학교 의과대학사 편찬위원회(편), 앞의 책, 23쪽.
54) 대한매일신보, 1907년 3월 4일, 醫官新任.
   정3품 이규선씨는 대한의원 의원을 敍任하고, 지석영, 유세환, 劉秉觀 三氏는 該院 教官을 被任하였다더라.

矯通의 馬凳山 위에(현 연건동) 대한의원 병동 한 개를 빌려 학교를 이사하였다. 의육 부장에는 지석영이 추방되고 小竹武次고타케츠쿠지가 취임하였다.

1908년에는 교실이 협소하여 신입생 모집을 하지 못하였다. 1909년 2월 4일에는 다시 칙령 제10호를 발표하여 대한의원 관제를 개정, 의육부는 부속의학교로 변경되었다. 새로운 관제에는 교수 전임 5명, 학생감 전임 1명 奏任, 조수 전임 17명이 判任으로 되어 있다.[55]

그러나 당시 교직원 수는 다음 〈표 4〉와 같다.

〈표 4〉 대한의원 부속의학교 직원 현황(1907~1910)[56]

연도	교직원			기타 직원		계		
	한국	일본	미국	한국	일본	한국	일본	미국
1907	3	3	1	3	1	6	4	1
1908	3	3	1	2	2	5	5	1
1909	2	3		12	3	14	6	
1910	1	3				1	3	

대한의원 부속의학교(교수 정원 7명) 교수들의 명단은 다음과 같다.[57]

교장-초대: 佐藤進사토스스무(대한의원장)

2대: 菊池常三郞기쿠지츠네사브로(대한의원장)

3대: 藤田嗣章후지다츠키아키(대한의원장)

의육 주임-교수: 小竹武次고타케츠쿠지

물리학·화학-교수: 長谷三龜四郞하세가와가메지로

해부학-교수: 久保武구보다케시

세균학-교수: 齋藤謙次사이토겐지

학생감-교수: 池錫永(대한의원 교육부의 전신인 의학교 교장)

---

55) 『舊韓國官報』, 칙령 제10호, 대한의원 관제 개정, 1909.2.4.
56) 朝鮮總督府, 『朝鮮總督府 統計年報』, 1909年, 237쪽, 1910년, 653쪽.
57) 李忠浩 譯, 앞의 『朝鮮醫育史』, 157쪽.

당시 의원 각과의 직원은 임상의학 외 기초의학의 일부도 담임하였다. 초창기(1907) 칙령 제10호 대한의원 관제 개정 이후는 학생감 지석영과 화학 교수 최규익, 유세환, 유병필 3명 그리고 조수 4명 등 최소한의 인원을 남겨 두었다가 그 후 지석영 학생감 1명만 남고, 다른 사람들의 명단은 나와 있지 않았다.

교수는 전부 일본인으로 교체하였다. 의료 분야에서도 이처럼 일제 통치 체제로 완전히 바뀌어 간 것이었다. 일제는 정미7조약(1907.7) 이후 차관을 일본인으로 임명하였는데, 이는 의료계에 있어서도 그 해 12월에 일본인으로 교체시킨 일련의 정책을 엿볼 수 있다.

2) 교육 활동 내용

① 부속의학교의 교육

대한의원 교육부의 교육 목적은 의사 양성, 약제사 양성 산파 및 간호부 양성, 교과서 편찬 등 다목적 교육 기반으로 출발하였다.[58] 교수진도 보강되고, 예산도 늘어나 근대식 서양 의학교육 기관으로 미비점을 보충해 나갔다. 교육 내용에 있어서도 각과 임상 강의도 실시하고, 수업료는 전액 무료로 하였다. 그 대신 졸업 후 3년간은 국가 지정 업무에 종사하도록 하였다. 그리고 정원 외의 私費 학생도 상당수 모집하였다.

여기서 하나 명기해 두고 싶은 것은 임상 교육용의 의학 시설이 매우 미비했다는 사실이다.[59] 그리고 당시 학생들의 모습은 제모로 각모(角帽)를 썼고, 콧수염까지 기른 자도 있었다.[60]

부속의학교에 대한 설명을 보면,

---

58) 당초 교육부의 명칭은 칙령 제9호 8조에 나타나 있고, 1차 계획 내용은 칙령 제73호 5조, 제2차 내용은 칙령 제10호 부속의학교로 개정했다.
59) 李忠浩 譯, 앞의 『朝鮮醫育史』, 77쪽.
60) 위의 책, 49쪽.

대한의원의 문을 통과하여 경사가 급한 언덕을 올라가서 오른편에 신축된 대한의원 부속의학교 교사가 낙성되어 1909년 菊池常三郞^{기쿠지츠네사브로}원장 착임을 계기로 하여 성대한 식전 행사를 거행하였다. 나도 그 자리에 참가하는 영광을 가졌다. 당시 해부학 교수로 久保武^{구보다케시}, 세균학 교수로 齋藤謙次^{사이토겐지}를 비롯해서 점차 기초의학의 각 전문 분과에 각각 주임교수가 임명되었고, 그 내용을 충실히 다듬어 한국 의과대학을 창설하도록 하는 키쿠치 원장의 안이었다고 하지만, 단순히 말뿐이고, 구체적인 안은 전혀 없었던 모양이다. 그러나 이는 조선에 대학을 설치하려고 시도한 최초라는 점에서 조선 교육사에 특기할 만한 것이라고 해도 좋다. 이 부속의학교에는 교수 정원이 7명이었으며, 설비로는 물리 표본 등이 상당히 갖추어져 있었던 것 같다. 의학 관계로는 久保武^{구보다케시}교수가 열심히 수집한 조선인 골표본(骨標本) 정도이고 각별히 완비된 연구실이나 실험실은 볼 수가 없었다.[61]

이 기록을 보면, 당시 대한의원 부속의학교의 구조와 그 규모를 대략 짐작할 수가 있다. 1909년 7월 20일 제2대 菊池常三郞^{기쿠지츠네사브로}가 원장으로 부임하고 대한의원의 일부를 교사로 사용하던 것을 교실 15개에 총 건평 194평 4홉과 3평의 해부실 1동을 준공하였다. 그리고 뒤에서도 이야기하겠지만, 대한의원 부속의학교 제2회 졸업식을 겸한 낙성식을 11월 16일에 거행하였다. 이 졸업식에는 졸업생이 겨우 5명이었는데, 지석영 학감의 勅語 봉독에 이어 小竹武次^{고타케츠쿠지}의 경과보고, 菊池常三郞^{기쿠지츠네사브로}원장의 식사, 曾彌荒助^{소네아라스케}통감을 대리하여 石塚^{이시즈카}장관의 축사 등으로 성대히 거행되었다. 기초의학 각과에 주임교수가 임명되어 활동하였고, 설비로는 물리 표본 등은 갖추어져 있었으나, 연구실이나 실험실은 아직 구비되어 있지 않았던 사정을 알 수가 있다.

그 교육 활동 내용으로는,

---

61) 위의 책, 78쪽.

종래의 부속의학교 시대에는 일본인 교수는 통역을 통해 가르쳤다. 또 의학 학과의 내용을 조선어로 번역한 것을 등사판으로 인쇄하여 의학생들에게 배포하고 강의하였다.[62]

당시 佐藤剛藏^{사토고오쪼}가 교육활동에 참가했기 때문에 그때 상황을 이렇게 잘 설명해 주고 있다. 여기에 통역을 통해 교수하던 것을, 제3대 후지다 원장 때부터는 완전히 일본식으로 체제를 바꾸어 교육했던 것을 알 수 있다.

1907년 3월에 대한의원 부속의학교 제1학년 50명을 모집했는데(〈표 5〉보다 4명이 많음), 그 중 28명은 관비생이었다. 4월 11일에 첫 신입생 입학식이 이루어졌고, 5월에 馬鳧山 서쪽 기슭에 의학교 건물이 신축 낙성되어[63] 6월 1일에 이사하였다. 7월에는 의학교에서 공부했던 13명을 대한의원 의육부 명의로 1회 졸업생을 배출했는데, 그 명단은 다음과 같다.

대한의원 교육부 제1회 졸업생[64]

우등: 金泰權, 鄭潤海, 洪大喆, 李明欽
급제: 權泰東, 李圭讚, 申泰永, 李錫俊, 朴啓陽, 李敬植, 尹秉學, 李承昇, 朴鳳泰

1907년부터 1910년까지 대한의원 의학과 학생 현황은 다음과 같다.

---

62) 「대한의원 부속의학교 낙성식 및 졸업식」 제714호, 『中外醫師 新聞』, 明治 42년 12월 20일자.
63) 서울대학교 의과대학사편찬위원회(편), 앞의 책, 25쪽.
   李忠浩 譯, 앞의 『朝鮮醫育史』, 29쪽에서는 「1909년 7월에 교사 낙성식을 거행했다」고 기록하고 있다.
64) 서울대학교 의과대학사 편찬위원회(편), 앞의 책, 24쪽.

* 매년 12월말 통계

연도	학생 수	입학 지원자	입학생 수	졸업생 수	도중 퇴학자
1907	46			13	
1908	33			5	8
1909	73	450	50		10
1910	105	388	50		20

1910년 2월 7일에 내부령 제5호로 대한의원 부속의학교 규칙이 공포되었는데, 이 의학교에 의학과, 약학과, 산파과 등 4과가 설치되었다. 수업 연한은 의학과는 4년, 약학과는 3년, 산파과와 간호과는 2년으로 정하였다.[66]

제2회 졸업생은 이관호, 김효명, 한민재, 박세유, 이범위 이상 5명이었다.[67]

이후 조선총독부 의학강습소 때까지 한 명의 졸업생도 없었다. 이들 졸업자에게는 모두 진사(進士) 자격을 주었다. 즉 의학과 출신자에게는 의학 진사, 약학과 출신자에게는 약학 진사의 자격을 주었고, 이 자격을 가진 자만이 개업 인허를 받을 수 있게 하였다.[68]

여기서 한 가지 지적할 점은 대한의원 의학교에서 교육을 받은 졸업생들에게는 한국에서만 개업을 할 수 있는 인허증을 수여했을 뿐 일본의 의사 면허장을 수여하지 않았다는 점이다. 이 사실은 이곳에서 실시한 의사 교육이 일본에서 신임을 하지 못할 정도로 형식적인 의학교육이었다는

---

65) 조선총독부, 『조선총독부 통계연보』, 1909년, 237쪽, 1910년, 653쪽.
66) 『舊韓國官報』, 내부령 제5호, 대한의원 부속의학교 규칙, 隆熙 4년 2월 7일.
   제1장 제1조에 대한의원 부속학교에 의학과, 약학과, 산파과 및 간호과를 둔다.
   제2조 수업 연한은 의학과 4개년, 약학과 3개년, 산파과 2개년, 간호과 2개년으로 한다.
   제4조 본교 1학년의 학생의 정원수는 의학과에 50명, 약학과에 10명, 산파과에 10명, 간호과에 20명으로 함.
67) 『舊韓國官報』 2,250, 2,565, 3,831호와 『서울대학교 의과대학사』, 金斗鍾, 앞의 책에 근거함.
68) 『舊韓國官報』, 內部令 제5호, 大韓醫院 부속의학교 규칙 제5조(1910.2.7).

것을 말해 준다.[69] 그렇지 않으면, 일본인과 차별한 것으로 판단된다.

강의는 일본어로 하고 우리말 통역을 붙였다. 교재는 모두 일본어 판이었다. 이에 대해서 지석영은 1909년 4월에 「의학의 성격 상으로 보아 강의 내용의 오해는 사람의 생명에 관한 일이므로 시기 상조이다.」[70]는 의견서를 학무국에 제출하였다. 그럼에도 불구하고, 그 다음해 발표된 〈대한의원 부속의학교 규칙〉 제6조에 「의학과, 약학과의 교수는 일본어로 함.」[71]으로 규정하여 명시하였다. 조선통감부의 계획 아래 의사교육 체제는 일제가 식민지화의 모델로 하려는 의도에서 이루어진 것이다. 따라서 여기에는 한국 사람들의 입장은 전혀 고려함이 없었다. 심지어는 지석영이 이야기한 바와 같이 생명에 관한 일도 소용이 없었다.

이렇게 하여 대한의원 부속의학교 체제를 마련하고 신입생 모집을 했으나, 그 때 모집한 학생들은 한 사람의 졸업생도 배출하지 못하고 식민교육의 기초 작업만 완벽히 만들고 끝났다.

부속의학교 학생들은 조선총독부 부속의학강습소로 인계되어 강습소 수료생으로 졸업하였다. 이들 의학생들은 처음은 우리말로 배우다가 일본어 강의는 통역을 통해서, 조선총독부 시기에는 통역 없이 일본어로 의학 공부를 하는 수난의 역사가 바로 당시 의사교육의 모습이었다. 조선총독부 통치가 이루어지기 전에 이미 이토히로부미의 의도적인 계획으로 이루어진 대한의원 의육부와 부속의학교의 교육과정을 비교해 보면 다음과 같다.

---

69) 奇昌德,「의학 교육의 현대화 과정」, 앞의 책, 제3권 제1호 1994, 82쪽.
70) 『황성신문』, 〈池氏等意見〉 제3059호, 隆熙 3년 4월 29일자.
71) 『舊韓國官報』, 내부령 제5호, 〈대한의원 부속의학교 규칙〉 제1장 제6조(1910.2.7)

학년		의육부(1908.1.1~1909.2.1)	부속의학교(1909.2.1~1910.8.30)
1학년	공통	물리학, 화학, 해부학, 수학, 일본어, 체조	
	차이	조직학(생태학 포함)	조직학, 생태학
2학년	공통	생리학, 약물학, 진단학외과총론, 일본어, 체조	
	차이	의화학,병리학,국소해부학	해부학,병리해부조직학,처방조제학
3학년	공통	내과각론, 외과각론, 붕대학, 안과학, 세균학, 부인과학, 위생학, 일본어, 체조	
4학년	공통	내과, 외과, 산부인과, 산과학, 소아과학, 피부과학,정신병학, 이비인후과학	
	차이	임상강의,일본어,체조,법의학,의용동식물학,위생제도	안과

〈표 6〉의 의육부와 부속의학교 교육과정의 변천에서 다음과 같은 사실을 알 수 있다.

1학년에서는 조직학에 생태학을 포함시킨 데 불과했고, 2학년에서는 의화학이 없어지고 처방제조학이 생겼고, 국소해부학이 병리해부조직학으로 그리고 해부학이 첨가되었다. 즉 여기서는 해부학을 강조해서 교육했던 것을 알 수 있다. 3학년은 동일했고, 4학년은 임상강의, 법의학, 의용동식물학, 위생제도, 일어, 체조가 없어지고 안과가 추가되어 14과목에서 9과목으로 축소되어 전문화시키고 있는 것을 엿볼 수 있다. 일본어와 체조는 4학년에서는 이미 숙달되었다는 전제에서 삭제되었다고 생각된다. 특히 일본어가 빠진 것은 완전히 일본어 중심의 교육을 실시한 것을 알 수 있다. 뿐만 아니라, 법의학을 삭제하여 한국인들을 기능인으로 만들고자는 의도가 여실함을 볼 수 있다.

② 약학 교육

당시 약학에 대한 일제의 관심은 매우 지대했다고 판단된다. 그것은 본

---

72) 奇昌德, 「의학 교육의 현대화 과정」, 앞의 책, 81쪽.
　　홍문화, 앞의 책, 256쪽.

국에서 제조한 약을 개척한 식민지에 팔기 위한 방법과 한방의약을 지배하기 위한 목적으로 약학 교육에 특히 관심을 쏟은 것으로 짐작된다.

당시 약물학 수준은[73] 광제원의 의학교 졸업 시험 문제(1907.3.1)를 보면 해부학, 생리학, 내과학, 약물학, 외과학의 6과목 중에서 각 과목당 2문제씩이었는데, 약물학은 ① 催眠藥 각종의 명칭·용량·極量·應用 및 한 두 가지의 處方, ② 沃度加留謨의 생리적 작용, 치료 효과 및 한 두 가지를 처방하는 2문제였다. 당시 약학과의 학과표는 다음 〈표 7〉과 같다.

오늘날의 약학 교육의 濫觴이라고 할 수 있는 약학과가 설치되었는데, 정원은 10명이고, 교육 연한은 3년으로 官費의 제도로 되었다. 그리고 졸업하면 약학 진사라는 칭호를 주었다.[74]

식민지 개척의 중요한 부분이 바로 약학 분야였다. 이는 동인회 창설 목적에서 이미 이 사실을 밝힌 바 있다.

〈표 7〉 약학과 학과표[75]

학년	학기	학과						
1학년	전학기	물리학	화학	광물학	동물학	수학	일어	체조
	후학기	물리학	화학	약용식물학 및 실습	분석학 및 실습	수학	일어	체조
2학년	전학기	藥局方	생약학	제약화학 및 실습	분석학 및 실습		일어	체조
	후학기	약품감정실습	생약학실습	제약화학 및 실습			일어	체조
3학년	전학기 후학기	약품감정이론 위생화학 및 실습	제조학 및 실습제조학 및 실습	재판화학 및 실습			일어	체조

---

73) 홍문화, 앞의 책, 413쪽.
74) 위의 책, 414쪽.
75) 위의 책, 414쪽.

무형상의 유익이 바로 미개한 국민을 회유하는 최대의 수단으로 삼는 것
이 그들의 목적이라 해도 과언은 아니다. 또 의약 판로의 지역 개척이 바로 당
시 제국주의의 식민지 정책이다.[76]

고 밝힌 바와 같이 일본의 약을 식민지에 판매하는 판로 개척이 그 목적
이었다.

이런 목적 아래 약학 교육에 신경을 많이 썼을 것으로 짐작이 되나, 실
제로는 토착 한방의가 그 세력을 뿌리 깊이 박고 있었기 때문에 그들의 목
적을 달성하기가 매우 어려웠던 사실을 여기에서 찾아 볼 수가 있다.

당시 약제사로서 劉世煥을 들 수 있는데, 그는 도쿄 약학교 출신으로
1904년 의학교 교관으로 임명되고, 1906년 1등 약제관이 되었다. 그는
1907년 3월에 대한의원 교관, 동년 9월에는 육군 1등 약제관, 1908년에는
다시 대한의원 교수로 그 다음해는 대한의원의 의관까지 겸임한 활동을
하였다. 만약 대한의원 부속의학교가 중단되지 않고 계속 유지되었다면,
약학과 교수로서 우리나라 근대 약학 교육의 아버지로서 역할을 다했을
것이다. 그 외에도 1907년 3월 25일에 6품 權泰完, 9품 李應遠, 6품 金相
燮이 대한의원 약제사에 임명되고, 判任 4급이 되었다는 기록이 남아 있
으나, 상세한 것은 알려져 있지 않다.[77]

③ 총독부의원의 준비 작업

제3대 후지다 원장이 사무 취급으로 총독부의원의 준비 작업을 하는 역할
을 맡았다. 그는 다음과 같이 식민지 의료 체제를 이루는 작업을 추진해 갔다.

---

76) 李忠浩, 「동인회의 의사 교육 활동」, 앞의 책, 제4권 제1호 1995, 12쪽.
77) 홍문화, 앞의 책, 414~415쪽.

후지다 원장은 그대로 초대 조선총독부 의원장으로 발령되었는데, 대한의원 시기에는 內部와 다툼도 있었다. 총독부의원으로 교체되는 과정에서 무엇인가를 하여 새로운 발족을 하지 않으면 안 된다는 취지에서 대한의원 의관 및 약제관, 同院 부속의학교 교수, 그 밖의 사무원이나 간호부 급사에 이르기까지 전원 남김없이 해고하고, 새로이 직원을 채용하는 것이 좋다고 하는 의견도 상층부에서는 약간 유력했다고 한다. 결국 부속의학교는 교수 7명 전원을 폐관시키고, 사무원 급사도 해고하고 남은 자는 조선인은 단지 급사 2명뿐이었다. 또 의원 의관은 내과, 소아과(대한의원 개관 후, 곧 소아과 신설), 안과, 산부인과의 4부장만은 그대로 두고 그 밖에는 모두 해고되었다. 그리고 신설한 피부비뇨기과와 그 밖의 이비인후과, 외과의 각 부장 및 약국장으로는 새로이 현역의 군의 또는 약제관이 취임하였다. 하급 직원도 근무 성적이 불량한 자는 전원 해고되었다.[78]

이러한 개혁은 총독부의원의 신선미를 나타내고자 하는 의도에서 이루어진 것이라고 그는 첨언하고 있다.

인사·경리 문제에 일대 혁신을 가해 총독부 시대에 새롭게 신선미를 나타내고자 하였다. 부속의학교 때 있었던 7명의 교수는 전원을 폐관시켰다. 이는 대혁신적인 일이 아닐 수 없다. 물론 조선인 급사 2명과 4부장(내과, 소아과, 안과, 산부인과)만 그대로 두고, 하급 직원까지도 성적이 불량한 자는 전원 해고당했던 것이다.

교수 7명 전원 폐관시킨 것은 의사교육을 포기하고자 하는 정부의 의도임에 틀림이 없었다.

이상에서 살펴본 바와 같이 대한의원장으로 佐藤進^{사토스스무}가 만 2년간 재직한 후, 曾彌荒助^{소네아라스케}통감 때 제2대 원장으로 육군 군의총감인 의학박사 菊池常三郎^{기쿠지츠네사브로}(전직 大阪 回生醫院長)가 1년 2개월 재임하였다. 그는 대학 설립 안을 거론하기도 했으나 실현에 옮기는 단계는 되지 않았다.

---

78) 李忠浩 譯, 앞의 『朝鮮醫育史』, 72~73쪽.

짧은 기간이나마 이 두 원장은 의사교육 활동에 관심을 갖고 힘쓰고자 했으나, 조선통감부 수뇌부의 의도와 맞지 않았으므로 매우 힘들었다. 그 후 본격적인 조선총독부 부속의원 체제로 이관해 가는 작업이 이루어졌다.

> 한국 합병을 한 그 달에(1910.8) 키쿠치즈네사브로의 사임에 의해 후지다 츠키아키 군의부장은 현직인 채로 대한의원장 사무취급을 겸무했지만, 그 해 10월 1일 조선총독부가 설치됨으로 대한의원은 총독부의원으로 바뀌었다. 그에 따라 후지다 군의감도 조선총독부의원장으로 전임되어 조선군 군의부장 직은 그만 두게 되었다.[79]

데라우치 통감이 군의총감의 정원은 의무국장 한 명인데도 불구하고, 후지다를 군의 총감으로 승진시켜 현역인 채 대한의원장 사무 취급에 임명하였다.

당시 醫事 잡지의 논평에 「하늘에 두 개의 태양이 없는데, 군의 총감에 두 사람이 있다.」이는 총독 寺內正毅데라우치마사타케 대장이 고집한 것이라고 기록하고 있다.[80] 이런 내용을 통해 볼 때 현역 군의 총감인 후지다를 총독부의원 설치에 기초 작업을 위한 사무 취급으로 발령한 것이다.

3) 한국인의 의사교육 문제

끝으로 일제의 한국인에 대한 의사교육 문제를 어떻게 할 것인가에 대한 논란이 많았다.[81]

당시 한국 정부 내부 위생국의 奧貫恭助오쿠누키키요스케 기사는 한국인은 무책임해서 책임 있는 일을 시켜서는 안 되므로 한국인을 교양해서 의사로 해도 과연 예정대로 잘 해낼 수 있을지 의심스럽다고 하였다. 그러나

---

79) 위의 책, 64쪽.
80) 위의 책, 64~5쪽.
81) 위의 책, 72~3쪽.

의사교육의 실무를 담당하고 있었던 佐藤剛藏^{사토고오쪼}는 자신의 의사교육 경험으로 볼 때 한국인은 두뇌도 좋아 공부를 잘하므로 시간을 들여 가르치면 성공할 것으로 확신하고 있었다. 그런데 일본의 고관들은 한국의 학제가 초등교육이 목표이고 특수 교육면은 일어학교 정도이고, 그 밖의 것들은 정리되어 있지 않았다고 하여 의사교육에 대해서 부정적이었다. 즉 식민지 사람들에게 고등교육인 의사교육을 시킬 필요성이 없다는 주장이었다. 佐藤剛藏^{사토고오쪼}가 猪子^{시시이노코} 京都帝國大學 교수를 면회했을 때, 의사교육에 관한 이야기를 했는데, 그때 "조선인을 의사로 만드는 것은 좋은 일이지만, 조선인의 의사가 점차 많게 되어 조선인 환자가 조선인의 의사에게만 진료를 받게 될 것이고, 일본인 의사에게는 진료를 받으려 하지 않게 될 것이다. 이미 대만에서는 그러한 경향이 점차 농후하게 되어 지방에 따라서는 모처럼 애써서 대만에 건너가서 개업하고 있는 일본인의 의업(醫業)은 잘 되지 않는다고 한 일이 있었다."[82] 고 의사교육 문제를 염려하면서 이야기해 주었다고 한다. 이런 일들로 인해 당시 의사교육을 담당했던 佐藤剛藏^{사토고오쪼}도 많은 갈등 가운데서 한국인의 의사교육을 담당했던 것이다. 이 당시(1909년)에 이미 일본인들과 일본인 의사들도[83] 우리나라에 많이 들어와 있었다.[84]

이상의 내용에서 살펴본 바와 같이 대한의원의 설립은 우리의 기존 의료 기관을 하나로 통합시켜 조선총독부의원으로 만들고자 하는 일제의

---

82) 李忠浩 譯, 앞의『朝鮮醫育史』, 53쪽.
83) 위의 책, 640쪽.
　　당시 전국 의료업자의 통계는 다음과 같다(隆熙 3年).
　　의사는 한국인 2,659명(東醫가 대부분), 일본인 283명이었고, 외국인은 19명이 있었다. 그런데 산파는 한국인이 33명이고, 일본인이 150명으로 매우 많았다.
84) 金斗鍾,「내부 위생국」,『한국 의학 문화 대연표』, 640쪽.
　　전국의 의료 업자 통계(1909년)
　　의사는 한국인 2,659명, 일본인 283명, 외국인 19명, 산파는 한국인 33명, 일본인 150명으로 일본인이 훨씬 많았다.

의도였다. 의사교육을 담당했던 자들과 조선에서 교육 행정 담당자들의 분명한 방향이 없는 가운데서 대한의원 부속의학교의 활동이 어떠했던가는 가히 짐작이 가고도 남는다. 즉, 그런 과도기적 과정에서 우리의 의학교육 활동은 실제로 커다란 진전이 없었다고 말할 수 있다. 오히려 퇴보적이었다. 그뿐만 아니라, 동인회의 간섭과 통감부 고위층간의 알력으로 인한 문제점 가운데서 의사교육 활동은 제대로 충분한 기능을 다할 수 없었던 사실은 당연했다고 볼 수 있다.

4) 일제 침략과 중앙의원

결국, 1910년 8월 29일 이후 「대한」이란 이름을 사용하지 못하자, 대한의원은 중앙의원으로 이름이 바뀌고(동년 9월 2일), 9월 30일에는 조선총독부 관제가 발표되어 중앙의원(대한의원) 부속의학교는 3년 반만에 폐쇄되었다. 그 후 새로이 설치된 총독부의원 부속의학강습소로 이관되었다.

이와 같이 조선통감부에서 조선총독부 시기로 이행하는 과정에서 대한의원의 의사교육 활동 역시 식민지 작업을 위한 기초 과정이었다.

대한의원의 모든 체계가 조직적이고, 의욕적으로 활동한 것을 이상의 내용에서 살펴본 바와 같다. 이런 과정에서 모처럼 창설되어(1899) 서양의학을 교육한 우리 의학교를 일제는 말살시키는 임무을 다하여 명실 공히 그들의 의학적 침략이 이루어졌다.

우리의 독자적인 의학교를 말살시킨 일제는 조선통감부의 침략 의도 아래 교육부, 의육부, 부속의학교란 이름의 단계를 거치면서 조선총독부는 식민교육 정책을 준비하였다. 한마디로 말하면 일제는 활발했던 우리의 의학교의 기능을 마비시키고자 했지 의사교육에는 별로 관심을 기울이지 않았던 사실을 알 수 있었다. 또한 목표한대로 의학생도 배출되지 않았다. 한국인에 대한 의사교육의 문제에 일본인 관리자들 간에 논란이 많았을 정도로 처음에는 분명한 이론적 근거도 없었다.

교육 과목도 통역을 붙여서 강의하다가 이제는 완전히 일어판 교재로 일본어로 강의하였다. 이는 우리 학생들이 이해하든 말든, 교육 내용은 형식적으로 진행하였다고 밖에 표현할 수 없다. 이렇게 해서 식민지의 교육 체제를 만들어 갔다. 그들의 한국인에 대한 교육 목적은 오로지 전문 기술을 교육시키는 것이라기보다는 기능인으로 양성하자 하는 의도가 이미 이때부터 여실히 보였다. 사토스스무에서 키쿠치, 후지다 원장 시기를 거치는 과정에서 대한의원의 의사교육 활동은 이렇다 할 특징도 없이 오로지 식민지화 해 가는 기초 작업의 일환으로 끝났다.

그 특징을 정리해 보면, 대부분의 일본인 교수가 우리의 의사교육 활동을 독점했다는 점과 일본어로 강의 내용이 전환된 점을 들 수 있다.

결론적으로 말하면, 대한의원의 의사교육 활동은 오로지 식민지의 교육적인 체제 형성을 위한 산파적 역할을 하는 데 지나지 않았다.

대한의원이나 동인의원은 다같이 일본의 동인회 본부에서 파견된 의사들이 중심이 되어 당시 한국의 의료계를 주도하는 역할을 다하였다.

1907년 3월부터 입학한 대한의원의 의학생들은 1910년 9월까지 1기생도 졸업시키지 못하고, 그대로 조선총독부 의학강습소로 이관되어 그곳에서 학생들은 졸업하게 되었다. 이 때 학생들의 반발도 매우 컸다. 강습소로 되자 약학과는 폐지되었다. 약학과 1명이 있었는데, 의학과로 전향하여 곧 퇴학하였다. 또 우리 의학생들이 강습소란 이름은 싫어하였기 때문에 졸업장에는 조선총독부의원 의육과(醫育科)란 이름으로 졸업시킨 당국의 궁여지책의 모습도 볼 수가 있다.[85]

대한의원 부속의학교는 짧은 기간에 원장(교장)이 3차례나 교체되었다. 특히 이토히로부미 통감과 사토스스무 원장과의 갈등으로 서로 비협조적인 관계로 인해 대한의원의 의사교육은 소홀히 되지 않을 수 없었다. 그래서 키쿠치 원장 때에는 의사교육을 위해 노력해 보고자 대학 설립안까지

---

85) 위의 책, 157쪽.

제시했던 적도 있었다. 그러나 통감부에서는 전혀 관심이 없었다. 이런 것을 볼 때 통감부의 의도와 동인회 본부는 서로 상충되어 대한의원의 의사교육 활동은 많은 문제점을 갖고 뚜렷한 진전이 없이 끝났다.

이렇게 하여 대한의원의 교육 활동은 결국 의사, 약제사, 산파 등을 양성한다고 했으나, 실질적으로는 한 명의 졸업생도 배출하지 못하고, 우리의 근대 의사교육 활동을 말살하는 역할만 하였다.

이 대한의원 부속의학교에 종사한 교수들과 직원은 거의 모두 일본인으로 바꾸었다. 이렇게 하여 중앙의원이란 이름으로 개칭하여 한 달 정도 후에 총독부의원 부속의학강습소로 인계되었다.

IV. 조선총독부의원
부속 의학강습소의 의사교육

일제의 조선 침략은 정치, 경제, 사회, 문화 제분야에 걸쳐 단계적으로 많은 사람들의 연구가 구체적으로 이루어져 왔다. 그 중에서 문화적 침투 방향이 어떻게 전개되었는가에 대해서는 각분야별로 연구가 추진되고 있다.

그러나 의사교육 침투에 관한 단계적인 논문은 지금까지 거의 없는 실정이다.[1] 그래서 필자는 앞장에서 일제가 동인회의 조직을 통해서 한국에 침투 선무공작으로 조선의 의사교육 관계 기관들로 침투했고, 또 대한의원을 설치하여 기존의 의사교육 기관을 통합하였다. 뿐만 아니라 일본인을 대거 대한의원과 그 부설의학교의 교육분야에까지 그들의 손에 의해서 담당시켰던 사실을 앞에서 살펴보았다. 이제 식민 통치가 시작되는 총

---

1) 이 분야에 관한 연구 논문으로는 奇昌德, 「國家에 의한 西洋 醫學 敎育」, 『醫史學』, 제2권 1호, 1993.7.
   이 내용은 사건을 시대적으로 서술한 의학사적 측면에서 다룬 내용이다. 1895년부터 1945년까지 있었던 우리나라의 서양의학교육에 관한 부문을 섭렵한 대작이다.

독부시기로 접어들면서 의사교육을 구체적으로 어떻게 말살시키고, 또 그들의 의도대로 조선총독부의 고등교육 기관의 하나인 의사교육 방면에서부터 어떻게 전개해 갔는가를 식민지 교육사적 측면에서 다루어 보고자 한다.

이 장의 시기를 일제 암흑기 초기라 한 것은 필자가 편의상 구분한 시기로서 경성의학전문학교 발족 전까지를 말한다.

본 장에서는 구체적으로 조선총독부의원 부속 의학강습소(이하 의학강습소로 약함)시기 의사교육 활동의 내용을 다루고자 한다.

즉 식민지의 의사교육면에 대하여는 식민지 교육을 위한 전야제와 같은 역할을 다한 대한의원 의사교육 활동은 앞에서 살펴보았다. 대한의원은 교육부 – 의육부 – 부속의학교로 이름을 바꾸면서 일제가 우리의 의사교육에 대한 지배 체제를 확고히 해 갔다.

1910년 10월 1일 조선총독부 통치가 실시되자 대한의원은 일시적으로 중앙의원이라 개명하여 그 부속의학교도 한국의 시세(時勢)와 민도에 맞지 않는다는 이유로 중앙의원 부속의학강습소로 격하시켰다. 그리고 즉시 대한의원이 조선총독부의원(이하 총독부의원으로 함)으로 개칭되고, 그 부속의학교는 조선총독부의학강습소란 이름으로 개칭되었다. 이런 단계를 거쳐 강습소란 이름으로 격하시켜 우리의 의사교육을 완전히 말살시켰던 것이다. 이렇게 해서 1910년 한국은 일제의 강제 병탄 후 일본식 교육을 감수해야 했던 것이었다.

여기서 총독부의원의 설치 과정과 그 목적이 무엇인가를 살펴보고자 한다. 그리고 그 부속 의학강습소의 조직, 교육 활동 내용, 그리고 학생 모집과 졸업생에 관한 활동 상황을 정리해 두고자 한다. 또한 교육 부문에서 가장 처음으로 일제의 동화교육 체제의 모델이 된 의사교육 활동이 어떻게 이루어졌나를 정리하여 식민지 교육의 본질이 의사교육 활동에서 어떻게 전개되어 나타났는가 하는 내용도 알아본다.

분명한 대책도 없이 일제의 식민지 고등교육은 여러 가지 시행착오를 거듭하면서 한국에서 실시한 것이 바로 의사교육이었다. 이러한 고등교육인 의사교육 활동을 추진하는 가운데, 식민지 초기 일제는 우리나라의 고등교육 정책 방향을 어디에 두고 추진하였으며, 그 주된 교육 목적이 무엇이었던가?

이것이 또한 고등교육 정책을 수립하는데, 그들에게 어떠한 역할을 감당했는가도 검토해 본다.

1. 조선총독부의원의 발족 과정

총독부의원은 대한의원을 그대로 이어 받아 명칭만을 바꾼 데 지나지 않기 때문에 새삼스럽게 그 발족 과정에 대해 언급할 필요가 없다. 그러나 실질적으로 조선총독부가 설치되고부터 모든 체제와 조직이 바뀌었기 때문에 그에 따른 총독부의원의 면모를 어떻게 갖추어 그들이 식민지 통치의 기능을 수행했는지? 또한 먼저 총독부의원이 어떠한 과정을 거쳐서 시작되었는지? 그 경위와 과정을 정리해 둔다. 그리고 일제는 이의 발족과 더불어 병원을 신축 준공하였는데, 이 목적은 어디에 초점을 맞추어 운영하였는지를 살펴보고자 한다.

1) 연혁

일제는 갑작스럽게 총독부의원을 설치한 것이 아니고, 기존의 우리 병원을 빼앗아서 일제의 식민지 통치의 부속 기관으로서 활용했던 것이다. 이러한 일련의 과정이 『조선총독부의원연보』에 기록된 연혁에 잘 나타나 있다.[2] 이를 정리해 보면 다음과 같다.

---

2) 『조선총독부의원 제9회 연보』, 大正 11년, 1~3쪽.

1899(光武 3)년 4월 24일 구한국 칙령 제14호로서 의원 관제를 발표하고 京城 북부 齋洞 李鎬俊의 邸宅으로써 이에 충당하고 광제원이라 칭하였다. 그리고 이는 內部의 직할에 속하여 의약 救療를 행하고, 또 매약업의 取締, 藥料 검사, 종두, 獸畜 병독 검사를 행한 것이 본원의 기원이 되었다.

1907년 구한국 칙령 제9호로써 廣濟院을 폐하고 대한의원 관제를 발표하여 이를 의정부의 직할로 하여 새롭게 병사를 馬凳山 위인 현재의 서울대학교 의과대학 부지[3]에 세우고, 내부대신이 원장을 겸임하고 병원의 업무는 진료, 교육, 위생의 3부로 나누고, 치료부에서는 질병의 진료, 빈민구료를 교육부에서는 의사, 약사, 산파, 간호부의 양성과 교과서의 편찬을, 위생부에서는 지방 위생 행정을 다루고, 또 한국 적십자사의 촉탁 업무를 행하였다. 그리고 이 교육부는 의학강습소의 濫觴이 되었다. 1907년 12월 구한국 칙령 제73호로써 관제 개정을 하고 다음해 1908년 현재의 의원 본관 및 동서 1호에서 3호의 병실을 신축 낙성하였다. 1908년 2월 4일 육군 군의 총감 의학박사 佐藤進^{사토스스무}가 원장에 임명되고, 이로써 병원의 기초를 다지게 되어 일본의 새로운 의술이 한국(鷄林) 땅에 일어나 그 달 교육부를 의육부라 개칭하고, 5월 의원 구내에 의학강습소의 교실을 신축하여 현재의 외래 分館 건물에 이르게 되었다.

1909년 2월 의육부를 부속의학교로 개칭하고, 2월 4일에 佐藤進^{사토스스무} 원장이 사임하고, 7월 20일 육군 군의 총감 의학박사 菊池常三郎^{기쿠지츠네사브로} 원장이 취임하였다.

1910년 8월 27일 키쿠치원장이 사임하고 8월 29일 한국을 병탄하여 9월에 이르러 칙령 제366호로써 의원 관제를 발표하여 의학강습소를 이에 부속시켜 진료 사무 외 조선인 의사 및 산파, 간호부의 양성을 실시했다. 대한의원의 전부를 조선총독부의원으로 개칭한 10월 1일에 훈령 제16호로써 의원 사무 분장 규정을 정하고, 內, 外, 眼, 産婦人科, 小兒, 皮膚, 耳

---

3) 京城府 蓮建洞 28番地.

鼻科 및 서무과 약제과를 두었다. 원장 이하 각 직원 임명이 있었다.[4]

당시 총독부의원 직원들의 예우나 봉급은 일본 도쿄제국대학 출신은 많았고, 다음은 京都제국대학 출신이었으며 가장 낮은 것은 九州제국대학이라고 당시 공공연하게 말하였다.[5]

1910년 10월 1일 육군 군의총감 藤田嗣章후지다츠키아키 원장이 취임하고, 11월 동병실 4호 내지 서병실 4호 및 5호를 신축 준공하였다. 1910년 3월 치과를 신설하고, 10월 永禧殿 및 부속 건물을 병원의 소관으로 옮겨 도서실 및 표본실로 하였다.

1912년 동쪽 제5호 병원 신축을 준공.

1913년 4월 濟生院 관제개정의 결과 정신병과를 이 병원으로 옮겨서 그 신축 병실 2동 및 부속 토지와 건물을 인계하여 이를 東8 병실이라고 칭하였다.

1914년 7월 24일 후지다 원장이 사임하고, 일본 육군 군의총감 의학박사 芳賀榮次郎하가에이지로 원장이 취임하였다.

---

4) 三木榮, 앞의 책, 290쪽, 佐藤剛藏 著, 李忠浩 譯, 앞의 책, 158~161쪽에서 참조했음, 당시 임명된 직원은 아래와 같다.
   원장: 藤田嗣章.
   내과 과장: 의관 모리야스랜키치(森安連吉), 副長 富永忠司, 醫員 山口梁平, 小林千壽, 古城貞, 嶺峻, 囑託 水津信次.
   외과 과장: 의관 무로야유타로(室谷脩太郎), 의원 坂田淸造, 土橋末雄, 渡辺諒(치과가 독립한 것은 1916년).
   안과 과장: 의관 우노고이치(宇野功一).
   산부인과: 의관 후지이도라히코(藤井虎彦), 醫員 賀來倉太.
   소아과: 의관 고노마모루(河野衛), 醫員 松下宇太郎.
   피부비뇨기과: 의관 아라이모토시(荒井元).
   이비인후과: 의관 사카이키요시(坂井淸).
   시료부: 부장 神岡一亨, 醫員 大槻三麿.
   약제과: 과장 吉木弥三.
   의육과: 과장 佐藤剛藏, 敎員 酒井謙治郎 등이 각각 임명되었다.
5) 佐藤剛藏 著, 李忠浩 譯, 앞의 책, 89쪽.

1916년 4월 칙령 제119호로써 의원 관제 개정을 하고, 전염병 및 지방병 연구과를 신설하고, 부속의학강습소는 폐지하여, 같은 장소에 分掌사항 중 의사의 양성은 경성의학전문학교의 소관으로 옮겨 조산부 및 간호부의 양성은 이 병원에 醫育科를 설치하여 이에 속하게 하고, 9월 입원 환자를 받는 제도를 고쳐 청부를 폐하여 의원 직영으로 하였다. 1917년 5월 외과의 분과로써 정형외과를 두고, 1920년 9월 내과를 제1, 제2로 나누었다.

1920년 10월 14일 芳賀榮次郎^{하가에이지로}원장이 사임하고, 같은 날 의학박사 志賀潔^{시가키요시}원장이 취임하였다. 10월 전염병 연구과가 신축 낙성됨으로써, 이 병원에는 부속 연구실도 없이 지방병 연구실, 세균실, 화학실, 생리실의 각 병실을 설치, 1920년 10월 의육과를 간호부 및 조산부 양성소로 개칭하였다.

1921년 5월 東2 東6호 병실이 증축되어 이에 이 병원의 병상 수는 특등 7, 갑등25, 을등202, 병등 101, 施療25 계 360床을 획득하기에 이르렀다.[6]

1922년 5월 이미 노후된 조선식 건물 중에서 훼손된 기와 2층 건물 병실 1동을 건축하여 상층은 병실로 을등환자 23床을 설치하고 지하는 외래 分管 개축을 위해 일시적으로 施療 외래환자의 진료소로 충당하였다.

이상에서 본 내용은 조선총독부의원이 인수되어 1922년까지 병원의 조직과 증축이 이루어진 과정에 대한 그 연혁이다.

이 기간 조선총독부의원에 3명의 원장이 교체되는 가운데 부족함이 없을 정도로 거의 모든 과를 설치하고, 병동을 증축하여 총독부의원으로서의 면모를 갖추어 갔던 것이다.

더 상세한 것은 총독부의원의 발족과 증축에서 다시 언급하기로 한다.

---

6) 1924년에는 病床 수는 特等 7, 甲等 22, 乙等 241, 丙等 68, 施療 58, 계 396으로 乙等과 施療의 病床 수가 현격히 증가되었다.

2) 발족과 증축

앞에서 살펴본 대한의원은 일본인으로서는 초대 佐藤進^{사토스스무}원장에서부터 제2대 菊池常三郎^{기쿠지츠네사브로}원장을 거쳐 제3대 藤田嗣章^{후지다츠키아키}원장이 사무 취급을 하게 되었고, 후지다 원장은 그대로 초대 조선총독부의원장으로 발령되었다.[7] 그러나 대한의원 시대에는 內部와의 다툼도 있었다. 그래서 총독부의원으로 교체되는 계기를 통하여 무엇인가를 하여 새로운 발족을 하지 않으면 안 된다는 취지에서 대한의원 의관 및 약제관, 이 병원의 부속의학교 교수, 그 밖의 사무원이나 간호부, 급사에 이르기까지 전원을 남김없이 모두 해고하고, 새로이 직원을 채용하였다. 그 이유로는,

> 이와 같이 일대 혁신을 단행한 이유로는 총독부의원의 예산 경리상의 일
> 도 있었고, 대한의원 시대부터 해결하지 않으면 안되는 상태에 있었기 때문
> 이라고 奧貫恭助^{오쿠누키키오스케}기사가 내게 말해 주었다. 또 그 이유 중의 하나
> 는 총독부의원의 발족으로 신선미를 나타내 보이려는 듯한 노력도 그 일면에
> 내포되어 있었으나, 그것은 실로 용의 하지 않았다.[8]

고 한다.

이와 같은 내용은 조선총독부의원을 발족시키면서 있었던 총독부의 본질적인 내용이 무엇인가를 살펴볼 수 있다. 즉 奧貫恭助^{오쿠누키키오스케}기사가 당시 의학강습소의 책임을 맡은 佐藤剛藏^{사토고오죠}에게 총독부의원의 설치 목적이 어디에 있었던가를 이야기한 내용으로 볼 수 있다.

어쨌든 일제의 식민 통치가 실시되고 부터 총독부에 근무하는 직원 및 일본 거류민들의 문화 시설책을 강구하기 위해 총독부의원의 刷新을 가

---

7) 대한의원의 원장으로는 처음에는 조선인의 내부 장관이 원장을 겸임했음(초대 李址鎔, 2대 任善準).
8) 佐藤剛藏 著, 李忠浩 譯, 앞의 책, 72~73쪽.

한 것이 그들의 목적임에 틀림없는 것으로 본다. 그래서 4과의 부장만 그대로 두고 구태의연한 의원 의관들도 모두 해고시키고 현역의 군의 또는 약제관을 취임시켰다.

이렇게 하여 총독부의원은 명실 공히 조선총독부 직원을 위한 병원으로서 기능을 수행할 수 있도록 변모시키는 것이 그 설립 목적이라고 보아도 과언이 아니다. 그 구체적인 예는 다음과 같다.

> 대한의원의 內科 의관이었던 의학사 村上龍藏^{무라가미류죠}씨는 매일 아침에 위생실에서 통감부 관리나 그 가족의 실비 진료를 1·2시간 정도하고 있었다. 총독부로 되고 나서도 이 시설은 위생실이라고 칭하여 이를 繼續하였다.[9]

고 하여, 총독부의원의 기능을 설명하고 있다. 당시 이 일을 맡은 佐藤剛藏^{사토고오죠}는 그때의 상황을 더 자세히 기록하고 있다.

> … 총독부 고급 관리의 택진도 약간 있었지만, 강습소에서 돌아가는 도중, 저녁에 그 요구에 응하도록 한 일이 있었다. 내가 이 진료에 종사한 당시에는 의사가 아닌 중년의 전속 조수가 있어서 도와주었지만, 매일 아침 수 명의 환자가 있었다. 환자로는 내과, 안과, 이비과 또는 외과의 소규모의 수술도 있었고, 총독부 관리의 가족이 많았다. 또 관리들의 건강 진단도 있었다. 점점 환자가 많아져서 총독부 고관들도 약을 준다는 등의 이야기를 듣고 登廳하여 가까이 오게 되어서 매우 편리한 것이었다.[10]

이상의 내용으로 보면, 총독부의원의 기능을 충분히 이해할 수 있다.

그리고 구체적으로 시설을 확충하는 등 여러 가지로 편의 시설을 갖추어 갔다. 특히 종로에서 총독부의원 정문 앞까지 전차를 부설하여 환자들이 이용하는데 편의를 도모하였다.

---

9) 「총독부 위생실을 의료실로 개칭」, 위의 책, 93쪽.
10) 위의 책, 93~94쪽.

총독부의원의 이와 같은 조치에 대해서 여러 가지로 반발과 부작용도 나타나게 되었다. 그 내용으로서는 일본인 개업 醫家는 그들의 생계에 위협을 느꼈다고 한다. 또한 대한의원 당시의 직원으로서 해임 당한 자들로부터 많은 반감을 사게 되었다. 부당하게 해고당한 몇 몇 사람들에 의해서 의원 본관 약국 뒤에서 거듭 총독부의원을 불태워 버리려고 시도한 일조차 있었다[11]고 당시의 사실을 목격한 佐藤剛藏^{사토고오죠}는 이야기하고 있다.

무엇보다도 총독부의원에 방화한 사실은 일본인들이 했다기보다는 한국인들이 조선총독부 설치와 이에 따른 부속의원마저 만들어 우리의 대한의원을 완전히 빼앗은 데에 대한 반일 감정의 표시로 볼 수 있다.

일제가 총독부의원의 정문 앞까지 전차를 부설한 일은 다수의 환자들의 편의를 위한 부설이었는데, 그 환자들은 대부분이 일본인 거류민들이었다(조선총독부의원 환자 통계표 부록 16참조). 따라서 그들을 위한 병원으로 충실을 기하고자 그 시설을 갖추었다. 이렇게 하여 발족된 총독부의원은 藤田嗣章^{후지다츠키아키}원장 시기에 해마다 정비되고 정돈되어 진료 전문분과 이외에 정신병과[12]와 새로이 치과도[13] 두게 되었다. 시료부는 당초부터 구 부속의학교의 교사의 일부를 이에 충당하였다. 총독부의원 발족 당시의 상황을 佐藤剛藏^{사토고오죠}는 그 규모를 다음과 같이 말하고 있다.

---

11) 위의 책, 73쪽.
12) 조선총독부의원, 『조선총독부의원 연보』 제2회, 177쪽.
    1913년 4월 11일 건물의 전부가 총독부의원에 보관 전환되어 비로소 정신병과가 독립과로서 환자 수용을 할 수 있게 되었고, 초대 과장은 의학사 水津信治 의관이 조수 1 명(1913년 의학강습소를 졸업한 판임관 8급인 沈浩燮)과 간호원 4명으로 그 진료에 임했다.
13) 『舊韓國官報』, 「府令 제101호 치과의사 규칙」 제389호, 隆熙 4년 2월 11일자.
    초대 과장 겸 의전 교수는 야나기라다츠미(柳柴達見)였다.

당시 나의 기억으로는 1개년 경상 경비는 7만원 정도였지만, 해마다 수입이 증가하여 芳賀^{하가} 원장 때부터 志賀^{시가} 원장 시기에는 收支 70만원으로 상승하여 당초 10배 이상이 되어 놀랄 만한 발전을 하였다. 芳賀^{하가} 원장은 총독부의원의 개선 및 충실에 대하여 다음과 같이 말하였다.

"실은 당시 조선의 재정으로써는 부담이 너무 커서 불가능하게 끝난 것은 유감이었지만, 내가 언제라도 대학 개설의 희망을 버리지 않고, 총독부의원은 당연 장래 대학부속병원이 될 것이므로 그 때에 알맞은 준비로써 설비를 갖추고, 그밖에 개선에 충실하도록 전념하였다. 내용 · 외관 모두 나무랄 바 없이 필요한 건물의 증축 · 신설을 서둘렀다. 또한 기초의학을 강론하는 우수한 학자를 일본에서 초빙하고, 특히 연구실의 완비에 힘을 기울여 세균학실과 병리실험실을 신설하기도 하였다. 이 연구실의 시설 완비 또한 무엇 때문에 그렇게 한 것인가하면, 소위 조선의 풍토병인 폐디스토마를 박멸하고 싶었기 때문이었다."

志賀^{시가} 원장 때에는 차츰 대학의 개설 준비도 해야 했기 때문에 의원 본관 내에 외래 진료를 한다는 것은 그러한 狹隘不備한 데서부터 새로이 본관의 남서 방면의 얼마 안되는 低地에 복도가 붙어 있는 벽돌집으로 된 각 과 외래 진료소를 크게 증설했기 때문에 진료 상 매우 편리하기도 하였다. 그 밖에 의원 부지 내에 전염 병실이나 정신병실 등도 신축되었고, 의원 연구실도 개 · 증축하여 확충되었으므로 옛 대한의원의 모습에서 완전히 바뀌었다.[14]

이와 같이 후지다 원장, 하가 원장, 시가 원장의 노력으로 그 기초를 갖추었다.

총독부의원 발족 당시는 그들의 의도대로 신선미를 충분히 나타낼 수가 없었을 정도로 용이치 않았으나, 1922년 당시에는 모든 시설과 체제를 그들이 원하는 대로 갖출 수가 있었다.

위에서 본 내용을 정리해 보면, 한마디로 대한의원의 시설과 총독부의원은 그 규모가 전혀 다르게 변모했음을 알 수 있다. 이는 진료의 상황이나 병동의 증축 면을 통해서 이해할 수 있다.

---

14) 李忠浩 譯, 앞의 『朝鮮醫育史』, 73쪽.

조선총독부가 설치되어 일본인 경영 체제로 완전히 이관되자 총독부의원은 병실·병동의 증축과 기구의 확대가 이루어졌다. 연혁에서 언급하였지만, 그 확장된 내용을 다시 정리하면 다음과 같다.

1910년 11월에 병동실 4호에서 7호, 서병실 4호에서 5호가 신축 준공된 것을 시작으로 1912년 11월에는 동측 제5호 병동 신축 준공, 1921년 5월에는 동2, 동6병실이 증축 준공되어 360베드를 확보하게 되었다. 1922년 5월에는 韓式 건물인 分9병실을 헐고, 벽돌 2층 병동 1동으로 새건물을 지었다. 여기에다 丙等 41床과 施療(무료) 분만실을 설치하였다. 이는 당시 의료계의 상황으로는 특기할 만한 사실이었다. 그러나 그들이 이 시설을 우선적으로 갖춘 목적은 한국에 파견 온 총독부 직원의 가족들의 편의 시설을 갖춘 하나의 내용을 입증해 주는 사실이다. 그 해 10월에는 水野錬太郎^{미즈노랜타로}15)가 기증하여 오락실 1동을 준공하였다.16) 그뿐만 아니라, 1911년 10월에는 永禧殿 및 부속 건물이 醫院에 이관되었고, 1912년 4월에는 〈總督府 濟生院17) 官制 改正〉에18) 따라 정신병과가 총독부의

---

15) 水野錬太郎^{미즈노랜타로}1868~1948) 아키다(秋田)현 출신. 도쿄제국대학 英法科 卒業. 지방자치제도 정비의 공로자. 법학박사. 大正 원년(1912) 貴族院議人으로 됨. 大正7년(1918) 데라우치 내각의 내무대신, 8년(1919) 조선총독부 정무총감, 3·1운동이후 朝鮮統治를 위한 新政을 실시한 장본인임. 1922년 加藤友郎^{가토도모사브로}내각의 내무대신, 1924년 淸浦^{기요우라}내각의 내무대신, 1926년 政友會入黨 田中義一^{다나카기미치}내각의 文部대신, 興亞同盟 총재.
조선총독부 편찬, 李忠浩譯『朝鮮統治秘話』(1937년 조선총독부 출판)에 그가 조선에서 정무총감으로 재직 중에(1919~1922) 관한 활동이 자세히 기록되어 있음. 특히 보통경찰 제도와 문화 통치 명목으로 조선 통치 방법을 일대 혁신한 장본인임.
16) 서울대학교 의과대학사 편찬위원회(편), 앞의 책, 29~30쪽.
17) 앞의『조선총독부의원 20년사』에 제생의원에 관한 기록은 다음과 같다.
「濟生院이라 칭하는 것은 明治44(1911)년 총독부 부령 제77호로써 설치된 救療기관으로서 임시 은사금 50만원으로 국고에서 11만3천여 원을 보태어 그 자금을 기초로 하고 여기서 생기는 이자 및 국고 보조금, 李王家 기타의 기부금으로 사업을 경영해 왔다. -중략- 제생원의 사업은 고아와 盲啞者의 교육 및 정신병자 진찰에 있었다. 1912년 3월 법률 제6호로서 조선의원 및 제생원 특별회계법을 공포하고

원으로 이관 받게 되어 이 병원의 규모가 더욱 확대되었다.

개원 당시 7개 임상과 뿐이었던 것이 1911년 4월 치과의 신설, 1916년 4월 전염병과, 지방병 연구과의 신설,[19] 1917년에는 정형외과의 신설, 1920년 9월에는 내과를 분과하여 제1내과, 제2내과로 하는 등 불과 11년 동안 360床의 병실을 갖추어 명실 공히 종합병원으로서의 면모를 갖춘 것은 우리나라 사람들에게 문화 시설의 혜택을 주고자 함이 아니었다. 앞서 본 바와 같이 총독부 직원들의 편의 시설로 만들어 주어 그들의 식민 통치에 원활함을 도모하기 위한 총독부 부속의원이었다. 즉 일본에서 그들의 식민 통치를 수행하기 위해 우리나라에 온 그들의 가족을 위한 문화 복지 시설을 충분히 갖추어 주기 위해 최대의 시설을 갖춘 것이 바로 총독부의 원이었다. 따라서 한국인들은 거의 이 시설을 이용할 수 없었다(한국인들은 총독부 관계 고위 직원들 가족만 이용 가능). 반면 한국인을 의사로 양성하는 의사교육 기관은 그들의 목적과는 상이했기 때문에 등한시 한 것은 당연했다. 초창기에는 총독부의원의 부속의학강습소로 운영되다가 이는 폐지되고 일본인과 공학으로 하여 점차로 일본인 자녀들을 중심으로 한 총독부 부속의원의 의사교육 기관이 경성의학전문학교로 승격되어 의사교육을 실시하게 되었던 것이다. 이에 대한 자세한 것은 후술하기로 한다(제Ⅴ장에서).

칙령 제43호로써 제생원 관제를 정하였다. ⋯중략⋯ 1913년 5월 제생원의 재단을 해산하고 그 자금은 이를 특별 회계에 옮겨서 각 사업에 대한 배당액을 정했다.」

18) 조선총독부 인쇄국,『조선총독부 관보 6호』호외 1912.3.28, 서울; 아세아문화사.

19) 이에 따른 1920년 10월 전염병, 지방병연구과의 건물이 신축 낙성되어 이 건물 안에 지방병 연구실, 세균실, 생리실 등을 설치하여 부속 연구실로 했다.

3) 조직

총독부의원의 설치 목적과 그 조직은 1910년 9월 29일 칙령 제368호[20]에 잘 나타나 있다. 총독부의원 관제가 발표됨으로 일본 육군대장이 조선총독이 된 것과 마찬가지로 총독부의원장도 일본 군의감 藤田嗣章^{후지다츠키아키}가 원장으로 발령되었다. 이를 시작으로 총독부의원의 조직이 이루어졌는데, 그 조직 내용은 다음과 같다.

一. 조선총독부의원은 조선총독의 관리에 속하고 질병의 진료, 전염병 지방병의 조사 연구 및 조산부 간호부의 양성에 관한 사무를 장악함.
一. 의원에 다음 직원을 둠.

원장	1명 勅任.
의관	專任 17명-奏任(그 중 2명은 勅任으로 할 수 있음.)
교관	專任 1명-奏任
사무관	專任 1명-奏任
약제관	專任 1명-奏任
의원	專任 24명-判任
書記	전임 5명 판임
調劑手	전임 5명 판임
간호부장	전임 1명 판임
助手	전임 1명 判任으로 되어 있다.[21]

이것이 바로 총독부의원의 조직 내용이다. 이 조직에 따라 그 사무 분장은 다음과 같다.

---

20) 이하 勅令은 日帝가 發한 것임.
21) 『官制』, 明治 43년 9월 30일자, 勅令 제368호.
『조선총독부 직원록』大正 15, 107쪽.

〈사무 분장 규정〉[22]

一. 조선총독부의원에 제1내과, 제2내과, 외과, 안과, 산과, 부인과, 소아
   과, 이비인후과, 피부과, 정신병과, 치과, 전염병 및 지방병연구과, 약제
   과, 서무과 및 간호부, 조산부 양성소를 둠.
   各 科, 課에 장을 두고 간호부 조산부 양성소에 주사를 둠.
一. 제1내과, 제2내과, 외과, 안과, 산부인과, 소아과, 이비인후과, 피부과,
   정신과 및 치과에 있어서는 환자의 진료에 관한 사항을 장악함. 전염병
   및 지방병의 조사 연구에 관한 사항을 장악함.
一. 약제과는 조제, 製劑 및 위생 재료의 보관, 수리에 관한 사항을 장악함.
一. 서무과는 인사, 회계 및 서무에 관한 사항을 장악함.
一. 간호부 조산부 양성소는 간호부 및 조산부 양성소에 관한 사항을 장악함.

　　종전에는 내과, 외과, 안과, 산부인과, 소아과, 이비인후과, 피부과 등 7
개 임상과를 두었다. 치과는 처음에는 따로 독립시키지 않고, 외과에 소속
시켰다. 그 외 약제과, 의육과 및 서무과를 두었다. 각 과에는 과장을 두고
필요할 때에는 副長을 두기로 했던 것이 대폭 확장된 것을 볼 수 있다. 여
기서 특징적인 것은 전염병 및 지방병의 조사 연구에 중점을 두었으며, 내
과를 제1, 제2, 치과로 분리한 것이다. 무엇보다 총독부의원의 조직에서
특이한 것은 의사교육에 대한 언급은 없고, 간호부 조산부 양성소에 대한
내용만 언급하고 있다.[23] 이것은 한국인의 의사교육은 하지 않겠다는 의
지를 여기에서 알 수가 있다.

　　또 총독부의원의 의원의관들과 교수들에게 사기 진작을 위해 해외 연
수를 시켰다. 그 명분은 연학(研學)을 위한 해외 출장이었다. 후지다 원장

---

22) 〈사무 분장 규정〉 明治 43년 10월 1일 훈령 제16호, 『조선총독부직원록』 大正
　　15년, 106쪽.
23) 佐藤剛藏 著, 李忠浩 譯, 「조선인의 의육문제」, 앞의 책, 52~54쪽.
　　이미 이전부터 조선인 의육의 필요성에 관한 논란이 많았는데, 이를 반영한 것
　　이다.

때 이를 위한 해외 출장 예산이 통과되어 실시하였다. 최초로 구미 출장 명령을 받은 것은 외과 부장 室谷收太郞^{무로야유타로}軍醫였다.

경리부에서는 무로야 醫官을 해외 출장 휴직으로 하고자 했는데, 휴직자의 출장은 될 수 없으므로 부득이 현직인 채 수개월의 봉급도 감봉하지 않고, 그대로 출장비가 지불되었다. 이것이 전례가 되어 계속하여 해외 출장 가는 자들에게 유리하게 되었다.[24]

총독부의원 개원 당시의 조직은 대한의원의 모습을 거의 그대로 유지하고 있었다. 그러나 달라진 것은 교육 부문만은 완전히 등한시된 점이다. 이에 따라서 의학강습소라는 명목으로 형식상의 교육을 하고자 하는 조직 체제로 바뀌었음을 그 조직을 통하여 알 수 있다. 이에 따른 조치의 하나로 약제과가 폐지되어 약제과의 학생들은 모두 그만두고, 1명만 타과로 전과하였는데, 그 후에 바로 자퇴하였다. 이러한 결과로 종전의 대한의원 부속의학교 학생들은 전원 의학강습소의 학생이 되었다.[25]

이렇게 조직된 총독부의원은 1914년 7월에 후지다 원장이 사임하고, 9월 12일 그 후임으로 육군 군의총감인 芳賀榮次郞^{하가에이지로}가 취임하였다. 그는 1920년 10월까지 장기간 유임하였다.

의학강습소의 조직 체계는 총독부로 개칭되고 나서 宇佐美勝夫^{우사미가츠오}차관은 내무부 장관직을 인수 맡고, 총독부의원은 내무부 지방국 위생과로 인수되어 내무부 제2과 소관으로 통합되었다. 따라서 의원의 의사교육도 그 部·課에 소속해 있었지만, 1916년 의학강습소가 醫專으로 승격한 것과 동시에 내무부 학무과의 소관으로 고쳤다.[26] 총독부부속의원으로서 5년 반 정도 지나서 어느 정도 체제가 갖추어진 후 1916년 4월 전문학교 관제가 발표되었다. 이 기간은 그야말로 조선총독부에서 의도적으로 우리

---

24) 위의 책, 「研學을 위한 海外 派遣」, 97쪽.
25) 위의 책, 「대한의원의 의학생」, 50쪽.
26) 위의 책, 81쪽.

의 의사교육을 탄압한 시기였다. 이러한 조직 체계 가운데서 이루어진 의학강습소의 교육 활동이 이루어졌다.

2. 조선총독부의원 부속의학강습소의 의사교육

1) 의학강습소의 조직

앞에서 본 바와 같이 1910년 8월 29일 대한의원에 대한 데라우치 통감의 諭告가 발표되었다.[27]

이는 한국 주둔군 군의부장 藤田嗣章^{후지다츠키아키}의 계획대로 중앙의원이라는 명칭으로 바뀌었다. 의학교도 중앙의원 부속의학교로 되었다.[28] 그 후 9월 30일자로 日王의 칙령 제368호로 〈조선총독부의원 관제〉가 발표되었다.[29]

이에 근거하여 10월 1일자 조선총독부의원으로 개칭되었고, 의학교 역시 조선총독부의원 부속의학강습소로 이름이 바뀌었다. 총독부의원은 내무부 제2과 지방국 위생과에 소속되었으므로 의학강습소도 그에 소속되었다.

총독부의원으로 된지 5개월 만인 1911년 2월 20일 조선총독부령 제19호 <부록 5 참조> 에 의해 조선총독부 의학강습소 규칙이 발표되어[30] 일제의 한국인에 대한 의사교육 방침이 비로소 드러났다. 그러나 이 방침은 뚜렷한 한국의 의사교육에 대한 목표가 있었다기보다 단지 의사교육을 말살시키고자 하는 목적이 내포되어 있는데 불과하다. 1911년 총독부의 의사교육 통일 정책에 의해 폐교된 지방의 대구·평양 동인의학교에서

---

27) Ⅲ. 대한의원의 의사교육 활동에서 언급하였음.
28) 『한성신문』〈의원의 명칭 변경〉, 제3,460호, 明治 43년 9월 2일자.
29) 官制,「勅令 제368호 조선총독부의원 관제」明治 43년 9월 30일자.
    서울대학교 의과대학사 편찬위원회(편), 앞의 책, 28~29쪽에도 인용되어 있음.
30) 官制,「府令 제368호 조선총독부의원 부속의학강습소 규칙」제140號, 明治 44년 2월 20일자.

공부하다가 자혜의원으로 잠시 옮겼던 학생들도 총독부의원 부속의학강습소로 전학시켰던 것이었다. 물론 대한의원 부속의학교 의학생들은 모두 의학강습소로 이관되어 공부하게 되었다.[31] 이는 일제가 난립된 의사교육을 의학강습소에서 일괄적으로 교육시키려는 목적이었다. 그러나 구체적인 교육 방향이나 대안도 없이 이름 그대로 강습소로서의 기능을 수행하려는 의도였다. 그에 대한 구체적인 모습을 다음과 같은 내용에서 더욱 분명히 알 수 있다.

수업 연한은 종전대로 醫科와 助産婦科는 4년과 2년이었으나, 간호부과는 2년에서 1년 반으로 줄어들었다. 이는 간호부 양성에 많은 시간을 투자하지 않고자하는 그들의 의도를 볼 수 있다.

학생 수(정원)를 보면, 醫科가 75명으로 종전보다 25명, 助産婦科 20명으로 배가 증가되었고, 간호부과는 20명 그대로였다. 대신 수업 연한을 줄였기 때문에 수는 거의 같고 투자는 적게 하려는 의도였다.

교과과정이나 과목은 큰 변화가 없었다. 학생 수의 증가와 교과과정이나 과목은 변화가 없음에도 불구하고, 교관과 교원을 각 1명만 배치하였다. 이는 강습소로 전락시켜 우리의 의사교육을 완전히 도외시한 내용이었다. 이와 같이 운영하는 것으로 도저히 감당할 수 없게 되자 1913년 4월과 1914년 7월에 교관 1명씩을 더 증원하였다.[32] 그러나 평양 동인의원에서 의사교육을 책임 맡고 있던 교관 佐藤剛藏^{사토고오죠}가 총독부의원 醫育과장으로 임명되었다. 그리고 樋下田謙次郎^{도시다겐지로}교사 1명과 더불어 전임 직원으로 醫科는 물론 조산부과와 간호부과에 이르기까지 전교생의 교육을 담당하였다. 물론 총독부의원 의관 및 의원의 기초 및 임상 과목을 분담하여 여벌의 일로 강의하는 형편이었다.

---

31) 佐藤剛藏 著, 李忠浩 譯, 「조선총독부의원의 신설과 醫專에 日鮮人 共學 내정」, 앞의 책, 79쪽.
32) 勅令 제56호(大正 2년 4월), 勅令 제147호(大正 3년 7월).

이것이 당시 의학강습소의 조직이었다. 이와 같은 조직을 볼 때, 교수진도 갖추지 않은 채 의사교육을 하고자 한 것은 일제가 우리의 의사교육을 말살하고자 하는 의도에 의한 것으로 아무런 진전도 없었던 의사교육이 퇴보된 시기로 볼 수 있다. 단지 지금까지 있었던 의사교육 기관을 당장 없앨 수 없었으므로 형식상으로 그냥 둔 형태였음을 알 수 있다. 더욱이 의육 과장으로 임명된 佐藤剛藏^{사토고오죠}는 이 일에만 전담한 것이 아니고, 위생실 겸무였다.[33] 이 사실로 보면, 의학강습소의 조직을 얼마나 소홀히 여겼던가를 엿볼 수 있다.

그러다가 1913년 4월에 부임한 稻本龜五郎^{이나모토가메고로}가 병리학을 가르쳤고 이듬해 1914년 7월에는 의화학 교관이요 醫育 과장이던 佐藤剛藏^{사토고오죠}가 이 업무를 겸임하게 되었다.

이러한 조직체를 갖고 운영된 조선총독부 의학강습소의 의사교육은 1916년 4월 경성의학전문학교로 승격되기까지는 우리의 의사교육의 수난기였다. 이와 같은 일은 이미 예고된 대로 그들의 식민지 교육 정책의 하나로 앞서 대한의원으로 우리의 의사교육기관을 통폐합시켰고, 佐藤進^{사토스스무}가 대한의원 원장으로 부임하여 교육부에서 의육부로 개칭하고서부터 본격적으로 일본인 중심 체제로 바꾸어 갔다.

이 사실을 볼 때 알 수 있는 것은 이름 그대로 강습소에서 의사 양성은 단지 형식적으로 이루어졌고, 그에 따른 필요한 조산부와 간호부를 양성하는 대책으로 그 기능을 다하고자 했던 것을 알 수 있다. 총독부의원 의관들을 강사로 초빙하여 필요한 강의를 부담시키기는 했으나, 당시 이 일을 책임지고 있던 佐藤進^{사토스스무}의 이야기를 들어보면,

---

33) 佐藤剛藏 著, 李忠浩 譯,「총독부 위생실을 의료실로 개칭」, 앞의 책, 94쪽.
「1916년 4월 의전의 개교까지 나는 이 위생실의 진료를 담당했다. 7년간 계속했지만, 醫專 교수 전속을 기회로 겨우 사임하게 되고, 미래 기초의학에 전심하고 청진기와 떨어지게 되었다.」

조선의 의육은 소규모이지만, 소극적인 것으로 바뀐 사실은 새삼스럽게 새로운 출발을 하지 않으면 안 되는 상태였다는 것을 시사하는 것이라고 해도 좋을 것이다.[34]

그의 말대로 조선총독부는 한국의 의사교육에 매우 소극적인 자세로 임하였다. 앞에서도 살펴본 바와 같이 단지 총독부의원으로서 충실을 기하고자 하는 것이 주목적이었다. 그런 목적 하에 한국 주둔 일본군 군의부장 藤田嗣章후지다츠키아키[35]를 기용한 것이라고 볼 수 있다. 그의 과격한 성격으로 인하여 대한의원장 職을 보류시켰다가 본격적으로 조선총독부 통치시기에 접어들자 그를 기용한 것으로 본다. 조선총독부 초창기에는 모든 간부들이 그러했듯이 후지다 원장도 전격적인 인사 개혁을 단행하였다. 그것은 직원들에게 일괄 사표를 제출하도록 하여 한국인 의원과 교관들의 사표만을 수리하고 일본인은 다시 발령하는 수법을 써서 한국인 직원들을 모두 파면시켰다. 한국인으로는 겨우 청소부 한 명만을 유임시켰을 뿐이었다.[36]

2) 교육 활동 내용

이러한 배경에서 시작된 의학강습소의 교육 양상은 일제가 강제로 한국을 병탄한 이후 1911년 <教育 勅語> 아래 식민지교육을 심기 위한 제1차 朝鮮敎育令이 발표되었다.[37] 이에 따라서 한국의 모든 교육이 이루어지게

---

34) 佐藤剛藏 著, 李忠浩 譯, 앞의 책, 79쪽.
35) 1906년 한국 주둔군 군의 부장으로 來韓하여 통감부의 京城 방역 본부 부총장. 통감부의 고문 등으로 위촉되었다가 1907년 한국 의병 토벌에 공을 세우고 대한의원 원장 직을 희망. 佐藤進이 원장으로 부임하여 약 10개월간 부원장이 되었다. 1910년 7월 통감부 위생 사무 촉탁. 중앙의원, 지방의 자혜의원 등 한국의 의료 체제를 계획한 장본인임. 기쿠치(菊池)원장 사임 후 대한의원 원장 서리. 조선총독부의원장이 됨.
36) 奇昌德, 「의학 교육의 현대화 과정」, 앞의 책, 85쪽.

되었다. 그러므로 이에 대한 내용을 여기에 약간 언급해 두기로 한다.

일제의 교육 정책은 식민지 정치·경제 정책과 부합되는 것으로서 일반 교육보다 우직하고, 노예적인 교육으로 자기들에게 복종시키고, 식량 원료의 공급지로 만들기 위해 직업교육에 치중하게 되었다.

반면 소위 <일제의 忠良한 臣民>을 창출해 내기 위해 민족혼을 고취하는 한국사와 지리를 가르치지 못하게 하였다. 또 그에 관한 수십만 권의 서적을 압수·소각하였다. 뿐만 아니라 항일 운동의 배양지로 지목되던 사립학교를 탄압하여 사립학교는 점차 문을 닫게 되었다.[38] 여기에서 일제의 한국 교육의 방향을 파악할 수 있다.

조선교육령의 내용을 보면, "제국주의 大本은 교육에 관한 칙어에 명시되어 있는 바 國體의 本이며, 또한 역사에 비추어 볼 때 확고 부동한 조선교육의 本義이기도 하다." 이것은 1911년 조선총독부가 〈조선교육령 공포에 즈음하여 조선 교육의 本義에 관한 件〉인 '諭告'의 한 구절이다.[39] 즉 〈교육에 관한 勅語〉 하에 〈제국 교육의 大本〉과 〈조선 교육의 大義〉를 법의 이름으로 결합시킨 것이 제1차 조선교육령(1911년 勅語 제229호)이었다고 할 수 있다. 즉 〈조선교육령〉 제1장 綱領에서 규정하기를 「제2조 교육은 교육에 관한 칙어의 취지에 근거하여 충량한 국민을 육성하는 것을

---

37) 孫仁洙, 『한국 근대교육사』, 연세대학교 출판부, 1971, 97~104쪽.
寺內正毅（데라우치마사타케）총독의 교육 방침은 우리에게 理性이 발달할 수 있는 교육 기회를 주지 않는 데 있었다. 일본 臣民下의 토대가 되는 일본어의 보급, 소위 충량한 제국신민, 그리고 그들의 부림을 잘 받는 실용적인 근로인·하급관리·사무원의 양성을 목적으로 하였다. 이와 같은 취지와 교육 방침을 가지고, 寺內총독은 1911년 8월에 全文 30조로 이루어진 조선교육령을 공포하였다.

38) 尹炳奭, 『三·一 運動史』, 17~18쪽.

39) 『明治以降教育制度發達史』 제10권, 1964년 교육자료조사회, 65쪽.
「朝鮮ノ教育二關スル勅語ノ旨趣二基キ忠良ナル國民ヲ育成スルヲ以テ本義トシ時勢及民度二適合セシムルコトヲ期ス之ヲ大別シテ普通教育, 實業教育及專門教育ト爲シ普通教育ハ普通學校, 高等普通學校及女子高等普通學校二於テ,
○ ○ ○ ○ 」

大義로 한다. 제3조 교육은 時勢 및 民度에 적합해야 한다.」

이것은 일제가 식민지 질서를 유지하기 위하여 내세운 교육 목적이다. <교육에 관한 칙어의 취지>야 말로 일제의 식민 교육 정책의 근간이었다. 여기에서 제2조에 나오는 교육에 관한 칙어는 1890년 明治 일왕의 <詔勅>로 일본 국민에게 직접 하사하는 형태로 발표된 것으로 그 자체는 법적 구속력이 없는 사회상의 <君主의 公告>에 불과한 것이다.40)

앞에서 본바와 같이 이러한 〈교육에 관한 칙어〉에 대한 평가를 당시에는 반드시 일정하지는 않았다. 그러한 가운데 일본에서는 국민계병주의(國民階兵主義)를 주장하는 군사 관료에 의해 〈愛國心〉이나 봉건적인 〈道德〉의 함양을 위해 〈勅語〉를 학교 교육에 도입할 것이 기대되기도 하고 요청되기도 했던 것이다.41) 사실 일본에서 군사적 요구로부터의 德育의 방침이 되었던 勅語(教育勅語의 發表)가 한국에 통치적 요구에서 德育의 방침이 된 것이다. 이것이 바로 앞서 예시한 朝鮮教育令 제2조라고 할 수 있다.

당시 헌법학자인 穗積八束호즈미야츠카는 조선 교육령에 적극적인 찬의(贊意)의 지지를 보냈다. 穗積八束호즈미야츠카의 국체론의 중심은 "주권이 있으면 곧 국가가 있고, 국가가 있으면 곧 주권이 있다.",42) "臣民은 절대로 무한정으로 국권에 복종한다.",43) "國體는 곧 우리 고유의 제도와 우리 고유의 도덕관념의 결정체이다."44)라는 데 있다. 이와 같은 천황주의 국체론

---

40) 北一輝는 「교육 칙어란 그 교육의 명칭이 나타내듯이 도덕의 범위 내의 것으로 법률적 효력을 갖지 않는다」고 하여 道德이 강제적 형태로 法律이 되는 것을 부정하고 있다.
  『北一輝著作集』제1권(1974년 みすず書房), 368쪽.
41) 小松周吉,「國民教育制度의 成立」,『教育全集 3』, 近代教育史, 66~67쪽.
42) 穗積八束,『憲法提要』, 1935年 4쪽.
  長尾龍一 著,『日本法思想史研究』, 1981年, 創文社, 138쪽.
43) 長尾龍一, 위의 책, 201쪽.
44)『穗積八束博士論文集』, 1948年, 有斐閣, 894쪽.
  長尾龍一,『위의 책』, 140쪽.

의 입장에서 조선교육령의 초안은 修身 과목을 여러 학과 중의 하나라고
는 하지만, 실은 이것 하나로 모든 과목을 감당할 수 있는 것이다. 즉 교육
은 수신에서 시작해서 수신으로 끝난다고 할 수 있다.…(중략)…특히 새
로운 백성에 대해서는 우리 황실을 숭배하는 정신을 심는 것은 말할 필요
도 없는 급선무이어야 한다. 지금 국민학교 아동은 아직 스스로 최근의 정
변(국권침탈: 필자 주)에 관여하지 않았고, 머지않아 이들은 사회의 중견
이 될 자들이다. 그들은 아직 아설(邪說)에 접하지 않았으므로 이러한 생
각을 그들에게 심어 주어야 한다[45]고 강조했다.

또 조선교육령 시행에 있어서 총독의 諭告 내용에는 식민 교육을 심는
이념의 세 가지 기본 방침이 나열되어 있다.

1. 그 교육은 「교육에 관한 勅語의 취지에 근거해 忠良한 국민」의 육성을
   목적으로 할 것.
2. 그 교육은 「특히 德性 涵養과 국어 보급에 힘을 둠으로써 제국 신민으
   로서 자질을 갖추도록 하기」위해 한국인에게 일본어를 필수화시키고,
   교육 용어를 일본어로 할 것.
3. 그 교육은 「時勢와 民度에 적합하게 하기」위해 한국인에 대한 교육 제
   도를 일본인에 대한 것과는 별도로 준비할 것 등이다.[46]

이러한 취지와 교육 목적을 갖고, 한국인 교육 방침 하에서 모든 한국의
학교 교육이 이루어졌던 것이다.

이런 입장에서 대한의원 부속의학교와 총독부의원 부속의학강습소의
교육 양상은 많은 차이가 있다. 그것을 비교해 보고자 한다.

먼저 의학강습소 학생들의 외형상의 모습은 학생들이 각모(角帽)에서
환모(丸帽)로 바뀌었다.

---

45) 大野謙一 著, 『朝鮮敎育問題管見』, 1936.9, 조선교육회, 46쪽.
46) 朝鮮敎育硏究會編, 『朝鮮敎育者必携』, 京城: 1918년, 60~1쪽.

내무부 지방 국장인 小原新三^{고하라신죠}와 寺內正毅^{데라우치마사타케}가 차를 타고 가다가 角帽를 쓴 학생이 지나가는 것을 보고 "저것은 어느 학교 학생이냐?" 고 물었다. 국장은 아마 의학교 의학생일지 모르겠다고 답변하였다. 총독은 이를 불쾌히 여겨 "아직 角帽라고 하는 것은 거만한 단계다. 속히 丸帽로 바꾸도록 주의를 시켜라." 이 결과 국장은 후지다 원장에게 그 이야기를 해서 丸帽로 바꾸고자 했는데 학생 소요가 일어나 휴교하였다. 이 사건을 종로 경찰서장이 와서 중재하여 한 사람의 처벌자도 없이 사건을 무마하고, 의학강습소 학생 모두가 丸帽로 바꾸어 쓰게 되었다.[47]

이와 같이 외형상으로는 寺內正毅^{데라우치마사타케} 총독의 지시로 각모에서 환모로 바뀌는 과정으로 나타났다.

대한의원 부속의학교 시절에는 제복에 각모를 썼던 것을 환모로 바꾸자 이에 대한 학생들의 반발로 데모가 있었는데, 이를 종로 경찰서에서 무난히 진압하여 환모로 바꾸어 외형부터 먼저 바꾸고 나서 그 교육도 바꾸었다. 그러면 구체적으로 그 내용이 어떻게 바꾸어 졌는가? 의학과 학생들의 교재를 한국어로 번역해서 등사판으로 인쇄하여 의학생들에게 배부, 의사교육을 하던 것을 佐藤剛藏^{사토고오죠}가 담당하고부터는 일본어로만 가르쳤다. 그는 그 때의 상황을 다음과 같이 말하고 있다.

내가 계속 이를 맡아서 교육 할 때에는 이들의 인쇄 기구는 흔적도 보이지 않고, 모두 불타 버리고 말았다고 한다. 다만 조선어로 쓴 해부학 책을 인쇄에 붙여 제본된 것이 몇 부 정도 있었다.

후지다 원장은 통역이 붙는 교육을 단호히 물리치고 일본어로 교육하도록 고쳤다.

이에 대하여 의학생으로서는 별로 불만의 의사 표시도 없이 솔직히 이것을 받아들였다. 후지다 원장이 의학생들에게 해준 설명이 설득력이 있었기 때문일 것이다. 그뿐만 아니라, 당시 의학생들은 꽤 열심히 공부했기 때문에

---

47) 佐藤剛藏 著, 李忠浩 譯, 앞의 책, 「角帽에서 丸帽로」, 87쪽.

나도 강의할 때마다 질문을 자주 받았다. 또한 모든 학과를 강의식으로 고쳐 하나하나 노트에 필기하도록 했지만, 교육 방법의 급속한 변화로 학생들도 한 때에는 상당히 어려워했다고 생각하지만, 점차 익숙해져 일본어도 용이하게 이해될 정도로 의학상 양호한 결과를 낳은 것은 다행이며, 이는 획기적인 일이라고 할 수 있을 것이다.[48)]

　　교육 방식은 일본어로 완전히 통역 없이 시행하도록 후지다 원장의 지시로 시행된 점이다. 1911년부터 의학강습소에서 모든 교과과정을 일본어로만 교육한 것은 우리나라 교육사에서는 효시로 볼 수 있다. 일반 학교에서는 일본어로 교육이 시작되는 것은 제2차 朝鮮敎育令이 발표된 후부터 시작되었다(물론 이것도 전부 일본어로만 교육할 수는 없었다).[49)] 이렇게 본다면 10년 이상이나 앞서서 시행된 것이라고 본다.

　　조선총독부가 시작되자마자 의사교육에서부터 식민 교육을 시행한 것은 식민지 교육사에서 그 의의를 규명할 수 있다.

　　의학생들은 佐藤剛藏^{사토고오조}가 생각한 것처럼 외면적으로는 별로 불만의 의사 표시가 없었으나(실제로는 반대 운동이 일어났을 정도로 불만이었음.) 그 학생들이 식민지화된 현실을 그의 표현대로 솔직히 영접할 수밖에 없었던 것이었다. 藤田嗣章^{후지다츠키아키}원장이 어떤 설명을 했는지는 모르나,

---

48) 위의 책, 「조선총독부의원의 醫育과 신설과 醫專에 日・鮮人의 共學 내정」, 79쪽.
49) 물론 제1차 조선교육령에 따르는 諭告가 발표되고, 그 가운데 식민 교육 정책의 이념인 여러 가지 기본 방침 중
　　2. 그 교육은 「특히 덕성 함양과 국어 보급에 힘씀으로써 제국신민으로서의 자질을 갖추도록 하기」위해 한국인에게 일본어를 필수화시키고, 교육 용어를 일본어로 할 것으로 발표되었다(조선교육연구회편, 『朝鮮敎育者必携』 1918년, 京城, 60쪽.). 그러나 실제는 제1차 조선교육령의 초등교육 과정의 커리큘럼 속에서 국어(일본어)가 차지하는 비율은 37.7%이고, 조선어는 20.7%였다. 제2차 조선교육령 발표 후에도 큰 변화는 없었는데, 국어는 37.6%이고, 조선어는 11.7%로 줄었다(李淑子 「日本統治下朝鮮における日本語敎育.ー朝鮮敎育令との關連において」, 『朝鮮學報』 제75집(1975), 97쪽.).

그가 철저하게 주입시킨 설명으로 인해 반발이 없었다고 주를 달고 있다.

교육은 강의식으로 노트에 필기하는 획기적인 방법으로 바꾸었다. 이것이 초창기의 의학강습소의 교육 실태였다.

초창기 강의 내용으로는 기초의학 교육에 대한의원 부속의학교 때 초빙되어 해부학을 담당했던 久保武[구보다케시]교수와 세균학의 齋藤謙次[사이토겐지]교수가 해부학과 세균학을 계속 담당하였고, 생리학과 의화학은 佐藤剛藏[사토고오조]교수가, 수신과목은 藤田嗣章[후지다츠키아키]원장이 각각 담당하였다. 그리고 병리학과 기타의 기초의학 과목은 새로 채용된 현역 군의관인 젊은 임상 의관들에게 부탁하여 강의를 담당하게 하였다. 또 임상 과목은 의원의 각 과 의관들과 역시 신임 현역 군의관들이 분담하였다.[50]

당시 한국인의 의사교육에 대한 고관들의 견해를 살펴보면 다음과 같다.

宇佐美勝夫[우사미가츠오] 내부 차관(합방후 내무부 장관)은 평양에서 대한의원으로 전임한 佐藤剛藏[사토고오조]에게 의사교육에 대한 그의 견해를 다음과 같이 말하였다.

> 지금까지 한국에서 해 왔던 의육은 그 방식이 좋지 못한 것은 아닌가? 한
> 국병합을 계기로 해서 금번에 그 제도를 고쳐 藤田嗣章[후지다츠키아키]원장의 이
> 름 아래 그 線을 덧붙여 분명히 해 줄 것을 당부하였다.[51]

그리고 또 학제에 관해서는 藤田嗣章[후지다츠키아키]원장과 그 실무를 맡은 佐藤剛藏[사토고오조]의 견해가 달랐다. 조선총독이나 총독부 부속의원장의 생각은 시종일관 조선인의 의사교육은 무시하여 등한시한 입장이었다. 식민지 국민인 한국인을 훌륭한 의사로 양성하는 교육은 불필요하다는 것이었다. 당시 藤田嗣章[후지다츠키아키]원장의 견해는 다음과 같다.

---

50) 李忠浩 譯, 앞의 『朝鮮醫育史』, 81쪽.
51) 위의 책, 80쪽.

그 때 원장은 조선의 民度는 아직 낮으므로 의학 교육도 크게 잡아서 2년 반이나 3년 정도로 끝을 맺도록 말씀하셨다.[52]

이와 같은 후지다 원장의 견해에도 불구하고, 4년제로 해야 한다는 佐藤剛藏[사토고오죠]교수의 강력한 주장에 따라 강습소가 그나마 4년제로 결정되었다. 이 사실은 후일 경성의전으로 승격할 때 아무런 지장 없이 그대로 연계될 수 있었으므로 꽤 다행이었다고 그는 당시의 상황을 이야기하였다.

이렇게 하여 의학강습소가 4년제로 의사교육을 하기에 이르렀던 것이다.

이것은 무엇보다도 실무를 맡은 佐藤剛藏[사토고오죠]가 의사교육에 투철한 사명 의식이 있었기 때문으로 본다.

원래 총독부의원의 조직은 조산부 간호부의 양성에 관한 것이 주된 목적이었다.[53] 그래서 그들의 이와 같은 목적 하에서 의학강습소는 지금까지 교육해 오던 의사교육을 갑자기 중단할 수 없어서 강습소란 이름으로 의사를 양성하는 일에 무관심하였다.

그러면 이와 같이 설치된 의학강습소의 교육과정이 대한의원 부속의학교와 어떤 차이점이 있나 비교 검토해 보기로 한다.

〈표 8〉 의학과 학과표에서 보면 알 수 있듯이 그 특징적인 것을 보면 다음과 같다.

① 전학년 전학기에 걸쳐서 수신과목이 첨가되었고, 일본어가 국어의 자리로 차지하게 되었다.
② 한 두 과목이 삭제 첨가되었으나, 전후 학기로 분명히 구분되어 있다.

---

52) 앞의 책, 80쪽.
53) 칙령 제368호에서 그 첫째 내용을 보면,
「一. 조선총독부의원은 조선총독의 관리에 속하고 질병의 진료, 전염병 지방병의 조사 연구 및 조산부 간호부의 양성에 관한 사무를 장악함.」으로 되어 있다.

③ 1학년 과정은 조직학이 실습조직학으로 변경되었다. 주로 기초 교과목이 중심이었고, 2학기부터 해부학 및 실습이 들어 있었다.

④ 2학년 과정은 국소해부학을 연간 실시했고, 생리학이 실습생리학으로, 약물학 역시 실습약물학으로 진단학 역시 후학기에 가서는 실습진단학으로 변경되었다.

⑤ 3학년 과정은 내·외과각론과 안과학, 부인과학들이 모두 임상강의로 실시하게 된 점이 변화이고, 세균학 및 실습이 첨가되었다.

⑥ 4학년 과정 역시 임상강의가 첨가되어 임상강의를 강조해서 실시했던 것을 찾아볼 수 있다. 법의학, 의용동식물학, 위생 제도는 부속의학교 때부터 계속 빠졌다.

전체적으로 요약해 보면, 3·4학년 과정에서 빠져 있던 일본어가 전학년 공히 국어란 이름으로 필수화시켰다.

수신과목은[54] 총독부의원 藤田嗣章^{후지다츠키아키} 원장이 직접 지도한 점이 특이하다. 이 교과는 총독부 정책 수행을 위한 정치 학습 목적으로 매학기 필수로 교육했던 것이다. 수신 및 국어(日語) 과목을 전학년 필수로 넣은 것은 식민지 동화교육 정책을 실시한 내용이다.[55]

---

54) 朴殷植著, 東洋學叢書 제4집『朴殷植全書 上』韓國獨立運動之血史, 498~9쪽.
제24장「교육의 동화정책」소위「修身」과목이란 것은 순전히 日文으로 만들고, 日人 교사가 가르치기 때문에 韓人 아동들은 절대로 그 조상 때의 위대한 사업이나 嘉言善行을 들어 볼 수 없다. 種族의 계통에 대하여도 감히 거짓말로 속여 우리 민족의 시조가 아무라 일컫는다. 또 말하기를 저희들의 天照大神이 한국의 시조가 된다고 한다.

55) 위의 책, 112쪽.
저들의 동화정책은 日語의 보급에 최우선적으로 힘쓴다.
조선총독부 교육령 제1장 5조에「보통교육은 보통의 지식과 기능을 교수하며, 특히 국민의 성격 함양을 위하여 국어 보급을 목적으로 한다.」

<표 8> 조선총독부의원 부속의학강습소 의학과 학과표(1910~16)[56]

학 년	학 기	과 목
제1학년	전학기	修身, 國語, 물리학, 화학, 해부학, 조직학, 수학, 체조
	후학기	수신, 국어, 물리학, 화학, 해부학 및 실습, 조직학 및 생태학, 수학, 체조
제2학년	전학기	수신, 국어, 국소해부학 및 실습, 생리학, 병리해부조직학 및 실습, 약물학, 진단학, 외과총론, 체조
	후학기	수신, 국어, 국소해부학 및 실습, 생화학 및 의화학, 병리해부조직학 및 실습, 약물학, 처방조제학 및 실습, 진단학, 외과총론, 체조
제3학년	전학기	수신, 국어, 내과각론임상강의, 외과각론임상강의, 붕대학, 안과학 및 임상강의, 부인과학 및 임상강의, 세균학 및 실습, 체조
	후학기	수신, 국어, 내과각론임상강의, 외과각론임상강의, 붕대학, 안과학 및 임상강의, 부인과학 및 임상강의, 세균학 및 실습, 위생학, 체조
제4학년	전학기	수신, 국어, 내과각론임상강의, 외과각론임상강의, 붕대학, 안과학 및 임상강의, 부인과학 및 임상강의, 산과 및 임상강의, 소아과학 및 임상강의, 피부과학 및 임상강의
	후학기	수신, 국어, 내과각론임상강의, 외과임상강의, 안과임상강의, 부인과학 및 임상강의, 산과학 및 임상강의, 정신병학 및 임상강의, 이비인후과학 및 임상강의

　　이는 이미 총독부가 시작됨과 동시에 의학강습소에서 한국인과 일본인의 공학을 통한 동화교육 정책을 실시한 것은 일제 식민지 교육사의 효시로 규정할 수 있는 내용이다.

　　또 교육과정의 내용에 있어서 일괄적으로 나타나고 있는 실습과 임상강의에 중점을 두고 있다. 여기에다 이미 대한의원 부속의학교 때부터 법의학, 의용동식물학, 위생 제도를 가르치지 않은 것은 일본인과 차별교육을 실시했던 것이다.[57] 이는 식민지 민족에게 고등교육인 의학교육을 실

---

56) 서울대학교 의과대학사 편찬위원회(편), 앞의 책, 38쪽.
57) 朝鮮教育研究會編, 앞의 『朝鮮教育者 必携』, 60~1쪽.
　　阿部彰, 「國家體制の再編・强化と教育政策」, 『日本近代教育百年史 1』교육정책 (1), 372쪽. 植民地教育扶植의 理念인 세 가지 기본 방침 중
　　3. 그 교육은 「시세와 민도에 적합하게 하기」위해 한국인에 대한 교육제도를 일

시하기보다는 단지 의료 행위만 할 수 있는 기능인 양성이 그 주목적임을 이 교과 과정을 통해서 읽을 수 있다.

이런 내용들이 식민 교육의 기본이 되는 핵심으로써[58] 조선총독부 개설과 동시에 의사교육에서 식민 교육의 기본 골격이 잡혀가고 있음을 알 수 있는 사실이다.

강의는 이때부터 통역 없이 전부 일본어로 하였다. 이는 藤田嗣章^{후지다츠}키아키 원장의 강력한 지시에 의한 것이었다.

부속의학강습소 규칙 제8조에 보면, 「수업료는 당분간 징수한다.」로 되어 官費 本位에서 私費 本位로 그 체제의 성격이 바뀌었다. 이에 따른 학자금 급여 대상자를 제한하였다(강습소 규칙 및 학자 급여 규칙 참조).[59] 대한의원이 설립되자 官費와 私費학생 50명을 모집했는데(1907년), 그 중에는 22명의 私費학생이 포함되어 있다. 이를 시점으로 하여 점진적으로 국가 기관인 대한의원에서 처음으로 私費학생을 모집했던 것이다. 이어 조선총독부 통치가 시작되자 학비를 당분간 징수하는 것으로 하여 전원 자비 부담으로 의학교육을 받도록 하였다. 이에 맞추어 총독부가 요구하는 교육을 시키기 위해 학자 급여 규칙을 만들어 정원의 1/3 학생에게 식비, 피복비 및 잡비 등의 3종류와 월액 7원 이내의 학자금을 원장이 지급하되, 구분 및 급여액을 정하여 지급하게 하였다. 이는 총독부의 의사교육에 대한 이면적인 목적을 알 수 있는 내용의 하나이다.

이러한 조직 하에 학생을 모집하여 의학강습소란 이름으로 명맥만을 유지하게 되었다.

본인에 대한 것과는 별도로 준비할 것.
이에 의해 별도의 교과과정이 수립되었다.
58) 高橋浜吉著,『朝鮮敎育史考』, 1927, 帝國地方行政學會 朝鮮本部, 263쪽.
오늘 조선에서는 고상한 학문은 아직 조선인에게는 서둘러 실시할 정도가 아니므로 지금은 우선 보통교육을 실시해 한 사람의 역할을 해 낼 수 있는 인간을 만드는 데 목표를 두어야 한다.
59) 官報,「府令 제20호 조선총독부의원 부속의학강습소 생도 학자금 급여 규칙」제140호, 明治 44년 2월 20일자.

3) 학생 모집 및 졸업생 수

그러면 이 의학강습소의 규모는 어느 정도였는가 살펴보고자 한다.

물론 설립 초창기에는 대한의원 학생들을 그대로 인계하였고, 또 대구·평양 동인의원 부속의학교 학생들도 7명을 인수했다. 이 밖에도 道長官 위탁 給費生이라 하여 23명이나 입학하였다.[60] 이들 학자급비를 받은 1/3의 학자급비생들은 3년간 의무 복무 조건으로 입학하였다. 이것이 학생 모집의 주된 내용이었다. 각 도에서는 학생들을 추천하여 급비생으로 의학강습소에 위탁교육을 시켜 그들이 졸업 후에는 총독부 의료 기관에 시녀 역할을 하도록 교육시키고자 하는 것이 일제의 총독부 초창기부터의 교육 목적임을 알 수 있다.

이와 같이 조선총독부 정치가 시작되자마자 이상과 같은 체제로 전환하여 교육시켰던 것이 바로 의사교육 정책이었다.[61]

신입생 모집에 관한 사항을 보면, 의과는 고등학교 4년을 수료한 자로 한문, 산수, 국어(일본어, 심상학교 학생은 일본어 독본 9·10의 강독·번역·회화)의 입학시험을 거쳐서 1학년에 입학하게 된다(제11조). 한 학년의 정원은 75명을 선발하여(제3조) 연 42주로(제2조) 4개년의 수업을 받게되어 있다.[62]

그러면 1910년부터 1915년까지 6년간의 의학강습소의 현황을 보면 다음 <표 9>와 같다.

---

60) 서울대학교 의과대학사 편찬위원회(편), 앞의 책, 40쪽.
61) 당시 道長官의 위탁 급비생들의 진로에 대한 것을 추적해 보는 것이 중요한데, 자료를 찾을 수 없어 여기서는 언급하지 못하는 아쉬운 점이 있다.
62) 官報, 「府令 제20호 조선총독부의원 부속의학강습소 규칙」 제140호, 明治44년 2월 20일자. 제1장 제2조, 3조, 6, 11조의 내용.

〈표 9〉 조선총독부의원 의학강습소 현황(1910~15년)[63]

학년도	과별	수업연한	학급수	직원			학생	입학지원자	입학자	졸업자	퇴학자	사망자
				한국인	일인	계						
1910				1	3	4	102	388	50	27	16	1
1911	의과	4년		(1)	2(23)	2(24)	106	390	71	6	28	3
	조산부	2년		(1)	(6)	(7)	10	20	10			
	간호부	1년		(1)	(6)	(7)	3	13	6		3	
1912	의과	4년		(1)	2(27)	2(28)	116	582	86	28	47	1
	조산부	1년		(1)	(5)	(6)	10	9	7	9	1	
	간호부	1.5										
1913	의과	4년			3(34)	3(34)	130	413	75	38	19	2
	조산부	1년		1	2(1)	3(1)		3	1	11		
	간호부	1.5		1	2(1)	3(1)	10	40	18		8	
1914	의과	4년			3(32)	3(32)	160	404	75	24	18	3
	조산부	1년			3(2)	3(2)	4	4	4			
	간호부	1.5			3(4)	3(4)	7	16	9	7	5	
1915	의과	4년			5(26)	5(26)	212	261	96	35	23	1
	조산부	1년			1(2)	1(2)	4	5	5	5	1	
	간호부	1.5			2(2)	2(2)	8	6	6	6	1	

주: 1911년도 간호부과 3명은 1912년도 4월 조산부과로 전입됨.

졸업생 현황을 살펴보면, 1회(1911년) 27명으로 이는 사실상은 모두가 1907년(제1회 입학생 45명 중) 대한의원 부속의학교에서 공부하던 학생들이었다.[64] 그 27명의 명단은 다음과 같다.

金容玞, 李萬珏, 孫壽卿, 宋泳近, 具滋與, 洪鐘翁, 田有華, 金宗鉉, 李忠夏, 李昌雨, 羅英煥, 李商鍾, 崔昌煥, 李燦, 金德煥, 權寧直, 羅振煥, 金基雄, 金教昌, 李敏昌, 崔榮周, 盧基宗, 元義俊, 金教根, 吳炫斗, 徐丙昊, 羅聖淵 [65]

---

63) 조선총독부, 앞의 『조선총독부 통계연보』, 1915년, 778쪽.
　　1910년 내용은 1910년 통계에서 정리함(동 연보, 653쪽.).
64) 李忠浩, 「大韓醫院의 醫師敎育 活動」, 『誠信史學 12・13합집』, 1995.12, 234쪽.
　　1907년 4월 11일 1학년에 50명을 모집했는데, 그 중에 28명은 관비 학생이었다. 이 중에서 27명이 졸업한 것은 모두 관비 학생들 만인 것 같다.

이들 졸업생들에게는 대한의원 부속의학교에서 4년간 의사교육을 받았다는 특별한 사정으로 대한의원 부속의학교의 이름으로 졸업 증서를 수여하였다.[66] 이후에도 강습소 졸업 증서에는 조선총독부의원 의육과를 졸업하는 취지를 쓰고 원장의 이름으로 졸업시켜 학생의 불만적인 요소를 해소시켰다. 그래서 당시 강습소란 명칭에 대한 한국 학생들의 거센 반발을 막고자 이와 같은 궁여지책을 썼던 것을 엿볼 수 있다.[67]

제2회 졸업생의 수는 현저하게 적었다. 그 이유는 국권 침탈 후 의학강습소에서 공부하는 것이 수치스러워 많은 수가 자퇴하여 그 수가 극히 적었다고 본다. 그래서 졸업생 수는 겨우 6명이었는데, 그 명단은 毛鶴福, 黃潤, 金麟用, 金贊洙, 張景祿, 康秉燦 이다. 이 졸업생의 숫자만을 보아도 그때의 상황을 능히 짐작할 수 있다. 의학강습소로 전락한 의학생들이 28명이나 자퇴한 결과였다. 이에 일제는 1년간 무계획 하에 임기응변으로 변칙적인 학사 운영을 하여 의육과 학생 6명을 졸업시켰다(1912.3.24). 그것도 학생들의 빗발치는 반발로 인하여 의학강습소란 이름을 감히 사용하지 못하고 조선총독부의원에서 의과를 수업했다는 원장 명의의 졸업증서를 수여하고 졸업식을 거행하였다.[68] 그 졸업 증서의 내용은 의학강습소란 이름은 전혀 없고, 총독부 의원장 명과 담당 학과의 책임자인 의육과 교관의 관등 성명이 명시되어 있을 뿐이다.[69] 이와 같은 현상은 학생들의 거센 반발을 무마시키기 위한 일제의 기만적인 서식으로 졸업증서를 만

---

65) 서울대학교 의과대학사 편찬위원회(편), 앞의 책, 40쪽.
66) 佐藤剛藏 著, 李忠浩 譯, 〈경성의학전문학교의 창설」, 앞의 책, 101쪽.
　　대한의원 부속의학교를 의학강습소에 계승한 때에는 최고 학년인 의학생은 진급하여 대한의원 부속의학교장 명의로 졸업시켜 특별 취급을 받았다. 후지다 원장도 의학생의 간절한 희망을 흔쾌히 받아들였다.
67) 위의 책, 101쪽.
　　「강습소의 문자는 관제상 존재할 뿐이며, 말로도 글로도 남기지 않도록 했다.」
68) 官報, 〈學事 의학강습소 졸업증서 수여〉 제490호, 明治 45년 4월 18일자.
69) 官報, 〈조선총독부 의학강습소규칙 졸업증서 양식〉 제140호, 明治 44년 2월 20일자.

든 데 불과하였다. 1912학년도는 지원자가 가장 많아서 582명 지원에 86명을 모집하였다.[70] 그러나 그 해 졸업생은 겨우 28명, 1913학년도 38명, 1914학년도는 24명, 1915학년도에는 35명의 학생들이 각각 졸업하였다. 또 조산부는 1912학년도에 9명의 첫 졸업생을 배출하였다. 간호부는 1914학년도에 7명의 첫 졸업생을 배출하게 되었다.

이렇게 해서 1911년부터 1916년까지 경성의학전문학로 승격되기 전까지 6년간 의과생[醫學 進士] 158명과 조산부와 간호부는 38명을 졸업시켰다.[71] 그런데 일제가 본래 의도 한 바와는 달리 조산부와 간호부는 비교적 적게 배출되었고, 의학생은 대한의원 시절에 18명의 졸업생에 비해서[72] 배 이상이나 배출하였다.

일제는 의학강습소의 학사 내용의 충실과 학생들의 질적 향상을 위한다는 명목으로 1912년 3월 의학강습소 규정을 개정하였다.[73] 이것을 통해서 보면, 의학강습소의 특징적인 것은 여자에게도 의학과에 입학할 수 있도록 허가하기로 하였다. 이것은 우리나라 국가기관에서 女醫 양성을 위한 첫 시도라는 점에서 그 의의를 찾을 수 있다. 그리고 입학 자격도 고등보통학교 출신(현 고등학교)으로 끌어올려 의학생의 질을 개선하였다.[74] 또 1913년 11월 15일자로 조선총독부령 100호로「의사규칙」이 공포되어 의사의 자격과 면허 취득을 할 수 있도록 하였다. 이로써 1914년

---

70)『매일신보』〈의사 지원자 격증〉, 제1,920호, 明治 45년 3월 14일자.

71) 서울대학교 의과대학사 편찬위원회(편), 앞의 책, 40쪽.

72) 李忠浩, 앞의 논문, 234쪽.

73) 총독부령 제37호, 〈조선총독부의원 부속의학강습소 규칙 중 左ノ通改正ス〉제505호, 大正 원년 12월 5일자.

74) 李忠浩 譯, 앞의 책,「경성의학전문학교의 창설」, 101~102쪽.
당시는 조선인의 중등학교는 고등보통학교라고 부르고, 4개년 정도의 중등교육을 계속했다. 총독은 조선의 민도가 상당히 낮아서 현재의 고등보통학교를 급속히 일본 본토의 중학교와 같이 5개년 정도로 하는 것은 불가능한 사정이 있지만, 무엇보다 조선인의 민도 향상에서 교육제도가 전부 內地人과 똑같을 정도로 진전될 계기가 되기를 바라지 않으면 안 된다는 훈시로 끝맺었다.

부터는 강습소 출신자에게 졸업과 동시에 의사 면허를 주도록 하였다.[75]
이것이 우리나라 최초의 의사 면허 제도였다. 이전 의학교와 대한의원 의
육부·부속의학교를 졸업한 의사에게는 일제가 의사 면허증을 준 것이
아니고, 의술 개업을 위한 의사 자격인 의술 개업 인허증을 1909년 11월
15일부터 신청자에게 발급하였다.[76]

이에 따라 1914년 3월 7일 의학강습소가 조선총독부 고시 제63호로 의
사 규칙 제1조 제1항 제2조에 의해 지정되어[77] 3월 31일 의과 졸업생 38
명에게 의사 면허증이 처음으로 교부되었다.[78]

이는 총독부의 통치가 시작 된지 4년만에 총독부에서 의사교육을 받은
자에게 면허증을 공식적으로 교부한 의사양성기관으로 체제를 갖추었던
것이다.

> 「의사규칙」에 의사의 자격은 제1조 제1항에 "의사법 제1조 제1항 제1호
> 와 제2호에 해당하는 자, 또는 의술 개업 시험에 합격한 자"로 규정하고 있
> 다. 여기서 의사법은 일본의 의사법에 근거한 것으로 문부대신이 지정한 의
> 학전문학교 졸업자에 해당하는 일본의 의사 교육을 기준으로 한 것이다. 제2
> 항의 "조선총독이 지정한 의학교를 졸업한 자"는 당시 조선에서의 의사교육
> 을 지적한 항목으로 총독부의원 부속의학강습소에 해당된다.[79]

여기서 볼 때 이미 일제는 조선총독부의 의사교육 기관을 문부성의 통
제 아래 넣고, 한국의 의사교육 기관인 의학강습소를 문부성의 체제에 예
속시켰던 것을 볼 수 있다. 이렇게 해서 조선총독부 아래에서 1914년 4월

---

75) 官報,〈府令 제100호 醫師規則〉제389號, 大正 2년 11월 15일자.
76) 官報,〈醫術開業認許狀授與〉제4,600호.
77) 官報,〈府告示 第63號 醫師規則 第1條 第1項 第2號二依リ左ノ醫學校シヲ指定ス〉
제479號, 大正 3年 3월 7日字.
78) 官報,〈衛生醫師登錄〉제544호, 大正 3년 5월 27일자.
79) 奇昌德,「국가에 의한 서양의학 교육」, 앞의 책, 18쪽.

22일 인허된 등록 번호 6번으로 최초의 한국인 의사로 면허증을 교부 받은 사람은 李厚卿이었다.[80]

그 후 의학강습소는 藤田嗣章^{후지다츠키아키}원장 사임 후 제2대 총독부의원장으로 芳賀榮次郎^{하가에이지로} 육군 현역 의무감이 부임하여 의학강습소 교수진의 증원이 약간 있었다.

교관에 稲本龜五郎^{이나모토가메고로}(병리), 久保武^{구보다케시}(해부조직), 강사에 內田詮藏^{우치다}(법의학), 坂本金次郎^{사카모토}(화학), 교원 겸 서기에 平野勝次^{히라노가츠지}(체조) 등이 증원되었다.[81]

藤田嗣章^{후지다츠키아키}원장과 芳賀榮次郎^{하가에이지로} 때의 교수진들을 보면 다음 〈표 10〉과 같다.

〈표 10〉 의학강습소의 교과목 담당(1911~16년)

과목	담당 교수		비고
	후지다 원장 때	하가 원장 때	
수신	후지다(藤田)	하가(芳賀)	매주1회,
생리학 · 의화학	사토고오죠		전의학생의육과장
	樋下謙次郎(교원)		
해부조직학	구보(久保) 등	구보(久保武)-교관	
병리학	醫院의 靑年臨床醫家의	稲本龜五郎-교관	기초의학 방면에
기초의학과	변칙적인 도움을 받음		대한 설비는 없음.
	(적극적 협조로 운영)		
임상의학(내과)	모리야스랜키치		
	(내과부장)		
법의학		內田詮藏-강사	
화학		坂本金次郎-강사	
체조		平野勝次-교원 및 서기	

80) 官報,「衛生醫師 / 部」제544號 大正 3年 5月 27日字.
81) 조선총독부의원,『조선총독부의원』,「芳賀院長時代」, 26~27쪽.

당시 총독부의원의 의관들은 의사교육에 관한 일을 여분의 일이라고 하는 관념 없이 무보수로 아낌없이 일해 주었으므로 운영해 갈 수 있었다. 관제상으로는 조선총독부의원 교관 1명과 교원 1명의 정원으로 감당해 갔다.

그리고 임상 위주의 교과 내용 향상과 학자금 급여제도 폐지[82] 등과 사회의 요구에 따라 治療醫 양성에 주력하였다.

임상 위주의 교육을 강요한 것은 고등교육 기관에 해당하는 의학교육을 시키는 것 보다 실무에 필요한 요원 양성을 목적으로 한 것이었다. 학자금 급여제도를 폐지한 데에는 돈 있는 조선인 고관의 자제를 입학시키고자 하는 의도가 보인다. 이때부터 식민 교육의 본질이 그대로 적용되고 있었던 것이다. 즉 한국인에게 고등교육은 실시하지 않고, 실업 위주의 교육과 식민지 통치를 위한 한국인 고관들(친일파)의 자녀를 교육하여 총독부 관리 양성을 하고자 하는 의도가 여기서부터 엿보이고 있다.

藤田嗣章^{후지다츠키아키}원장 때(1911~14)에 동창회를 만들어 그 이름을 「有隣會」라 하여 회지도 발간했다. 동창회를 창설하게 된 동기와 그 이면의 목적들이 무엇인지 추측할 수 있다. 먼저 그 동기는 의학강습소 졸업생들이 모교와의 연락이나 선후배 졸업생과의 제휴 등을 어떻게 하면 좋을까 하는 등의 문제가 있어 재학생 전원이 모여서 동창회를 창설하기로 중의를 모았다. 그러나 실제로 이 회는 동창회와는 그 성격이 다르다는 것을 다음 사실에서 알 수 있다.

회칙의 제정과 그 외의 일체의 모든 사무는 佐藤剛藏^{사토고오죠}가 맡아 일을 추진하였다. 그러면서 藤田嗣章^{후지다츠키아키}원장의 지시로 동창도 아닌 佐藤剛藏^{사토고오죠}교수가 동창 회장이 되었다.

그래서 교내 의학에 관한 집회를 갖고자 할 때에는 동창회와 협의하였다. 이와 함께 회의 명칭을 단지 동창회라 하기보다 적당한 회명이 좋다고

---

82) 조선총독부의원, 앞의 『朝鮮總督府醫院 第3回 年報』, 「醫育事務ノ梗概」, 1915, 501쪽.

해서 藤田嗣章^{후지다츠키아키}원장에게 命名을 부탁하였다. 원장은 「德不孤必有隣」의 有隣을 취하여 「有隣會」로 命名하였다.

1년에 1번 정도 회지를 만들었는데, 그 내용은 주로 의학 기사에 그치고, 사상이나 문학상의 것은 별로 없었다.

이 有隣會는 醫專이 된 후에도 계승되었다. 그 후 회장은 의전 교장이 계속하여 맡기로 하였다.[83] 이 회치를 위해서 中西政周^{나카니시마사카네}, 富士貞吉^{후지죠키치}, 大澤勝^{오사와마사루} 등 젊은 교수들이 힘써 내용을 개선하여 그 면목을 일신하였다.

그 후 「有隣」誌는 新聞型으로 바뀌어 매월 1회 월간으로 발간하였다. 이 회지의 발간을 위해 경무국과 수 회에 걸쳐 절충하는 과정이 있은 후에야 실현되었다.

그 후에는 생도감이고 문학사인 眞能義彦^{신노요시히코}와 飯島滋次郎^{이지마시게지로}교수가 이를 주로 맡았다.[84] 회원 명부도 때때로 나왔지만, 1942년에 발간된 명부가 그 마지막이었다. 그 후에도 계속되기는 하였는데, 1947년에는 일본인 졸업생만으로 有隣會가 성립되었다. 매년 1회 총회를 열고 회지 「有隣」이란 회원 명부를 냈다. 경성의학전문학교의 成田不二生^{나리다후지오}교수가 여가를 이용해서 이에 전념했다.[85]

유인회는 그 후 각지에 각지에 지부를 두어 동창회 활동을 하였다.

이렇게 실시된 의학강습소는 1916년 4월 일왕의 칙령 제80호로서 조선총독부전문학교 관제가 나오게 됨에 따라 경성의학전문학교로 계승되었다.

---

83) 실은 佐藤剛藏^{사토고오쬬}씨가 거의 계속 회장을 맡았다.

84) 「馬頭ヶ丘」昭王會 1989.6, 685쪽 그 후 眞能義彦^{신노요시히코}는 1926년 이전부터 1935년까지 생도감을 맡았다. 그리고 그의 뒤를 이어 1936년부터 1939년까지 이지마시게지로가 생도감을 맡았다.

85) 이 내용은 장기간 동안 회장을 역임한 사토고오쬬의 이야기이다.
　　佐藤剛藏 著, 李忠浩 譯, 앞의 책, 「경성의전 동창회의 성립, 「有隣會」로 命名, 교가의 제정」, 96쪽.

일제는 이를 위해 조선총독부의 체제를 갖추는 작업이 각 분야에 걸쳐 시작되었다. 그 중의 하나가 우리의 대한의원을 개·증축하여 조선총독부의원을 설치한 것이었다. 일본에서 식민지 통치란 중차대한 업무 수행을 위하여 명을 받고 온 일본인 가족들의 보건 위생을 위한 병원으로 면모를 갖추어 갔다. 조선총독부의원은 일본에 있는 어느 병원에도 손색이 없을 정도로 여러분야에 걸쳐 점차 체제를 갖추어 가는 데 신경을 썼다. 정신과와 치과의 신설을 비롯하여 제1·2 내과를 분리 확장하였다. 한국인과 일본인의 진료한 비율을 앞의 대한의원에서(표3 참조) 보아 알 수 있듯이 우리의 대한의원이 식민 정책 수행의 도구로 이용되었다.

그뿐만 아니라, 각종 편의 시설을 갖추고 교통의 편리를 위하여 병원 앞까지 전차도 부설하였다. 이와 같이 일제는 조선총독부 부속의원을 위해 최대의 노력을 경주하였던 것이다. 또한 의료진도 도쿄제국대학 출신을 비롯하여 우수한 의사들이 발령을 받고 와서 근무하게 되었다. 그리고 이 병원의 규모를 확장하여 종합 병원의 면모를 갖춘 것은 또한, 장래 대학 부설병원이 될 대비책이기도 하였다.

이에 반하여 한국인을 의사로 양성하는 의사교육 사업으로는 아주 등한시하였다. 그래서 이름도 대한의원 부속의학교를 의학강습소로 격하시켰다. 이름이 말해 주듯이 모든 면에 있어서 강습소로 취급하여 그 교육의 내용이나 체제를 격하 축소하였다.

그나마 의사교육에 관한 관심이 있었던 몇 사람들의 노력으로 근근히 의학강습소가 유지되어 우리의 의사교육 기관으로서 계승되어 왔다.

대부분은 대한의원 부속의학교의 모습을 그대로 답습하였다(교육 연한과 교육과정 등). 물론 부속의학교 체제도 이미 일제의 계획된 식민지 교육 정책 하에 이루어졌던 것이다. 획기적인 변화는 외면적으로는 학생들이 각모에서 환모로 변화된 점과 교수진의 대폭 축소였다. 대부분이 총독부 의원의 의관들이 겸임으로 몇 시간씩 맡아 주었다. 내면적으로는 수신과목은 전학년에 걸쳐서 이수 받도록 교과과정이 편성되었다. 이 교과는 藤田嗣章후지다츠키아키 원장이 직접 강의하였는데, 이는 총독부 정치학습, 즉 식민지 교육의 내용이었다. 또 하나는 일본어를 국어과목으로 전환하여 일제의 식민 동화교육 체제로 실시한 첫 번째 교육 대상으로 시도한 것이 의학강습소였다. 이는 식민 교육사에서 중요한 획을 그을 수 있는 내용이다.

일제가 식민지 국민에게 의사교육을 시킬 것인지에 대한 확고한 정책 방향이 결정되지 않은 채 의학강습소가 운영되었다. 그러면서 점차적으로 체계화되어 공학(한국인과 일본인)체제로 우리의 고등교육 기관을 운영하게 되었다.

공학 문제는 일본인 자녀들을 의사로 양성하기 위한 목적과 점진적으로 한국인 자녀들은 입학을 제한시켜 고등교육 기회를 박탈시키고자 하는 것이었다. 또한 한국인 학생들에게 동화교육을 위해 철저한 공학제도를 하도록 하였다.[86]

돈 없이는 고등교육을 받을 수 없도록, 고등교육 정책을 수립하여 일본인과 친일파의 자녀들을 입학시킨 초창기 고등교육 방향을 여기에서 알 수 있었다.

교과 내용도 실습 위주의 교육과정을 편성하여 기능인으로서 의료 행위를 할 수 있거나, 의료 행위 보조자로서 활동할 수 있도록 만드는 것이 그 목적이었다.

조선총독부 부속의학강습소는 한국인에 대한 의사교육 말살 책이요, 식민 교육의 시험 대상으로 운영했다고 보아도 과언은 아니다.

---

86) 朝鮮總督府編纂, 李忠浩 譯, 앞의 책, 281쪽.
　「13. 교육제도 개정의 기초 작업」, 「보통교육을 제외한 나머지의 실업교육, 사범교육, 전문교육, 대학교육 등은 철저히 공학을 실행했다.」

V. 경성의학전문학교의 의사교육

일제가 조선총독부를 설치하고 5년 동안 여러 가지 시행착오를 겪은 후 어느 정도 체계가 잡히자 한국에 공식적인 고등교육 기관을 설치하게 되었다. 이것이 각종 전문학교의 설치였다(1916.4.1).[1]

그 중 하나가 의사교육을 위한 경성의학전문학교였다(이하 경의전이라 함). 이는 갑작스럽게 이루어진 것이 아니었고, 이미 1913년부터 전문학교안이 제안되어 미리 계획된 가운데 추진된 작업이었다. 물론 이때까지만 해도 뚜렷한 식민 교육에 대한 대안이 있었던 것은 아니었다. 그러나 무단 통치로 한국인 통치에 대한 어느 정도 자신감이 있었다고나 할까?

어쨌든 일제는 식민지국에 전문교육 기관을 설치하여 의사교육을 실시하고자 했던 것이다. 후술하겠지만, 물론 이 의사교육 기관은 일본인들을

---

1) 조선 총독부 관보, 「일본 칙령 제80호, 조선총독부 전문학교 관제」, 號外, 大正5년 4월 1일자의 발포 내용은 전문 10개조로 되어 있다. 즉, 이 관제의 내용은 京城醫專과 京城工專 및 京城專修學校 등 3개의 교육기관 설치에 관한 것이다.

중심으로 교육되었다. 명분상 전문교육 기관의 설치였지 실제로는 우리의 기존 의사교육 기관인 의학교(1899년)를 완전히 박탈한 것이었다.

전문학교 설치 후 3·1 민족 독립운동이 일어났고, 이에 대한 경의전 학생들의 활동 상황과 총독부 당국의 정책 방향을 살펴보고자 한다.

또한 3·1운동 이후 식민 정책 방향이 여러 방면에서 전면 수정 작업이 이루어졌다. 이러한 분위기에서 우리의 민립 대학 운동이 거족적 차원에서 시도되었다. 이에 발맞추어 세계정세의 흐름과 선교사들의 움직임으로 한국인에게도 고등교육 기관인 대학 설립의 필요성이 대내외적으로 나타나게 되었다. 총독부는 이 문제를 간과할 수 없는 시점에 도달하였다. 이러한 움직임에 따라 어쩔 수 없이 경성제국대학 설립이 이루어지게 되었다. 대학 설립의 표면적 이유는 문화통치 이후 한국인들에게도 대학교육을 받게 하는 교육평등정책을 시행한다는 것을 과시함이었다. 경성제국대학교 설립은 빗발치는 민립 대학의 대두를 무마할 방안이 없어 이에 대한 일제의 주도적인 교육 방안으로 실시된 것이 그 외면적 이유였다. 또 하나의 이유로는 선교사들에 의해 대내외적으로 누수(漏水)되는 여론을 막고자 하는 방안이었다. 그리고 마지막 이유로는 한국인 인재들의 해외 유출을 막고 동화교육을 시키고자 하는 의도였다. 늘어나는 해외 유학생들을 조선총독부에서 흡수하여 식민지 고등교육 대책을 마련한 것이 바로 경성제국대학의 설립이었다.[2]

이러한 상황에서 경성제국대학에 의학부가 설치되었는데, 이는 경의전과 미묘한 관계를 갖게 되어 경의전의 존립 문제가 발생하게 되었다.

또 이런 와중에 일제는 제2차 조선교육령의 시행[3]으로 본격적인 식민교육 체제를 마련하고자 부단한 노력을 하였다. 이에 따른 의사교육 활동

---

2) 朝鮮總督府 編纂(1937年), 李忠浩 譯, 『朝鮮統治秘話』, 螢雪出版社, 1993.2, 288~290쪽.
3) 앞의 책, 「新朝鮮敎育令」, 277~8쪽.

체제도 그들의 식민 고등교육 정책 아래서 운영되어 갔던 것이다.

그래서 본 장에서는 제2차 조선교육령이 발표(1922년)되어 식민 교육 활동이 본격적으로 이루어진 때부터 경의전의 교육 활동 상황을 중심으로 살펴보고자 한다. 편의상 필자가 1916년부터 1945년까지를 전기(1916~1926년)와 후기(1926~1945년)로 나누어 정리하였다.

이 前後期의 의사교육 활동 양상이 어떤 방향으로 변천되어 갔으며, 일제의 고등교육 정책 방향이 어떠했나를 중심으로 파악해 보고자 한다.

1. 전기의 경성의학전문학교 교육

1) 설립 과정

① 연혁

먼저 경의전이 어떠한 계통으로 이어져 온 학교인가를 앞 장에서 계속 연계지어 언급한 내용이지만, 여기서 간단히 정리해 둔다.[4]

본교는 의학에 관한 전문교육을 하는 곳으로서 질병 진료의 지식 기능을 구비한 의사의 양성을 목적으로 하고, 수업 연한은 4년으로 하는 1899년 3월 관립 의학교 관제 발표에 따라 창설되었다.

이 관제에 따라 의학생이 1902년 7월 비로소 19명의 졸업생을 배출했고, 1907년 3월 대한의원 교육부로 개칭하였다. 1908년 1월 同院 의육부로 명칭을 변경하여 다음해 1909년 1월 同院 부속의학교로 칭하였다. 1910년 1월 대한의원 부속의학교 규칙을 발표하고, 의학과, 약학과, 산파과 및 간호부과를 두고, 학자금은 官費로 하고, 졸업 후 의무연한을 정하여 근무하도록 하였다. 특히 원외생으로 하여 私費生의 입학을 허락했고, 그 해 8월 한국 합병으로 조선총독부의원 부속의학강습소로 되었다. 이

---

4) 조선총독부, 『朝鮮教育要覽』, 74~5쪽.

때부터 비로소 통역 교수를 폐지하고 직접 국어(일본어)로 교수하여 1911
년 10월 同規則을 개정하고, 1916년 4월 경성의학전문학교 규정이 발표
되었다. 다시 1918년 일본인 학생을 위해 특별 의학과를 설치하여 17세
이상 중학교를 졸업한 자, 또는 이와 동등 이상의 학력을 가진 자에게 입
학을 허용하는 본교 교육의 강령을 발표하였다. 전문학교에 관한 교육령
을 실시하였을 때에 훈령에 기재한 내용은 다음과 같다.

> 전문학교는 高等의 學術 技藝를 교수하는 곳으로서 그 수업 연한을 3년 내
> 지 4년으로 하고, 이에 입학을 득하는 자의 자격은 연령 16세 이상으로 해서
> 고등보통학교를 졸업한 자, 또는 이와 동등 이상의 학력을 가진 자로 함. 단
> 이와 같은 종류에 속하는 학교 시설에 해당하는 보통교육의 발달을 기대하기
> 위한 순서와 세칙의 제정을 후일에 정함.[5]

이와 같이 해서 전문학교 규칙이 제정되었고, 그 규칙에 따라 다음해인
1916년에 이르러 경성전수학교(法律學), 경성의학전문학교, 경성공업전
문학교 등의 관립 전문학교가 설립되었다. 사립 전문학교도 외국인의 경
영으로 설립 인가된 것은 두 개 학교가 있었다. 위의 관립 전문학교의 내
용 중 경성의학전문학교의 내용만 살펴보면 다음과 같다.

본교도 또한 구한국 시대부터의 연혁을 갖는 학교로서 敎育令 실시 후
는 전문교육을 하는 각종 학교로서 존재하였다. 본교의 수업 연한은 4년
으로 그 내용은 다음 강령 및 훈령에 의해 밝히고 있다.

> 1. 본교는 조선 교육령에 기초하여 의학에 관한 전문교육을 하는 곳으로
>   질병 진료의 지식 기능을 구비한 의사를 양성하는 것을 本旨로 한다.
> 2. 의사는 그 司掌하는 바 귀중한 인명에 관한 것으로서 의술의 진보 발전

---

5) 弓削幸太郎 著, 『朝鮮の教育』, 自由討究社藏版, 166~167쪽.

에 기여하고, 특히 개인의 화복에 관계하는 것뿐만이 아니고, 국민의 건강을 좌우하고, 국운 발전에 영향을 끼치는 바가 극히 지대하므로 학생들로 하여금 그 책임이 중대하다는 것을 자각함으로써 국가의 기대하는 바에 부응할 것.

3. 모든 의사는 친절과 동정으로써 환자를 접하고 면밀 주도한 주의로서 濟生의 仁術을 완수함과 동시에 직무상 黙秘할 사항에 대해서는 이들 비밀을 엄수할 것이 보다 필요한 것에 속한 고로 평소 뜻을 訓育에 두어 학생의 수양에 노력하여 장래 의사가 되는 품위를 갖도록 그 본분을 다할 것.

4. 교수는 그 기초의학이나 임상의학을 불문하고, 학생에게 쓸데없이 高遠한 學理를 학습시키지 말고, 簡明을 本旨로 해서 실지에 유용한 日新의 지식 기능을 교수함과 동시에 부단한 研鑽을 거듭하는 습관을 양성할 것.

5. 전문학교는 高等의 學術 技藝를 교수하는 곳이므로 학생으로서 그 본분을 지켜 언행을 신중히 하고, 恪勤 自重함으로써 일반 국민의 儀表로 할 것.[6]

본교에서는 특별 의학과란 명칭으로 일본인을 일본의 전문학교 규정에 맞도록 입학시키고, 사실상 한국인 자제와 공학시킨다. 한국인은 그 입학 자격의 관계상 일본에서 의사를 개업하는 자격이 없지만, 단 일본인과 동등한 전문학교 입학 자격을 갖고 입학한 한국인은 일본에서 개업할 자격이 있는 것이다.[7]

② 경성의전의 설립 경위

경의전의 설립 경위는 먼저 1914년 12월에 의전 창립 위원회를 조직하는 것으로 시작된다. 그 경위에 대해서 당시 의학강습소 佐藤剛藏[사토고오죠] 교수의 이야기를 정리해 보고자 한다.

---

6) 弓削幸太郎, 위의 책, 171~173쪽.
7) 이 일은 실제로 조선인 1명뿐이었다.

1913년 12월이라고 생각된다. 宇佐美^{우사미}장관으로부터 야마토마을(大和町)의 우리 집에 느닷없이 한 통의 공문서와 관계 서류가 도착되었다. 그것은 이제서야 의전 설립이 결정되었고, 내가 간사격으로 되어 창립에 관한 사무상의 일을 돕게 되었다는 내용이었다. 그것은 총독부의 명에 의한 어떤 의뢰장이었다. 창립에 관해서는 의전 창립 위원회가 열렸던 것이었다.…〈중략〉…

일찍이 후지다 원장이 나에게 이야기한 것은 寺內正毅^{데라우치마사타케}총독은 西南戰爭[8]에 참가해서 부상한 왼팔이 부자유스럽게 되어 그 후 戰場에는 나가지 않고 육군대학장으로서 오래 그 직에 있었다. 그 때문에 교육에 대해서는 一見識이 구비되어 있다고 한다. 여기에 조선 교육령에 관해 학무국에서 세운 안을 충분히 검토한 것을 총독의 결재를 얻기 위해 갖고 왔지만, 총독은 푸른 연필로 면밀히 의견을 써 넣어 핵심이 되는 안은 데라우치 총독의 마음에 들 때까지 몇 차례나 학무국장에게 돌려보내서 關屋貞三郎^{세키야데이자브로}학무국장도 매우 곤란한 정도까지 되어 상당히 노력을 계속하지 않으면 안 되었던 일을 나도 국장에게 들은 적이 있었다. 전문학교 안의 결재에도 국장으로서 고심한 것은 같은 일이었을 것이다.…〈후략〉….[9]

위의 내용에서 당시의 상황을 상세히 이해할 수 있다. 즉 1913년 12월부터 의전 창립 위원회를 조직하였고, 그 위원들에게 총독부의 명에 의한 의뢰장이 발송되어 경의전 창설 업무가 시작되었다.

당시 창립 위원으로는 총독부 참사관 秋山雅之助^{아키야마마사노수}법학박사, 조선군 군의부장 佐藤恒丸^{사토츠네마루}의학박사, 총독부의원 의관 의학박사 森安連吉^{모리야스츠네키치}, 의학강습소 교수 佐藤剛藏^{사토고오쬬}, 그밖에 총독부 당국의 교육 담당자인 내무부 학무국장 關屋貞三郎^{세키야데이자브로}, 학무과장 弓削幸太郎^{유게고오타로}가 당국자로 참석하였다. 여기서 총독부의원 하가 원장은 제외되었는데, 이는 데라우치 총독의 의향이었다는 것으로 추측하

---

8) 西南戰爭은 1887년 가고시마(鹿兒島)의 士族이며 明治維新의 유공자의 한 사람인 西鄕隆盛^{사이코다카모리}를 옹립해서 일으킨 반란.
9) 佐藤剛藏 著, 李忠浩 譯, 「경성의학전문학교의 창설」, 앞의 책, 99~107쪽.

고 있다. 총독의 명에 의하여 총독부 전문학교 위원회가 조직되었다. 즉 전수학교 5명, 의학강습소 6명, 공업전습소 6명 등 조선 교육의 새로운 사업을 위해 해당 학교별로 위원을 위촉하였다. 이렇게 하여 해당 학교별 위원회를 합해서 구성한 전문학교 위원회가 구성되었다. 이들은 1914년 12월 16일 총독부 제1회의실에서 寺內正毅데라우치마사타케 총독 이하 당국의 관계관들과 전 위원들이 모여 신설할 전문학교에 대한 조사와 협력을 위한 제1차 전문학교 위원회를 개최하였다.10)

이후로 각 해당 학교 위원회가 개최되었는데, 의학 전문학교 창립 위원회는 12월 19일에 개최되었다. 이 회의에서는 이미 당국에서 成案된 의학전문학교의 설립에 관한 요강, 학과목, 시간, 예산 등에 관한 원안을 전후 3회에 걸쳐서 심의하여 구체적인 내용이 결정되어 關屋貞三郎세키야데이자브로 학무국장이 총독의 결재를 득하여 시행에 들어갔다.11) 그러나 이 안은 예산상의 문제로 처리되지 못하고,12) 그 해를 넘겨 1915년 통상 회의에서 겨우 통과되어 관제 개정안을 총독부 법제국에서 심의하여13) 1916년 4월 1일 칙령 제80호로 〈조선총독부 전문학교〉 관제가 공포되었다.14) 이에 기초하여 경성의전의 후속적인 조치가 조선총독부 학무국 소관으로 이루어졌다.

③ 경성의전의 직제 및 규정

칙령 제80호 제1조는 조선총독부 전문학교는 경성전수학교, 경성의학전문학교, 경성공업전문학교이고, 제3조에는 경성의학전문학교는 의술에

---

10) 『매일신문』,「전문학교 위원회」, 제2,763호, 大正 3년 12월 18일자.
11) 『매일신보』,「의학전문학교 위원회」, 제2,787호, 大正 4년 7월 20일자.
12) 『매일신보』,「醫專校佐藤醫育課長談」, 제3,813호, 大正 5년 1월 1일자.
13) 『매일신보』,「專門學校案 今月中에 發表〉, 제3,131호, 大正 5년 3월 2일자.
14) 조선총독부, 『관보』, 칙령 제80호 〈조선총독부전문학교관제〉 號外, 大正 5년 4월 1일자.

관한 지식과 기능을 교수한다고 규정하고 있다. 또 제6조에는 경성의전의 직제가 규정되어 있다.

의학강습소에서 의학전문학교로 승격되자 다소 직원이 늘었다. 그러나 이는 당시 일본 국내의 의학전문학교[15] 직제에 비해 1/10의 수준으로 형식만 전문학교로 갖춘 것이었다.[16] 이와 같이 초창기의 직원 수와 학생 수는 의학강습소 때나 큰 차이는 없었다. 그 후에 조선총독부의원과는 완전히 분리되지만, 초기에는 그대로 총독부의원장이 의전 교장을 겸직하였고, 그 밑에 교수는 전임이 3명(秦任), 조교수는 전임이 1명(判任), 서기는 전임이 1명(判任)으로 직제가 구성되었다.

조선총독부 전문학교 관제의 공포에 따른 그 후속 조치가 나타나게 되었다. 칙령 제80호가 공포됨과 동시에 총독부에서는 〈府令 제27호〉로서 경성의학전문학교 규정이 제정되었다.[17]

이 규칙 제1조에는 본교의 교육 강령이 5가지로 나와 있다. 이 5가지 속에 조선 교육령(1911년)을 기본으로 하는 교육방향과 목표가 뚜렷이 제시되어 있다. 제2조 이하는 4년간의 수업 연한이 명시되어 있고, 또 그 외 교과목 및 교과과정, 매주 교수 시간(35시간), 학기의 구분(전·후학기), 그리고 입학 자격을 명시하였다. 여기서 특이한 것은 일본인의 본교 입학 자격을 17세 이상으로 중학교를 졸업한 자로 규정하여 일본인과 한국인(16세로 고등보통학교 졸업자)의 구별을 명시한 것이었다(제6조). 그 후 부칙이 설정되어 종전의 총독부의원 부속의학강습소에 재학하던 학생들을 해당 학년으로 편입시키기로 하였다.

경의전의 설립으로 조선총독부의원은 의원의 기능으로만 남게 되었다. 이에 따라 교육에 관한 업무를 담당했던 조선총독부의원 부속의학강습소

---

15) 酒井シヅ, 앞의 책, 588쪽.
   일본의 의학전문학교령은 1901년 4월 1일에 공포되었다.
16) 奇昌德, 「국가에 의한 서양 의학 교육」, 앞의 책, 19쪽.
17) 『總督府 官報』, 「府令 제27호 경성의학전문학교 규칙」 號外, 大正 5년 4월 1일자.

는 완전히 경의전에 인계·계승 되었다. 또 조산부와 간호부과 학생들은 의원의 의육과에 편입시켜 의사교육을 했고, 조산이나 간호학과와는 완전히 분리 독립시켰다.[18]

여기서 무엇보다 특징적인 것은 일본인의 입학이 허용됨과 동시에 그들에게 필요한 한국어 교육을 1~3학년까지 필수과목으로 가르쳤다. 또 일본이 독일 의학의 영향[19]을 많이 받았기 때문에 외국어는 독일어였다.

府令 제27호에 이어 조선총독이 경성의학전문학교 교장 앞으로 보내는 훈령이 제시되었다.[20]

이 내용은 〈경의전의 교수상 주의를 요하는 사항〉이라 하여 각 교과별로 어떻게 가르칠 것인가를 구체적으로 제시한 교과 목표라고 할 수 있다. 수신과목부터 시작하여 14개항으로 되어 있다. 이 중에서 특히 훈령 제1항은 수신 교과에 관한 것으로 "교육에 관한 칙어"의 취지에 따라 본 교육강령의 실천궁행을 장려하도록 되어 있다. 그리고 마지막 항에서는 한국

---

18) 서울대학교 의과대학사 편찬위원회(편), 앞의 책, 42쪽.
19) 酒井シジ, 앞의 책, 569쪽.
　　독일의 의사가 일본에 처음 온 것은 1682년 안도리우·쿨이었다. 그는 4년간 일본에 체재하면서 일본의 식물 100종을 갖고 가서 이것에 관한 저술을 했다. 일본의 식물을 서양인이 연구한 것으로 初例임.
　　▷ 같은 책, 461쪽.
　　1872년 11월 1일에 京都병원을 개원하고, 외국인 의사를 선발하였는데, 정부가 독일 의학 채용을 결정한 것을 받아들여 여기서도 독일인 의사를 초빙하는 것을 결정하였다.
　　▷ 같은 책, 492쪽.
　　東京大學에서는 임상 계에는 外科·內科의 교사를 독일에서 받아들인 이외에 기초과목으로서 해부학과 생리학의 교사를 받아들였다. 최초로 취임한 독일인은 윌헤름·데니쯔이다.
　　▷ 같은 책, 585쪽.
　　그 후 1883년 淸水郁太郞, 梅錦之丞이 독일에서 귀국하여 최초의 邦人교수가 되어 산부인과, 안과를 담당했다.
20) 조선총독부 관보, 「훈령 제16호, 경성의학전문학교의 교수상 주의를 요하는 사항」 號外, 大正 5년 4월 1일자.

인과 일본인의 친밀 융화를 도모하도록 하라고 되어 있어 동화교육의 방침을 분명히 나타내고 있다.[21] 이상과 같은 설립 과정을 통하여, 조선총독부의원 부속의학강습소의 임시적인 의학교육 단계를 거쳐 명실 공히 총독부의 의학전문학교로서 경성의학전문학교의 개교를 보게 되었다. 개교식은 1916년 4월 20일 데라우치 총독과 조중응(趙重應)자작[22] 등의 귀빈을 모시고 거행되었다. 이 날 총독의 고사(告辭)에서,

> … 생도 되는 자는 그 본분을 고수하여 경조부화의 풍조에 빠지지 말고, 각자의 행동을 자중하여 태만함이 없이 본교 교양에 따르라.[23]

는 내용으로 학업에 충실할 것과 본교 교양에 따르는 것을 강조하였다. 또 조중응 자작은 「天地之德曰生也」라는 축사를 하였다.

이렇게 개교한 경의전은 1945년까지 우여곡절을 겪으면서 조선총독부의 관립 의학전문학교로 발전하여 갔다.

④ 경성의전의 시설 증축

지금까지는 총독부의원 부속이었던 의학강습소가 직제의 개편으로 경의전이 되자 조선총독부의원과는 완전히 분리되었다(물론 분리되었다고는 하나 초창기에는 경의전에서 조선총독부의원의 시설을 그대로 이용하였다). 이에 따른 시설의 증축이 점차 이루어지게 되었다. 그 증축 내용은 이러하다.

---

21) 2) 교과 활동 내용에서 구체적으로 언급함.
22) 趙重應(1862~1919)
　　1884년 北防 南開論을 주장, 외무아문 참의, 법부 형사국장 겸 특별 법원 판사, 통감부 촉탁, 법부대신(1907), 농·상공부대신(1908), 매국 역신으로 총독부로부터 자작을 받고, 조선총독부의 중추원 고문으로 활동.
23) 『매일신보』, 「의학전문학교에 寺內總督 祝辭」 제3,173호, 大正 5년 4월 21일자.

京醫專의 校舍는 지금의 연건동(전 獸醫大 자리)에 있었다. 조선총독부의원 부속의학강습소 건물로 그대로 인계 받아 개교하였다. 초기의 건물은 말할 것도 없이 매우 협소하고 빈약하였다. 京醫專 설립 후, 校舍는 해마다 增築 확장해 나갔다. 1916년 6월, 실습용 기구·기계를 갖춘 시료 외래 진료소의 서북쪽 떨어진 공터에 해부학교실 1동과 시료 외래의 뒤쪽 공터에 계단식 강의실인 강당 1동이 먼저 낙성되었다. 그 이듬해인 1917년에는 京醫專 교사를 신축하기로 결정하였다. 그래서 총독부의원 동남쪽으로 이어져 있는 밭 약 6천평을 매수하도록 하였다. 12월에는 의화학·약물학 교실 1동과 학생 대기실 1동, 기타 건물 1동 등이 차례로 竣工되었고, 1918년 11월에는 제1·제2 강당 1동과 곧 이어 12월에는 조직학 실습실 강의실 1동이, 그리고 1922년 6월에는 동물실 1동이 낙성되어 의사교육에 필요한 시설이 거의 완비되었다.[24]

좀더 구체적으로 그 때의 상황을 佐藤剛藏^{사토고오죠}의 기록에서 자세히 살펴보기로 한다.

신설 의전 교사로서는 우선 施療 외래 진료소의 서북쪽으로 떨어진 공지에 해부학 교실을, 또는 같은 진료소 바로 뒤의 공지에 계단식의 강의실 1동을 신축해서 그 사이를 맞추어 두었다. 다음해 1917년이 되어서 다른 곳과 더불어서 의전 교사를 신축하기로 결정하였다. 그래서 총독부의원 동남쪽으로 이어져 있는 밭 약 6천평을 매수하도록 하였다. 총독부 재정상의 형편도 있고 계속비로써 의전 교사 신축 예산 계상은 매우 어려웠기 때문에 매년 일정액의 예산 배부를 받아서 순차적으로 필요한 건물을 신축하기로 되었다. 그런데 우선 교사 전체의 구체적 설계를 계획하는 일이 필요하니까, 또 의사교육이라고 하는 특종의 성격을 갖추고 있는 것이니까 총독부 영선 방면에는 技師 岩井長三郎^{이와이쵸사브로}공학사를 일본에 파견하여 의학 기구의 건축물을 시찰 조사시킬 목적으로 同 技師와 내가 함께 구마모토(熊本), 후쿠오카(福岡), 쿄오토(京都), 나고야(名古屋), 센다이(仙台), 니카다(新潟) 등 각지로 가서 醫專, 또는 의과대학의 기초의학 교실의 건물이나 특수 장비 등 상세히 견학 조

---

24) 『서울대학교 의과대학사』, 52~3쪽.

사하였다. 봄은 왔으나 차갑게 느껴지는 때라고 생각되었다.

여기서는 우선 의화학 교실 1동 신축과 그에 잇따라 해부학 교실의 이전 개·증축, 특히 생리학 교실, 다음에 병리학 교실, 그리고 강의실, 학생 대기실, 조직학 실습실, 해부 표본실 등 매년 새로운 건축을 완성하였다. 남은 것은 세균학 교실과 본관이지만, 이를 완성하기까지 수년이 경과했고, 그러는 사이에 日·美終戰(세계 제2차 대전이 끝남)이 되었다.

세균학 교실은 생리학 교실의 일부, 또는 교장실이나 사무실은 병리학교실의 일부를 이에 충당해 두었지만, 내가 교장이 되고 부터(1927년 6월 이후) 총독부의원 施療部 뒤에 세워진 계단강의실을 이전해서 이층 건물로 개조하여 교장실, 사무실, 학생주사실(생도감실), 배속장교실, 회의실 등으로 충당하였다. 장소는 全校舍의 중앙에 두었다.

醫專의 校舍 교실을 매년 계속하여 신축하였는데, 그때에 單科 醫科大學案의 문제가 제기되어 구체화하도록 하는 형편이었다. 의전의 대학 승격을 이야기했을 때 하가(芳賀) 교장은 병리학 교실을 확충해서 대학이 되어서도 사용할 수 있도록 그 연도의 임시부 예산을 이에 충당하였다. 당시로서는 병리학 교실 내에 제법 완비되었던 병리해부실이 갖추어져 있었다. 그 때 교무주임은 이나모토(稻本) 교수였다. 이와 같이 해서 京醫專은 기초의학의 건물, 부지, 설비는 별개의 경리 경영으로 되었고, 또 부지의 동남 구석으로 앞문을 내어 독립하는 식으로 고쳤다.[25]

그러나 초기의 경의전에는 부속의원이 없었다. 총독부의원과는 직제상 전혀 별개의 기관이었으나, 이 총독부의원이 사실상 부속의원 구실을 해주었고, 임상 실습은 물론, 임상강의도 이 총독부의원에서 받았다. 직제상은 별개였으나, 초기 3대까지는 학교장도 총독부의원장이 겸직하였다 (1927.6까지).

---

25) 佐藤剛藏 著, 李忠浩 譯, 「경성의학전문학교의 창설」, 앞의 책, 105~7쪽.

2) 교육 활동 내용

교육 활동 내용으로는 수업 연한은 4년이고, 각 학년을 전·후학기로 나누어서 교육했는데, 전 학기는 4월 1일부터 10월 20일까지, 후 학기는 10월 21일부터 3월 21일까지 교육 활동을 하였다. 전학년 274(36)단위로 교육과정이 편성되어 교육 활동을 전개하였다. 이와 같은 교육 활동을 전개하는 데 있어서 조선 총독이 경의전 교장 앞으로 「경의전의 교수상 주의 사항」을 제시하여 그에 맞도록 가르치게 하였다. 교육 활동에 있어서 조선 총독이 각 과목별로 어떤 방향으로 가르치도록 하면서 세심한 관심을 주목하고 있는 사항을 볼 수 있다. 즉, 「경의전의 교수상 주의」를 요하는 사항은 아래와 같이 지키도록 개교를 앞두고 지시하였다. 그 내용은 다음과 같다.

▷ 경성의학전문학교의 敎授상 주의를 要하는 사항(訓令)[26]
　一. 修身의 교수에 관한 勅語의 취지에 기초하여 이를 說述하고, 본교 교육 요강에 의해 實踐躬行을 장려하는 것을 要함.
　一. 국어는 일상생활에 須要한 것뿐만 아니고, 국민성의 涵養상 뺄 수 없는 것으로써 訓育과 相俟로서 그 효과를 거둘 것을 要함.
　一. 조선어는 보통의 언어·문장을 배워서 일상의 用務를 볼 수 있는 기능을 얻는 것과 겸하여 내지인으로서 조선의 사정에 통하도록 할 것을 기함.
　一. 독일어는 의학상 특히 필요한 언어, 문장을 이해하고, 또 이것에 숙련하도록 하는 것을 기하여 오로지 실용을 취지로 하고 적어도 실제로 필요 없는 난해한 文章 字句를 가르치는 일이 없도록 함을 요함.
　一. 수학, 물리, 화학은 주로 의학 습득의 기초가 되는 것이므로, 특히 이 점에 유의하여 쓸데없이 繁多의 事項을 가르치거나, 또한 형식에 흐르는 일이 없도록 정확히 理解하고 응용을 자유자재로 할 수 있도록 기할 것.
　一. 해부학, 조직학, 생리학, 세균학, 병리학, 약물학은 특히 실험에 중점을 두어, 정확한 지식 기능을 受得시키도록 기할 것.

---

26) 弓削幸太郎, 앞의 책, 173~175쪽.

위생학에 있어서는 특히 위생 법규 및 위생 시험법을 가르쳐 공무 집행
상 필요한 소양을 갖게 할 것.

세균학에 있어서는 法定傳染病 및 風土病에 관한 사항도 가르치고, 특
히 조선에서 유행하는 것에 대해서는 그 病源, 病狀, 예방법 등을 상술
할 것.

조선의 현상으로는 의사도 調劑의 소양이 없어서는 안 되므로 일반 약
제의 調製에 대해서도 필요한 지식 기능을 얻도록 할 것.

一. 內科, 小兒科, 精神科는 특히 임상 강의에 중점을 두고 될 수 있는 한
羇多한 질병에 대하여 實地에 경험을 얻게 하는데 유의할 것.

一. 外科, 皮膚科, 黴毒科, 耳鼻咽喉科, 眼科, 産科婦人科, 齒科는 임상 강
의에 비중을 두는 것은 물론, 특히 수술의 기능을 얻도록 하는 것에 유
의하여 가능한 많이 이것을 實地에 맞도록 할 것.

一. 法醫學은 일반 검진상 필요한 사항 및 관계 법규의 개요를 가르치고,
겸하여 實地에 임하여 공정한 조치를 하는 데 있어서 과오를 범하지 않
는 습성을 양성할 것.

一. 실험, 실습은 가능한 강의와 함께 하도록 기할 것.

一. 체조는 교수 요목에 의해 체조 및 교련을 加하고, 특히 규율, 절제, 순
종 등의 습관을 양성함을 요함.

一. 各 敎科目의 교수는 各科 고유의 사항을 說述한 것에 따라 노력함과 동
시에 타 교과목과의 聯絡 補益을 위해 종합 통일시킬 것을 요함.

一. 本校는 內地人도 수용하고 있는 것이므로 敎授, 訓育상 특히 주의하여,
항상 공평한 措置를 취하고, 또한 內鮮人과의 친밀 융화를 도모하도록
할 것.

一. 임상 강의, 실습, 실험 등은 필요에 따라 조선총독부의원에 가서 이를
행할 것.

　위의 내용을 보면 식민지 국민에 대한 구체적인 교육 방법상의 문제를
잘 제시하고 있다. 수신 과목은 식민지 국민에게 일본 천황에 대한 정신교
육으로써 교육에만 머물지 말고, 교육 요강에 따른 실천궁행을 강조하였
다. 또 국어(일본어) 교육은 국민성 함양상 중요하고(동화교육), 일본인들

에게 조선어는 조선의 사정에 대한 이해를 위해 한국에서 일하는 데 필요한 과목으로 그런 입장에서 가르치도록 하였다. 위생학은 공무 집행상 필요한 소양을 갖추도록 가르치고, 세균학은 법정전염병 및 풍토병에 관한 사항을 가르치도록 하였다. 내과·외과를 비롯한 각과에 대해서 임상 강의에 중점을 두고, 특히 수술의 기능과 실지에서 활용할 수 있는 것을 가르치도록 하였다.

이는 기능인 양성에 중점을 두도록 강조한 것이었다. 法醫學은 검진상 필요한 사항 및 개요를 가르쳐 實地에 임하여 공정한 조치를 하도록 하고, 타 교과목과의 연계를 중시하고, 또 內鮮 공학이므로 한국·일본 학생들 간의 친밀 융화를 강조하였다. 이런 내용이 그 주요 골자였다. 또한 마지막으로 조선총독부의원을 부속의원과 같이 사용할 것도 지시하였다. 한마디로 언급하면, 식민지에서 의사로서 갖출 기본적 자세를 학생들에게 가르치도록 총독이 경의전 교장에게 구체적으로 지시한 내용이 바로 위의 교수요목이었다. 즉 일제가 식민지 지역인 우리나라에서 의사교육의 목적과 방침을 잘 묘사하고 있는 내용이다.

그러면 과목별로 위와 같은 교수상의 주의를 갖고 교수하게 되는 경의전의 한국인 학생들을 위한 교과과정(본과생)과 일본인 학생들을 위해 편성한 교과과정 내용은(특별 의학과생) 각각 〈표 11·12〉와 같다.

다음은 이들의 교과과정에 대한 일반적인 시수(이수 단위)의 편성을 〈표 13〉과 같이 정리해 둔다.

여기서 알 수 있는 것은 4년간 매우 많은 단위를 이수해야 하는 교과과정의 내용이다. 필수적으로 이수해야 할 단위가 310단위이다. 이는 1학년의 경우 매일 8시간 정도씩 수업해야 하는 큰 부담이 있는 교육과정임에 틀림이 없다. 지금의 6년 과정을 4년간 이수하는 내용이 되는 셈이다.

당시 사립 세브란스 의학전문학교의 교과과정은 경의전과 다소 차이가 있었다. 경의전은 전·후 학기제인 데 비해 사립 세브란스 의학전문학교는 3학기제였다. 교육과정에 있어서도 단위 수의 차이는 다소 있었다. 경의전은 1학년이 88단위, 사립 세브란스 의전은 117단위로 매우 많은 차이가 있다. 전 과정의 이수 단위는 경의전은 274(36)단위인데 비해서 사립 세브란스 의전은 319(129)단위였다. 이는 2학기와 3학기로 구분되었기 때문에 세브란스 의전이 이수 단위가 많은 결과로 나타나고 있다. 특히 주목할 만한 것은 임상강의 시간이 사립 세브란스 의전이 월등히 많은 것을 볼 수 있다.

또한 사립 세브란스 의전은 미국의 의학을 가르치기 위해 영어(24시간)를 이수하였고, 경의전은 독일 의학을 교육하고자 독일어(16시간)를 이수하도록 교과과정이 편성되었다(후기에는 영어가 들어 있음).

〈표 11〉 경성의학전문학교 교과과정 및 매주 수업 시간표(한국인)

학과목	제1학년 전학기 시수	과정	후학기 시수	과정	제2학년 전학기 시수	과정	후학기 시수	과정	제3학년 전학기 시수	과정	후학기 시수	과정	제4학년 전학기 시수	과정	후학기 시수	과정	시수계
수신	1		1		1		1		1		1		1		1		8
국어	4		4		2		2		2		2						16
독일어	4		4		3		3		3		3						20
수학	4		4														8
물리학	4		4														8
화학	4		4														8
해부학 조직학	6 4		6 2 2														20
생리학	3		3		3		3										12
의화학					3		3										6
위생학					2		2						1		1		6
미생물학					3		2						1		1		7
병리학					6		6		2								14
약물학					3		3		1								7
내과					3		3		4		4		4		4		22
외과					3		4		6		6		8		8		35
소아과									1		1		1		1		4
피부과 微毒科									1		1		1		1		4
이비인후과									1		1		2		2		6
안과									2		2		2		2		8
산과부인과									3		3		6		6		18
정신병과											1		3		3		7
치과											1		1		1		3
외래환자 임상강의									8		8		10		10		36
법의학											1		1		1		3
체조	3		3		2		2		1		1		1		1		14
계	37		37		34		34		36		36		43		43		300

<표12> 경성의학전문학교 특별 의학과 교과과정 및 매주 교수 시간표(일본인)

학과목	제1학년 전학기		후학기		제2학년 전학기		후학기		제3학년 전학기		후학기		제4학년 전학기		후학기		시수계
	시수	과정	시수	과정	시수	과정	시수	과정	시수	과정	시수	과정	시수	과정	시수	과정	
수신	1		1		1		1		1		1		1		1		8
조선어	3		3		2		2		2		2						14
독일어	8		8		4		4		4		4		2		2		36
수학	2		2														4
물리학	2		2														4
화학	4		4														8
해부학	8		8		1		1		1		1						34
조직학	3		3 4		4												
생리학	3		3		3		3										12
의화학					3		3										6
위생학					2		2						1		1		6
미생물학					3		2						1		1		7
병리학					6		6		2								14
약물학					3		3		1								7
내과					3		3		4		4		4		4		22
외과					3		4		6		6		8		8		35
소아과									1		1		1		1		4
피부 微毒科									1		1		1		1		4
이비인후과									1		1		2		2		6
안과									2		2		2		2		8
산과부인과									3		3		6		6		18
정신병과											1		3		3		7
치과											1		1		1		3
외래환자 임상강의									8		8		10		10		36
법의학											1		1		1		3
체조	2		2		2		2		1		1		1		1		12
계	36		40		40		36		38		38		45		45		318

* <표 11과 12>의 출처『朝鮮敎育 要覽』, 大正8年, 168~173쪽.

경성의학전문학교 교과과정 및 매주 교수시간표(한국인)

교과목	제1학년 전학기 시수	과정	제1학년 후학기 시수	과정	제2학년 전학기 시수	과정	제2학년 후학기 시수	과정	제3학년 전학기 시수	과정	제3학년 후학기 시수	과정	제4학년 전학기 시수	과정	제4학년 후학기 시수	과정
수신	1	수신요지	1	좌동	1	좌동	1	좌동	1	좌동	1	좌동	1	좌동	1	좌동
국어	4	讀方, 解釋, 會話, 書取, 暗誦, 作文	4	좌동	2	좌동	2	좌동	2	좌동	2	좌동				
독일어	4	讀方, 解釋, 會話, 書取, 暗誦, 作文	4	좌동	3	좌동	3	좌동	3	좌동	3	좌동				
수학	4	代數, 幾何, 三角法	4	좌동												
물리학	4	강의 및 실습	4	좌동												
화학	4	강의 및 실습	4	좌동												
해부학 조직학	4	해부학강의 조직학강의 및 실습 현미경 사용법	6 / 2 / 2	좌동 / 좌동 / 해부학실습												
생리학	3	강의 및 실습	3	좌동	3	좌동	3	좌동								
의화학					3	〃	3	좌동								
위생학					2	〃	2	좌동					1	위생법규 및위생시 험법	1	좌동
미생물 학					3	〃	2	좌동					1	법정전염 병및풍토 병	1	좌동

교과목	제1학년 전학기 시수	과정	후학기 시수	과정	제2학년 전학기 시수	과정	후학기 시수	과정	제3학년 전학기 시수	과정	후학기 시수	과정	제4학년 전학기 시수	과정	후학기 시수	과정
병리학					6	병리총론 및 이해 해부학강의	6	좌동	2	병리조직학실습						
약물학					3	강의 및 실습	2 / 1	좌동 / 처방조제학 강의및실습	1	조제실습						
내과					3	간호학강의및실습	3	좌동	3 / 1	내과각론강의 / 임상강의	3 / 1	좌동 / 좌동	3 / 1	좌동 / 좌동	3 / 1	좌동
외과					3	외과총론강의	3 / 1	좌동 / 機帶실습	3 / 3	외과각론강의 / 임상강의	3 / 3	좌동 / 좌동	3 / 3 / (2)	좌동 / 좌동 / 수술실습	3 / 3 / (2)	좌동
소아과									1	강의 및 임상강의	1	좌동	1	좌동	1	좌동
피부과 매독과									1	"	1	좌동	1	좌동	1	좌동
이비인후과									1	"	1	좌동	2	좌동	2	좌동
안과									2	" 檢眼鏡用法	2	강의및임상강의	2	좌동	2	좌동
산과 부인과									3	부인과강의	2 / 1	좌동 산과강의	2 / 2 / (2)	산과강의 / 임상강의 / 산파모형실습	2 / 2 / (2)	좌동
정신병과											1	강의	3	강의 및 임상강의	3	좌동
치과											1	강의	1	"	1	좌동
외래환자 임상강의									(8)	내과 외과	(8)	좌동	(10)	내과,외과,소아과,피부과,매독과,이비인후과,산과,부인과,치과	(10)	좌동
법의학											1	강의 및 실습	1	좌동	1	좌동
체조	3	체조교련	3	좌동	2	좌동	2	좌동	1	좌동	1	좌동	1	좌동	1	좌동
계	37		37		34		34		28 (8)		28 (8)		29 (14)		29 (14)	

비고 1. 해부학에는 局所해부학과 胎生學, 정신병과는 심리학을 포함.

　　1. 본 표의 外병리학 중 병체해부는 재료가 있을 때에 제3,4학년에 課함.

　　1. 본 표의 시수는 適宜 이를 37시간까지 증가할 수 있음.

경서의학전문학교 특별의학과 교과과정 및 매주 교수시간표(일본인)

교과목	제1학년 전학기 시수	과정	후학기 시수	과정	제2학년 전학기 시수	과정	후학기 시수	과정	제3학년 전학기 시수	과정	후학기 시수	과정	제4학년 전학기 시수	과정	후학기 시수	과정
수신	1	수신요지	1	좌동	1	좌동	1	좌동	1	좌동	1	좌동	1	좌동	1	좌동
조선어	3	讀方, 解釋, 會話, 書取, 暗誦, 作文	3	좌동	2	좌동	2	좌동	2	좌동	2	좌동				
독일어	8	讀方, 解釋, 會話, 書取, 暗誦, 作文	8	좌동	4	좌동	4	좌동	4	좌동	4	좌동	2	좌동	2	좌동
수학	2	代數, 幾何, 三角法	2	좌동												
물리학	2	강의 및 실습	2	좌동												
화학	4	강의 및 실습	4	좌동												
해부학 조직학	8 / 3	해부학강의 / 조직학강의	8 / 3 / (4)	좌동 / 조직학실습및현미경사용법 / 해부학실습	1 / (4)	좌동 / 좌동	1	좌동	1	좌동	1	좌동				
생리학	3	강의 및 실습	3	좌동	3	좌동	3	좌동								
의화학					3	강의 및 실습	3	좌동								
위생학					2	〃	2	좌동					1	위생법규 및 위생시험법	1	좌동
미생물학					3	〃	2	좌동					1	법정전염병 및 풍토병	1	좌동

교과목	제1학년 전학기 시수	과정	후학기 시수	과정	제2학년 전학기 시수	과정	후학기 시수	과정	제3학년 전학기 시수	과정	후학기 시수	과정	제4학년 전학기 시수	과정	후학기 시수	과정
병리학					6	병리총론및이해 해부학강의	6	좌동	2	병리조직학실습						
약물학					3	강의 및 실습	2, 1	좌동, 처방조제학강의및실습	1	조제실습						
내과					3	진단학강의및실습	3	좌동	3, 1	내과각론강의, 임상강의	3, 1	좌동, 좌동	3, 1	좌동, 좌동	3, 1	좌동
외과							3, 1	외과총론강의, 機帶실습	3, 3	외과각론강의, 임상강의	3, 3	좌동, 좌동	3, 3, (2)	좌동, 좌동, 수술실습	3, 3, (2)	좌동
소아과									1	강의 및 임상강의	1	좌동	1	좌동	1	좌동
피부과 매독과									1	〃	1	좌동	1	좌동	1	좌동
이비인후과									1	〃	1	좌동	2	좌동	2	좌동
안과									2	〃 檢眼鏡用法	2	강의 및 임상강의	2	좌동	2	좌동
산과 부인과									3	부인과강의	2, 1	좌동, 산과강의	2, 2, (2)	산과강의, 임상강의, 산과실습	2, 2, (2)	좌동
정신병과											1	강의	3	강의 및 임상강의	3	좌동
치과											1	강의	1	〃	1	좌동
외래환자 임상강의									(8)	내과 외과	(8)	좌동	(10)	내과,외과,소아과,피부과,매독과,이비인후과,산과,부인과,치과	(10)	좌동
법의학											1	강의 및 실습	1	좌동	1	좌동
체조	2	체조교련	2	좌동	2	좌동	2	좌동	1	좌동	1	좌동	1	좌동	1	좌동
계	36		36 (4)		36 (4)		36		30 (8)		30 (8)		31 (14)		31 (14)	

비고 1. 해부학에는 局所해부학과 胎生學, 정신병과는 심리학을 포함.

1. 본 표의 外병리학 중 병체해부는 재료가 있을 때에 제3,4학년에 課함.

1. 본 표의 시수는 適宜 이를 36시간까지 증가할 수 있음.

〈표 13〉 경성의학전문학교 교과과정(1916~26)27)

*( )는 임상 강의 수

과목 \ 학년	1학년 전학기	1학년 후학기	2학년 전학기	2학년 후학기	3학년 전학기	3학년 후학기	4학년 전학기	4학년 후학기	계 8학기
수신	1	1	1	1	1	1	1	1	8
체조, 교련	3	3	2	2	2	2			14
국어	4	4	2	2	2	2			16
조선어	4	4	2	2	2	2			16
독어	4	4	2	2	2	2			16
수학	2	2							4
물리학	4	4							8
화학	4	4							8
해부학강의	6	6							12
해부학실습		6							6
조직학강의	6	2							8
현미경사용법	4								4
생리학	3	3	3	3					12
의화학			3	3					6
위생학			2	2					4
세균학			3	2					5
병리학			6	6					12
병리조직학					2				2
약물학			3	2					5
내과진단학			3	3					6
의과학총론			3	3					6
처방조제학				1					1
붕대실습				1					1
조제실습					1				1
내과학각론					3	3	3	3	12
임상강의					4	4	4	4	16
외과학각론					3	3	3	3	12
소아과					1	1	1	1	4
피부매독과					1	1	1	1	4
이비인후과					1	1	1	1	6
안과					2	2	2	2	8
부인과					3	2	2	2	9
외래환자임상강의					(8)	(8)	(10)	(10)	(36)
산과						1	2	2	5
정신병과						1	3	3	7
치과						1			1

27) 奇昌德, 「의사 교육의 현대화 과정」, 앞의 책, 제3권 제1호, 1994, 92쪽.

치과임상실습						1	1	2
위생법규						1	1	2
법정전염병						1	1	2
법의학					1	1	1	3
이수단위 계	45	43	35	35	29(8)	29(8)	29(10)	29(10)	274(36)

일제 식민지 통치 아래서 사립학교도 조선총독부에 교과과정을 허가 받아서 교육 활동을 해야 하기 때문에 사립 세브란스의전의 교과과정에 도[28] 수신, 일본어, 체련의 교과가 편성되어 있었다. 그 이외의 교과는 경의전과 거의 동일하였다.

〈표 13〉은 일반적인 교과과정의 내용이지만, 본과생과 특별과생의 과목별 수업 시수의 차이가 있었다. 이유는 한국인은 4년제 고등보통학교 졸업이고, 일본인은 5년제 졸업이라는 이유로 본과생과 특별과생으로 분리하였다. 이는 한국인과 일본인을 차별 교육하기 위한 변명이었다. 그 내용을 좀더 구체적으로 보면 다음과 같다.

---

28) 奇昌德, 「의학교육의 현대화 과정」, 앞의 책, 제3권 제1호, 1994, 98쪽.
   * 사립 세브란스 의학전문학교의 교육과정
   수신, 일본어, 영어, 수학, 물리, 화학, 생물학, 해부강의, 해부실습, 조직학, 의화학, 위생학, 세균학, 생리학, 병리학, 임상병리학, 의학재료학, 약물학, 치료학, 진단학, 내과학, 임상강의, 외과학, 임상강의 및 수술, 소아과학, 피부비뇨기과학, 이비인후과학, 안과학, 산과학, 부인과학, 정신과학, 치과학, 외래환자 실습, 의사법규, 체련으로 총 319(129)시간으로 편성되었다.

<table>
<tr><th rowspan="2">과목 \ 학년</th><th rowspan="2"></th><th colspan="2">1학년</th><th colspan="2">2학년</th><th colspan="2">3학년</th><th colspan="2">4학년</th><th rowspan="2">계</th></tr>
<tr><th>전학기</th><th>후학기</th><th>전학기</th><th>후학기</th><th>전학기</th><th>후학기</th><th>전학기</th><th>후학기</th></tr>
<tr><td>일본어</td><td>한국인</td><td>4</td><td>4</td><td>2</td><td>2</td><td>2</td><td>2</td><td></td><td></td><td>16</td></tr>
<tr><td>한국어</td><td>일본인</td><td>3</td><td>3</td><td>2</td><td>2</td><td></td><td></td><td></td><td></td><td>10</td></tr>
<tr><td rowspan="2">독일어</td><td>한국인</td><td>4</td><td>4</td><td>3</td><td>3</td><td>3</td><td>3</td><td></td><td></td><td>20</td></tr>
<tr><td>일본인</td><td>8</td><td>8</td><td>4</td><td>4</td><td>4</td><td>4</td><td>2</td><td>2</td><td>36</td></tr>
<tr><td rowspan="2">수학</td><td>한국인</td><td>4</td><td>4</td><td></td><td></td><td></td><td></td><td></td><td></td><td>8</td></tr>
<tr><td>일본인</td><td>2</td><td>2</td><td></td><td></td><td></td><td></td><td></td><td></td><td>4</td></tr>
<tr><td rowspan="2">물리학</td><td>한국인</td><td>4</td><td>4</td><td></td><td></td><td></td><td></td><td></td><td></td><td>8</td></tr>
<tr><td>일본인</td><td>2</td><td>2</td><td></td><td></td><td></td><td></td><td></td><td></td><td>4</td></tr>
<tr><td rowspan="2">해부학,
조직학</td><td>한국인</td><td>6, 4</td><td>6, 2, 2</td><td></td><td></td><td></td><td></td><td></td><td></td><td>20</td></tr>
<tr><td>일본인</td><td>8, 3</td><td>8, 3, 4</td><td></td><td></td><td></td><td></td><td></td><td></td><td>26</td></tr>
</table>

〈표 14〉 본과생과 특별과생의 시수차[29]

위의 〈표 14〉에서 알 수 있듯이 한국인 학생은 본과생이고, 일본인 학생은 특별과생으로 각각 구분하였다. 위의 과목 전체에 대해서는 한국인 70시간, 일본인 80시간으로 10시간의 차가 있다. 그래서 한국인 학생은 일본어, 일본인 학생은 조선어[30]를 각각 교육하였다. 특히 여기서 주목할 만한 사실은 독일어 교육을 차별해서 가르친 점이다. 즉, 한국인 학생은 전학년 동안 20단위이고, 일본인 학생은 36단위로 한국인 학생에 비해 거의 2배 가까이 독일어 교육을 시킨 것을 볼 수 있다. 이는 일본인 학생들을 독일어 원서에 통달할 수 있게 하고자 하는 의도적인 목적이다. 이러한 교육 방침을 보더라도 한국인 학생과 일본인 학생과의 교육적 차별은 현저했고, 일제의 교육 목적이 어디에 두고 있는가를 충분히 알 수 있는 내용이다. 수학과 물리 과목만 2배정도(4시간 차이)로 일본인 학생보다 한국인 학생에게 많이 배당하였다. 이는 충분한 이유가 된다. 즉, 고등보통학교 졸업생이므로 일본 학생과는 1년 차가 있기 때문이라고 핑계를 대고

---

29) 奇昌德, 위의 논문, 90쪽.
30) 제2차 조선교육령에 의해 각종 학교에서는 모두 이와 같이 교육했음.

있다. 사실상 차별 교육을 하지 않고자 했다면 부족한 부분을 보강해서라도 입학시킬 수도 있는 것이었다. 한국인 학생과 동일시하여 교육한다면, 후일에 자격증을 동일시해야 하는 문제가 야기되기 때문이었다. 어디까지나 한국인에게는 한지(限地)의사 자격을 주어 일본에서 의료 사업을 할 수 없도록 차별하기 위한 계획적인 목적 때문이었다.

▷ **직원 현황**

위와 같은 교육과정을 갖고 학생을 가르친 경의전의 직원 현황은 〈표 15〉와 같다.

〈표 15〉 전기 경성의학전문학교 직원 현황〈專任〉31)

年度\職位	1916.4	1919.4	1921.4	1922.4	1923.4
教 授(奏任)	3명	5명	7명	7명	8명
助教授(判任)	1명	2명	2명	4명	4명
書 記(判任)	1명	1명	2명	2명	2명
計	5명	8명	11명	13명	14명

각 교과별 담당 교관의 초창기 명단을 구체적으로 살펴보기로 한다. 물론 조선총독부의원 겸직자들이 대부분이었다. 그 후 점차적으로 경의전의 체제가 갖추어짐에 따라 전임 교수들로 정착되어 갔다. 1916년 당시의 과목별 교관들은 〈표 16〉과 같다.

---

31) ▷ 조선총독부관보 號外, 大正 5년 4월 1일자.
　　▷　　　同　　　, 제20,009호, 大正 8년 4월 23일자.
　　▷　　　同　　　, 大正 10년 4월 19일자.
　　▷　　　同　　　, 大正 11년 4월 1일자.
　　▷　　　同　　　, 大正 12년 5월 25일자.

〈표 16〉 1916년의 과목별 교과 담당 교관[32]

담당	교관	담당	교관
교장	芳賀榮次郎(총독부의원장)	해부학	久保武
의화학	교관 의학박사 佐藤剛藏	병리학,법의학	교관 의학사 稻本龜五郎
내과학	과장 의학박사 森安達吉 의원 金瀁採	외과학	과장 의학사 植村俊二 조수 李敏相
피부과, 비뇨기과	과장 의학사 渡邊晋 조수 朱榮善	이비인후과	과장 의학사 坂井淸
안과학	과장 의학사 早野龍三	산과, 부인과	과장 의학사 藤井虎彦
정신병과	과장 의학사 水津信治 조수 沈浩燮	치과	과장 서리 柳樂達見

위 〈표 16〉에서 보듯이 초창기 경의전의 직원 수는 고작 16명으로 그
중에서 4명만이 한국인 교관임을 알 수 있다. 그것도 3명은 조수이고, 내
과학에 김용채만이 의원이었다.

그 다음은 경의전의 1927년까지 교장을 비롯하여 기초교과목 담당 과
목별로 살펴보면 〈표 17〉과 같이 정리 해 볼 수 있다.

32) 奇昌德, 「국가에 의한 서양의학 교육」, 앞의 책, 제2권 1호, 25쪽.

<표 17> 경성의학전문학교 교수진(기초 과목, 1916~1927년)[33]

학과	직급	교수명(재임 기간)
	교장	(兼)芳賀榮次郎(1914~1920), (兼)志賀潔(1920~1927)*, (專)佐藤剛藏(1927~1945)
修身	생도감	교장이 담당
國語(일어)	兼 교 수	大內猪之介(1919~1928)
한국어	兼 교 수	山本正誠(1923~1932)
	조교수·강사	任明宰(1925~1931), 申龍均(1927~1932)
독일어	교수	黑田幹一(1919~1924), 眞能義彦(1924~1936)
영어	兼 교 수	橫山富吉(1923~1930)
수학	강사	山野井喜重(1926~1928)
물리학	주임교수	加來天民(1921~1927)
화학	주임교수	加來天民(1921~1927), 日出田義治(1927~1932)
해부학	주임교수	久保武(1916~1922), 上田常吉(1919~1926)*, 津崎孝道(1923~1926)*, 柴田至(1926~)
	교 수	金顯周(1919~1924), 岩崎茂敏(1919~1924), 朴昌薰(1923~1928)
생리학	주임교수	中西周(1918~1926)*, 大塚九二生(1926~)
의화학	주임교수	佐藤剛藏(1914~1927), 廣川幸三郎(1927)
	강사	尹治衡(1926~1932)
위생학	주임교수	兪日濬(1916~1932)
	강 사	綿引朝光(1924~1926)*
미생물학	주임교수	兪日濬(1916~1932)
병리학	주임교수	稻本龜五郎(1913~1931), 德光美福(1921~1926)*, 武藤忠次(1926~)
약물학	주임교수	大澤勝(1920~1926)*
	兼 교 수	日出田義治(1927~1932)

주: * 표는 경성제국대학교 의학부 겸임

33) 奇昌德, 「의학 교육의 현대화 과정」, 앞의 책, 제3권 제1호, 1994, 90쪽.
조선총독부의원 회보(제1~9회)와 조선의육사에서 참고하여 작성함.

〈표 18〉 조선총독부의원(임상)의 의관으로서 경성의학전문학교 겸임 교수진(1916~26)

학과	직위	직급	교수명
내과	과장	교수	森安連吉(1916~1919)
제1내과	과장	교수	岩井誠四郎(1920~1928)*
	의관	교수	富永忠司(1916~1917), 有馬英二(1916~1920), 千葉叔則(1917~1924), 武田三郎(1920~1926), 伊藤正義(1924~1927), 鈴木元晴(1926~1940)
	의원		金溶採(19?~1918), 志田信男(19?~1926), 池盛周(?)
제2내과	과장	교수	稻田進(1921~1925),
	의관	교수	大澤勝(1921)*
	의원	조교수	任明宰(1925~1931), 高永珣(?)
외과	과장	교수	植村俊二(1916~1924), 中村兩造(1926~1931)*
	의관	교수	莊風四郎(1916~1921), 桐原眞(1916~1926), 小川蕃(1921~1927)*, 松井權平(1924~1928)
	의원	조교수	藤田宗憲(1918~1919), 稻田博(1920~1922)
	의원		李敏相(?), 趙漢盛(?), 李重樂(?), 松岡正男(?), 朴昌薰(1921~1928)
소아과	과장	교수	河野衡(1916~1922), 土橋光太郎(1924~1927)*
	의원		松本武一郎(1916~1199), 權熙穆(?), 弘中進(?)
피부기뇨과	과장	교수	渡邊晋(1916~1924), 廣田康(1924~1927)*
	의원	조교수	上田如一(1916~1917), 一番瀬慶治郎(1916~1921), 吳元錫(192~1928)
	의원		朱榮善(1914~1918)
		강사	金星煥(?)
이비인후과	과장	교수	坂井淸(1916~1925), 小林靜雄(1925~1928)*
	의원		山田實二(1916~1917), 須古秀雄(?), 田中政次(?)
		강사	志熊孝雄(?)
안과	과장	교수	早野龍三(1926~1928)*
	의원		佐竹秀一(1911~1918), 高永穆(?), 張錫準(?)
산부인과	과장	교수	藤井虎彦(1916~1922), 高楠榮(1923~1927)
	의관	교수	久慈直太郎(1916~1923), 橋本吉藏(?), 橫山茂樹(1922~2198)*
	의원		小島驍三(1916~1917), 黑木彌一(?), 金達煥(?~1925), 高井春生(?)
정신과	과장	교수	水津信治(1916~1925), 久保喜代二(1925~1927)*
	의원	조교수	沈浩燮(1916~1917), 北村庸人(1918~1925), 原振緖(1925~1928)
치과	과장	교수	柳樂達見(1916~1928)
	의원		岡本亮作(1916~1917), 生田信保(1922~1930), 村澤晃(?)
시료부	부장	교수	神岡一亨(1916~1920)
약제과	과장	교수	吉木彌三(?)

* 표는 경성제국대학교 의학부

주: 〈조선총독부의원 회보(제1~9회)〉와 〈조선의육사〉에서 참고하여 작성함.

3) 입학 및 졸업생 현황

① 입학 자격 및 입학생 현황

먼저 경의전의 입학 자격과 학생 수에 관해서 살펴보기로 한다.

1916년 입학생들은 처음으로 조선인·일본인의 공학으로 신입생을 선발하였다.[34] 물론 이때 이미 의학강습소에 다니던 2, 3, 4학년 학생들이 그대로 인계되어 경의전 학생으로 편입되었다.[35]

일반적으로 전문학교의 입학 자격은 다음과 같다.

전문학교는 고등의 학술 기예를 가르치는 것을 목적으로 입학 자격은 남자는 중학교, 혹은 고등보통학교를 졸업한 자. 여자는 수업 연한 4년 이상의 고등여학교, 혹은 여자고등보통학교를 졸업한 자. 혹은 전문학교 입학자 검정 규정에 의해 이와 동등의 학력을 가진 자로 검정된 자 이상의 정도에서 이를 정하고, 수업 연한은 3년 이상으로 정하여 규정한 것이 전문학교에 관해서는 전부이고, 內地와 완전히 동일하게 하여 하등의 차이도 없었다.[36]

---

34) 植民地朝鮮教育政策史料集成, 26卷, 弓削幸太郎 著, 『朝鮮の教育』, 大正12年, 275~276쪽.

「內地人 共學 問題」 내지인의 공학은 법령상으로 인정하지 않고 있으나, 국어(일본어)를 해득하는 내지인과 같이 취학하는데 하등의 지장이 없는 아동은 희망에 따라 소학교에서 수용하고 있는 것이 예이다.

중학교, 고등여학교, 실업학교에서는 무조건 무차별로 입학시험을 치러서 합격한 자는 조선인과 동등하게 수용하는 것이 현재의 실정이다.

현재는 아직 共學의 곤란을 겪지 않을 정도로 조선인의 지망자나 합격자가 없다.

내지인을 위해서는 高等의 학교는 사립 고등상업학교뿐이다. 조선에서는 전문교육을 받고자 해도 불행히도 아직 그 방도가 없다. 그러므로 조선인을 위해 설립된 의학, 공업, 농림 등의 전문학교에 내지인도 수용하는 것으로 되어 있다. 의학은 졸업 후 개업 자격이 엄격한 것이므로 내지의 전문학교령에 기초해서 특별 의학과란 명칭으로 설치하여(1918년) 이에 적을 두고 공부하면, 內地에서 개업 자격을 얻을 수 있게 했다. 이 특별 의학과에도 입학 자격이 있는 조선인도 재적하고 있다 (실제로는 거의 없었다).

35) 佐藤剛藏 著, 李忠浩 譯, 앞의 책, 「경성의학전문학교의 창설」, 100~101쪽.

36) 植民地朝鮮教育政策史料集成, 27집, 龍溪書舍, 昭和2, 大學書院(影印本), 高橋濱

1916년부터 1920년까지 경의전의 직원 및 학생 현황은 〈표 19〉와 같다.

〈표 19〉 경성의학전문학교 현황(1916~1920)[37]

연도	학급수	직원 한	직원 일	직원 계		1년	2년	3년	4년	계	입학	졸업	퇴학	사망	經費 円
1916	4	+1	+34 6	+35 6	한	54	58	43	49	204	49	48	22		29,497
					일	25				25	25				
1917	4		+36 6	+36 6	한	59	39	52	44	194	26	44	21		22,739
					일	24	24			48	26				
1918	4 1		+37 7	+37 8	한	66	47	36	48	197	58	37	1	1	30,336
					일	27	21	22		70	25		2	2	
1919	4 2		+34 9	+34 11	한	51	38	25	27	141	69	31	79	2	106,302
					일	26	26	19	22	93	25	22	1	2	
1920	4 1	+1 1	+33 10	+34 11	한	65	41	36	24	166	34	15	2	5	134,573
					일	39	20	22	16	97	62	22	11		

주 : + 표시는 겸무자임.

또 경의전의 1922학년도의 학년별 및 연도별로 한국인과 일본인 학생수를 비교하여 정리해 보면, 〈표 20〉과 같다.

〈표 20〉 학년별(1922학년도) 및 연도별 학생수 비교(한국인, 일본인)[38]

학년	한국인	일본인	계	연도	한국인	일본인	계
1	67	58	125	1923	216	138	354
2	34	57	91	1924	198	199	397
3	34	51	85	1925	174	219	393
4	20	39	59	1926	137	220	357
계	155	205	360	계	725	776	1,501

〈표 20〉에서 알 수 있는 것은 1922학년도부터 일본 학생보다 한국인 학생을 약간 많이 모집하였다. 그런데 1923학년도에는 일본인 학생수가 위

吉 著,『朝鮮教育史考』, 488~9쪽.
37) 조선총독부,『조선총독부 통계연보』, 1920, 47쪽.
38)『조선요람』1922년, 104쪽. 1923년, 201쪽, 1924년, 100쪽, 1925년, 98쪽, 1926년, 103쪽.

188 일제 암흑기 의사 교육사

의 통계상으로는 이해하기 힘든 점이 있다. 1922학년도에 1~3학년의 숫자만도 1923학년도의 숫자를 훨씬 능가하기 때문이다. 일본으로 귀국한 학생이 많아서 그런지 어떤 이유에서인지 이해하기가 힘든 내용이다. 그러나 1924학년도 이후부터는 한국인 학생 수는 갈수록 감소되고, 반면 일본인 학생 수가 급격히 증가하여 1926년에는 거의 2:1의 비율이 되었다. 경의전이 일본인 학생들을 중심으로 의사를 양성하는 교육 기관으로 탈바꿈해 가고 있음을 인식할 수 있다. 물론 1922년에는 회유 정책으로 문화 통치란 이름으로 조선인 학생을 전년도에 비해 2배나 많이 뽑은 듯하였으나, 그 이후는 일제의 고등교육 침투 현상을 위의 〈표 20〉에서 여실히 말해 주고 있다.

② 졸업생의 현황

1917년부터 10년간인 1926년까지의 졸업생들의 상황을 살펴보면 다음과 같다.

1917년 4월 의학강습소 4학년생이 경의전에 편입하여 경의전의 이름으로 47명이 제1회 졸업하였다. 원래 이들은 1913년 4월 8일 의학강습소 제3회 입학생들이었다. 당시의 정원은 80명이었으나, 실제로는 평양과 대구 동인회의학교 학생들의 편입과 휴학생들의 복학 등으로 110명까지 되었다.[39]

이와 같이 상당히 많은 학생들 중에서 반도 안 되는 겨우 47명만이 졸업한 것은 어떤 이유가 있음이 분명하다. 그러나 그 이유는 찾을 수가 없었다. 총독부 당국의 정책적인 이유는 아닌 것으로 짐작이 간다. 왜냐 하면 경무총감부 위생과에서는 한지의사(限地醫師)[40] 개업을 목적으로 한

---

39)『매일신보』,「의학강습소 입소식」제2,253호, 大正 2년 4월 18일자.
40) 李如星・金世鎔 共著,『數字 朝鮮 硏究 4輯』,「제5장 조선의료기관의 해부」, 京畿 世光社 版, 137쪽.

조선 의사 시험이란 것이 행해지고 있을 정도로 의사의 부족 현상을 심각히 느끼고 있는 때였다.[41] 당시의 분위기를 이해할 수 있는 자료가 있었으면 좋겠다.

당시 많은 한국인 학생들이 도중에 퇴학한 이유로는 경제적 이유, 사회적 또는 가정 사정, 정치 사상적 이유 등으로 판단된다. 그런데 이 중에서 가장 큰 이유로는 경제적 사정으로써 수업료를 내지 못하여 자퇴, 또는 퇴학하였다.[42] 어쨌든 엄청난 수의 학생들이 졸업을 못하였다. 그 때에 졸업한 학생들의 명단은 아래와 같다.

〈경의전 제1회 졸업생 명단〉[43]

趙漢盛 劉洪鍾 金商和 申鳳雲 高明佑 金興悅 朴燉夏 金炳奎 鄭允協 金燦澤 康瑞衡 尹明傑 李益鉏 車敬三 吳德英 朴寧欽 白南珪 李泰圭 趙胤錫 金基英 金鍾鎬 黃鎭洙 康龍泰 方奎煥 張淳明 李鍾大 金達煥 車順正 韓鍾洙 金昇五 金斗植 朴正紹 李敏浩 徐廷候 姜錫根 方禹鏞 李圭曄 朱榮鎭 李林洙 李始億 李現燮 白宗聖 皮熙泰 李英桓 崔義鍾 朴鎭永 權熙穆

이들 47명의 졸업생 중에서 趙漢盛(경기) 劉洪鍾(함남) 金商和(평남)는 우등으로 졸업하였다. 우등생인 이들의 졸업 후 상황은 다음과 같다.

▷ 조한성(경기) : 6년간(1918~23) 조선총독부의원의 의원으로 근무. 그 후 시내 관수동에서 개업.[44]

▷ 유홍종(함남) : 홍제의원장. 계명구락부 평의원, 한양구락부 이사. 개벽

限地醫師는 의사가 결핍한 곳에 한하여 상당 기간 개업을 허락하는 무자격 의사임.

41) 佐藤剛藏 著, 李忠浩 譯, 앞의 책, 91쪽.

42) 이여성·김세용 共著, 앞의 책 (제1輯), 〈제3장 敎育〉, 99~93쪽.
1930년 1월에서 10월까지 수업료 미납으로 퇴학된 전국의 공립보통학교의 학생 수는 무려 3만 여명에 달했다.

43) 『서울대학교 의과대학사』, 43쪽.

44) 동아일보 1923.8.11.

제1호(1920.6.25) 「위생안으로 본 2대 해독」 논설 게재.

▷ 김상화(평남) : 강동 청년회 창립.[45] 평남 도회의원으로 활동.

또 이들은 久保 망언 사건 때 6명의 교섭위원(校友會) 중에 조한성, 유
홍종 두 사람이 동참하였다.

1926년까지 10년간의 졸업생 배출 현황을 보면 다음과 같다.

〈표 21〉 경의전 학생들의 졸업생 현황[46]

회	연도	인원	회	연도	인원
1회	1917	47명	6회	1922	본과 36명, 특과(3회) 21명
2회	1918	44명	7회	1923	본과 38명, 구본과 25명
3회	1919	40명, 추시졸 3명	8회	1924	본과 61명, 구본과 19명
4회	1920	본과 27명, 특과(1회) 23명	9회	1925	본과 61명, 구본과 14명
5회	1921	본과 23명, 특과(2회) 13명	10회	1926	본과 68명, 구본과 33명

주: 1922년부터 입학 자격이 격상됨에 따라 특과를 폐지하고 본과와 병합하였다. 그 대신 구제도
에 의한 자격자에게 새로 특별과를 마련했는데, 이는 모두 우리 한국 학생들만 해당되었다.

▲ 위의 졸업증서는 현재 한독의약박물관이 소장하고 있는
경성의학전문학교 1회 졸업생 중 한 명인 김승수의 1918년
졸업증서로 가로 54cm × 세로 38cm이다.

---

45) 동아일보 1920.10.22.
46) 위의 책, 43쪽.

현재 한독의약박물관이 소장하고 있는 경성의학전문학교 1회 졸업생 중 한명인 김승수의 1918년 졸업증서로 가로 54cm × 세로 38cm이다.

이 졸업증서에는 김승수가 이수한 교과목과 강사명이 모두 수록되어 있다. 당시 대표적인 사립 의학교육기관이었던 세브란스연합의학전문학교의 경우 진급증서에는 교과목과 강사명을 나열하였지만 졸업증서에는 이수한다는 사실만을 한글과 영어로 간단히 적었다.

경성의학전문학교의 졸업증서도 1930년대에는 교과목과 강사명이 사라지고 졸업사실만을 명기하는 단순한 형식으로 바뀌게 된다.

서울대 동창회 명부에서 1918년 경성의학전문학교 졸업생은 44명인데 이 졸업증서는 제2호로 되어있다. 이 자료를 기증한 후손들의 증언에 따르면 김승수의 졸업성적이 2등이었기 때문이라고 한다.

한편 김승수와 함께 졸업한 안수경(安壽敬), 김해지(金海志), 김영흥(金英興)이 국내에서 의사면허를 받은 최초의 여성들이라는 점은 특이할 만하다. 이들은 정식 학생이 아닌 청강생이었지만 경성의학전문학교를 졸업하고 의사면허를 부여 받았다.

경성의학전문학교로 승격하면서 일본인이 입학하기 시작하였으며, 일본인은 1920년부터 졸업하였다(1920년 졸업생의 경우에 한국인 27명 일본인 23명).

제2회 졸업생 중에는 여학생이 3명 포함되어 있는데, 안수경, 김해지, 김영흥이었다.[47] 이들은 의학강습소 당시 미국인 여의사 로제타 S.홀

---

47) ▷ 安壽敬은 경성여자고등보통학교를 졸업, 사범과 1년을 修學하고, 모씨의 추천으로 청강생에 편입되었다. 면허증은 면허번호 244로 1918년 4월 19일자로 등록되어 있음.
　　▷ 金海志는 매일신문의 기록으로는 海智, 海老로 기록되어 있고, 『관보』에는 海志로 되어 있다.
그는 평남 출신으로 Dr.R.S.Hall의 특별한 천거로 후지다(藤田)원장이 청강생으로 받은 여자 청강생. 면허증은 면허 번호 251, 1918년 4월 25일자로 등록되어 있음.
　　▷ 金英興은 평남 출신으로 Dr.R.S.Hall의 천거로 청강생에 편입되고, 의사 면허

(Rosetta S. Hall)의 간청으로 후지다 원장이 특별히 배려하여 공부한 청강생들이었다. 비록 청강생이었으나, 이들도 1918년 3월 26일 제2회 졸업생으로 졸업증서를 받고 국내에서 최초로 의사교육을 받은 여자 의사가 되었다.[48]

1920년에 일본인 학생들로 구성된 특과 1회생을 배출하게 되었는데, 여기에 단 1명의 한국인 학생이 있었다. 이 학생은 한국 학생이지만, 일본에서 중학교를 졸업했기 때문에 특과에 입학 자격이 되었기 때문이다.[49]

1922년 2월 4일에 칙령 제19호로서 조선교육령이 제정되고, 이 교육령에 따라 3월 11일에 칙령 제151호로서 조선총독부 제학교 관제가 반포되었다. 이에 따라 1916년 전문학교 관제는 자연적으로 폐기되고 새 법령에 따른 교육 방침이 구현되었다.

그 내용은 고등보통학교의 수업 연한을 일본과 동일하게 4년에서 5년으로 격상시켜 경의전에 입학 자격을 부여해서 본과와 특별과가 모두 본과로 되었다. 그러나 잠정적으로 이미 4년제 고등보통학교 출신들이 공학이었으므로 이들에 대한 경과 조치로 특별과를 새로 설치하고, 특별과의 수료증을 이들에게 주었다. 과거의 특별과와 구별하기 위해 구본과라 호칭하였다. 연도별 구본과 졸업생 수는 1923년 25명, 1924년 19명, 1925년 14명, 1926년 33명, 1927년 28명, 1928년 18명, 1929년 26명, 1930년 6명으로 모두 169명이었다.

1926년에는 구본과 학생들을 특과로 개명하여 졸업시켰다. 이와 같은 조치는 명칭을 통해 만족감을 갖도록 하는 기만적인 조치에 불과하였다. 1930년 이후에는 특과의 졸업자는 없고, 일본의 醫專과 같이 중학교 교육을 5개년의 신제도를 실시한 결과로 입학 자격이 같게 되었다. 이렇게 배

은 면허 번호 248, 1918년 4월 25일자로 등록되어 있음.
48) 『매일신보』, 「최초의 여의 3명」 제3,760호, 大正 7년 3월 27일자.
49) 佐藤剛藏 著, 李忠浩 譯, 앞의 책, 102쪽.

출된 졸업생들의 진로를 위해서 조선총독부는 1919년 學校醫規則을 만들었다.[50] 그래서 이들 졸업생들은 전국 각지의 관·공립학교에 근무하도록 하였다. 이에 대한 자세한 내용은 차기에 조사해 보기로 한다. 그 이외 지방의 자혜의원 등에도 취직하거나 개인이 의원을 개업한 자들도 있었다.

4) 학생들의 민족운동

① 3·1운동 참여

1919년 거족적인 민족운동인 3·1운동이 전개되었다. 이 당시의 사정을 조선총독부의 학무 담당자들의 이야기를 들어보면, 그들의 조선교육령에 의한 [忠良한 皇國臣民]으로 만드는 교육 목표가 실패했다는 것을 볼 수 있다. 즉, 3·1운동에서 특히 주목할 만한 것은 많은 학생들이 보통학교 학생들까지 이 운동에 참가했다고 하는 사실이다. 당시 보통학교 학생들은 만세 시위 행동만이 아니라, 동맹 휴교를 하고 일본어의 교과서를 파기하는 등 학교를 자퇴하였다.

弓削幸太郎^{유케고오타로}는 3·1 운동에 관해서 이렇게 기록하고 있다.

> 지난번 조선 각지에 不祥사건이 발발하고, 수 십만의 소요 참가자를 냈고, 그것을 이유로 검거된 자는 2만 명에 미쳤고, 사상자 2백여 명을 냈다. 그리고 많은 학생이 이에 참가한 것은 吾人의 洵에 유감인 점이 있습니다.[51]

위와 같이 학생들이 선두에 선 운동이었다는 점에서는 병합 이래의 조선총독부에 의한 일련의 식민지 교육정책은 명백히 '수포로 돌아갔다'고 해도 좋을 것이다.[52]

---

50) 식민지 조선교육정책 사료집 31집, 53쪽.
  大正8년 4월 8일, 總 第59號, 學校醫規則, 「제1조 관립학교에 학교의를 둔다」를 비롯하여 제5조로 되어 있다.
51) 弓削幸太郎 著, 앞의 책, 1923년, 自由討究社, 231~232쪽.

吉野作造^{요시노}는 3·1 민족독립운동을 경험하고 일본의 조선 통치 정책을 비판해서 말하기를 「나는 종래의 동화정책을 포기할 것인가 않을 것인가··· 어쨌던 종래의 동화정책은 이를 포기하지 않으면 안 되는 것은 아닌가」라고 하였다.[53]

3·1운동으로 인하여 3월, 4월 2개월간 수감된 인원은 受刑者와 刑事被告人을 합하면 남녀 총 5,752명이 在監 인원으로 조선총독부 집계로 나와 있다.[54] 이 3·1운동에는 각계각층의 시민들이 참가하였다. 그 중 대부분은 학생들이 그 중심이 되었는데, 그 가운데 경의전 학생들의 활동 상황을 살펴보고자 한다.

서울에 있는 중등 정도 이상의 학교 학생들로서 3·1운동에 참가한 자 가운데 구금된 학생 수는 당시 조선총독부의 집계로는 1919년 4월 1일 현재 관립학생 79명, 사립학생 88명 총 167명이었으며, 그 내역은 〈표 22〉와 같다.

〈표 22〉의 내용으로 볼 때 일반인에 비해서 학생들은 거의 구금되지 않은 것으로 본다. 위의 표에서 먼저 학교별로 구분하여 관립과 사립학교의 구금된 학생 수를 구체적으로 제시해 놓았다. 4개의 관립학교의 구금된 학생 수와 16개의 사립학교의 구금된 학생 수가 거의 비슷한 것은 관립학교 학생들이 더욱 적극적이었다는 사실을 찾아 볼 수 있다.[55] 구금된 학생이 가장 많은 학교는 31명이 구속된 경의전이 타교에 비해 월등히 많았다. 또 학년별로 보면, 2학년 학생이 가장 많았다. 그리고 이 3·1 운동으로 대부

52) 위의 책, 232쪽.
53) 吉野作造, 「朝鮮統治の改革に關する最小限度の要求」, 松尾尊兌編, 『中國·朝鮮論』, 東洋文庫(1970년, 平凡社), 185~186쪽.
54) 국회도서관, 『한국 민족 운동 사료』 三·一운동편 其一, 「교육에 관한 것」, 「소요 사건 在監 인원표(1919년 4월 30일 조사)」, 170~171쪽.
55) 이는 단지 통계만의 수치로 볼 때 그러한 것인데, 실제로 총독부에서 나온 이 통계가 정확한 것인지, 또 구금 대상 학생들의 활동이 어느 정도였는지는 의문이다.

분의 학교가 수업이 중단되었다고 보는데, 관립학교의 수업 현황을 살펴
보면 〈표 23〉과 같다.

〈표 22〉 3·1운동 때 구금된 서울의 학교별 학생 수[56]

학교 \ 학년	1학년	2학년	3학년	4학년	계
경성전수학교(관립)	4	5	3	.	12
경성의학전문학교(관립)	10	9	5	7	31
경성공업전문학교(관립)	4	9	1	.	14
경성고등보통학교(관립)	3	5	9	5	22
사립세브란스의학전문학교	3	.	.	1	4
사립연희전문학교	3	2	1	1	7
사립배제고등보통학교	3	1	2	3	9
사립휘문고등보통학교	1	1	.	2	4
사립보성고등보통학교	.	8	5	2	15
사립보성법률상업학교	1	1	2	.	4
사립이화여자고등보통학교	.	1	1	.	2
이화학당	.	1	.	1	2
정신여학교	1	1	.	.	2
불교중앙학교			.	.	학년불명3
경신학교			.	.	동 1
국어보급학관			.	.	동 2
중동학교			.	.	동 3
사립조선약학교			.	.	동 6
사립중앙학교	5	5	1	5	16
사립선린상업학교	1	7	.	.	8
계	39명	56명	30명	27명	167명

주: 위의 표는 1919년 4월 20일자 조선총독부 騷擾事件報告旬報二에서 참고하였음.

---

56) 위의 책, 「교육에 관한 것」, 150~151쪽.

학교명	수업중단일	수업개시일	비 고
경성전수학교	3월 5일		
경성의학전문학교	〃		일본인 학생은 수업 계속
경성공업전문학교	〃		〃
수원농업전문학교	3월 4일		부속보통학교및부설임시교원양성소의 일본인 학
경성고등보통학교	3월 5일		생들은 수업 계속
평양고등보통학교	3월 10일		사범과는 수업 계속(실습)
대구고등보통학교	3월 10일	3월 25일	4월11일 신 학년에 수업 개시
함흥고등보통학교			단 2학년 이상은 미정.
경성여자고등보통학교	3월 5일	3월 17일	3.17 수업을 개시했으나 출석자가 1/3이었으므
同부속보통학교	3월 5일	3월 10일	로 21일 수업 중단.
평양여자고등보통학교	3월 4일	3월 7일	4.11 신학기에 수업 개시

주: 위 표는 1919년 4월 20일자 朝鮮總督府의 騷擾事件報告旬報二에서 참고하여 작성함.

〈표 23〉에서 볼 수 있듯이 대부분의 학교가 3월 5일자 수업이 중단되었다. 3월 1일이 토요일이고, 2일은 일요일이었다. 수업을 시작한 시기는 학교에 따라 다소 차이는 있으나, 일본인 학생이 많은 학교는 수업을 중단하지 않고, 일본인 학생들만 학교에 나와서 수업을 하였다. 그 외 대부분의 학교는 4월 신학기가 되어서 수업이 시작되는 상황이었다.

그 중에서 일본인과 공학이었던 경의전도 일본인 학생들만이 수업을 계속한 실정이었다. 이와 같은 상황을 통하여 볼 때 3 · 1 운동 당시 경의전 학생들이 얼마나 적극적으로 민족독립운동에 가담했는가를 충분히 알 수 있는 자료이다. 위의 내용은 전체적인 상황에서 경의전 학생들의 활동 상황이고, 그 구체적인 예를 들어 당시의 경의전 학생들의 투쟁 활동을 살펴보기로 한다.

경의전 졸업생인 玄圭煥(제11회)의 이야기에 의하면,

---

57) 위의 책, 「교육에 관한 것」, 151쪽.

3월 1일, 독립선언문과 함께 태극기를 厚岩洞 일대에 뿌리고, 곧장 파고다 공원으로 가려다가 만세를 부르고 나오는 인파와 종로통에서 합류했어요. 얼마 안되어 일본 순사에게 연행되어 종로 경찰서로 끌려갔어요. 그때 보니 白麟濟[58]선생도 연행되어 왔던군요. 白麟濟 선생은 그때 京醫專 학생 대표로 활약했어요.[59]

이 후 학생들의 민족 독립운동으로서는 한국·일본 학생들이 공학으로 운영되자, 이들 사이에는 민족 차별에 대한 민족 감정이 폭발하게 되었다. 그 사례를 몇 가지 소개해 보기로 한다.

먼저 제3회 졸업생인 李冕載는 그때의 일을 이렇게 이야기하고 있다.

專門學校로 학제가 변경되면서 四角帽도 쓸 수 있게 되었어요. 그런데 일본 학생들과 함께 공부해서인지 학교 다니는 동안 모두 8차례의 스트라이크를 했어요. 모두 사소한 사건이지만 민족 감정에 휩싸여 사건이 확대되곤 했지요.

당시 학생들의 주된 화제는 독립운동이었어요. 그때 파리에서는 萬國講和協議가 있었는데, 그곳에서는 꼭 한국의 독립을 보장해 줄줄 알고 이에 따른 대책도 열심히 熟議 했지요. 그러나 어디 독립이 됩니까?

마침 3·1만세는 토요일에 일어났어요. 우리는 만세 사건이 있기 전 한국 학생끼리 모여 두 번 회의를 했지요. 일부 강경파 학생들은 동맹 휴학을 하자고 하더군요. 그러나 나는 반대했어요. 당시 우리나라 의사들로는 질병에서 허덕이는 국민을 치료할 충분한 의사가 없었어요. 또 그때는 배우는 처지이고요. 만약 동맹 휴학이라도 하여 학교라도 문 닫고, 또 독립이 되더라도 신의학을 배울 필요는 있지 않습니까? 싸우더라도 우선 공부하고 싸우자는 심정이었어요. 그러나 자주 동맹 휴학을 했어요. 2학년이 되면서 日人학생 25명

---

58) 1921년 제5회 졸업한 것으로 볼 때 3·1운동 당시 그는 3학년 학생대표였다. 그후 1928년 4월 6일 동경제국대학의학부에서 박사학위를 받았고, 주 논문은 「實驗的 佝瘻病의 硏究」가 있다. 1929년에 京醫專 외과학 초대 전임교수로 임용되어 한국인으로서 매우 유능한 의사로 활약했다.

59) 『醫師新聞』, 「韓國醫學의 百年野史」, 1972.6.5.

이 편입해 오더군요. 이거 될 일 입니까? 스트라이크를 일으켰지요. 그래서 4개월을 공부도 하나 못하고 지냈어요.[60]

또 제9회 졸업생인 崔鍾完은 다음과 같이 이야기하고 있다.

사소한 일로 일본인 학생과 한국 학생 사이에 싸움이 벌어졌어요. 한번은 일본 학생 하나가 '조센징' 하면서 욕을 했거든요. 화가 난 한국 학생이 두들겨 때려 주었어요. 그랬더니 이 녀석은 집으로 뛰어가 권총을 빼어 들고 와서 총을 쐈어요.
다행히 총알은 맞지 않았지만 사사건건 우리는 일본 학생들과 싸움을 하면서 공부를 했어요.[61]

이런 예들은 한 · 일 학생들 간의 민족 감정을 불러일으킨 대표적인 사건이었다. 3 · 1운동 이후 일본인들이 대거 한반도로 이주함에 따라 그들의 자제들이 경의전에 많이 편입하게 되었다. 이에 대한 한국 학생들의 반발이 매우 심하였다. 크고 작은 8차례의 스트라이크는 한국 학생들의 항일 운동이었다. 이 중에서 가장 장기화되고, 조선인 학생들 전원이 일체가 되어 민족 차별에 대한 학교 당국에 항거한 운동은 久保武^{구보다케시}교수의 망언(1921.5.26~6.28)으로 인한 사건이 있었다. 이 망언은 민족 차별을 노골적으로 나타낸 사건이었다. 즉, 수업 시간에 교수가 학생들에게 한국인의 두개골학(頭蓋骨學)의 연구를 갖고서 민족 감정을 자극시켰다.

당시 경의전 해부학 담당 久保武^{구보다케시}교수가 교실에서 두개골이 분실되어 찾지 못하게 되자 "이것은 조선 학생의 짓"이라면서 "조선인은 두개골이 도둑놈형"이라고 발언한데서 발단하였다.

이 내용을 1921년 6월 3일자 동아일보는 사회면 톱기사로 보도하였다.

---

60) 『醫師新聞』, 「韓國醫學의 百年野史」, 1972.3.27.
61) 위의 신문, 1972년 5월 8일자.

경성의학전문학교에서는 再昨日(6월1일) 下午에 그 학교 안의 제1 강당에서 선생과 학생이 격투를 하다시피 한 일이 있었는데, 이 사실이 발생한 것은 지난달 26일(木) 하오에 1학년 교실에서 해부학의 강의를 마치고, 해부실에서 해골의 실물을 구경하는데, 해부실은 원래 좁은 방이므로 학생 전부가 들어가지 아니하고 특별히 지원하는 사람 중에서 본과 5명, 청강생 여자 1명, 특별과 4명, 합계 10명이 공부했는데, 그 이튿날 금요일에 이르러 해부학 선생 久保교수가 교실에 들어와서 해부실에 두개골 한 개가 없어졌으니 웬일이냐 하며 대번에 조선인 학생인 본과생들을 의심하는 낯빛으로 "너희들 중에 누구든지 가져간 것이니 내어놓아라."하므로 학생들은 기가 막히어 "그러한 일이 없다."고 하였다. 선생은 다시 "너희들 조선 사람은 원래 해부학 상으로 야만에 가까울 뿐 아니라 너희의 지난 역사를 보더라도 정녕 너희들 중에 가져간 것"이라고 하며, 아무 증거도 없이 조선 학생에게만 향하여 좋지 못한 말을 많이 하였다고 한다. 이와 같이 선생은 조선 학생들을 도적과 같이 말하며 더욱이 사소한 일로 말미암아 조선 사람의 傳來가 야만인이니 국민성이 나쁘니 하는 소리를 들은 1학년 조선 학생들은 두개골을 훔친 사실이 없는 것은 물론이거니와 사소한 일로 조선 전 민족을 들어 모욕을 가하는 久保 교수에게 질문을 하기 위하여 대표자를 뽑아서 사무실로 들여보내었으나 久保 교수는 공연히 怒氣를 내며 말대답도 하지 않고 나가라고 하여 대표자들은 아무런 질문도 하지 못하고 도로 나왔다. 그런데 재작일 1일에 이르러 1학년뿐 아니라 2, 3학년의 特科 일본 학생들이 제3 강당에 모여 무엇을 의논하며 자기네 일본 학생들은 전혀 두개골을 훔칠 까닭이 없으며, 조선 학생을 대항하여 무슨 운동을 일으키려 하였으므로 이것을 본 조선 학생들도 그러면 우리도 연합 하여 雪辱을 하지 않으면 안 되겠다고 하고 제1 강당에 전부 모여 선후책을 의논 하려 할 때, 우에다(上田)라 하는 교수 외 두 세 명의 선생이 들어오며 무조건 모이지 못하게 하므로 "왜 일본인 학생의 모임은 자유에 맡기고 조선인 학생만 모이지 못하게 하느냐 " 고 질문함에, 上田^{우에다}교수 등은 무조건 나쁜 말을 하며, 학생들을 강당 밖으로 내몰아 내려고 하므로 학생들은 그만 분이 나서 울부짖어 수라장을 이루게 되매, 선생들은 나가고 학생들은 다시 자리를 정돈하여 의논한 결과

1. 久保교수의 말에 조선인은 해부학상으로나 국민성으로나 야만됨을 면치

못한다했으니 선생은 마땅히 학생 일동에게 그 자세한 연구를 學理上으로 강의하여 들려 줄일.

2. 久保교수의 敎授는 받지 아니할 터이니 속히 처치하여 줄 일.

등의 두 가지 조건을 사무실에 제출하고 48시간 안에 가부간 처단이 없으면, 모든 조선인 학생은 동맹휴학을 하겠다고 했는데, 昨日에도 上學은 계속하였으나 久保교수의 시간에는 교수를 받지 아니하였는바, 今日까지 만족한 조치가 없으면 동맹휴교를 면치 못할 형세이라더라.[62]

이후 학생들은 학생 대표로 楊奉根을 뽑고, 휴학 결행 결의서를 만들어 1921년 6월 4일 오전 8시부터 동맹 휴학에 들어가기로 결의하였다. 한국 학생 일동이 기명날인하여 학교측에 제출하였다. 이 결의문은 6일 오전 6시 교장의 담화를 통해 단호히 거부당하였다. 그 이유는 '학술상 연구를 감정적으로 해석하여 동맹 단결하여 교수를 배척하는 것은 온당치 못하다.'고 하였다. '만일 그래도 종시 교수를 받지 않고, 처음 제출한 두 조목의 요구 사항을 관철하고자 할 때에는 단연한 처분을 할 것이요, 학교측에서는 학교 문이 닫힐 지경이라도 학생들의 요구 사항에는 부응할 수가 없다.'고 강경하게 맞섰다. 이에 대해 194명의 전 한국 학생들은 즉시 비밀 회동하고, '어떠한 처벌을 받더라도 요구 사항 철회는 할 수 없다.'는 결의를 재 다짐하였다. 학생들의 자세가 더욱 강경해지자 교수들은 교수들대로 따로 비밀회를 열고, 9명의 학생을[63] 퇴학 처분시키는 한편, 나머지 185명의 학생에게는 무기정학 처분을 내렸다. 그리고는 학생들에게 있을 만일의 사태에 대비해서 5~6명의 순사를 정문에 배치하였다. 그 이튿날인 7일 오후 194명의 한국 학생 전원이 총 퇴학 청원을 稻本이나모토 교무주임에게 제출했으나 정학 처분을 받고 있는 자는 제출 자격이 없다고

---

62) 『동아일보』 1921년 6월 3일자.
63) 『서울대학교 의과대학사』, 50쪽.
　　퇴학 처분 받은 학생은 본과 4학년 楊奉根, 李弼根, 3학년 金洛瑜, 張世九, 申鑪雨, 金鑪桱, 2학년 金鼎相, 白丞鎭, 1학년 朴敬鎭이었다.

묵살 당하였다. 그래서 이 서류를 학교로 우송하였다. 학생들은 이 문제를 관철시키고자 학무국장인 松村松盛마츠무라를 찾아가자, 경찰서에서는 옥외집회로 연행 조치하였다. 학생들과 학교 당국과 팽팽한 대립으로 장기화될 조짐이 보이자, 경의전 졸업생으로 구성된 校友會에서 6월 10일 오후 인사동 啓明俱樂部에서 회동하고 6명의 교섭 위원을 선출[64]하였다. 校友會에서는 학교 당국에 謹告文을 제출했다(1921.6.14). 그 요구 조건은 학교 당국과 학생들에게 타협할 수 있는 방안을 제시했던 것이다. 즉,

1. 久保武구보다케시박사는 자기의 실수한 일을 밝히 말할 일.
1. 본과 학생 일동은 久保武구보다케시박사의 설명을 요구하는 일과 배척하는 태도를 회피할 일.
1. 모교 당국은 퇴학과 정학 처분을 해체할 일.

이 요구 조건을 학교 당국에서 들어줄리가 없게 되어 문제는 더욱 심각하게 되어 갔다. 그러나 끝내 타협의 실마리를 찾고, 6월 28일부터 전원 등교 통지가 배달되었다. 이 사건은 결국 한 달 이상에 걸쳐 학교 측과 학생들 간에 심한 갈등으로 민족 차별에 대한 일제에 항거한 매우 큰 학생 운동이었다.

이 사건의 주인공인 久保武구보다케시는 그 뒤 공포에 질린 채 무서워 밖에도 나가지 못하고 방에만 웅크리고 앉아 있고, 나중에는 노이로제에 걸려 "아, 저기 조센징이 온다."고 소리치고, "학생들이 온다 나를 숨겨 줘."라고 소리치며 발광하였다. 한참 사건이 절정에 달하고 있을 때 동아일보 기자를 만난 久保武구보다케시는 조선 사람 체형 연구에 몸을 바치기로 결심했는데, 뜻밖에 연구 도중 충분치 못한 점이 발견되어 그것을 솔직히 발표한

---

64) 『서울대학교 의과대학사』, 51쪽.
　　6명의 교섭 위원은 京醫專 동창들로 구성된 池成允, 朴啓陽, 劉洪鍾, 金溶埰, 趙漢盛, 李道英이었다.

202　일제 암흑기 의사 교육사

것이 학생들의 반감을 사는 원인이 되었다고 말하였다. 그에게 암살하려는 소문이 있으니 조심하라는 형사도 있었다. 또 학생들의 협박 편지 등으로 불안해하는 이야기도 하였다.[65]

결국 그는 정신병자가 되었고, 학교에서도 쫓겨나게 되었다(1922년). 이것으로 일단 구보망언 사건은 끝이 났다. 이 사건은 바로 한국인과 일본인의 공학으로 민족 차별 교육이 만들어낸 교육적 모순의 가장 좋은 사례이다.

2. 후기의 경성의학전문학교의 교육

식민지 통치 중반기에 접어드는 1920년대 후반 일반적인 교육의 현황을 보면 1929년에 전국 학교의 교원 총수는 16,161명이었다. 이 중에서 일본인이 7,047명으로 전국 교원 수의 50%에 육박하고 있었다.[66] 그런데 이 때 관립 전문학교의 한국인과 일본인 교원의 분포는 한국인 37명에 일본인 238명으로 한국인 교원에 대한 일본인 비율은 무려 7배나 많았다.

보통학교와 사립학교를 제외하고서는 한국에서 일본인 교원 비율이 3배 이상에서 무려 29배나 될 정도로 엄청난 수의 일본인이 한국의 교육을 점령하고 있었다.[67]

이 사실은 일제가 在朝鮮 일본인 자제들의 교육에 대한 중요성을 강조했던 사실[68]을 충분히 이해할 수가 있다.

---

65) 『동아일보』, 1921년 6월 22일. 「醫專紛糾의 주인공」~久保武博士의 哀訴
66) 이여성·김세용, 앞의 책(제1집), 〈제3장 교육〉, 103~4쪽.
67) 위의 책, 「각 학교별 朝·日 교원 수」, 104쪽.
68) 植民地朝鮮教育政策史料集成 26卷, 弓削幸太郎 著, 앞의 책, 內地人の教育, 264~526쪽. 「내지인 교육의 중요」
　　在鮮母國人은 朝夕으로 조선인과 접촉하면서 살고 있다. 在鮮內地人 학교 학생은 장래의 조선 연구자로서, 장래의 우리 國情 소개자로서, 장래의 조선 개발자로서, 장래의 조선 理解者 同情者로서, 그 사명을 완수하도록 특히 주의해서 교육하지으면 안된다. 우리들은 조선의 문제를 정치나 행정관의 힘만으로는 도저히 근

뒤에서 살펴보겠지만, 경의전의 경우는 더욱 심하였다. 특히 고등교육 기관으로 올라갈수록 이와 같은 현상은 격심하였다. 이는 일제가 한국 통치 20년 만에 한국의 교육 기관을 완전히 점령했음을 입증하고도 남는 사실이다. 이런 당시의 현상에서 경의전 후기의 교육 양상이 어떠했는가는 능히 짐작할 수 있다.

이러한 일반적인 상황에서 경의전의 교수진은 어떻게 이동 변동되었으며, 그 분포가 어떠했나를 정리해 보기로 한다.

1) 직원 현황 및 동태의 분석

① 경성의학전문학교의 직원 현황 및 이동 상황(1926~1940)

경의전의 각 연도별 직원 현황과 이동 상황을 살펴보면 다음과 같다.

◉ 1926년(大正 15)[69]

학교장은 의원장 겸임으로 志賀潔시가기요시, 전임 직원 10명, 겸임 38명, 촉탁 강사 2명으로 직원은 모두 50명이었다. 겸임 38명은 대부분이 총독부의원 겸임이다.

이 중에서 교수는 33명이고, 조교수는 12명, 서기 3명, 강사 촉탁이 2명이다. 여기서 한국인은 朴昌薰, 任明宰, 兪日濬 3명이었다.

원래 직원 정원은 교수 8명, 조교수 3명, 서기 2명으로 모두 13명이다. 당시 이 중에서 松井權平마츠이곤페이는 재외 연구 중에 있었다.

본적으로 해결할 수 없다고 생각한다. 즉, 조선 문제는 내지인 교육에 기대하는 것이 多大하다고 확신한다. 在鮮 內地人의 교육은 內地에 있어서 내지인을 교육하는 것 이상으로 다양하고, 곤란한 사정이 있음과 동시에 또 흥미가 많은 사업이라고 말하지 않을 수 없다.

69) 『朝鮮總督府職員錄』, 大正15, 115~116쪽.

◉ 1927년(소화 2)[70]

해임된 자는 醫院 醫員 겸임인 조교수 武田三郎^{다케다사브로}, 촉탁 강사 兪日濬과 片淵秀雄^{가다부치}이다.

교수에 임용된 자는 촉탁 강사였던 兪日濬(한국인 최초의 교수), 조교수였던 日南田義治^{히나다요시하루}(의원 약제수 겸임), 大塚九二生^{오츠카구니오}이고, 醫院醫員 겸임으로 吉村藏^{요시무라}, 吳元錫이 조교수로 임용되었다.

재외 연구 중에 있는 자로서 교수는 廣田康^{히로다야스시}, 小林靜雄^{고바야시시즈오}, 平岡辰一^{히라오카다츠지} 3명이었다.

◉ 1928년(소화 3)[71]

의원장 겸 학교장인 志賀潔^{시가기요시}가 학교장에서 해임되고, 경성제국대학교 교수 겸임인 佐藤剛藏^{사토고오죠}가 학교장 전임으로 바뀌었다.

해임된 교수는 의원 의관 겸임이었던 岩井誠四郎^{이와이세이지로}, 의원 기사 겸임인 小林靜雄^{고바야시시즈오}, 의원 의관 겸임인 松井權平^{마츠이곤페이}, 柳樂達見, 小川藩^{오가와시게루}, 의원 약제관 安木義久^{야스기요시히사}, 의원 의관 橫山茂樹^{요코야마시게키}, 中村兩造^{나카무라}, 전임인 水島治夫^{미즈시마하루오}, 加來天民^{가구덴민} 의원 의원 겸임인 鈴木元晴^{스즈키모토하루}, 藤本順^{후지모토} 이다.

해임 조교수로는 경성제국대학교 예과 조교수 겸임인 時任丈夫^{도키토우다케오}, 의원 의원 겸임인 朴昌薰, 전임인 廣川幸三郎^{히로가와고자브로}, 경성제국대학교 조교수 겸임인 川田信平^{가와다신페이}였다.

신임 교수로는 柴田至^{시바다이타루}, 의원 의관 겸임인 鄭民澤, 久保喜代二^{구보키요지}, 上田隼人^{우에다하야토}, 成田不二生^{나리다후지오}, 교원 촉탁 신임은 濱田邦雄^{하마다구니오}가 새로 부임하였다. 그리고 의원 의관 겸직이었던 成田不二生

---

70) 위의 책, 昭和2, 121~122쪽.
71) 위의 책, 昭和3, 121~122쪽.

^{나리다후지오}는 경성제국대학교 조교수 겸직으로 옮겼다.

재외 연구 중에 있는 자는 의원 의관 高楠榮^{다카쿠스사카에}, 佐竹秀一^{사다케쥬이치}, 伊藤正義^{이토마사요시}, 전임인 飯島滋次郎^{이이지마시게지로} 4명이었다.

1928년 5월 말 『조선요람』에 보면, 경의전 직원 수는 조선인 5명 일본인 48명으로 계 53명이라는 통계가 나와 있다.[72] 이 통계와 『조선총독부 직원록』에는 한국인 4명, 일본인 37명 계 41명으로 되어 있는데, 이는 상당한 차가 있다.[73] 어느 통계가 정확한지 확인할 수가 없었다.

● 1929년(소화4)[74]

학교장이 바뀐 1년 후 인사이동이 대폭 이루어진 것을 알 수 있다.

해임된 교수는 의원 의관 겸임인 早野龍三^{하야노류죠}, 高楠榮^{다카쿠스사카에}(재외 연구 후), 土橋光太郎^{도바시고타로}, 廣田康^{히로다야스시}, 경성고등상업학교[75] 교수 겸임인 橫山富吉^{요코야마도미기치}, 경성여자고등보통학교 教諭 겸임인 大內猪三介^{오우지이사스케}, 의원 의관 겸임인 伊藤正義^{이토마사요시}(재외 연구 후), 小林靜雄^{고바야시시즈오}, 久保喜代二^{구보키요지}, 鄭民澤(전년도 신임자)이다.

해임 조교수로는 醫院 醫員인 生田信保^{이쿠다노부야스}, 原振緒^{하라다츠오}, 上田隼人^{우에다하야토}(전년도 신규), 武田正房^{다케다마사오}, 吉村藏^{요시무라구라}이었다.

이에 대한 신임 교수는 경성제국대학교 조교수 겸임인 橫山茂樹^{요코야마시게키}(전년도 해임된 자로 재기용), 경성제국대학교 교수 겸임인 中村兩造(전년도 해임된 자로 재기용), 경성제국대학조교수 겸임인 鈴木元晴^{스즈키모토하루}(1926, 27년까지 의원 의원으로 겸임되었다가 1928년 해임 후 재기

---

72) 조선총독부편, 『조선요람』 昭和4年, 105쪽.

73) 조선총독부편, 『조선총독부 직원록』 昭和 3년, 121~122쪽.

74) 『朝鮮總督府職員錄』 昭和4, 126~127쪽.

75) 植民地朝鮮教育政策史料集成 35권, 京畿道 教育 및 宗教一般 ①, 大正 10년, 9쪽. 私立京城高等商業學校의 소재지는 경성부 崇二洞에 있는 일본인 유일의 사립 고등교육 기관이었다. 이 학교 교장은 鈴木孫彦이었다.

용), 전임 白麟濟, 경성제국대학교 조교수 겸임인 生田信保^{이쿠다노부야스}이고, 신임 조교수로는 전임 堀川澄和^{호리가와수미가르}, 강사 촉탁은 楢崎五郎^{나라사키고로}, 七島赤道, 渡部治憲^{와타나베하루노리}, 尹致魯, 德永勳, 申龍均, 서기 촉탁에는 角樋榮造, 作井純明^{사쿠이수미아키}였다.

겸임에서 전임으로 된 자는 경성제국대학교 조교수인 成田不二生^{나리다후지오}, 의원 의관인 佐竹秀一^{사다케쥬이치}(재외 연구 후), 平岡辰二^{히라오카 다츠지}, 須古秀雄^{수코히데오}, 弘中進^{히로나가스스무}, 片岡八束^{가타오카하치사토}, 의원 약제수인 日南田義治^{히나다요시하루}가 전임으로 되었다. 또 조교수 겸임이었던 平野勝次는 서기 전임으로 되었다.

서기 3명에서 전임 2명으로 바뀌었다. 해임된 자는 의원 서기 겸임인 中西右一이고, 이에 대신하여 서기 촉탁으로 신임 2명이 기용되었던 것이다.

재외 연구 중인 자는 신임 교수 橫山茂樹^{요코야마시게키}, 中村兩造^{나카무라료죠}, 전임 교수 須古秀雄^{수코히데오}, 弘中進^{히로나가스스무}, 飯島滋次郎^{이이지마시게지로}, 片岡八束^{가타오카하치사토} 6명이었다.

● 1930년(소화 5)[76]

해임 및 신임 교수나 조교수는 1명도 없었다. 단지 須古秀雄^{수코히데오}가 재외 연구 후 생도감이 되어, 생도감은 1명에서 2명으로 증원되었다.

교원 촉탁 중에서 해임된 자는 楢崎五郎^{나라사키고로}, 尹致魯이고, 신임 강사에는 野澤鈞^{노자와히토시}, 申聖雨, 柏葉繁太郎이고, 서기 촉탁 해임자는 角樋榮造, 신임자는 濱田耕太郎^{하마다고타로}이다.

전임으로 된 자는 경성제국대학교 조교수인 橫山茂樹^{요코야마시게키}가 재외 연구 후 전임으로 되었다.

재외 연구 중인 교수는 경성제국대학교 교수 겸임인 中村兩造^{나가무라료죠},

---

76) 朝鮮總督府職員錄, 昭和 5년, 130쪽.

弘中進^{히로나가스스무}(2년 계속), 경성제국대학교 조교수 겸임인 鈴木元晴^{스즈키모토하루} 3명이었다.

● 1931년(소화 6)[77]

해임 교수는 전임인 稻本龜五郎^{이나모토가메고로}, 경성고등상업학교 교수 겸임인 橫山富吉^{요코야마도미기치}, 경성제국대학교 교수 겸임인 中村兩造^{나가무라료죠}(재외 연구 후), 경성제국대학교 조교수 겸임인 生田信保^{이쿠다노부야스}이다.

해임된 조교수는 武藤忠次^{무토쥬지}, 堀川澄和^{호리가와수미가즈}, 해임 강사는 吳元錫, 申聖雨이다.

신임 교수는 조교수에서 승진한 武藤忠次^{무토쥬지} 1명뿐이다. 조교수는 灰田茂生^{하이다시게오} 강사에서 해임되고, 申聖雨는 조교수로 승진하였다. 전임 교수 자리는 조교수에서, 교수는 강사에서 각각 1명씩 승진시켰고, 겸임인 교수 4명이 승진되고, 전임 교수는 1명이 증원된 결과이다. 그리고 강사 2명을 해임하여 감원된 셈이 된다. 弘中進^{히로나가스스무}는 2년간의 재외 연구에서 돌아왔고, 鈴木元晴^{스즈키모토하루}는 1년간 재외 연구 후 귀국하였다. 이로써 해외 연구 중에 있는 자는 1명도 없었다.

● 1932년(소화7)[78]

해임된 교수는 경성상업고등학교 조교수 겸임인 山本正誠^{야마모토쇼세이마코토}와 전임인 日南田義治^{히나다요시하루}, 조교수에는 任明宰와 전년도에 승진한 申聖雨, 서기에는 平野勝次^{히라노가츠지}, 촉탁 作井純明이다. 이에 대해 보임된 자는 강사에서 승진한 申龍均과 신임인 於保源作, 강사로는 吉村藏,

---

77) 위의 책, 昭和 6, 136쪽.
78) 위의 책, 昭和 7, 130~131쪽.

板谷黃平, 高橋弘, 竹村榮, 劉相奎가 신규로 보임 되었다. 그리고 해임된 교수는 日南田義治^{하나다요시하루}는 無給 강사로 봉사하게 되었다.

촉탁에서 해임된 作井純明은 서기에 보임 되었다. 재외 연구 중에 있는 전임 교수와 감원된 전임 교수 및 전년도 감원된 강사 자리에 5명이나 되는 강사가 대폭 증원되었다.

재외 연구 중에 있는 교수는 전임인 寺坂源雄^{데라사카모토오} 1명이었다.

초창기에는 대부분이 겸임이었던 교수진이 山本正誠 경성제국대학교 조교수가 해임됨으로 겸임은 경성제국대학교 조교수 鈴木元晴^{스즈키모토하루} 1명만이 남게 되었다. 이로써 이때부터 직원 조직 체계가 갖추어진 시기로 볼 수 있다.

● 1933년(소화 8)[79]

해임된 교수는 전임인 橫山茂樹^{요코야마시게키}, 兪日濬(사망)으로 2명이고, 해임된 강사는 七島赤道^{나시마세키도}, 渡部治憲, 전년도 강사로 초빙된 吉村藏, 高橋弘^{다카하시히로시} 4명이다. 1년간 무급 강사로 봉사한 日南田義治^{하나다요시하루} 교수도 해임되었다.

2명의 해임된 교수 자리는 新谷二郎^{신다니쥬로} 1명으로 보임 했고, 4명이 해임된 강사 자리는 7명을 초빙해서 보충하였다.

여기서 특이한 것은 전년도 조교수에서 해임된 申聖雨 등을 비롯 3명의 한국인이 강사로 초빙되었는데, 이는 전임 교수인 兪日濬의 자리를 3명의 한국인 강사로 대치한 것이다.

전년도에 재외 연구를 위해 나가서 돌아오지 않고 있는 전임 교수는 寺坂源雄 1명뿐이었다.

---

79) 위의 책, 昭和 8, 144~145쪽.

● 1934년(소화9)[80]

해임된 자는 강사 伊東祐清^{이토스게기요}, 坂谷黃平^{사가야고오헤이} 2명이고, 촉탁 濱田耕太郎^{하마다고타로} 1명뿐이었다.

이에 대한 결원은 1명의 신임 교수 小橋茂穗^{고하시시게오}가 보임 되었고, 또 寺坂源雄^{데라사카모토오} 교수가 2년 동안 재외 연구 후 귀국하므로 재외 연구 중에 있는 교수는 1명도 없었다. 또 신임 강사로 한국인 金哲洙를 초빙하였다.

● 1935년(소화10)[81]

전년도 2년간 재외 연구 후 귀국한 전임 교수 寺坂源雄^{데라사카모토오}와 전년도 새로 부임한 小橋茂穗와 강사로는 德永勳, 矢島好定^{야지마요시사다}, 金哲洙 3명이 각각 해임되었다. 그리고 신임 교수로 挾間文一^{하지마후미가즈}, 西岡辰藏^{니시오카다츠죠} 2명과 한국인 강사 李在馥이 보임되었다. 재외 연구 중에 있는 교수는 없었다.

1916년에서 1935년 이전까지의 경의전 교수로 재직했던 자들의 명단을 정리하면 아래와 같다.

教授: 46명

室谷修太郎, 田中丸治平, 富永忠智, 金杉榮藏, 有馬英二, 莊鳳四郎,
藤井虎彦, 河野 衛, 久保 武, 富士貞吉, 久慈直太郎, 中井哲太郎,
千葉叔則, 植村俊二, 渡邊 晋, 水津信治, 坂井 淸, 稻田 進,
桐原眞一, 中西政周, 上田常吉, 大澤 勝, 德光美福, 椎葉芳彌,
津崎孝造, 綿引朝光, 廣田 康, 小川 蕃, 水島治夫, 伊藤正義,
久保喜代二, 高楠 榮, 土橋光太郎, 橫山茂樹, 小林靜雄, 朴昌薰,

---

80) 위의 책, 昭和 9, 163~164쪽.
81) 위의 책, 昭和 10, 179~180쪽.

早野龍三, 鄭民澤, 岩井誠四郎, 松井權平, 生田信保, 中村兩造, 稻本龜五郎, 兪日濬, 小林茂穗, 寺坂源雄.

助教授: 6명
沈浩燮, 金達煥, 吳元錫, 堀川澄和, 任明宰, 申聖雨, 申龍均

講師: 35명
菊地二郎, 松井敏行, 佐藤恒丸, 森安連吉, 加藤元一, 市川鴻一, 杉原德行, 今村 豊, 小杉虎一, 尹治衡, 大塚藤吉, 衛藤忠雄, 中島 塹, 井上 繁, 鈴木 淸, 北原靜雄, 田邊 操, 片淵秀雄, 楢崎五郎, 原弘 毅, 荒瀨 進, 三浦良雄, 小濱基次, 吉村 藏, 大澤 勝, 周防正季, 光信 幸, 李在馥, 德永勳, 劉相奎, 尹致魯, 姜日永, 金星煥, 金哲洙, 公炳禹[82]

위에서 보듯이 당시의 교수진은 거의가 일본인들이었다. 그러다가 경의전 중반기에 접어들면서 한국인 교수가 몇몇 취임하였다. 한국인 교수로 유일준, 정민택, 박창훈, 조교수 심호섭, 김달환, 오원석, 임명재, 신성우, 신용균, 강사 윤치형, 공병우, 이재복, 유상규, 윤치로, 강일영, 김성환, 김철수 등이 재직하였다.

1935년 7월 1일 현재의 경의전에 재직하고 있는 과목별 교수진은 〈표 24〉와 같다.

---

82) 『서울대학교 의과대학사』, 53쪽.

〈표 24〉 경의전 부속의원 담당 교과 교수명(임상 교과)[83]

담당과목	교수명	담당과목	교수명
학교장	佐藤剛藏	해부학	교수 柴田 至, 西岡辰藏
			조교수 植平正男
생리학	교수 大塚九二生		강사 入柳利三
미생물학·	강사 橫山俊久, 長花 操	의화학	교수 廣川幸三郎
위생학	挾間文一		조교수 成田不二生(농학사)
약리학	교수 成田夬介, 平岡辰二	병리학·	교수 武藤忠次
내과학	조교수 申龍均	법의학	조교수 於保源作
	강사 竹村 榮, 飯田康夫		강사 內田銓藏
소아과	교수 弘中 進	조제학	강사 榎田貞義
耳鼻科	교수 須古秀雄	외과학	교수 白麟濟, 鈴木元晴
	강사 姜日永		조교수 灰田茂生
産婦科	교수 新谷二郎		강사 劉相奎
	강사 中川幸三	피부과	교수 片岡八束
정신과	강사 久保喜代二		강사 金星煥
치과	강사 野澤 鈞	안과학	교수 佐竹秀一
			강사 申聖雨

● 1936년(소화 11)[84]

해임된 교수는 眞能義彦^{신노요시히코}, 강사는 竹村榮^{다케무라사카에}이었다. 신임으로 보임된 교수는 松岡憲固^{마츠오카갠고}와 강사 大久保實義^{오쿠보모토요시}, 阿南光義^{아나미미츠요시}로, 강사 1명이 증원된 셈이다. 이는 전임인 大塚九二生^{오츠카구니오}교수가 재외 연구 중에 있는 것에 대한 결원을 강사 1명으로 증원하여 대치한 것으로 보인다. 이 시기에 생도감은 생도주사로 그 명칭이 변경되었다.

---

83) 위의 책, 54쪽.
84) 『조선총독부직원록』 昭和 11, 206~207쪽.

● 1937년(소화 12)[85]

해임된 교수는 平岡辰二^{히라오카다츠지} 1명과 강사는 野澤鈞^{노자와히토시}, 榎田貞義^{소노키다사다요시}, 劉相奎, 姜日永 5명이고, 서기로는 北村忠次^{기타무라다다즈구}, 作井純明^{사쿠이수미아키} 2명이 모두 해임되어 교체되었다. 신임 서기는 佐々木鄕見, 佐藤岩作 2명이었다. 교수 1명의 결원은 보충하지 않았고, 해임된 강사 5명에 대해서는 廣瀨淸^{히로나기요시}, 志熊孝雄^{시쿠마카오} 2명과 신임 小保角治^{고마다가쿠치}와 해임 강사인 榎田貞義^{에노키다사다요시} 2명을 촉탁으로 대치하였다.

● 1938년(소화 13)[86]

해임 교수는 없고, 신임 교수로는 風呂中不二夫^{후리나가후지오}, 강사에서 조교수로 승진된 廣瀨淸^{히로나기요시}로 각각 1명씩 증원되었다. 이로써 교수는 겸임 1명, 전임 16명이고, 조교수 6명으로 되었다. 서기는 佐藤谷作^{사토아사구}이 해임되고, 신임 名越九郎^{나고시구로}으로 교체되었다. 강사 阿南光義^{아나미미츠요시}와 조교수로 승진된 廣瀨淸^{히로나기요시} 2명이 해임되고, 그 대신 北村勝巳^{기타무라가츠시}, 張起呂 2명으로 교체되었다.

● 1939년(소화 14)[87]

교수는 변동이 없고, 조교수 於保源作^{오보겐사쿠}이 해임되고, 佐伯穆이 조교수로 신임되었다. 강사 岡田正彦^{오카다마사히코}이 보충되고, 촉탁 2명에서 笠井周一郎^{가사이슈이지로}, 房在燘 2명이 증원되어 4명이 되었다.

---

85) 위의 책, 昭和 12, 207~208쪽.
86) 위의 책, 昭和 13, 188쪽.
87) 위의 책, 昭和 14, 203~204쪽.

● 1940년(소화 15)[88]

교수 佐竹秀一^{사다케쥬이치}는 勅任 대우로 승격되고, 교수 飯島滋次郎^{이지마} ^{시게지로}와 新谷二郎^{신다니쥬로} 2명이 맡은 생도주사의 보직은 없어졌다.

경성제국대학교 조교수 겸임인 鈴木元晴^{스즈키모토하루}는 가장 오랫동안 겸임으로 있다가 해임되고, 灰田茂生^{하이다시게오}가 조교수로 승진, 보임 되었다. 10명의 강사 중에서 조교수로 中川幸三^{나카가와코죠}가 발탁되었다. 이로써 겸임은 없어지고, 모두 전임으로 교수 17명, 조교수 6명, 서기 3명의 직원으로 총 26명이 되었다.

나머지 강사(10명)와 촉탁(4명)은 모두 해임되고 교수, 조교수, 서기의 전임 직원만으로 정리되어 조선총독부 경의전 직원 정원표에 맞는 체계를 갖추게 되었다.

이상의 내용에서 가장 특이한 사실은 1926년에서 1940년까지 15년간 근속자가 교수 17명 중 7명으로, 상당수가 장기간 근속하고 있었다. 이 사실은 한국에서의 근무 조건이 좋았다는 이유가 그 첫째 이유이고, 한 가지 일에 충실하고자 하는 일본인들의 직업관이 그 둘째 이유로 들 수 있겠다. 어쨌든 당시 한국에 근무한 일본인들은 좋은 조건과 대우를 받고, 한국 식민 통치에 자신을 바치고자 했던 사명감을 말해 주는 것이다.

이상을 통해서 알 수 있는 사실은 ① 전임 교수 1명이 결원 시에는 3명의 강사로 충당하기도 했고, ② 재외 연구 중에 있을 시에는 강사를 썼으며, ③ 재외 연구 1년 후에는 겸임에서 전임으로 승진되는 경우가 많았고, 2년간 연구하고 돌아온 교수들은 거의 없지만, 해외 연구 후 대부분이 다른 곳(경성제국대학교)으로 옮겨간 현상을 찾아 볼 수 있으며, ④ 1928년 부터는 총독부의원장을 겸임하던 경의전 학교장이 전임으로 완전히 분리된 후, 의원의 직원들이 교수 겸임으로 강의하던 형태에서 전임교수로 차

---

88) 위의 책, 昭和 15, 166쪽.

츰 바뀌어 가게 되었다는 점이다.

15년간 한국인 교수는 2명으로, 兪日濬은 1926년에 강사 촉탁에서 1927년 교수가 되어 1932년 사망으로 해임되었고, 白麟濟는 1929년에 임명되어 근속하였다. 조교수는 4명으로 朴昌薰이 1926년에서 1927년까지 2년간, 任明宰는 1927년에서 1931년까지 5년간, 吳元錫은 1927년에서 1930년까지 4년간, 申聖雨는 1931년에만, 申龍均은 1932년부터 계속 근무하였다. 강사로 근무한 사람은 兪日濬(1926), 교원 촉탁 尹致魯(1929), 申龍均(1929~31, 조교수), 申聖雨는 (1930년에 강사, 1931년에 조교수, 1933년부터 1939년까지 강사), 劉相奎(1932~36), 姜日永(1933~36), 金星煥(1933~39), 金哲洙(1934), 李在馥(1935~39), 張起呂(1938~39), 촉탁 房在嬚(1939)이 근무하였다.

이들에 대한 구체적인 내용은 〈표25〉와 같다.

종합적으로 보면 서기에 한국인은 한 명도 없었고, 15년간 우리 한국인은 교수 2명과 조교수 6명, 강사 12명이 근무하였다(중임자도 포함). 이는 거의 한국인을 교수에 채용하지 않은 것을 알 수 있다. 이 기간 일제의 식민지 교육 정책에서 보편적으로 적용되고 있는 것은 한국인 교원은 가급적 채용하지 않는 것이었다. 이것은 식민지 고등교육의 기본 방침이었다.

〈표 25〉 경의전 한국인 교수진의 변동 상황

관급	학위	과목	성명	발령일	퇴임일
교 수		병리학	김현주	1919.4.1	1924.1.29
	의학박사	외과학	박창훈	1923.11.15	1928.3.31
	의학사	내과학	정민택	1927.6.6	1928.5.30
	의학박사	미생물	유일준	1925.10.1	1932.8.12
	의학박사	외과학	백인제	1928.6.1	1941.12.
조교수		정신과	심호섭	1916.4.1	1917.10.30
		부인과	김달환	1925.4.1	1925.7.20
		피부과	오원석	1926.11.30	1928.5.31
		내과학	임명재	1925.4.1	1931.8.31
		병리학	신성우	1928.4.23	1931.12.31
		내과학	신용균	1931.	1939.
배속장교	陸軍中佐	교련	이응준	1936.8	1937.12
강 사	의학박사	의화학	윤치형	1924.6.11	1927.12.27
		안과학	윤치로	1928.10.4	1929.12.1
		피부과	홍진구	1929.3.31	1930.4.1
		외과학	이병훈	1929.	1930.
	의사학	내과학	정민택	1929.4.16	1930.12.22
		약리학	박희준	1930.5.1	1930.12.22.
	의학박사	비뇨과	오원석	1928.5.31	1932.3.25
		피부과	김성환	1933.	
	의학박사	이비과	강일영	1932.	1936
		내과학	김철수	1934.4.24	1935.1.31
		소아과	김광현	1935.3.31	1935.3.31
		안과학	공병우	1935.4.5	1935.4.18
		생리학	이종윤	1936.	1937.
		외과학	유상규	1929.9.28	1936.7.18
		외과학	장기여	1937.4.30	1939.12.31
	의학박사	안과학	신성우	1933.12.31	1940.7.20
	의학박사	외과학	이재복	1937.	
		안과학	김희준	1940.	

* 중복된 자가 약간 있는데, 이는 전공과목이 변동된 경우임.

경성의학전문학교는 교수에서 조교수, 강사, 서기에 이르기까지 모두 포함하여 592명(15년간의 매년 직원 수 총계)이 근무하였다. 이에 비해 한 국인은 겨우 20명이었다. 이는 0.34%에 해당하는 숫자이다. 물론 일본인 들은 장기 근속자 교수 7명을 제외하고는 본국, 또는 경성제국대학교 의 학부 등으로 이동이 많았기 때문에 상대적으로 한국인의 비율이 적었다 고는 할 수 있겠으나, 매년 통계를 보아도 한국인 수는 실제로도 극히 적 었다. 이에 대한 내용은 아래 〈표 26〉에서 자세히 파악할 수 있다.

〈표 26〉 경의전의 일본인에 대한 한국인의 직원 비율[89]

연도	1926	1927	1928	1929	1930	1931	1932	1933	1934	1935	1936	1937	1938	1939	1940	계
한국인	3	4	4	7	6	5	4	6	8	6	8	6	7	8	4	86
일본인	48	48	37	38	41	31	34	33	30	30	30	30	31	33	23	517
부속 의원				4	4	4	5	5	6	7	8	9	9	8	7	76
계	51	52	41	49	51	40	43	44	44	43	46	45	47	49	34	679
백분율	5.8	7.7	9.8	14.3	8.5	15	9.3	13.6	18.2	7.2	17.4	13.3	6.7	16.3	8.5	16.6

즉 1940년 급격한 직원 수의 감소는 겸직자를 완전히 정리했기 때문이 었다. 겸직자들을 정리한 후 채용된 한국인은 일본인에 대해서 겨우 8.5% 로, 전년도에 비해 반으로 줄어들었다. 한국인에 대한 차별 대우가 얼마나 심했는가 알 수 있다. 원래 경의전의 법정 정원은 다음과 같다.

---

89) 매년 京醫專의 일본인에 대한 한국인 직원 비율에 대한 표는 『조선총독부직원록』 大正 15년에서 昭和 15년까지의 내용에서 정리하여 작성했음.

<표 27> 경의전의 직원 정원[90]

연도	1926	1927	1928	1929	1930	1931	1932	1933	1934	1935	1936	1937	1938	1939
교장	-	-	1	1	1	1	1	1	1	1	1	1	1	1
교수	8	8	8	17	17	17	17	16	16	16	16	17	17	17
조교수	3	3	3	5	5	5	5	5	5	5	5	6	6	6
서기	2	2	2	4	4	4	4	4	4	4	5	5	5	5
약제수										1	2	2	1	2
간호장										1	1	1	1	1
계	13	13	14	27	27	27	27	26	26	28	30	32	31	32

<표 27>에서 볼 때 겸임자를 정리한 후인 1940년에는 법정 정원대로 맞추어졌다. 위의 법정 정원과 실제로 임용되었던 경의전의 직원 수는 많은 차이를 보이고 있었다. 즉 실제로 임용된 직원의 수가 법정 정원 보다 훨씬 많이 임용되었던 사실을 찾아 볼 수가 있다. 이는 아마 일본의 한국에 대한 식민 통치의 정책적인 내용이 반영된 것으로 짐작 할 수 있다. 일제의 식민지 정책의 내용은 가능한 한 많은 수의 본국인을 한국에 이주시켜 한국인들을 지배 및 同化하고자 하는 그들의 식민지 통치 방침[91]을 실현시키기 위한 좋은 예가 아닌가 생각된다.

아래의 <표 28>에서 보듯이 1928년까지는 겸임 교수가 많았다. 조선총독부의원이 분리되지 않은 상태에 있었기 때문이었다. 1928년 이후 경의전 부설의원이 설치되고부터는 겸임 교수는 대폭 줄어들었다.

---

90) 『조선총독부직원록』, 「朝鮮總督府諸學校職員表」에서 각 연대별로 뽑아서 정리함.
91) 山辺健太郎 著, 安炳武 譯, 『한일 합병사』, 汎友社, 1982, 267~268쪽.
　　대한 시설 대강 「넷째, 될수록 많은 수의 본국인을 조선 내에 이주시켜 우리의 실력의 뿌리를 깊이함과 동시에 한일간의 경제 관계를 밀접하게 할 것.」

〈표 28〉 각 연도별 경의전의 직원 현황(후기, 1926~1940)[92]

연도	1926	1927	1928	1929	1930	1931	1932	1933	1934	1935	1936	1937	1938	1939	1940
교장	1	1	1	1	1	1	1	1	1	1	1	1	1	1	1
교수	33(27)	36(28)	26(18)	22(6)	22(6)	19(2)	17(1)	16(1)	17(1)	17(1)	17(1)	16(1)	17(1)	17(1)	17
조교수	12(9)	12(9)	10(7)	5	5	5	5	5	5	5	5	5	6	6	6
강사	.	.	.	9	9	7	12	14	13	11	12	9	9	10	.
촉탁	2	.	1	2	2	1	1	.	.	.	2	2	.	.	.
서기	3(1)	3(1)	3(1)	2	2	2	2	2	2	2	2	2	2	2	3
부속의원															
원장				1	1	1	1	1	1	1	1	1	1	1	1
약국장				1	1	1	1	1	1	1	1	1	1	1	.
서기				2	2	2	2	2	2	2	2	3(1)	3(1)	2	3
약제수									1	1	2	2	2	2	2
간호장											1	1	1	1	1
촉탁						1	1	1	1	1	1	1	1	1	
합계	51	52	41	45	45	40	43	43	44	43	47	44	44	44	34
재외연구중	1	2	4	6	3	.	1	1	.	.	1	.			

주: ( )는 겸임자, 겸임자는 합계에 포함하지 않았음.

〈표 26〉에 나타난 1929년(49), 1930년(51), 1933년(44), 1936(46), 1937년(45), 1939년(49)의 통계와 실제로 근무한 직원의 수는 약간 차이가 있다.

1928년부터 1930년까지 많은 교수들이 재외 연구로 해외로 나갔다. 이는 재외 연구원 시행 세칙에 따른 것이었다.[93] 대체로 고참 순서로 나간 듯하다(의관급 부터). 최초로 구미 각국으로 해외 출장 명령을 받은 자는 室谷收太郎무로야유타로였다.

---

92)『조선총독부직원록』(大正 15~昭和 15년)에서 뽑아서 정리했음.
　　大正 15년, 115~6쪽. 昭和 2년, 121~2쪽. 3년, 121~2쪽. 4년, 16~7쪽. 5년, 130
　　쪽. 6년, 136쪽. 7년, 130~1쪽. 8년, 144~5쪽. 9년, 163~4쪽. 10년, 179~180쪽.
　　11년, 185쪽. 12년, 206~7쪽. 13년, 188쪽. 14년, 203~4쪽. 15년, 166쪽.
93)『조선총독부직원록』, 昭和 7년, 27쪽.
　　在外 研究員 規程 細則, 大正 11年 9月, 府令 제130호(抄)
　　「一. 조선총독부 在外 研究員을 命받은 官吏는 任地 출발부터 歸任의 날까지를 定
　　員外로 함(제11조).」

志賀^{시가}원장 때 대학 개설이 분명했기 때문에 재외 연구원 제도에 따라 계속해서 대학교수 후보자나, 경의전 교수도 해외로 파견되었다.[94] 재외 연구 지역은 주로 독일이었다.

> 당시 일본 엥이 독일에서 비쌌기 때문에 충분히 여행도 즐겁게 할 수 있었고, 필요한 獨逸醫書도 마음대로 구입할 수 있었다.[95]

고 하였다.

재외 연구로 해외에 나간 기간은 대개 1년간이었는데, 필요에 따라 2년간 있었던 자도 간혹 있었다. 만주사변이 일어나던 1931년 이후는 재외 연구를 위해 해외로 나간 자는 거의 없었다.

2) 부속의원의 설립

경의전에 부속의원이 설치된 것은 1928년 11월 29일이었다. 昭格洞의 2층 병원 건물 신축 개원이 시작 된다. 이보다 1년 앞선 1927년 6월 27일, 일본 칙령 제197호로서 조선총독부의 모든 학교 관제가 개정되어, 경의전과 총독부의원의 관계가 완전히 분리 독립되었고, 그 이듬해인 1928년 5월 28일에는 일본 칙령 제97호로서 학교 관제 일부가 재개정되어 부속의원 설치가 결정되었다.[96]

직원으로는 초대 원장[97] 成田不二生^{나리다가이스게}를 비롯해서 4명이었다. 그 후 원장과 직원이 교체되었는데, 1933년에 경의전 교수 겸직으로 제2대 원장 弘中進^{히로나가스스무}, 1937년에는 제3대 원장 片岡八束^{가타오카하치사토},

---

94) 佐藤剛藏 著, 李忠浩 譯, 앞의 책, 「研學을 위한 해외 파견」, 97~8쪽.
95) 1920년대 1파운드에 6,7엥이었고, 1마르크는 3錢 정도였다.
96) 『서울대학교 의과대학사』, 53쪽.
97) 조선의육사 162쪽에서는 사토고오죠선생이 초대 원장으로 기록되어 있음. 이는 당시 교장이 원장 직무 대리였음.

1939년에는 제4대 원장 佐竹秀一^{사다케쥬이치}가 각각 교체되어 이를 맡아서 운영하였다.98)

① 조선총독부의원을 경성제국대학 의학부 부속의원으로 이관

한국의 유일한 국가 의료 기관으로 활동했던 총독부의원은 이제 경성제국대학의 의학부속의원으로 이관되었다. 이 모든 이관 사업이 1928년 3월말로 끝나게 되었다.

경의전의 의학전문학교로서의 기능을 수행하는데 부속병원이 없어서 이에 대한 대책이 시급했던 것이다.

이에 대한 자세한 내용은 경성제국대학교 의학부에서 자세히 언급하기로 한다(Ⅵ-1-4).

② 경의전 부속의원의 설치 경위

당시 경의전 부속의원의 설치 경위는 志賀^{시가}학교장의 뒤를 이었던 佐藤剛藏^{사토고오죠}교장을 통해서 소상히 알 수 있다.99)

志賀^{시가}원장의 경성의전 부속병원의 구상에 대한 안은 적십자병원을 이용하려는 것이었다. 이를 위해 학용환자비(學用患者費)를 적십자병원장100)에게 주고 의전의 임상 교육은 적십자병원을 적당히 유용하도록 한다는 내용이었다. 그러나 의전 전속의 임상 교수는 예산을 새로 요구하여 통과시킨 다음, 이것을 적십자병원의 각 전문 분과에 배치한다고 하는 것은 지장이 없다고 말했을 듯하다.

즉 적십자병원을 경의전 부속병원 겸용으로 사용하고자 하는 안이었다. 이에 대한 구체적인 내용은 다음과 같았다.

---

98) 『조선총독부직원록』昭和4年(127쪽), 同 8年(145쪽), 同 12年(207쪽), 同 14年 (204쪽).
99) 佐藤剛藏 著, 李忠浩 譯, 앞의 책, 132~8쪽.
100) 당시의 적십자병원장은 丸山^{마루야마}경무국장에 의해 초대 원장으로 岩淵友次^{이와부치도모지}의학박사가 취임했다.

적십자병원 근처에 고양 군청이 있었는데, 이것은 다른 곳으로 이전시키고 그 건물 및 부지를 이용하여 소규모의 醫專병원, 연구실, 강의실을 건조하여 의전의 임상 교수는 학용 환자를 진찰하고, 이는 일체 무료이며, 수입은 계산하지 않고 입원을 요하는 환자는 적십자병원으로 보낸다는 안이었다.

이와 같이 확실하지 않은 내용을 志賀^{시가} 전 교장에게 佐藤剛藏^{사토고오죠} 신임 교장이 인계 받았다고 하였다.

그러다가 조선총독부의원이 다음해 1928년 봄 경성제국대학교 의학부 부속의원으로 바뀌었기 때문에 경의전 부속의원의 설치는 바로 해결하지 않으면 안 될 운명에 놓이게 되었다. 그래서 사토고오죠 경의전 교장은 경의전 부속의원의 일로 그의 전 생애를 통해 가장 골치를 앓았다고 이야기하고 있다.

고양 군청의 이전은 내무국에서도 전부터 희망하여 의전병원 설치의 이유로 이것을 분명히 넘겨주고 다른 곳으로 이전하도록 예산은 재무국에서 통과되었다. 그래서 1928년 고양 군청은 다른 곳으로 이사하였다.[101] 이후 군청의 건물과 부지는 의전병원 설치를 위해 적십자병원이 인수하였다.

1927년 8~9월에 걸쳐서 사토교오죠교장은 이와부치 적십자병원장과 교섭하여 서로가 별로 이의 없이 결정을 보게 되어 안심하였다. 의전병원 안은 전 志賀^{시가}교장의 안보다 더 많은 예산을 재무국장에게 올렸는데, 국장이 잘 이해해 주어 예산 조정이 쉽게 끝나게 되었다. 그런데 그 후 이와부치 원장은 사토고오죠교장이 제출한 의견을 병원의 간부급을 모집하여 상담했으나, 뜻밖에도 전원이 반대라는 의사 표시를 했기 때문에 이미 예산 조정도 끝난 상태이므로 매우 난감했다고 사토고오죠교장은 그 때의 상황을 말하고 있다. 결국 이후에 적십자병원의 간부급은 의전이 적십자병원을 겸하도록 하였다. 또한 의전 임상 교수로 내정된 자들 중에서도 적십자병원을 겸하는 것이 좋겠다는 자들도 있었다. 이러는 와중에 1927년말 사이토 총독이 사임하고, 山梨^{야마나시}총독과 池上^{이케가미}정무총감이 부임하였다. 이로 인해서 의전병원 부지 문제가 야마나시 총독의 단독적인 의사로 昭格町이라는 곳에 9,000평 중 1/3정도를 나누어 병원을 세우도록 平井^{히라이}학무국장에게 지시하였다.

경의전은 학무국 소속이므로 학무국 소관의 땅을 이용하도록 한 조치였

---

101) 고양 군청 자리에는 그후 경성제국대학 豫科 校舍의 일부가 들어섰다. 당시의 주소는 경기도 고양군 청량리 였다.

다. 이 일로 적십자병원장과 내무국장과 재무국장은 매우 난처하였다. 이것이 의전병원과 적십자병원과의 합동으로 추진하여 오쿠라성(大藏省)에까지 이야기 해 두었기 때문에 변경이 매우 곤란한 상황을, 총독이 일방적으로 결정하여 의전병원의 설립이 추진되었던 경위였다.

이와 같이 의전병원의 문제는 학무국, 내무국, 재무국, 경무국의 4국에 걸쳐서 상당한 분규가 있어 세상이 주시하는 표적이 되었다. 그러나 다행히 山梨^{야마나시}총독이 마음을 다해 해결한 것은 지금 생각해도 위험스런 중계 역할이었다.'고 해도 좋겠다.[102)

고 그 때의 상황을 佐藤剛藏^{사토고오쵸}는 말하고 있다. 이처럼 우여곡절 끝에 경의전 부속의원이 설립되었음을 알 수 있다.

③ 경의전 부설의원의 설립

조선총독부의원은 관립 의료 기관이었지만, 경의전의 부속의원은 그렇지 않았다. 그러나 초창기에 조선총독부의원은 한 울타리 안에 있었으므로 부속의원과 같은 역할을 하였다. 모든 임상 교육과 실습은 이곳에서 실시한 것이다. 물론 원장도 경의전 교장을 겸임하고 있었기 때문에 이것이 가능했고, 임상강의도 총독부의원 의사들이 겸직으로 맡아 주었다. 그러다가 1926년 경성제국대학교 의학부가 설치되고, 그 부속병원으로 되자 경의전은 부속병원이 필요했던 것이다. 물론 그때부터는 원장이 경의전 교장을 겸직하지도 않게 되었다. 그래서 경성제국대학교 의학부가 설치된 후인 1927년 6월 27일, 일본 칙령 제197호로서 조선총독부의 모든 학교 관제가 개정되어 경의전과 조선총독부의원과의 관계는 완전히 분리되었다. 그 후 1928년 5월 28일 일본 칙령 제97호로 학교 관제 일부가 재개정되어 부속의원이 설치되었다.[103)

---

102) 佐藤剛藏 著, 李忠浩 譯, 「경성의학전문학교 부속의원의 설치 · 적십자 병원의 일」, 앞의 책, 132~138쪽.

이렇게 하여 그해 11월 29일 드디어 昭格洞 165번지(전 수도육군병원 자리)에 2층의 경의전 부속의원의 건물이 신축 개원되기 시작하였다.

원래 宗親府의 터 일부에 세워진 이 경의전 부속의원은 당시 화폐로 10만원의 건축비와 10만원의 설비비를 들여 1928년 12월에 개원되었다.[104]

경의전 부속의원의 개원 당시의 상황을 동아일보 기사 내용을 통해서 살펴보면 아래와 같다.

> 관립 경성의학전문학교 부속의원인 총독부의원은 대학부속의원으로 되어 버리고, 의전 부속병원은 昭格洞 165번지 宗親府 터의 일부에 10만원의 건축비와 10만원의 설비비를 들여 우선 일반 치료에 응하도록 모든 준비를 하고, 의사들도 내과에 유명한 의학박사 成田不二生^{나리다후지오}원장을 비롯하여 任明宰·鄭民澤·平岡씨 등 유명한 의사가 있었으며, 外科에는 경험이 풍부한 白麟濟 박사·掘川 씨 등이 있으며, 피부과에는 吳元錫 씨 등 상당히 우수한 의사들이 치료를 하게 되었으며, 병실도 특등 이하 3등까지 완비되고, 요금은 대학병원의 2/3 밖에 되지 않고, 약값은 한 재에 15전밖에 받지 않는데, 모든 것이 영리를 도외시하고 환자 본위이므로 환자의 대우에 특별히 주의한다는데, 외과 수술실에 설비한 無影照明燈 같은 것은 전 세계에 몇 백 개밖에 되지 않는 高價의 완전한 것이라 한다. 교통이 전차 길에서 거리가 있으므로 安國洞 네거리와 총독부 앞에는 병원 자동차를 기다리게 하여 일반 환자를 무료로 태운다더라.[105]

그러나 최초의 건물은 경의전 부속의원으로서의 구실을 다하기에는 너무나 협소했다고 한다. 그래서 1932년 5월 10일 확장 공사가 이루어졌다. 붉은 벽돌로 지은 3층의 외래 진료소가 일부 완공되었고, 1933년에는 외래 진료소 건물 공사가 전부 완공되어 의전 부속병원으로 손색이 없을 정도로 갖추어졌다.

---

103) 『서울대학교 의과대학사』, 53쪽.
104) 佐藤剛藏 著, 李忠浩 譯, 앞의 책, 138쪽.
105) 『동아일보』 1928년 12월 2일자.

이러한 과정을 통하여 의전의원으로 불리다가 1945년 8월 15일 광복 이후 서울의대 제2 부속병원으로 되었다가 6·25전쟁 이후에는 수도육군병원으로 바뀌어 육군에서 사용하였다.

이 의전병원은 당시 의료 수가가 쌌고, 의사 스테프진들과 한국인 의사가 많이 있어서 일반 대중이 많이 활용했던 의료 기관이었다. 특히 그 중에서 외과 白麟濟 박사의 인기는 대단했다고 한다.

경의전 출신의 鄭壹千(12회)은 그 때의 일을 이렇게 이야기하고 있다.

> 그 당시 한국 학생들의 정신적 지주로서 존경을 받으신 분은 外科의 白麟濟 선생이었다. 그는 6·25때 拉北되신 한국 의학계의 重鎭이셨다. 그분의 日本語는 그다지 유창하지 못하여 평안도 사투리의 억양이 심한 말투가 약간 귀에 거슬리기는 했지만, 그의 학문적 실력, 특히 腫瘍 手術의 名手라는 점과 强靭, 彈力性과 자신에 넘치는 覇氣에는 일본인 교수와 학생들까지도 감히 얕볼 수가 없는 존재였다. 白선생은 당시의 한국인 학생들의 문제를 남달리 잘 이해하신 분이었다. 내가 3학년 때 창설된 蹴球部 초대 부장으로 취임하셨으며, 같은 外科의 朴昌薰 講師와 같이 우리 蹴球部를 위하여 직접 간접으로 힘껏 도와주신 은혜는 지금도 잊을 수가 없다.[106]

이상의 내용으로 볼 때 조선총독부의원은 총독부 직원들과 일본인들을 위한 의료 기관인데 반하여 경의전 부속의원은 주로 한국인들에 의해 이용되어졌다고 볼 수 있다. 앞에서 살펴본 〈표 28〉에서 경의전 직원 중 부속의원은 원장을 포함해서 초창기에는 4명이었고, 가장 많았을 때는 9명이나 되었다(1937~8년). 그러나 정식으로 조선총독부로부터 정원을 받은 것은 1935년부터 2~3명이 고작이었다. 물론 의원장에 대해서도 조선총독부로부터 정식 정원은 받지 못하고 학교장이 교수들 중에서 보직을 준 것으로 보인다.

---

106) 『의협신보』, 「의료 반세기」, 1977년 5월 23일

이와 같은 현상은 경의전 부속의원이 설립되기 전 경의전의 경상부 예산에는 적십자병원과 合體되었기 때문에 사무관과 약국장의 자리를 두지 않아도 적십자병원의 사무장으로 되지 않을까 하는 생각으로 이 두 사람의 정원을 예산에 넣지 않았던 것이다. 이것에 대한 것을 매년 예산 시기에 역설해도 실현되지 못한 채 수 십 년을 그대로 경과해서 결국은 광복을 맞이하게 되었다.[107]

경의전 부설의원의 규모는[108] 院舍는 매우 좁았지만, 임상 각과의 진료실도 있어, 편리하게 되어 있었다. 그 병원의 병상 수는 100개나 되었다.

앞에서도 언급했지만, 초창기 의전 부속의원의 직원은 초대 원장으로 의학박사인 成田不二生[나리다후지오]교수를 비롯해서 약국장 겸 사무장 교수인 日南田義治[히나다요시하루]와 4명이 담당하였다. 그 후 1933년 원장은 교수 겸직으로 弘中進[히로나가스스무]가 교체되어 왔다. 그리고 1937년에 제3대 원장으로 片岡八束[가타오카하치사토], 1939년에는 제4대 원장으로 佐竹秀一[사다케쥬이치]교수가 각각 부임하였다.[109]

다행히 세월의 흐름에 따라 환자 수가 많아져서 병원의 수입이 흑자로 운영되었다. 이에 따라서 확장 계획을 세우고 요구한 예산이 통과되자 남은 부지 9,000평이 모두 의전의 독자적인 병원으로 신축 완성되었던 것이다.

1934년 2월에 서울에 온 芳賀[하가] 전 교장은 의전을 방문하고, 의전은 현재로서 매우 새로운 것으로 일본에서도 볼 수 없는 내용과 설비도 갖추고 있는 완전한 부속병원을 갖고 있다고 당시의 소감을 피력하였다.[110]

경의전은 이상의 경위로 부속의원의 설치를 보았고, 부속의원에 간호부 양성소도 부설하여 운영하였다.

---

107) 佐藤剛藏 著, 李忠浩 譯, 앞의 책, 137쪽.
108) 佐藤剛藏 著, 李忠浩 譯, 앞의 책, 138쪽.
109) 『조선총독부직원록』, 昭和 3년, 122쪽. 昭和 8년, 145쪽. 昭和 12년, 207쪽. 昭和 14년, 204쪽.
110) 佐藤剛藏 著, 李忠浩 譯, 앞의 책, 138쪽.

<표 29> 경성의학전문학교 부속의원 전임 교수 명단(1928~1945)[111]

전문 과목	담당 교수(직위)	전문 과목	담당 교수(직위)
원장	초대 佐藤剛藏 사토고오쿠죠교장 2대 成田夫介나리타가이스케 교수 3대 히로나카스스무(弘中進: 교수) 4대 가타오카하치사토(片岡八束:교수) 5대 사다케쥬이치(佐竹秀一: 교수) 6대 수코히데오(須古秀雄: 교수)	이비인 후과학	교수 須古秀雄 수코히데오, 大席 교수 志熊孝雄 시쿠마다가오
		피부 비뇨 기과학	교수 가타오카하치사토(片岡八束)
내과학	초대 교수 나리타가이스케 2대 제1내과 교수 나리타가이스케 3대 제2내과 교수 후로다카후지오(風呂中不二夫), 교수 히라오카다츠지(平岡辰二)	치과학	초대 강사 노자와히토시(野澤均) 2대 강사 히로나기요시(廣瀬晴) 3대 강사 아이카와타카시(愛川隆) 4대 강사 가미오키나타다시(神翁正)
외과학	초대 교수 白麟濟 2대 교수 李在馥 3대 제1외과 교수 李在馥, 제2외과 교수 하이다시게오(灰田茂生)	방사 선학	초대 겸임 교수 수즈키모토하루(鈴木 元晴: 城大 조교수) 2대 교수 가토타카시(加藤隆)
안과학	교수 사다케쥬이치(佐竹秀一)	정신 과학	초대 강사 구보키요지(久保代二: 城大교수) 2대 강사 오타나베미치오(渡邊道雄: 城大교수)
소아 과학	교수 히로나카스스무(弘中進)		
산부인 과학	초대 교수 요코야마시게키(橫山茂樹) 2대 교수 신다니쥬로(新谷二郎)	약국	초대 국장 교수 히나타요시하루(日南田義治) 2대 국장 강사 소노키다사다요시(榎田貞義) 3대 국장 조교수 도이하루키(土井晴奇)

경의전 부속의원의 院務에 관한 내용은 그 處務細則에 자세하게 기록해 두고 있다.[112] 1928년 4월부터 조선총독부의원은 경성제국대학 부속의원으로 이관되고 새롭게 경의전 부속의원을 설치하여 전임 교수를 두어 1945년 8월까지 운영하였는데, 그 기간의 교수진들을 정리하면 <표 29>와 같다.

---

111) 李忠浩 譯, 앞의 책, 162쪽.
112) 『서울대학교 의과대학사』, 56쪽, 경성의학전문학교 부속의원 處務細則

3) 교과 활동 내용

교과과정에 있어서는 전기와 큰 변화가 없이 그대로 운영되었다.

그런데 특이한 것으로는 경의전 부속의원이 독립되어 신설되자 조선총독부의원 의육과에서 실시하던 간호원 및 조산원 교육이 이곳으로 이관되어 교육하게 되었다. 이로써 경의전은 의사뿐만 아니라, 간호원까지 양성하는 교육 기관으로 발전하였다. 간호원의 수업 연한은 2년이고, 입학 자격은 만 16세 이상으로 보통학교 고등과 출신(현 중학교)으로 규정하고 있다.

전기에는 학생들의 활동이 민족 차별에 대한 민족적인 감정으로 대립해서 조선총독부 당국에 대해 투쟁하였는데 반해서 후기에 접어들면서는 그 양상이 달라졌다. 물론 민족적인 감정이 도사리고는 있었으나 이 문제는 보류하고, 경성제국대학교 의학부의 설립으로 인해서 경의전의 시설과 교수진들이 대학 의학부로 대거 이동하자, 경의전의 심각한 문제가 발생하게 되어 교과 활동이 불충실하게 되어 갔다. 이에 대해서 당시 학생들은 총독부 당국에 맞서 교과 활동과 시설의 충실을 기해 줄 것을 강력히 주장하였다.

경의전으로서는 임상실습 장소인 부속병원이 없어지게 된 것이 가장 큰 충격이었다. 지금까지 조선총독부의원을 사용했는데, 이것이 경성제국대학 의학부로 이관된 것이다. 거기에다 우수한 교수진까지 상당수가 경성제대 의학부로 넘어 갔다. 경성제대는 초대 의학부장에 총독부의원장인 志賀潔^{시가기요시}를 발령하고, 초기 스테프진의 거의 전부를 경의전 교수들로 구성했던 것이다. 구체적으로 살펴보면, 의화학 교수 佐藤剛藏^{사토고오죠}, 병리학 교수 德光美福^{도쿠미츠요시도미}, 미생물학 교수 綿引朝光^{와타비키이사미츠}·小林晴治郎^{고바야시세이지로}, 생리학 교수 中西政周^{나카니시마사카네}, 해부학 교수 上田常吉^{우에다츠네키치}·津崎孝道^{츠사키타카미}, 동물학 교수 大澤勝^{오사와마사루}, 심지어는 國語의 高木市之助^{다카기이치노스게} 교수까지 경성제대로 이동했던 것이다.

총독부 醫官을 겸하고 있던 교수들도 상당수가 경성제대 의학부로 흡수되었다. 즉, 外科의 松井權平^{마츠이곤페이}, 鈴木元晴^{스즈키모토하루}, 內科의 岩井誠四郎^{이와이세이지로}, 伊藤正義^{이토마사요시}, 산부인과의 高楠榮^{다카쿠스사카에}, 橫山茂樹^{요코야마시게키}, 소아과의 土橋光太郎^{토바시미츠타로}, 신경정신과의 久保喜代二^{구보키요지}, 피부과비뇨기과의 廣田康^{히로다야스시}, 이비인후과의 小林靜雄^{고바야시시즈오}, 정형외과의 中村兩造^{나카무라료조}, 안과의 早野龍三^{하야노류죠} 등이 그러했다. 조교수와 강사들까지도 경의전에서 상당수가 경성제국대학교 의학부로 移籍되었다. 椎葉芳彌^{시비바요시야}를 비롯하여 成田不二生^{나리다후지오}(內科), 水島治夫^{미즈시마하루오}(위생학), 加來天民^{가구덴민} 등의 助敎授와 稻本龜五郎^{이나모토가메고로} 講師 등이다. 교수들이 移籍함에 따라 교실에 있던 機械標本類와 참고서, 약품들까지도 경성제국대학교 의학부의 연구실로 옮겨졌다.[113]

이와 같이 경의전의 기초학에서부터 유명한 교수는 거의 전부라고 해도 좋을 정도로 대학 의학부에서 발탁하였다. 심지어는 외국 잡지류까지도 대학 쪽으로 옮겨졌다.[114]

이런 현상을 본 경의전 학생들은 불안하고 초조해졌으며, 동요되기 시작하였다. 그들은 즉각 학생 대회를 개최하고, 경의전의 장래에 대해서 연일연야 의견을 모았지만 결론은 얻지 못하였다. 그러나 그들은 매일 정규 수업을 받으면서 진지하게 행동하였다. 당시 학생 대표였던 小橋茂穗^{고하시시게오}는 佐藤剛藏^{사토고오죠}교수를 자주 찾아가 경의전의 장래에 대해서 이야기하자, 이 문제의 해결을 책임지고 있던 그는 학생들을 모아 놓고 여러모로 안심시키려 노력하였다.

경의전 학생들과 在京 同窓(校友會)들은 서로 합세하여 여러 차례 회의를 열고, 경의전의 장래가 매우 위태로워질 것을 염려하여 대책을 강구하였다.

총독부 당국에 대한 당시 학생들의 진정서 내용은 ① 부속의원의 설립 ② 미완성된 본관 건물, 위생·미생물·해부학 교실의 조속한 완공 ③ 전

---

113) 서울대학교 의과대학사 편찬위원회(편), 앞의 책, 58~59쪽.
114) 李忠浩 譯, 앞의 책, 126쪽.

임의 교장, 교수 임명 등이었다.[115]

경성제국대학교 의학부의 수업이 개시되면서(1926.5.1), 학생들의 저항은 더욱 심해져서 만약 개선책을 세워 주지 않으면 학생들이 모두 퇴학하겠다고 강경하게 나왔다. 당시 志賀潔^{시가기요시}교장은 일본에 있었고, 교무주임이었던 佐藤剛藏^{사토고오죠}가 학생 운동을 저지하느라고 애쓰고 있는 중에 교장으로부터 아래와 같은 편지가 왔다.

> 醫專件, 京城日報를 통해서 자세히 알고 있습니다. 豫期했던 일이지만, 잘 생각해야 할 것입니다. 학생들의 心情도 同情이 갑니다. 그러나 나는 이러한 학생들의 언동은 매우 싫어하기 때문에 학생들과 잘 타협하여 좋게 해결되기를 바랍니다.
> 마침 내가 부재중이니, 돌아가는 대로 매듭짓기로 하되, 그 동안 학생들이 학교를 결석하는 일이 없도록 부탁합니다.[116]

이 내용으로 보면 교장의 수준으로 경의전의 문제를 해결 할 능력이 있는 것은 아니었다. 단지 학생들이 더 이상 동요되지 않도록 교무주임에게 당부한 내용의 편지였다. 우수한 교수진들의 대거 이동과 부속의원의 상실, 그리고 앞으로 경의전의 존속 여부 문제로 학생들은 제대로 교육활동을 할 수가 없었다.

그 후 이 문제는 6월말까지 계속되었으나, 佐藤剛藏^{사토고오죠}교수 등의 노력으로 타결되었다.

타결된 교육 내용은 ① 경의전은 실제 역할을 할 수 있는 임상 의사의 양성이라는 사명에 기초를 둔 교육을 실시하고, ② 경성제대는 의학 연구에 주력하는 교육을 실시한다는 것이었다.

---

115) 〈표 26〉의 京醫專의 직원 정원에서 볼 수 있듯이 1928년에는 전임 교장을 정식 정원으로 배정한 것을 볼 수 있다.
116) 경성제국대학 창립 50주년 記念誌, 51쪽.

그 뒤 당국에서는 綿引, 上田, 中西, 川田, 松井, 小川, 水島, 岩井, 中村, 早野, 橫山, 鈴木 등 重鎭 교수들을 겸직 또는 촉탁 강사로 겸임시켜 경의 전의 학생 교육에 지장이 없도록 해 주었고, 그 이듬해(1927년)에는 佐藤 剛藏^{사토고오죠}를 전임 교장으로 발령하고, 경성제대 교수를 겸직하도록 하였다. 또 昭格洞에 부속의원도 지어 주기로 하였다. 경성제대 교수로 옮겨 간 빈자리를 경의전 출신의 신진들로 채웠다. 이렇게 해서 학생들의 요구 사항이 해결되었고, 정상적인 교과 활동을 할 수 있게 되었다.

경의전의 후기 교과목 운영 상황을 기초 과목과 임상 과목의 교수진을 총괄적으로 정리해 보면 〈표 30〉과 같다(겸임자가 많음).

학과	직위	담당 교수의 변동 상황
	교장	佐藤剛藏(1919~1945)
수신	생도감	眞能義彦(1924~36)
국어	겸 교수	大內猪之介(1919~28)
	겸 교수	眞能義彦(1924~36)
조선어	겸 교수	山本正誠(1923~32), 1938년 폐과
	조교수강사	任明宰(1925~31), 申龍均(1927~32), 申聖雨(1929~32), 姜日永(1932~34), 李在馥(1934~37)
지나어	강사	1938년 신설, 高木俊雄(193840),小竹武夫(1940~),董長志(1938~)
독일어	교수	黑田幹一(1919~24),眞能義彦,飯島滋次郎(1936~)
영어	겸 교수	橫山富吉(1923~30)
수학	강사	山野井喜重(1927),1927년 폐강
물리학	주임교수	加來天民(1921~27),1927년 폐강
화학	조교수	成田不二生(1928~)
해부학	주임교수	柴田至(1926~)
	교수	겸 朴昌薰(1928),西岡辰藏(1934~40?)
	겸 강사	八柳利三(1927~36), 鈴木淸(1927~29), 梶村正義(1927~28), 荒瀨進(1930~33), 小濱基次(1930~31), 片山恭一郎(1937~40), 古山利雄(1939~)
	조교수	植平正男(1927~)
	강사	西岡辰藏(1931~33)
	조수	杜葉實(1927)
생리학	주임교수	大塚九二生(1926~)
	강사	大塚藤吉(1927), 衛藤忠雄(1927), 李鍾綸(1936)
의화학	주임교수	佐藤岡藏(1914~27), 廣川幸三郎(1927~)
	조교수	成田不二生(1928~)
	강사	尹治衡(1927)
	부수	申泰松(1940?)
위생학 미생물학	주임교수	兪日濬(1916~32), 小橋茂穗(1933~35), 松岡憲固(1936~37出征)
	강사	綿引明光(1927), 石川登盛(1927), 水島治夫(1927), 橫山俊久(1932~), 長花櫟(1934~39)
	조수	晋寅鉉(1927~28), 奇龍肅(1929~30), 金興浩(1939)
	부수	李鍾大(1930~34), 秋文求(1936~39)
병리학	주임교수	稻本龜五郎(1927~30), 武藤忠次(1931~)
	조교수	武藤忠次(1927~30), 申聖雨(1931), 於保源作(1932~39), 佐伯穆(1940~)
	강사	申聖雨(1927~30), 內田銓藏(1927~39), 片瀨秀雄(1927~29), 倉成晴虎(1940~)
	조수	申聖雨(1927), 李世謙(1929~30), 公炳禹(1929~30), 金將星(1934~37), 吳正國(1937~40?), 安東晃(1938~40?), 姜聖求(1939~40?), 朱星淳(1940~?)
약물학	주임교수	寺坂源雄(1930~33), 狹間文一(1934~?)
	겸 교수	日出田義治(1927~32), 大澤勝(1930~33)
	강사	北原靜雄(1930~33)
	조수	朴熙俊(1929~30), 姜承鏞(1936), 崔經世(1937~40?), 崔晛湜(1938~40?), 金暎埈(1939~40?), 南聖淳(1940~)
	부수	金暎埈(1938)
조제학	강사	渡部治憲(1930~31), 榎田貞義(1933~40?)

그리고 임상 과목 교수진들은 앞에서 살펴본 〈표 31〉에 잘 나타나고 있다. 임상 과목에 대해서 좀 더 구체적으로 살펴보면, 내과는 1928년 제1, 제2 내과로 통합되었다가 다시 1939년 분과되었다. 외과는 1940년에 제1, 제2 외과로 분과되었다. 방사선과는 1939년에 신설되었다.

경의전의 연구활동으로 1931년 5월부터 京城醫學專門學校紀要(제1권 제1호)를 매달 발간하였다. 이 紀要에는 교수들과 학생들의 연구물을 실어 연구 실적을 정리하였다. 각과 주임 교수들이 학생들을 지도한 보고서 내용들이 수록되어 있어 당시의 연구활동을 알아볼 수 있는 중요한 자료가 된다.

〈표 31〉 경의전의 임상과목 교수진(동 부속의원 직원, 1927~45)[118]

학과	직위	교수명	직위	교수명(1928년 이후)
내과	겸 교수	成田夬介	주임	좌동(1928~1938)
	겸 교수	鄭民澤(1926~1927)	교수	平岡辰二(1928~1937), 風呂中不二夫(1938)
	조 교수	吉村藏	조교수	任明宰(1928~30), 申龍均(1931~38)
1928년 제1, 2내과를 통합했다가 1939년 다시 분과함.			강사	鄭民澤(1927~1930), 申龍均(1928~1930), 竹村榮(1932~1935), 飯田康夫(1932~1936), 阿南光義(1936~1937), 北村勝己(1937~198), 金行正夫(1938~199)
제1 내과	1939년 분과	제1내과 岩井誠四郎 (1920~1925)	주임	成田夬介(1939~)*
			조교수	申龍均(1940~)*
제2 내과	1939년 분과	제2내과 稻田進 (1921~1925)	주임	風鷹中不二夫(1939~)*
			조교수	申龍均(1939)
			강사	北村勝己(1939~)*, 金行正夫(1939)
외과	겸 교수	中村兩造(城大)	주임	白麟濟(1928~1931)
	겸 교수	藤本順(1922~1928)	조교수	堀川澄和(1928~1930), 灰田茂生(1932~1939)
	겸 교수	鈴木元晴(城大)	강사	兼 李炳勳(1929~1930), 劉相奎(1932~1936), 李在馥(1937~1938), 張起呂(1937~1938), 岡元太二(1937~1930)
	강 사	白麟濟	조수	劉相奎(1928~1931), 趙震錫(1928~1930)
	1940년 분과	제1외과	주임	白麟濟(1940~1941)
			강사	大野丈夫(1940~)
		제2외과	주임	灰田茂生(1940~)
			강사	李在馥(1940~)

---

117) 기창덕, 「의학교육의 현대화 과정」, 앞의 책, 제3권 제1호, 1994, 106쪽.
118) 위의 논문, 107쪽.

과	구분	성명	역할	재직 내역
소아과	겸 교수	土橋光太郎(城大)	주임	弘中進(1928~)
	겸 교수	弘中進	강사	德永勳(1928~1934), 大久保實義(1939~1940)
피부 비뇨과	겸 교수	廣田康(城大)	주임	片岡八束(1928~)
	겸 교수	片岡八束	강사	吳元錫(1929~1932), 洪震求(1929~1930), 高橋弘(1931~1932), 金星煥(1933~)
이비인 후과	겸 교수	小林靜雄(城大)	주임	楢崎五郎(1928~1930), 伊東祐淸(1928~1934), 姜日永(1929~1936), 志熊孝雄(1937~)
	겸 교수	須古秀雄	강사	
			조수	
안과	겸 교수	早野龍三(城大)	주임	佐竹秀一(1928~)
	겸 교수	佐竹秀一	강사	尹致魯(1929), 申聖雨(1932~1940)
산과 부인과	겸 교수	高楠榮(城大)	주임	横山茂穗(兼1928~1929, 專(1930~1932), 新谷二郎(1933~)
	겸 교수	横山茂樹(城大)	조교수	中川幸三(1940~)
			강사	七島赤道(1928~1938), 中川幸三(1928~1939)
정신과	겸 교수	久保喜代二(城大)	주임겸 성대교수	久保喜代二(1928, 1934~), 杉原滿次郎(1929~1931), 光信幸(1932~1933)
	조 교수	原振緒	겸조 교수	久保喜代二(1928, 34~), 杉原滿次郎(1928~31), 光信幸(1932~33)
치과	겸 교수	柳樂達見	주임	겸교수生田信保(1928~1930), 강사野澤均(1931~1937), 조교수瀬淸(1938~)
	조 교수	生田信保 (1922~1928)	강사	野澤均(1930), 松尾鐵之助(1931), 矢島好定(1932~1933), 横山韓一郎(1937)
X선과			주임	兼교수 鈴木定晴(1939), 강사岡田正彦(1940~)*

주: * 표시는 1945년까지 재직한 자임. 城大는 경성제국대학을 말함.

특히 창간호에는 兪日濬, 崔永春, 申聖雨 등의 한국인 교수들만의 연구물이 실려 있어 주목된다.[119]

紀要는 매월 15일자로 1회 발행하고, 12부를 1권으로 하였다. 구독료는 1년간 5원이고, 본교 학생은 4원으로 하였다. 발행인은 서기인 北村忠次^{기타무라다다즈쿠}가 맡아서 담당하였다. 각 원고는 약리학 교실 挾間文一^{하지마후지가즈} 교수 앞으로 제출하여 그곳에서 편찬을 담당하였다.[120]

각 권의 목차를 전부 구할 수가 없어, 조사한 자료에만 나타난 한국인과 일본인들의 연구물의 발표 내용은 〈표 32〉와 같다.

---

119) 京城醫學專門學校紀要, 제1권 제1호(창간호), 昭和 6년 5월.
120) 위의 책, 5권 총 목차, 6쪽.

〈표 32〉 경의전 紀要에 게재된 논문 수[121]

紀要 권(연대)	한국인 연구물	일본인 연구물	계
1권 (1931년)	7편	9편	16편
4권 (1934년)	12편	38편	50편
5권 (1935년)	14편	62편	76편
7권 (1937년)	18편	32편	50편
10권(1940년)	8편	25편	33편

<표 32>에서 보면, 처음에는 한국인 중심의 연구 내용이 게재되고 있었는데, 점차 일본인 중심으로 바뀌어 갔다. 또한 위의 연구물 중에서 한국인에 대한 연구 내용이 다소 보이고 있는데, 제목만 살펴보면, 「現代 朝鮮人 薦骨의 인류학적 연구」,[122] 「경성의학전문학교 부속의원 賄食의 연구」, 「京城의 아이스크림에 대해서」,[123] 「京城府 가로상의 喀痰검사」,[124] 「朝鮮 受刑者 食(잡곡식)을 주는데 白米食으로 개량하는 경우의 新陳代謝」, 「보통학교(鮮人소학교) 아동의 도시락」, 「京城에서 학교 아동 도시락 대용 식품에 대하여」, 「조선에서 산간 지방 주민의 영양학적 연구」,[125] 「朝鮮人 婦人의 姙症에 관한 통계적 관찰」,[126] 「현대 조선인 上肢骨의 인류학적 연구 (그 2) 肩胛骨, 현대 조선인 上肢骨의 인류학적 연구(그 5) 尺骨의 인류학적 연구」,[127] 「조선인의 體表面積 특성에 姙婦의 體表面積에 대해(제1편, 2편) 체표 면적의 측정 방법(동 산출식 및 동 산출도)」,[128] 「조선인 유

---

121) 위의 책, 제1권(昭和 6년), 제4권(昭和 10년), 제5권(昭和 11년), 제7권(昭和13년), 제10권(昭和 16년)의 총목록에서 정리함.

122) 위의 책, 柴田至, 제1권 제4호, 185쪽.

123) 위의 책, 伊東忠夫, 제4권 244~274쪽, 임상, 191쪽.

124) 위의 책, 大原淸一, 제4권, 609~648쪽.

125) 위의 책, 廣川幸三郞, 1권 제7호, 359~384쪽. 제7권, 197~236쪽. 제10권, 209 ~218쪽.

126) 위의 책, 石田保, 제7권, 163~192쪽.

127) 위의 책, 高橋善雄, 제1권 4호, 384쪽, 제5권, 751~782쪽.

128) 위의 책, 川浪良政一, 제5권, 717~750, 857~881쪽.

아 死亡率에 대한 일 고찰」129) 등이 있다.

또한 여기에서 당시 일본인 교수들은 한반도를 영구히 식민지로 통치하기 위해 한국인에 대한 골상학 구조를 연구하고 있었다. 대표적인 교수로 久保武구보다케시를 들 수 있다.

「1941년 이후가 되면서부터는 태평양 전쟁으로 인하여 군의(軍醫)의 보충이 필요했으므로 군의 요청에 의해 각 의학교는 수업 연한을 단축하고, 1942년 3월에 단축하여 졸업시켰다. 이것은 1945년까지 계속되었다. 1945년에는 4학년 전부를 9월에 편의상 무조건 졸업증서를 수여하였다. 이와 같은 일은 독일에서도 제1차 세계 대전 때에 실시했다.」130)

4) 학생들의 활동 및 졸업생 현황

1929년 3월 말 현재 관립전문학교 학생 수는 한국인 355명, 일본인 784명으로 일본인 학생 수가 급증하였다. 1916년 전문학교 설치 당시의 한국의 전문학교임을 데라우치 총독이 강조했던 것131) 과는 달리 (한국인과 일본인의 비율을 2:1로 한다) 완전히 반대 현상이 되었다.

이는 한국의 고등교육 기관을 설치한 목적이 한국인을 위한 문화 통치의 실시라는 선전용이었고, 실질적으로는 고등교육 기관은 한반도에 거주하는 일본인 자제들의 교육용이 그 주된 목적이었다.

이 중에서 1912년부터(조선총독부의원 의학강습소) 1929년까지의 한국인・일본인 학생들의 입학・졸업・퇴학생들의 현황을 참고로 정리해 보면 다음과 같다.

---

129) 위의 책, 弘中進, 제5권, 635~640쪽.
130) 佐藤剛藏 著, 李忠浩 譯, 앞의 책, 153쪽.
131) 佐藤剛藏 著, 李忠浩 譯, 앞의 책, 101쪽.
　　　1916년 4월초 전문학교 수업이 개시되기 전 데라우치 총독의 훈시에서 그는 다만 전문학교는 어디까지나 조선의 전문학교임을 강조했다. 더구나 조선인・일본인 학생 비율을 2:1로 한다는 취지를 밝혔다.

<表 33> 경의전의 朝・日학생들의 입학・퇴학・졸업생 현황[132]

구분	입학생 수	졸업생 수	퇴학생 수
한국인 학생	3,683	1,594	616
일본인 학생	3,479	1,630	264

당시 한국인과 일본인의 학생 수를 살펴보면, 다음과 같다.

<表 34> 학생수 비교(한국인과 일본인)[133]

년도	학년	한국인	일본인	계	출처
		학생수			
1922	1	67	58	125	朝鮮諸學校一覽 261~262쪽
	2	34	57	91	
	3	34	51	85	
	4	20	39	59	
	計	155	205	360	
1923		216	138	354	201쪽
1924		198	199	397	100쪽
1925		174	219	393	98쪽
1926		137	220	357	103쪽
1927		107	238	345	101쪽
1928		103	248	351	105쪽
1930		95	225	320	*
1936		78	250	328	*
1938		86(臺8)	243	337	*
1939	1	78	19(3)	100	192~193쪽
	2	66	22(2)	90	
	3	55	20(2)	77	
	4	47	21(2)	70	
	계	246	82(臺9)	337	
1941		71(外1)	264	336	*

<출처>: 朝鮮要覽 해당 년도 페이지 수를 말함.
주: ( ) 臺의 숫자는 臺灣, 外의 숫자는 외국인 학생 수

---

132) 이여성 외 1인 共著, 앞의 책, 1집, 96~97쪽.
133) 『朝鮮要覽』 각 해당 연도, 101, 105, 192~193쪽.
　　『京畿道教育と宗教要覽』 昭和 5년, 38쪽, 昭和 11년, 44쪽, 昭和 16년, 44쪽, 『京城府教育概況』 昭和 13년, 15쪽에서 참고하여 학생수 비교표를 작성하였음.

경의전 후기의 학생 수의 분포는 한국인 학생 수는 80명에서 100명 정도였고, 일본인 학생의 수는 240명에서 260명 정도의 숫자로 분포되어 있다.

당시 학생들이 경의전 및 경성제국대학교 의학부를 졸업하고 일본을 비롯하여 세계 여러 나라로 유학했던 자들도 약간 있었다. 그 중에서 일본으로 유학한 학생들의 수를 살펴보면 그 수는 208명이었다. (1930년의 상황)[134]

경의전 한국인 학생들의 최종 졸업생 수는 21명이었다(1945).[135]

그 외의 졸업생들의 진출은 전기와 마찬가지로 전국 각종 국·공립학교에 학교의(學校醫)나 자혜의원으로 많이 배출되었다.

이들이 중심이 되어 1950년대 한국 의학사의 새로운 장을 개척하는 역할을 담당하였다.

조선총독부가 고등교육 기관으로 식민지국 한국에 처음으로 설치한 전문교육 기관의 하나인 경의전의 교육활동 내용과 학생들의 활동, 그리고 그 졸업생들의 배출 상황을 통하여 고등교육 정책 방향을 자세히 파악할 수가 있었다.

조선총독부 통계상으로 3·1운동에 가담한 학생 중 경의전 학생이 가장 많이 검거되었을 정도로 민족 독립 운동에 적극적이었다.

조선에서 처음으로 식민지 민족과 피식민지 민족과의 공학 체제를 갖추어 교육을 실시하면서 차별교육을 실시했는데, 이는 교육 원리에 맞지

---

134) 教育總會號, 『文教の朝鮮』 7月號(제59호), 昭和 5년 7월 1일 발간, 39쪽.
　　　일본에 유학한 학생들 중에서 의약과 학생들 수를 在內地 조선 학생 學科類別表 중의 의약과(1930년)에서 조사한 내용은 다음과 같다.
　　　東京 182명 중 남자 147명, 여자 35명이고, 지방은 26명(남자만)으로 모두 208명이었다.
135) 『서울대학교 의과대학사』, 60쪽.
　　　1945년 최종 졸업생의 명단은 아래와 같다.
　　　高光道　金永漢　金鑛祚　盧錫熙　盧春鐸　朴英集　朴璃鎬　朴濟敎　申鉉球　柳基洙
　　　劉邦鉉　李大寧　李鳳翊　李實興　李容珏　李將南　李鉉秀　尹義乾　全鉉五　鄭二觀
　　　韓源祥 이상 21명이었다.

않게 이루어진 교육이었다.136) 이와 같이 차별 교육은 엄청난 교육의 모순으로 민족 감정을 오히려 부추기는 결과를 만들었다. 3·1운동 이후 久保武구보다께시교수의 망언으로 일어난 저항 운동이 그 대표적인 예라 할 수 있다. 이것은 일제가 처음으로 한국인과 일본인의 공학을 만들어 본격적인 교육 차별 정책을 실시하여 노골적으로 우리 민족을 무시한 상황에서 빚어진 경의전 학생들의 일본인에 대한 도전적인 항일 투쟁이었다. 일본인 학생과 공학의 실시로 인한 노골적인 차별 교육의 교육적 효과는 단순히 표면적으로 나타난 현상에 불과했지만, 그 이면에는 파악될 수 없는 많은 내용들이 내포되어 있다. 이와 같이 조선총독부의 식민지 교육정책이 가져온 교육적 모순의 엄청난 오산을 일제는 몰랐던 것이다.137)

일제는 지배 민족의 입장에서 공학을 실시하였다. 일제는 그 목적을 장래 조선의 연구자로서, 일본 國情의 소개자로서, 조선 개발자로서, 조선 이해 및 동정자로서 한국인과 일본인의 공학을 실시했던 것이다. 일제는 가능한 한 모든 분야에 걸쳐 많은 일본인들을 한국으로 건너와서 생활 할 수 있도록 그들에 대한 처우를 최우선으로 했고, 그들의 자녀교육 문제도 크게 관심을 쏟은 정책이었다. 그 결과 한국인을 위한 경의전의 교육 양상이 일본인을 위한 교육 기관으로 변해 버렸다. 이런 현상은 앞에서 살펴본 바대로 교직원과 학생 수의 증감 현상을 비교 분석한 내용으로 충분히 파

---

136) 잡지『朝鮮』, 1922년의 내용을 小澤有作은 그의 저서『在日朝鮮人 教育論(역사편)』,(1988, 亞紀書房), 20~21쪽에재인용.
　　澤柳政太郎은 " 영국도 많은 식민지를 갖고 많은 이민족을 포용하고 있었지만 이에 대한 공학을 원칙으로 한 교육을 실시하기까지는 아직 이르지 못하였다. … 이와 같은 때에 우리 일본에서 內鮮共學主義를 실시하였다는 것은 인도주의 입장의 관념에서 세계에 크게 과시하기에 부족함이 없었다고 생각된다.
137) 위의 책, 戰後責任은 果たされたか, 140~141쪽.
　　조선인 일본인 양쪽 민족이 식민지 교육의 피해자였다고 했다. 그것은 일본인은 피식민지 국민으로서 지배자의 자세로 성장하도록 교육했고, 조선인은 식민지 국민으로 복종하는 자세로 성장하도록 교육시킨 것이 식민지 교육의 본질이었다. 이는 비인간적인 교육으로 식민지 교육의 모순을 창조했다.

악할 수 있었다. 이와 같은 일제 식민지 정책으로 한반도에서 우리의 의학교를 완전히 빼앗기는 했지만, 그대로 경의전은 그 전통을 이은 우리의 의학교의 전신이었다. 조선총독부의원도 그 부속병원의 전신이었다. 경성제국대학교 의학부가 창립되고, 총독부의원이 그 부속병원으로 되어 경의전은 부속병원을 잃게 되었다.

또 경의전의 학생 수도 일본인 중심으로 바뀌어져 갔다. 처음에는 일본인들이 다닌 고등보통학교의 학제는 5년제이고, 한국인 학생들의 학제는 4년제란 이유로 특별 의학과생과 본과생으로 구분하여 차별 교육을 하였다. 그러다가 신교육령 발표 이후(1922년) 고등보통학교가 일본 학교와 동일하게 5년제로 되고, 이 과정으로 졸업한 학생들이 배출된 후부터는 한국인 학생은 적게 모집하고 일본인 학생들을 많이 모집하였다. 한국 학생들이 1/2 미만이 될 정도로 한국인 학생들을 적게 선발해서 교육하였다. 이렇게 해서 경의전 후기의 교육 양상은 외형적으로 전기와 동일했으나, 실제에 있어서는 완전히 일본인 중심으로 교육한 형태로 바뀌어 갔다. 한국인에 대해서는 심한 차별 교육을 실시하였다.[138]

경성제국대학 의학부가 생기므로 인해 경의전의 후기 교육 활동은 침체되어 간 것으로 볼 수가 있다. 이는 경성제국대학교 의학부의 설치로 인

---

138) 조선교육요람, 부산교육 50년사, 35~36쪽.

각 학교 관제 및 제규칙의 발포(1912.3), 조선중학교 규칙 외 조선공립소학교 규칙, 동 실업전수학교 및 간이실업전수학교 규칙(1910.3), 제학교관제(1912.4), 사립학교 규칙(1915.8), 조선교육령(1922.2) 등을 발표한 이유를 다음과 같이 밝히고 있다.

1. 조선에서 일본인의 교육 방침을 확고히 하여 일본과 하등의 차가 없도록 교육의 本旨, 각 학교의 수업 연한, 교과과정, 편제 등은 일본과 동일했다. 따라서 입학·전학의 관계에 있어서도 완전히 같았다.

2. 조선인 교육에 대해서는 조선은 일본에 비해 시세민도가 낮고, 풍속 습관도 같지 않기 때문에 특히 정신 교육에 주의하고, 보통 勤儉 力行의 미풍을 함양하고 있어 구태여 時幣에 빠지지 않는 방향으로 독려하는 것이 절실하기 때문에 위와 같은 특별한 규칙을 발표한다고 밝히고 있다.

해 존폐의 문제까지 있었고, 이에 대한 학생들의 노력으로 계속 이어졌지만, 우수한 교수진들이 대거 경성제대 의학부로 옮겨 갔다. 또 부속의원도 그곳으로 넘겨주어야 하는 수난기를 겪게 되었다. 그러나 이런 과정에서도 佐藤剛藏^{사토고오죠}교장의 끈질긴 노력으로 부속의원을 새롭게 설립하고, 새로운 교수진을 채용하는데 힘썼다. 이로 인해 경의전 출신의 신진 의사들이 경성제국 대학으로 대거 기용되기도 하였다. 경성제국대학의 설립으로 重鎭 교수들이 옮겨가게 되자, 경의전 학생들의 불만을 해소하기 위한 임시방편으로 몇 년간은 겸임으로 이 문제를 해결하고자 했던 것이다. 그래서 겸임 교수가 많았다. 교육 활동은 교과과정을 보면, 전기보다 과목수가 늘어났다. 또한 『京城醫學專門學校 紀要』라는 학술지를 발간하여 연구 결과를 게재하는 등 열심히 노력한 교육 활동의 양상을 살펴보았다. 그리고 志賀^{시가} 원장 때 교가를 제정했다고 하는데 그 내용은 찾을 수가 없었다. 이렇게 의사교육 활동을 실시한 결과 그 명맥을 유지하면서 많은 학생들을 배출하였다. 배출된 학생들은 전국 각지에 여러 의료 기관에서 활동하였다. 특히 많이 배출된 학생들을 소화하기 위한 대책으로 1919년에는 〈學校醫 規則〉을 만들어 전국의 각종 관·공립학교에 배치하도록 하였다. 그러다가 1941년 태평양 전쟁이 발발하자 졸업생들을 군의로 대거 전쟁터로 보냈다. 이것이 경의전의 교육활동 내용과 졸업생들을 배출한 내용이었다. 이처럼 경의전은 일제가 의술을 이용한 식민지 교육의 온상지로써 고등교육을 실시한 조선총독부 직속의 전문학교였다. 경의전의 교육활동이 경성제국대학교 의학부의 설립으로 여러 가지 문제가 많았지만, 특별히 언급해 두고 싶은 것은 佐藤剛藏^{사토고오죠}가 한국에서 의사교육 활동에 대한 강한 집념을 갖고 있었기 때문에 모든 문제를 극복할 수 있었고, 경의전 교장으로 학교를 성공적으로 운영해 갔던 것이다. 식민지 고등교육을 수행하고자 하는 사명감과 의사교육에 대한 분명한 소신을 갖고 있었던 그의 교육철학은 높이 평가할 만 하다. 그는 1907년 6월에 한반도에 들어 와서 경의전 창립 주역으로 활동하였고, 1927년부터 경의전 제3대 교장을 맡아서 1945년까지 그 일만을 열심히 수행하였다.

식민지 시대 여러 개의 전문학교 중에서 학생 수가 가장 많았던 경의전의 교육활동에 관하여 정리해 보았다.

이후 이외에도 당시 일제가 식민지 고등교육을 실시한 전문학교들의 교육 활동을 연구하여 식민지 고등교육 정책을 정리해 두면 좋겠다.

광복 이후 미국의 의학이 다시 한반도에 들어와서 그 동안 일본의 영향으로 인한 독일 의학과 미국 의학이 겸해서 교육되었다. 이것이 우리나라 서양 의학 교육사의 특이한 점으로 들 수 있겠다. 오늘날 우리나라가 일본 보다 서양 의학이 발달한 이유라고 한다면 바로 이 이유가 아닌가 생각된다.

VI. 경성제국대학 의학부의 의사교육

　교육을 우리의 힘으로 하고자 하는 민립대학 설립 운동이 일어났다. 그러나 민족의 힘으로 우리의 민립대학을 설립하여 국가의 독립을 이룩하고자 하는 뜻은 좌절되고 말았다.

　결국 이 땅에 최초의 관립대학은 일제에 의해서 설립한 경성제국대학이었다. 이는 일제 식민지 통치의 시녀기관 역할을 한 관립대학으로 설립되었다. 이 사실은 엄청난 비운이 아닐 수 없다. 고등교육 기관 즉, 최고 학부가 일제의 식민지 통치의 목적으로 설치되고 운영되었다는 것은 우리 교육기관의 완전한 침탈이었다.

　일제의 문화통치 정책이 발표되자, 우리 민족은 우리의 손으로 민립대학 설립을 전개하였다. 이에 일제가 이를 저지하고자 설립한 것이 바로 경성제국대학이었다.

　'민립대학 기성회준비회와 조선총독부가 합동으로 기존의 경성의학전문학교를 관립 조선 의과대학으로 개편하는 것을 추진하자' 고 제의한 것이다. 그러나 이것은 종합대학의 설립을 막기 위한 속임수에 불과하였다.[1]

경성제국대학의 설치 목적이 조선 통치의 수뇌부를 양성하기 위한 동화교육이었으므로 이 의학부의 의사교육 활동 내용도 이에 초점을 맞추어 실시되었다.

본 장에서 학생, 교수진, 교육 활동 및 교과 지도 방침 등을 분석하여 경성제국대학 의학부의 교과활동의 성격을 살펴보고자 한다.

1. 경성제국대학 의학부의 설립

1919년 3·1운동 이후 齋藤實^{사이토마코토}총독이 조선에 부임한 바로 그 다음날(1919.9.3) 취임 인사로 발표한 내용이 新政을 실시하고자 하는 강한 의지를 표명하였다. 이에 따른 후속 조치로 발표한 유고문에서

> …더욱이 어려운 일은 관민 상호 흉금을 터놓고 협력 일치하여 조선의 문화를 향상시키고, 문명적 정치의 기초를 확립함으로써 聖明에 奉答하는 일이라 할 것이다.… 2)

라고 하여 적극적인 문화 정책으로 한국인을 행복하게 하겠다고 하며, 가칭 문화 통치의 단행을 선언하였다. 그 내용 중에 교육령을 개정할 뜻을 밝혔다.3) 이에 대해서 28명(이 중에서 3명은 한국인)으로 임시 교육 조사 위원회를 설치하였다. 이들에 의해 일제가 의도하는 일방적인 계획 하에

---

1) 李炫熙, 『한국 민족운동사의 재인식』, 도서 출판 자작아카데미, 1994, 289쪽.
2) 조선총독부 편찬, 李忠浩 譯, 시정 방침에 관한 유고, 앞의 책, 19쪽.
3) 위의 책, 「교육 및 위생기관의 정비」, 165쪽.
   다음에는 교육제도를 정비하였는데, 국민학교, 중학교는 일본 제도와 아주 비슷하게 고쳤고, 일본 고등학교 전문학교와 입학 관계를 연락해서 이들이 고등교육 기관에 입학할 수 있는 길을 열어 주었으며, 더 나아가서는 조선에 고등학교 및 대학을 설립하여 조선 내에서도 계통 있는 고등교육을 받을 수 있도록 길을 열어 주고자 했습니다.

1922년 2월 칙령 제19호로 조선교육령을 반포하게 되었다.[4]

이에 따라 에비슨의 종합대학 추진 계획[5]과 민립대학 설립[6]을 제창하였다. 이에 사이토 총독은 놀라서 한국에 대학 설치를 서두르게 되었다. 이것이 바로 경성제국대학 설립의 배경이었다.[7] 이것은 경성제국대학 의학부의 설치와도 동일하다. 그러면 구체적으로 의학부를 설치하는 경위를 살펴보기로 한다.

1) 경성제국대학 의학부의 설립 배경

대만의 예는 일제 식민 통치를 받은 33년 후인 1928년에 臺北帝國大學 官制에 의해 관립대학이 창립되었다(2개의 학부). 그 후 1935년에 가서야 의학부가 생겼다.[8]

이 의학부에는 일본 학생이 50%이상을 차지하였다. 그 외의 다른 학부는 거의 대부분이 일본인으로서 일본 학생을 위한 대학교육 기관이 되었다.[9] 따라서 대만에서는 일본인을 위한 목적으로 운영되었다.

이에 비해 한반도의 경우는 1910년 일제가 한국을 강점한지 14년만인

---

4) 朝鮮總督府官制(이하 官制로 표기), 칙령 제19호 조선 교육령, 大正 11년 2월 6일.
5) 佐藤剛藏 著, 李忠浩 譯, 「에비슨의 종합대학 설립 설」 앞의 책, 117~118쪽.
6) 『동아일보』, 「민립대학 필요를 제창하노라」, 제542호, 1922년 2월 3일자.
7) 朝鮮總督府, 「大學教育の開始」, 『施政30年史』, 朝鮮印刷株式會社, 昭和15年, 206쪽.
   신교육령의 실시와 더불어 대학교육 및 그 예비교육은 대학령에 의한 것으로 되어 있지만, 점차 이를 준비해서 大正 12년 11월 대학 창설 위원회의 설립을 보고, 동 13년 5월 경성제국대학 관제가 공포되었다. 이에 따라서 우선 대학 예과를 건설하고, 大正13년부터 개교하고, 본부 및 학부는 14년도 이래 순차적으로 착수하고, 법학부·의학부와 함께 동년 15년 5월부터 개학했다.
8) 鄭在哲, 『日帝의 對韓國 植民地 教育 政策史』, 一志社, 1985, 142쪽.
   臺北帝國大學의 日本人과 臺灣人 학생의 비율(1939년)은 일본인 78명, 대만인 75명으로 153명이었다.
9) 臺北帝國大學 총 학생수 비율은 일본 학생 192명, 대만 학생 90명(의학부 학생을 제외하면, 그 외 학부의 대만 학생은 겨우 15명임)

1924년에 「경성제국대학 관제」가 공포되고,[10] 경성제국대학의 예과생을 모집하면서 대학교육이 시작되었다. 즉, 1918년의 일본의 대학령 제1조[11]와 1922년의 제2차 조선교육령 제2조,[12] 그리고 1924년의 경성제국대학 관제 등에 따라서 1924년에는 경성제국대학의 예비교육과정인 예과가, 1926년에는 법문학부와 의학부의 2개 학부가 각각 개설되었다. 이는 제국대학령에 의한다는 칙령으로써 공포되었다. 예과는 1924년부터 청량리에 신설되었다. 입학 자격은 중학교 또는 고등보통학교 졸업 정도이고, 수업 연한은 2년으로 하였다.[13] 이어서 1926년 제1회 예과 졸업생들이 배출되자 곧 관제를 개정하여, 법문학부와 의학부로 된 종합제국대학을 개설하게 된 것이다.[14]

경성제국대학이 설립되기 전까지 일본의 조야(朝野)에서 많은 논란이 있었다. 1933년 이후에 조선총독부 학무국장이었던 大野謙一兼^{오오노겡이치}는 그 때의 상황을 이렇게 이야기하고 있다.

"1924년 총독부가 대학 개설에 필요한 關係諸勅令案을 內閣에 稟議했을 때, 法制局의 일부에서도 당초에 강경한 반대 의견이 있었다고 들었다. 이 안이 樞密院에 諮詢되었을 때는 본회의의 劈頭에 故法學士 穗積陳重^{호즈미진즈우}

---

10) 勅令(日本) 제103호, 경성 제국 대학 관제1924년 4월15일 각의의 결의를 거처, 5월2일 일본 칙령 제103, 104, 105호로서 공포 되었다.

11) 大學令 제1조의 규정은 大學은 國家에 수요한 학술의 이론 및 應用을 敎授하고, 아울러 그 蘊奧를 攻究함을 목적으로 하고 겸해서 인격의 도야와 국가사상의 함양에 유의해야 한다.

12) 제2차 조선교육령 제12조의 규정은 전문교육은 전문학교령에, 대학교육 및 예비교육은 대학령에 의한다. 단 이들의 칙령가운데, 문부대신의 직무는 조선총독이 이를 행한다. 전문학교의 설립 및 대학예과의 교원의 자격에 관해서는 조선총독이 정하는 바에 따른다.

13) 1934년 4월부터 수업 연한이 3년으로 되고 입학 자격은 중학 4년 수료 정도로 바뀜.

14) 韓基彦, 「일제의 동화정책과 한민족의 교육적 저항」, 『일제의 문화침탈사』, 민중서관, 아세아문제연구소, 1976, 96쪽.

顧問官은 1870년 독일이 알사스·로렌을 併合했을 때, 바로 그 首都 스트라스부르크에 대학을 설치하고, 그 문화의 향상에 크게 기여했다는 사실 등을 예로 들어 조선에 대학을 개설하는 것을 시기상조라고 하는 것은 찬성할 수 없는 일이며, 도리어 그 시기가 늦은 감이 있다고 찬성 연설을 열심히 하였다[15]고 들었다.”[16]

당시의 사회 정세를 보면, 앞에서 언급한 바와 같이 歐洲戰亂(세계 제1차 대전)의 영향으로 경제계는 매우 급격한 발전을 했고, 사상계에 있어서도 자유사상이 구석구석까지 침윤(侵潤)하여 이미 민립대학 운동마저 일어나게 된 현상이다.

또 당시 일본으로 유학한 학생 상황을 살펴보면, 1912년에는 겨우 279명이던 것이 경성제국대학의 예과를 개설한 1924년에는 2,504명, 학부를 개

---

15) 朝鮮總督府纂, 李忠浩 譯, 「京城大學 설립의 배경」, 앞의 책, 289쪽.
   이 이야기는 당시 정무총감이었던 水野錬太郎[미즈노랜타로]가 외국인들의 비난과는 상관없이 조선에 대학 설립이 조선 통치 상 필요하다고 인정하고 있었다. 그래서 穗積陳重[호즈미진즈우]와 만나서 나눈 대화의 일부였다. 즉, 그 내용은 「교육은 정치의 대본입니다. 독일이 알사스 로렌을 빼앗았을 때 우선 제일 먼저 그곳에 대학을 설립했기 때문에 그곳 사람들이 열렬히 환영해 주었고, 과연 독일의 정치는 문명적이었다고 높이 평가되었다는 일화에 비추어 보더라도 조선에도 반드시 대학 하나 정도는 세워야 명분이 서지 않겠느냐?」고 저에게 말씀하신 적이 있었는데, 저도 이 의견에 동감이었습니다.
16) 大野謙一, 앞의 『朝鮮教育問題管見』, 140~1쪽.
   朝鮮に大學教育必要の有無に付ては開設當時より朝野の間に相當論議せられ, 今日尙不要論を唱ふる者も絶無とは云へないのである。大正十三年總督府が大學開設に要する關係者勅令案を內閣に稟議したる際, 法制局の一部にも當初强硬な反對意見が行はれて居つたと云ふことを聞き及んで居るが, 案が樞密院に御諮詢に相成つた際に於ては, 本會議の劈頭古法學博士穗積陳重顧問官より, 千八百七十年獨逸がアルサスローレン併合した時, 直ちにその首都ストラブルヒに大學を設けて, 大にその文化の向上を期した事實等を引例して朝鮮に大學を開設することの時期尙早と爲すが如きは採らざるところ, 寧ろ遲きに失するものと云ふべしとて熱心な贊成演說を試みられたと云ふことも仄聞して居るのである。

설한 1926년에는 3,275명이나 되는 다수의 학생들이 유학하고 있었다.[17] 당시 동아일보 기사를 보면,

　　독일에는 上海의 대한민국 임시정부에서 斡旋한 많은 한국인이 유학하고 있어 한국인 유학 촌을 이루고 있었다.[18]

고 한다.

당시 官費 일본 유학생 숫자는 1915년 26명(의학과 유학생 10명), 1916년 29명(10), 1917년 17명(4), 1918년 30명(8), 1919년 47명(11)이었다.[19]

그 후 대학 재학 자만도 1924년에는 82명, 1926년에는 214명에 이르렀다. 그리고 당시 인접한 지나와 만주에는 이미 北京·上海·南京은 물론 天津·靑島·濟南·奉天 등, 주요 각지에 1개 또는 수 개의 대학이 있어, 이들 대학에서 배우는 한국 학생의 수도 적지 않았다. 그리고 멀리 歐美의 대학에 유학하고 있는 자를 합하면, 그 수는 무려 700여 명에 이르고 있다. 여기서 볼 때 의학과의 유학생이 다른 과에 비해 월등히 많았다.

이상과 같이 유학생의 증가로 당시 정무총감이었던 水野鍊太郎미즈노랜타로는 한국에 대학을 설립해야 하는 분명한 이유를 제시하였다. 그는 외국 대학에서 교육받은 자들은 대개가 항일 사상가가 되는 경우가 많기 때문에 이에 대한 해결책으로써도 대학 설립은 필요하다고 하였다.[20] 그런데 지금까지 한국에 대학을 설치하지 않았던 이유는 한국 국민이 일제의 지배를 받고 使役을 당하는 자들인 만큼 고등교육의 기회를 부여할 필요가 없고, 또한 지배 민족에게 고등교육의 기회를 제공한다는 것은 한국 국민에게 독립 의욕을 자극하고 자주 능력을 배양시키는 위험한 결과가 될 것이

---

17) 조선교육회 장학부, 『在內地朝鮮學生調』 해당 연도 참고.
18) 『동아일보』, 「세균학 박사」 제1,917호, 大正 14년 11월 27일자.
19) 조선총독부, 『조선총독부 통계연보』, 高島 인쇄소, 1919년, 489쪽.
20) 조선총독부편찬, 李忠浩 譯, 앞의 책, 290쪽.

라고 생각했기 때문이었다. 그러나 일제는 3·1운동 이후 일제에 대한 반항이 더욱 격화될 것을 예상하고, 그 회유책의 하나로 식민지 대학인 관립대학을 설립하기로 하였던 것이다. 따라서 독립심과 자립 능력을 배양시킬 수 있는 政治·經濟·理工 등의 학부는 설치하지 않고, 다만 법문학부와 의학부만을 설치하였다. 이 점은 일제가 외면적으로 제시한 한국 개발과는 전혀 맞지 않는 모순적인 정책으로 법학부와 의학부만을 설치한 이유였다.[21]

이에 일본 국내에서도 여러 識者들간에 같은 여론이 일어났다. 1920년 1월 동경제대 교수 白馬庫吉, 服部宇之吉, 上田萬年, 建部遯吾 등이 연명으로 총리대신, 문무대신, 조선총독 등에게 건의서를 보내 대학 설립을 요청하였다. 그 뒤 이들 중에서 服部핫토리교수가 경성제국대학의 초대 총장이 되었다. 그는 입학식에서 경성제국대학의 설립 정신을 철두철미한 일본주의와 보수주의에 있다고 역설하였다.[22] 그러나 경성제국대학의 설립을 서두르게 한 것은 조선총독부의 교육정책에 대한 외국인 선교사들의 많은 비난[23]과 한국인 사이에서 일어나고 있던 민립대학 설립운동으로 齋藤實사이토마고토총독이 큰 충격을 받은 것 때문이었다.

---

21) 大野謙一, 앞의 책, 143쪽.
22) 高橋濱吉, 『朝鮮教育史考』, 京城: 帝國地方行政學會 朝鮮本部, 1927, 490~1쪽.
   핫토리(服部宇之吉)총장의 연설 내용.
   조선의 연구를 행하여 동양문화 연구의 권위가 되는 것이 본 학의 사명이라고 믿고 이 사명을 수행하려 하는 데에는 일본 정신을 원동력으로 하고 日新의 학술을 利器로 하여 나아가지 아니하면 안된다.… 금일은 국제주의 시대요, 국가주의 시대가 아니라고 하는 사람이 있으나 그것은 너무 잘못된 생각이다. 국가주의는 nationalism, 세계주의는 internationalism이니 후자는 정확히 말하면 국제 협동주의다.… 제군은 念念하여 국가를 잊지 말기를 바란다.
23) 조선총독부 편찬, 李忠浩 譯, 앞의 책, 289쪽.
   외국인들 중에는 왕왕 "조선총독부는 조선인들에게 교육하는 것을 좋아하지 않는다. 현재 2천만 명이나 되는 인구가 있는 조선에 대학 하나도 세우지 않고 있다는 사실 하나만 보아도 이를 알 수 있다."고 비난하는 사람도 있습니다.

2) 경성의학전문학교의 대학 승격 운동

서울에 대학이 설립될 것이라는 소문이 나돌고 있을 때, 경성의학전문학교가 醫大로 승격될 것이란 설이 있었다. 또 조선교육회 임원을 조직하고 '경성의학전문학교를 조선의과대학으로 만드는 것이 첩경이므로 이에 대해 계획 중이니 양해하라'[24]고 하였다. 조선총독부의원장 志賀潔^{시가기요시}도 '경의전을 대학으로 확충하는 것은 전임 芳賀^{하가}원장의 계획에 따르는 것이며, 본인은 후계자로 그 계획을 인계 받은데 불과하지만, 조선 학계의 현상에 비추어 속히 대학으로 승격시키는 것이 긴요한 것임은 말할 것도 없다'[25]고 말하였다.

당시의 신문 기사를 보면,

> 京醫專의 대학 승격 계획은 芳賀博士의 案이 있어 당국으로서도 考慮 중에 있으나,〈東京電(東京 발신 기사)〉과 같이 大正 11년도에 승격 云云은 믿어지지 않는다.(중략) 內地(일본)에서도 東京高商의 商科대학 승격처럼 本科生은 大學豫科生이 되어, 곧 대학에 들어간 異例도 있지만, 醫專처럼 특수한 학과는 도저히 이런 방법으로 될 수 없는 것으로 大學 急造는 대단히 곤란하다. 따라서 大正 11年度에 대학승격 등은 확실한 것이 아니라고 생각하나, 장래에 어쨌든 조선에도 종합대학 같은 최고 학부가 필요하며, 건설될 것은 틀림없는 일일 것이다.[26]

이렇게 되어 결국 대학이 설립되었다. 이에 따라 경의전이 어떻게 될 것인가 하는 문제에 봉착하게 되었다. 芳賀榮次郎^{하가에이지로} 경의전 교장이 생각한 의과대학 안은 경의전을 대학으로 승격시키는 것이었다. 당시 일본의 醫育 一元論에서 보면 당연한 것이고, 이는 자연적이고 무리가 없었다.

---

24) 李炫熙, 앞의 책,『東學革命史論』, 417쪽.
25)「경의전의 대학 승격 운동」,『서울대학교 의과대학사』, 63~4쪽.
26)『동아일보』, 1920년 12월 12일자.

의전의 졸업생이나 재학생들은 물론이고, 또한 여론도 다분히 그렇게 낙착되었을 것이라고 생각하고 있다. 이러한 안이 진행되면 별로 문제가 없을 것이다. 그러나 이 안은 다만 안으로서 그치고 그대로 사라져 버렸다.[27]

이렇게 해서 결국 경의전의 대학 승격은 학생들의 기대에 어긋났고, 좌절되었다.

3) 경성제국대학 의학부의 설치 과정

본 학부는 1926년 5월에 수업을 개시하였는데, 수업연한은 예과 2년과 본과 4년으로 해서 6년제의 의과대학 교육을 실시한 최초의 대학 醫育 기관이었다.

그러나 본 의학부는 제1학년의 정원이 60명이었는데, 그 중 한국의 학생 수는 겨우 16명에 불과하였다.[28] 이는 처음부터 아예 일본인을 위한 대학 의학부를 설치했다고 봐도 과언이 아니었다. 그 후 학생 수가 다소 증가되기는 했으나, 일본인 본위로 설치되었던 것이다. 이와 같은 의학부의 설치과정 및 모든 것은 일본인들을 중심으로 이루어진 의사교육 기관이었다.

좀 이상한 일이지만 이 경성제국대학의 개학식은 학부가 개설된 1926년 5월 2일 실시 예정이었지만, 부속병원의 개원식만 하고(1926.6.21) 7년이 지난 1932년 10월 15일 개학식을 거행했다. 이는 당시 순종 황제가 위독하여 임시 연기했다가 승하하자 무기한 연기하게 되었다. 대학 校舍 신축 공사가 끝나는 날 개학식을 하고자 하였다. 그러나 제1기 공사(의학부 화학 교실, 병리 해부 교실, 의학부 본관 일부, 부속 도서관 일부의 공사비 164만원) 와 제2기 공사(대학 본부-공사비 146만원)는 끝났으나, 의학부 본관과 도서관은 미완성인 채 개학식이 개최되었다.

---

27) 佐藤剛藏 著, 李忠浩 譯, 「경성의전이여, 어디로 가는가」, 앞의 책, 123~124쪽.
28) 韓國文化史大系 4, 科學・技術史(上), 377~378쪽.

개학식 당일 오전 10시 30분부터 宇垣^{우가키}총독과 3백여 명의 교육계 인사들이 모여 강당에서 개최하였다. 개학식을 축하하기 위해서 대학 당국은 2일간 축제 행사를 했는데, 기념 강연회와 기념 전람회가 있었다.[29]

이와 같이 개학식이 7년이나 뒤에 이루어진 이유는 약간 납득하기 힘들다. 처음에는 순종 황제 승하 후 바로 이루어졌어야 했고,[30] 또 교사 신축 공사가 완전히 끝난 것도 아닌 1932년에 뒤늦게 실시한 것은 좀 석연치 않은 내용이다. 이에 대해 더 구체적으로 조사해 보아야겠지만, 아마도 한국인들의 경성제국대학에 대한 반발이 심해서 계속 미룬 것이 실질적인 이유로 추산된다. 이렇게 설치된 경성제국대학 의학부는 처음에는 6학급으로 한국인 학생 16명, 일본인 학생 44명으로 시작되어 1932년에는 대학원까지 설치하였다. 1929년부터는 26학급으로 증설되어 계속 유지되었다. 또 1928년부터 전공과 학생을, 1933년에는 청강생까지 받아들여 교육하는 의학부로 그 체계가 갖추어 졌다.

4) 경성제국대학의 부속의원 이관

조선총독부의원은 그 동안 경의전 부속의원으로 사용해 왔다. 그러다가 1928년 5월 28일 칙령 제96호[31]로 경성제국대학 관제가 개정 공포되었다. 이에 따라 의학부의 부속병원을 설치하게 되면서 조선총독부의원이 경성제국대학 의학부 부속병원으로 개칭되었다. 따라서 경의전의 부속병원을 따로 신설하게 되었다.[32]

조선총독부의원이 경성제국대학 부속병원으로 이관된 것은 1928년 6

---

29) 서울대학교 의과대학사 편찬위원회(편), 앞의 책, 71쪽.
30) 순종 황제의 인산일을 기해 6·10만세 운동이 일어났다.
31)『官報』, 勅令 제96호,「京城帝國大學官制中左ノ通改正ス〉, 제426호, 昭和 3년 5월 28일자.
32)『官報』, 勅令 제97호,「朝鮮總督府諸學校官制中左ノ通改正ス〉, 제426호, 昭和 3년 6월 1일자.

월 1일 일본 칙령 제96호에 의해서였다. 이 법령의 제정으로 그 해 6월 21일에 개원식을 개최하였다.

　조선총독부의원에서 대학병원으로 바뀐 당시의 시설 규모는 대지 55,400여평, 건물 6,120평의 규모로 본관 및 외래 진료소는 2층 벽돌 건물로 3개 동으로 되어 있었고, 병실은 벽돌 단층 11동, 2층 2동, 목조 단층 6동이었다.[33] 환자 수용 가능 인원은 4백여 명이었다. 이 밖에 간호부 기숙사·간호부 교실·오락실·기관실·창고 등의 부속 시설이 있었다. 계속적으로 보수 개축 사업이 있었다. 그런데 이 대학 부속병원의 11년간(1930~1940)의 진료 현황을 살펴보면, 일본인을 위한 의료 기관이요, 한국인들은 그들의 실험 대상인 학용환자(學用患者)였음을 분명히 알 수 있다. 20년 가까이 조선총독부의원으로 활동하다가 경성제국대학 의학부로 이관된 이후 1930~40년까지 10년 동안 이 부속의원의 환자 진료 통계 자료인 〈표 35〉에서 잘 파악 할 수 있다.

　아래에서 1931년은 사비 진료 환자는 일본인이 한국인보다 3배 이상이 많았으나, 갈수록 그 폭이 줄어들어 1940년에는 일본인과 한국인의 私費 진료자 수가 거의 같아졌다. 그러나 官費 환자의 진료자 수는 1931년에는 거의 비슷했으나, 1932년부터 거의 10배 정도나 한국인이 많았다. 이는 경성제국대학 의학부에서 실험용으로 한국인을 학용환자로 취급하였기 때문이다. 즉, 한국인들을 그들의 의학 발달을 위한 인체 실험 도구로 이용한 분명한 사료이다. 뒤에서도 다시 살펴보겠지만(④ 학술 연구 사업), 일본인 의사들의 연구 논문들이 한국인의 신체 구조를 연구하는 자들도 있었다(경의전의 구보다케시 교수가 그 대표적인 자임).

---

33) 서울대학교 의과대학사 편찬위원회(편), 앞의 책, 83쪽.
　〈경성제국대학 의학부 및 동 부속의원 건물 배치도〉 참고.

〈표 35〉 경성제국대학 의학부 부속의원의 환자 진료 통계(1930~1940)[34]

	私費				官費				合計			
	한국인	일본인	외국	소계	한국인	일본인	외국	소계	한국인	일본인	외국	합계
1930				197,569				83,983 93,130				281,552
1931	46,814	152,131	623	199,568	81,525	11,433	172	112,63	128,339	163,564	795	292,698
1932	44,641	143,507	492	188,640	102,154	10,433	45	2	146,795	153,940	537	301,272
1933	52,255	141,521	449	194,225	109,985	8,855	57	118,89	162,240	150,376	506	313,122
1934	53,634	142,383	599	196,616	66,685	7,049	82	7	120,319	149,432	681	270,432
1935	67,817	140,528	531	208,876	70,992	9,632	23	73,816	138,809	150,160	554	289,523
1936	75,980	136,912	597	213,489	66,408	9,649	49	80,647	142,388	146,561	646	289,595
1937	80,765	159,765	823	241,353	68,116	8,353	68	76,106	148,881	168,118	891	317,890
1938	93,205	156,305	406	249,916	61,118	8,376	18	76,537	154,323	164,681	424	319,428
1939	113,737	163,354	351	277,442	52,994	7,019	90	69,512	166,731	170,373	441	337,545
1940	103,155	120,238	496	223,889	33,132	4,618	23	60,103 37,773	136,287	124,856	519	261,662
계	732,003	1,456,644	5,367	2,391,583	713,109	85,417	627	883,136	1,445,112	1,542,061	5,994	3,274,719

이처럼 경성제국대학 의학부의 기능이 대학병원으로서 역할을 수행하는 데 가장 중요한 것이 바로 식민지 지역에서 이 官費 환자를 이용하는 의학 연구 대학이 아닌가 생각된다. 식민지 의사교육의 영향으로 지금까지도 의과대학에서는 일제가 사용했던 비인도적인 학용환자란 용어를 그대로 사용하고 있는 것은 식민지 의사교육의 소산이다. 이 용어는 우리의 의과대학에서 하루 속히 사라져야 할 단어이다.

그리고 또, 특기할 만한 사실은 1938년 12월 24일(토) 오전 11시경에 2병동에서 실화(失火)로 인해 화재가 발생하였다. 다행히 인명 피해는 없었고 피해액도 매우 적었다고 한다.[35]

총독부의원이 경성제국대학 부속의원이 되자, 경의전 부속병원은 새로 짓게 되었다. 경의전의 임상 담당 교수들은 거의 대부분이 그대로 대학부속병원으로 전출되었다. 이로 인해 경의전 학생들의 반발이 매우 심하였다.[36] 당시 그들의 명단을 보면 〈표 36〉과 같다.

---

34) 위의 책, 85쪽.
35) 서울대학교 의과대학사 편찬위원회(편), 앞의 책, 86쪽.

담당과	직위	교수명	담당과	직위	교수명
의원장	사무 취급	志賀潔		교수·과장	土橋光太郎
제1내과	교수·과장	岩井誠四郎		강사	原弘毅
	의관	平岡辰二	소아과	의관	弘中進
	의원	任明宰* 吉村藏 增田弘		조수	野崎美* 李先根*
	조수	中尾進 金東益*		의원	德永勳
제2내과	교수·과장	伊藤正義		교수·과장	小林靜雄
	조교수	成田快介	이비인후	의관	須古秀雄
	촉탁	高永珣*		조수	山田隼人 南谷廣悌
	의관	鄭民澤*		교수·과장	廣田康
	조수	朴秉來*		의관	片岡八束
	의원	申龍均*	피부비뇨	조수	吳元錫* 植木貴明
외과	교수·과장	松井權平		의원	洪震求* 高橋弘
	교수	小川蕃 中村兩造		교수·과장	久保喜代二
	촉탁	朴昌薰		강사	服部六郎
	의원	藤本順 白麟濟 堀川澄和 西村敬助	정신과	의원	原振緒
	조수	李丙勳* 金明學*		조수	杉原滿次郎 井波瓚龍
안과	교수·과장	早野龍三		촉탁·과장	柳樂達見
	의관	佐竹秀一	치과	의원	生田信保 板谷薰平
	조수	金井志男		조수	御薗政三
	의원	川崎政次	전염병및전염병연구과	교수 과장 (겸)	小林晴治郎
산부인과	교수·과장	高楠榮	理學的治療室	조교수	鈴木元晴+
	조교수	横山茂樹		약제관과장	安本義久+
	조수	武田正房 七島赤道 許信	약제과	약제수	日南田義治+ 森田貞士+ 菱沼三郎+

주: * 표시는 한국인, +표시는 의사가 아님.

교수진 이외의 직원은 간호부 조산부 양성소(3명), 서무과(8명), 醫務副手(47명), 간호부(137명), 技士(4명), 기타 운전수·잡역부 등의 고용원(155명)이 모두 경성제국대학 부속의원으로 그대로 인계되었다. 그래서 새로 시작되는 대학부속병원이지만, 초창기 직원 수는 매우 많았다.

---

36) Ⅴ. 경성의학전문학교의 의사교육 활동에서 언급하였음.
37) 佐藤剛藏 著, 李忠浩 著, 앞의 책, 164~166쪽.

조선총독부 직원록에 등재된 실제 부속병원의 총 직원 수에 연도별 현황은 다음 〈표37〉과 같다.

〈표 37〉 경성제국대학 의학부 부속의원 직원수(1929~1940)[38]

연도	부속의원장	사무관	약제관	서기	약제수	간호장	촉탁	직원수
1929	早野龍三	1	1	5(1)	5	3	5	22
1930	廣田康	1	1	5(1)	5	3	5	22
1931	〃	1	1	4	5	3	4	19
1932	〃	1	1	4	5	3	5	20
1933	松井權平	1	1	3	5	3	5	19
1934	岩井誠四郎	1	1	3	5	3	4	18
1935	〃	1	1	3	5	3	4	18
1936	高楠榮	1	1	3	5	3	5	19
1937	〃	1	1	3	5	3	5	19
1938	篠崎哲郎	약국장 1, 1		3	4	3	4	17
1939	〃	1	1	4	'4	3	3	17
1940	小林靜雄	1	1	3	5	3	-	14

주: ( )의 숫자는 겸임자

〈표 37〉에서 알 수 있는 사실은 매년 직원 수의 증감이 거의 없는 편이었다. 그러나 1938년 이후 직원 수가 줄어들고 있었던 이유는 촉탁이 계속 줄어서 1940년에는 없어졌기 때문이다.

---

38) 위의 〈표 37〉은 해당 연도의 내용을 정리하였음.

　실제의 정원수는 『조선총독부직원록』 昭和 4년, 125~6쪽에 보면,

　○ 官制 大正 13年 5月 勅令 第 103號(抄)

「一. 의학부에 부속의원을 둠. 의원에 다음 직원을 둠. 의원장, 약국장, 약제관 전임 1人 奏任, 약제수 전임 5人 判任, 간호장 전임 3人 判任.

一. 의원장은 의학부에 속한 교수 중에서 조선총독이 이를 보임함. 의원장은 총장의 감독 하에 의원의 사무를 掌理함.

一. 약국장은 약제관으로서 이를 충당함. 약국장은 의원장의 감독 하에 있고, 의원 약국의 사무를 掌理함.

2. 경성제국대학 의학부의 교육

한국인으로서 경성제국대학에 입학하는 것은 당시 상황으로서는 매우
힘든 일이었다.[39] 당시에 이러한 상황에서 입학한 한국인들에 대한 견해
를 일본인들은 '이런 핸디캡을 극복하고 합격된 한국인 학생은 모두 우수했
음이 틀림없다.'[40]고 이야기하고 있다. 이들 제1회 한국인 예과 신입생[41] 중
에는 金星鎭(전 보사부장관, 의사협회장), 明桂完(전 서울의대 학장, 의학
협회장), 朴乾源(전 의학협회 이사장), 尹鳳憲(전 충남의대 학장), 李世珪
(전 이화의대 교수) 등이 포함되어 있다. 이들은 한국 의료계의 중진들이
되었다.

경성제국대학은 1924년 5월 9일에 입학식을 하여 5월 10일부터 수업
이 시작되었다. 초대 예과부장에 小田省吾^{오다쇼고} 교수가 임명되고(1924.5.
2.), 총장 사무취급에는 정무총감인 有吉忠一^{아리요시쥬이치}가 겸임 발령되었
다(1924.5.9). 이렇게 해서 경성제국대학이 개교되었다.

1) 학생 및 교수 현황

1926년부터 1939년까지 14년간 경성제국대학 의학부의 학생 수와 직
원 수를 중심으로 당시의 교육 활동 양상을 살펴본다.

---

39) 소문에 의하면 한국인 학생의 입학이 정책적으로 제한되어 정원의 3할로 억제되
    었다고 하나 학교 당국의 공식 변명은 이를 극구 부인하고 있어 지금까지도 해명
    이 안되는 의문으로 남아 있다.
40) 京城帝大 同窓會(日本)刊, 「경성제대 창립 50주년 기념지」, 13쪽.
41) 『서울대학교 의과대학사』, 66쪽.
    1924년 2월 20일 원서 마감 결과 응시자는 647명이었다. 文科 韓人 141, 日人 152,
    理科 韓人 100, 日人 254명이 응시하였는데, 시험 결과는 3월 30일 발표하였다.
    합격자는 文科(90명) 韓人 29명, 日人 61명이고, 理科(80명)는 韓人 16명, 日人 64
    명이었다.

연도		본과				소계	계	대학원	選科	청강과	전공과	총계	
		1년	2년	3년	4년								
1926	한국	14				14	66						66
	일본	52				52							
1927	한국	18	14			32	144					32(22)	144
	일본	64	48			112						112(78)	
1928	한국	27	17	12		66	219					56(25)	217
	일본	46	64	43		153					8	164(75)	
1929	한국	24	27	17	12	80	282				1	81(28)	297
	일본	49	46	61	46	202					14	216(72)	
1930	한국	35	24	25	14	98	293				2	100(32)	316
	일본	39	50	45	61	195					21	216(68)	
1931	한국	20	32	23	23	98	312					98(32)	302
	일본	60	40	52	52	204						204(68)	
1932	한국	14	18	33	20	85	297			12	12	97(29)	339
	일본	67	55	46	44	212		2		28	28	242(71)	
1933	한국	23	11	19	32	85	302	1		11	11	98(28)	355
	일본	56	62	54	45	217		3		34	34	257(72)	
1934	한국	14	22	11	18	65	298	3		13	13	82(23)	362
	일본	66	57	59	51	233		7		35	35	280(77)	
1935	한국	19	14	22	16	71	307	3	3	5	15	97(24)	406
	일본	62	64	55	55	236		11	18*1	8*1	34	307*2(76)	
1936	한국	4	20	12	26	62	270	2		6	14	84(24)	349
	일본	32	58	62	56	208		13		10	31	262[3](76)	
1937	한국	24	4	17	12	57	259	7		7	1	72(21)	336
	일본	52	32	55	63	202		17		12	33	264(79)	
1938	한국	24	23	3	17	67	248	4		7*2	10	88*2	378
	일본	44	52	33	52	181		8		11	28	288(76)	
1939	한국	26	24	21	4	75	241	6		12*2	12	103*2(33)	318
	일본	38	38	51	29	166		11		10	26	213(67)	

주: * 표시는 여학생 수, [ ]는 외국인 수
(選科 학생은 1935년 한국인 3명, 일본인 18(여 1)명이 있었다.)

---

42) 朝鮮總督府 學務局, 『朝鮮諸學校一覽』, 1939년 5월말, 205~9쪽.

① 학생 현황

먼저 매년 한·일 학생들의 분포를 보면 의학부의 교육 방향이 어디에 초점을 맞추어 교육하였는가를 쉽게 이해할 수 있을 것이다. 본과 학생, 대학원, 청강생, 전공과 학생들의 수는 〈표 38〉과 같다.

1936년에 외국인 3명이 1학년에 입학했으나, 도중에 포기하였다. 학생 수는 매년 증가하여 1935년에 가장 많았다가 다시 감소되었다. 전공과 학생은 1928년부터 있었는데, 1931년에는 어떤 이유에서인지 한 명도 없었고, 그 다음 해부터는 계속되었다. 1935년 選科生이 한국인은 3명, 일본인은 19명(여1)이 있었다. 1938과 39년에는 한국인 여학생이 각각 2명씩 청강과에서 공부하였다. 대학원 학생은 1932년 일본인 2명으로 시작되어 1933년에 한국인 1명(李鍾綸)이 수학하여 박사를 배출하게 되었다. 〈표 38〉에서 살펴보듯이 평균 한국인 학생 비율은 26.5%이고, 일본인 학생 비율은 73.5%가 되었다.

② 교직원 현황

일본에서는 1919년 2월에 제국대학령(일본칙령 제12호)이 발포되었는데, 경성제국대학도 이에 준하였다. 즉 이 슈에 보면, 교수진은 총장과 학부장, 교수, 조교수를 두게 되어 있고, 필요할 때는 강사를 둘 수 있다(제국대학령 제4조). 강사는 촉탁이며, 대학 총장이 이를 위촉할 수 있게 되었다. 이 제국대학령에 맞추어 1926년 3월 1일자 경성제국대학 직원에 관한 관제 개정을 공포하였다.[43]

이에 따라 교수·조교수는 專任이며, 교수는 勅任 또는 奏任으로 했다(경성제국대학 관제 제1조). 그리고 교수와 조교수의 지시를 받아 학술에

---

43) 『官報』, 勅令 第46호, 京城帝國大學官制中改正, 號外, 大正15년 4월 1일자.

관한 직무를 수행하는 助手는 判任官이었다.

또 1926년부터 副手제도가 생겼다. 이들은 연구실이나 실험실에서 학술적 직무에 종사하였는데, 副手는 원칙적으로 無給이었다. 副手의 자격은 대학원생이나 학사의 자격이 있어야 했고, 학부장의 추천을 받아 임명되었다. 그 뒤(1932년) 副手補 규정이 생겼는데, 이 자격은 전문학교 출신자들이었다. 경성제국대학 의학부의 연도별 직원 수에 대한 추이는 〈표 39〉와 같다.

〈표 39〉 경성제국대학 의학부 직원의 정원(1926~1940)[44]

연도	의학부장	부속의원장	교수	조교수	사무관	조수	서기	강사	촉탁	재외연구자	합계
1926	志賀潔		11(2)	3	1(1)	5	2			4	26
1927	〃		11(2)	7	1(1)	13	2	3		1	37
1928	〃		22(10)	12		26	3	11		2	76
1929	〃	早野龍三	25(1)	23(1)		51	3	9		4	112
1930	高楠榮	廣田康	26(1)	24	1(1)	58	3	6	8	3	127
1931	〃	〃	27(1)	25	1(1)	57	3	3	9		126
1932	〃	〃	27(1)	26		52	3	5	15	2	129
1933	〃	松井權平	27(1)	27(2)		52	3	5	9	2	124
1934	〃	岩井誠四	26(1)	24(2)		53	3	9	1	1	117
1935	〃	〃	26	23(2)		52	3	10	1	1	116
1936	上田常吉	高楠榮	25	22(1)		53	3	11	1	2	116
1937	〃	〃	26	23(1)		52	3	9	1		115
1938	〃	篠崎哲四郎	24	24(1)		51	3	13	1	1	117
1939	今村豊	〃	25	21		52	3	17	2	1	121
1940	〃	小林靜雄	25	21		52	3				102

주: ( )는 겸직자 수, 겸직자는 합계에서 제외

의학부장과 부속의원장은 말할 것도 없거니와 직원 및 교수진은 대부분이 일본인이었다. 경성제국대학 창립 당시부터 1945년 광복까지 한국인 교수는 한 명도 임명되지 않았다. 이 사실 하나만 볼 때도 경성제국대학 의학

---

44) 앞의 『조선총독부 직원록』 大正 15-昭和 15년까지 「경성제국대학 의학부」에서 정리했음.(大正 15년부터 114, 120, 120~121, 124~125, 127~128, 133~134, 128~9, 142~143, 161~162, 177~178, 182~184, 204~205, 185~156, 201~202, 164~165쪽.)

부는 한국인을 위한 학교는 아니었다. 다만 조교수에는 尹日善·高永珣·朴昌薰·李甲洙·李鍾倫 등의 한국인이 歷任했을 뿐이다. 강사로서는 朴秉來·崔義楹·朴鍾榮·尹太權·許逵·李正馥 등의 한국인이 위촉을 받았다. 助手와 副手는 한국인의 진출이 두드러졌다. 이는 한국인들이 열심히 연구했던 사실을 잘 알 수 있다. 일본인들과 맞서서 어려운 환경 조건 가운데서도 눈부신 활약을 하였다.

尹日善·李甲洙·李鍾綸은 이미 1926년 개교 초기에 조수로서 閔丙祺·金重華·金尙泰·鄭潤鎔 등은 副手로 활동하였다. 1928년에는 더 많은 한국인이 助手 또는 副手로 발령 받았다. 이들의 명단은 鄭壹千·吳元錫·李丙勳·許信·李先根·金東益·朴秉來·金明學 등이었고, 副手로서는 李錫甲·尹基寧·朴鍾榮등이었다. 이들의 대부분은 경의전 출신들이었고, 1930년 이후부터 경성제국대학 의학부 출신들이 등장하게 되었는데, 즉　明桂完·李世珪·尹鳳憲·金龍業·金星鎭·咸元英·金能基·朴乾原·李正馥·朴天圭·李義植 등이 최초로 진출한 의학부 출신들이었다.[45]

助手의 자격은 判任官이었는데, 처음에 8급의 사령을 받았다.[46] 봉급은 55원이었다.[47] 경성제대 초기(1928년)의 助手였던 鄭壹千은 그 당시의 상황을 다음과 같이 회고하고 있다.

---

45) 서울대학교 의과대학사 편찬위원회(편), 앞의 책, 74쪽.
46) 조선총독부직원록, 昭和 3년, 120쪽.
　　여기에 정일천의 한자가 다르다(鄭一千). 당시 경성제국대학 의학부의 助手(8급)로 조선인으로는 4명이었다(이종륜, 이갑수, 정윤용, 정일천).
　　일본인과 조선인의 같은 급수에서 봉급의 차이는 찾아 볼 수가 없었다. 단지 외지근무 수당에 있어서는 차이가 있었다.
47) 위의 책, 5~7쪽.
　　전문학교나 경성제국대학의 교수들의 경우(奏任官)는 최고 1급인 경우 연봉 4,500원에서 1등은 연 수당이 720원 이상 1,200원 미만, 2등은 연 수당 360원 이상 720원 미만, 3등은 연 수당 120원 이상 360원 미만, 4등은 연 수당 120원 미만으로 되어 있다.
　　判任官의 경우에는 월봉이 1급 160원, 2급 135원, 3급 115원, 4급 100원, 5급 85원, 6급 75원, 7급 65원, 8급 55원, 9급 50원, 10급 45원 11급 40원이었다.

당시 쌀 1가마니가 6원 꼴이었으니 어느 정도 만족치는 못해도 여유 있는 생활을 할 수 있었어요. 그러나 日人과의 격차는 여기서도 나타났어요. 日人들은 외지 수당이다 뭐다 하여 우리보다 2배의 대우를 받았지요. 그래도 연구실에 있는 한국인들은 윤택한 사람들이 많았지요. 생리학 교실에 있는 李甲洙[48] 씨만 해도 인력거로 출퇴근하고, 닭고기만 즐긴다고 소문이 났으니까요.[49]

정일천이 근무한지 3년 후인 1930년에 그의 봉급은 5원이 올라서 60원이 되었다.[50] 교수들의 연봉은 매우 많았는데, 이는 우리 한국인들에게는 거의 허용되지 않았다. 단지 유일준과 백인제를 제외하고는 조교수 이하의 직위였다. 한국인으로 가장 직위가 높았던 兪日濬교수는 1932년 秦任官 5등 7급(종6)이었다.[51] 그의 당시 연봉은 2,150원(秦任官 7급) 수준이었다(수당은 제외).[52]

당시 의사들에 대한 대우가 특히 좋았다기보다는 각종 수당을 제외하고는 동일 급수에 대해서 일본인과 동일했기 때문이었다. 대개가 한국인과 일본인의 보수의 차는 2~3배의 수준으로 차이가 있었다. 정일천의 이야기대로 일본인들은 외지 수당과 부양가족 수당, 그리고 집세 등으로 명목을 붙여서 한국인들과는 차별하여 지급하였다.

의학부에 소속된 한국인과 일본인의 직원 현황은 〈표 40〉과 같다.

〈표 40〉에서 1933년까지는 직원 총 수만을 나타내고 있다. 1934년 이후에는 구체적으로 교직원과 구분해서 통계를 표시하고 있다. 한국인 교직원은 겸임자를 제하면, 겨우 2~4명 정도에 지나지 않았다. 1926년에는 2명이었던 한국인이 교직원 이외의 숫자는 해마다 증가하여 1939년에는 총 직원 460명 중에서 한국인은 146명이었다. 총 직원 중에서 교직원이

---

48) 그도 당시 8급(판임관) 助手였다.
49) 『醫師新聞』「韓國醫學의 百年野史」, 1973.2.19.
50) 위의 책, 昭和 5년, 128쪽.
51) 위의 책, 昭和 7년, 131쪽.
52) 위의 책, 昭和 7년, 5쪽.

아닌 자는 400명인 87%로 매우 많았다. 이 중에서 한국인은 35%에 해당
되었다.

조선총독부의 대학 설립에 대해서는 大藏省과 法制局의 양해를 얻었지
만, 학교의 명칭 문제로 제국대학이냐, 보통대학이냐, 조선제국대학으로
할 것이냐 등의 논란이 많았다. 결국 樞府 本會議에서 1924년 4월 30일 가
결되어 5월 2일 大學官制가 공포되고, 5월 10일에 개교하였다. 이와 같이
모든 준비는 미진하였다. 그 중에서도 가장 중요한 교수진의 구성이 사전
에 계획이 미비한 상태에서 이루어졌다. 이런 상황 하에서 조선총독부 당
국은 1926년 4월 1일, 총독부의원장에 志賀潔시가기요시를 비롯하여 12명의
기초과목 교수와 3명의 조교수, 그리고 4월 27일 2명의 강사를 발령하였
다. 이들 중에서 軍醫출신인 생리학 교수 大塚藤吉오츠카후지요시와 약물학 교
수 杉原德行스기하라토쿠유키, 그리고 병리학 조교수인 小杉虎一고스기도라이
치와 해부학 조교수인 今村豊이마무라유타카, 강사 津田榮즈다사가에 등 5명
을 제외하고는 모두 경의전의 교수들로 대체하였다.

〈표 40〉 경성제국대학 의학부 직원 현황(한국인과 일본인 수의 비교)[53]

연도	한국인	일본인	계	연도	한국인	일본인	계
1926	남 2	22 *4	24 *4	1927	남 8	60 *4	68 *4
1928	남20	93 *4	113 *4	1929	남 57	198 *3	255 *3
1930	남52	216 *4	268 *4	1931	남 64	252 *2	316 *2
1932	남81	264 *4	345 *4	1933	남 99	236 *4 여+22	335 *4 여+22
1934	남 2 * +102	50 *5 +202	52 *5 +304 여+21	1935	남 2 * +108 여+2	51 *5 +237 여+22	53 *5 +345 여+24
1936	남 2 * +104 여+24	52 *4 +256 +3	54 *4 +360 여+27	1937	남 3 * +110 여+2	52 *4 +271 +16	55 *4 +381 여+18
1938	남 3 *2 +117 여+23	50 *5 +265 +5	53 *7 +382 +28	1939	남 4 *1 +136 여+5	52 *3 +238 +21	56 *4 +374 여+26

〈비고〉 직원 난 중 * 표는 겸직자, + 표는 教職이 아님.

이에 대한 경의전 학생들의 심한 반발이 있었다(앞장에서 언급했음). 이들 경성제국대학 초창기의 교수진들은 다음과 같다.

▷ 교수급(1926.4.1일자)

志賀潔(총독부의원장, 京醫專교장)*, 佐藤剛藏(의화학)*, 高木市之助^{다가키이치노스케}(일어)*, 德光美福^{도쿠미츠요시후쿠}(병리학)*, 綿引朝光^{와타비키아사미츠}(미생물학)*, 中西政周^{나가니시마사카네}(생리학)*, 上田常吉^{우에다츠네키치}(해부학)*, 小林晴治郎^{고바야시세이지로}(미생물학)*, 大澤勝^{오자와마사루}(약물학)*, 津崎孝道^{즈자키다카}

53) 앞의 책, 『朝鮮諸學校一覽』, 1939년 5월말, 205~209쪽.

미치(해부학)*, 大塚藤吉^{오츠카후지요시}(생리학)*, 杉原德行^{스기하라토쿠유키}(약물학)*

▷ 조교수급(1926. 4. 1일자)

椎葉藝彌*^{시바게이지}, 小杉虎一^{고스기도라이치}(병리학), 今村豊^{이마무라유타카}(해부학)

▷ 강사급(1926.4.27일자)

稻本龜五郎^{이나모토가메고로}*, 津田榮^{즈다사카에}54) 이에 이어 5명의 추가 발령자가 있었다. 石戶谷勉^{이시도야즈도무} 강사(1926.5.15), 鈴木淸^{스스키기요시} 조교수, 赤尾晃^{아카오아키라} 조교수(1926.7.19), 村正義^{마사요시기} 조교수, 衛藤忠雄^{에토다다오} 조교수(1926.8.26) 이와 같이 초기의 교수진은 모두 일본인들이었다. 한국인은 겨우 助手 3명이 발령 났는데, 그들은 尹日善, 李甲洙, 李鍾綸이었다. 副手는 민병기, 김중화, 김상태, 정윤용 4명이었다(* 표는 경의전 교수 겸임자).

2) 교과과정 및 교육 활동

① 예과 교과과정

먼저 경성제국대학의 예과 수업은 1924년 5월 2일부터 2년간의 교육과정으로 실시되었다. 2년간의 교육과정과 시수는 〈표 41〉과 같다.

---

54) 서울대학교 의과대학사 편찬위원회(편), 앞의 책, 69~71쪽.

〈표 41〉 예과대학 교과과정[55]

학과목	제1학년	제2학년	계
수신	1	1	2
국어 및 한문	2	2	4
제1외국어(독어)	10	10	20
제2외국어(영어)	2	2	4
나전어	-	1	1
수학	4	3	7
물리	3	강의3 실습2 5	강의3 실습2
화학	3	강의3 실습2 5	강의6 실습2 8
식물 및 동물	강의2 실습1 3	강의2 실습2 4	강의4 실습3 7
심리	2	-	2
도화	1	-	1
체조	3	3	6
계	34	34	68

* 2학년의 경우 제2 외국어 및 나전어 대신 수학을 6시간 더 할 수 있음.

　　이와 같이 2년 동안 예과 교육이 시작되었다. 여기서 2학년 과정에서는 실습 시간이 5시간으로 늘어났고, 그 대신 심리와 도화는 1학년 과정에서만 교육하였다. 이렇게 운영되어 오다가 예과의 수업 연한이 연장되었다.[56]

　　이어서 각 학부별 강좌의 종류와 수를 발표하였다.[57] 법문학부와 의학부를 두었는데, 의학부는 본과에 12 강좌를 두었다. 이는 종합대학이라고

<hr />

55) 朝鮮總督府官報,「府令 第21號 京城帝國大學 豫科規程」號外, 大正 13년 5월 2일자 제1장 규칙 제6조
　　「理科의 각 학년에 있어서의 각 학과목의 매주 교수 시간은 다음과 같다.」
56) 조선총독부,『施政 30年史』, 昭和 15년, 조선인쇄주식회사, 369쪽.
　　설립 당초 중학교 졸업 정도인 자를 입학시키는 방침으로 수학 연한을 2년으로 하였지만, 昭和 9년(1934) 4월에 수학 연한을 연장하여 입학 자격을 중학 4년 수료 정도로 하였다.
57) 官報, 勅令 第47號, 京城帝國大學 各學部ニ於ケル講座種類及其ノ數, 號外, 大正 15年 4月 1日字.

말하기보다는 겨우 2개 학부를 합한 複科대학으로 출발하였다.[58]

1926년 4월 1일 총독부령 제30호로 대학규정[59]이 공포되었다. 이어 의학부 규정[60]의 교과과정에 따라 1926년 5월 1일부터 수업이 시작되었다.[61] 이렇게 하여 경성제국대학 의학부가 개교되었다. 1926년에는 6학급으로 시작하여 그 다음해는 12학급, 1928년에는 25학급, 1929년부터는 계속 26학급을 유지하였다.

② 본과 교과과정

각 교과는 기초의학 분야와 임상의학 분야로 나누었는데, 기초의학은 칙령 제47호에 의거하여 해부학 3강좌, 병리학 2강좌, 생리학 2강좌, 의화학 1강좌, 약물학 2강좌, 병리학 2강좌, 미생물학 2강좌가 각각 설치되었다.

임상학과는 1928년 4월 17일에 공포된 칙령 제58호[62]에 의거하여 내과학 3강좌, 외과학 2강좌, 정형외과학 1강좌, 산부인과 부인과학 1강좌, 피부뇨기과학 1강좌, 안과학 1강좌, 이비인후과학 1강좌, 소아과학 1강좌, 정신신경과학 1강좌로 설정되어 1928년 4월 18일부터 각 강좌의 담임 교수를 발령하였다.

또 1929년 7월 1일 〈醫學部規程中 改正〉[63]에 의거 경성제국대학 의학부에서 지정된 학과목을 이수한 자에게 의학사 학위를 수여하기로 하였다. 이는 제1회 졸업생부터 시행했다(제4장 5, 6조).

그 이후 계속하여 대학으로서의 체제를 갖추어 가게 되었는데, 의학박

---

58) 高楠榮,「大東亞の指導と朝鮮」,『朝鮮の回顧』, 近澤書店, 1945, 189쪽.
59) 官報, 府令 第30號 大學規程, 號外, 大正 15年 4月 1日字.
60) 官報, 學事, 京城帝國大學 醫學部 規程, 第4,102號, 大正 15年 4月 24日字.
61) 官報,「府令 第31號 京城帝國大學醫學部는 大正 15年 5月 1日부터 수업을 개시 한다.」, 號外, 大正 15年 4月 1日字.
62) 官報,「勅令 제58호 大正 15年 勅令第47號中左ノ通改正ス」, 제392호, 昭和 3년 4월 17일자.
63) 官報, 學事, 醫學部規程中改正, 제749호 昭和 4年 7月 1日字.

사 학위 수여를 위한 제도도 만들었다. 1932년 1월 13일 문부성의 승인을 얻어 〈京城帝國大學 學位規則〉[64]을 만들었다. 이 규칙에 따라 대학원이 설치되었고, 1932년 4월 25일에 2명의 신입생이 등록하였다.[65] 이 학교 최초의 박사 학위는 中西政周[나카니시마사카네](생리학 제1강좌 담임) 교수에게 수여했다. 한국인으로서는 李鍾綸의 독일어로 된 논문이 교수회의 심사를 거쳐서 경성제국대학 의학부 제3호로 의학박사 학위를 받았다(1932. 12.24).[66]

경성제국대학 의학부는 이와 같은 과정을 통하여 명실공히 대학으로서의 모든 체제를 갖춘 의학교육을 실시했던 것이었다.

학사 운영은 경의전이 2학기제로 운영했는데, 이에 비해서 경성제대 의학부는 3학기제로 운영하였다.

〈표 42〉 경성제국대학 의학부 매주 수업 시수[67]

과목	학기	1학년			2학년			3학년			4학년		
		1학기	2학기	3학기	1학기	2학기	3학기	1학기	2학기	3학기	1학기	2학기	3학기
해부학	계통 해부학	8	6	6									
	조직학	3	2										
	해부학 실습		2회*	2회*	2회*								
	조직학실습 현미경사용법		2회*	2회*									
	태생학	1	1	1									
	국소해부학					2							
생리학	생리학	6	6	6									
	생리학실습				2회*								
의화학	의화학	4	2	2									
	의화학실습	2회*	2회*										

64) 京城帝國大學 學報, 〈京城帝國大學學位規則〉, 제59호, 昭和 7년 2月 5日.
65) 앞의 學報, 〈大學院 入學 許可〉, 第62號, 昭和 7년 5월 5일자.
66) 奇昌德, 「의학 교육의 현대화 과정」, 앞의 책 제3권 제1호, 1994, 104쪽.
67) 경성제국대학 의학부 규정, 제1장 제2조.
    본 학부에서 수업하는 과목 및 그 매주 시간 수는 아래와 같다. 교수상 특별한 필요가 있을 때는 이를 변경할 수 있다.

분야	과목											
미생물학	미생물학			2	2	2	2					
	기생충학			1	1	1	1					
	미생물학 실습				2회*	2회*	2회*					
	기생충학 실습											
	면역학 및 실습					2	2	2				
약리학	약리학(처방학포함)			2	4	2	2					
	약리학 실습						1회*					
병리학	병리총론			4	4							
	병리각론				2	4						
	병리조직학 실습					1회*	2회*					
	병리해부 실습				時	時	時	時	時	時	時	時
위생학 예방 의학	위생학·예방의학					2	2	2				
	위생학·예방의학 실습						1회+	1회+				
법의학	법의학								2	2	1	
내과학	진단학 및 실습						3	3	3			
	내과각론 및 임상강의							△				
	외래환자 임상강의						6	6	6	6	6	6
외과학	외과학총론						3	3	3			
	붕대 실습							△				
	외과강론 및 임상강의						6	6	6	6	6	6
	외래환자 임상강의						△	△	△	△	△	△
	외과수술 실습							△				
정형외과학	정형외과학 임상강의						1	1	1			
	외래환자 임상강의						△	△	△		△	△
산과학 부인 과학	산과학·부인과학						3	3	3	3		
	산과부인과 임상강의								2	2	2	
	외래환자 임상강의								△	△	△	
	산과 모형 실습								△			
피부 과학 비뇨기 과학	피부과학						2	2	2			
	비뇨기과						1	1	1			
	피부과·비뇨기과 임상강의								1	1	1	
	피부과·비뇨기과 외래환자 임상강의								△	△	△	
안과학	안과학						3	3	3			
	안과 임상강의								1	1	1	
	외래환자 임상강의								△	△	△	
	檢眼法 및 視機檢査法實習							1	1			
이비인 후과학	이비인후과학						2	2	2			
	이비인후과 임상강의								1	1	1	
	외래환자 임상강의								△	△	△	
	이비인후검사법 실시							△	△			

소아과학	소아과학							2	2	2			
	소아과 임상강의										1	1	1
	외래환자 임상강의										△	△	△
	種痘 실습										△		
理學的療法科學	理學的療法科學 임상강의										1	1	1
신경과학 신경과학	精神科學·神經科學							1	1				
	精神科學 임상강의										2	2	2
	외래환자 임상강의								△	△	△	△	△
치과학	치과학 및 임상강의									1	1	1	△
醫學史, 醫事法則, 社會醫學, 比較解剖學 人類學, 遺傳學, 醫心理學, 特別講義		科外 講義(隨時)											
합 계		22	17	24	22	18	14	23	28	29	27	23	22

△ 표시는 학생을 몇 개의 조로 나누어 수업,

＊ 표시는 3시간씩, ＋ 표시는 2시간씩이다.

1학기는 4월, 2학기는 9월, 3학기는 1월로 하여 운영하였다.[68]

경성제국대학 의학부규정 제2조를 보면, 학년별 교과목과 매주 수업 시수가 명시되어 있다. 경성제국대학 의학부의 매주 수업 시수는 〈표 42〉와 같다.

교과는 20과목과 과외의 과목으로 의학사, 의사법칙, 사회의학, 비교해부학, 인류학, 유전학, 醫心理學, 특별 강의를 수시로 하였다. 3・4학년의 경우 과목에 따라서는 학생들을 몇 개의 조로 나누어 강의를 하였다. 3학기 동안 각 학년의 주당 시수는 1학년이 63단위(22, 17, 24), 2학년이 54단위(22, 18, 14), 3학년이 80단위(23, 28, 29), 4학년이 72단위(27, 23, 22)로 총 269단위에 해당하는 수업을 받았다. 물론 이외에도 수시로 과외 강의

---

68) 경성제국대학 의학부 규정, 제1장 제1조 학년을 나누어 다음 3학기로 한다.
　　제1학기 4월 1일부터 8월 31일까지
　　제2학기 9월 1일부터 12월 31일까지
　　제3학기 1월 1일부터 3월 31일까지

가 있고, 또 병리해부학 실습을 2학년 때부터 수시로 실시하였다. 주로 1·2학년 때에는 해부학, 생리학, 의화학, 미생물학, 약리학, 위생학 예방의학을 강의하였고, 3·4학년은 주로 전문 과목에 해당하는 해법의학, 내과학, 외과학, 정형외과학, 산과학부인과학, 피부과학, 비뇨기과학, 안과학, 이비인후과학, 소아과학, 理學的療法科學, 신경과학, 치과학에 관한 강의 내용이었다.

또 전공생과 청강생제도가 있었다. 전공생은 의사 자격을 가진 사람이 전공과목을 이수할 목적으로 할 때 지원할 수 있게 되어 있으며, 연구료라는 이름의 수업료를 지불해야 하였다. 또 의사에 대한 補修敎育을 목적으로 하는 강습과도 설치되었다. 1928년에 첫 수료자 62명을 배출한 이래, 해마다 사회활동을 하고 있는 수많은 의료인들에게 새로운 의학 지식을 공급해 주는 역할을 하였다. 그러나 일제는 이를 통한 어떤 이면의 목적을 가지고 이와 같은 제도를 실시했을 것이다.

청강생제도(경성제국대학 의학부규정 제3조)는 다른 학부의 학생이 본 학부장의 허가를 얻어, 본 의학부의 과목을 청강할 수 있었다.

경성제대의 학생들이 배출되기 시작하자 박사 학위를 줄 수 있는 규정을 만들었다.

이는 1931년 6월 11일 일본 칙령 제268호로서 「학위 수여에 관한 건」이 반포되고 나서였다. 이 학위수여규정에[69] 의해서 1932년 9월 24일부터 박사 학위를 수여하기 시작하였다. 첫 학위 취득자는 앞서 이야기한 일본인 교수 中西政周나카니시마사카네였고, 한국인으로서는 그 해 李鍾倫이 처음이었다. 그 이후 1940년까지 한국인 박사학위 취득자 수는 43명이었고, 그 명단은 다음과 같다.

---

[69] 경성제국대학 학위규칙(1932.1.3).

李鍾綸, 吳一承, 李丙勳, 朴鍾榮, 金河橙, 金重華, 金銓植, 許　信, 朴鍾濬, 晋宙鉉, 鄭壹千, 尹基寧, 金晟鎭, 李世珪, 金衡翼, 金能基, 李容尙, 林昌業, 秦柄鎬, 明大赫, 許　逵, 李仁圭, 安鍾一, 朱鍾勳, ·李聖鳳, 李鍾鎬, 梁哲煥, 李在棍, 張　慶, 鄭槿陽, 姜洙瞞, 白基昊, 尹泰權, 金錫煥, 崔在緯, 白承鑛, 金承鉉, 金連熙, 崔義楹, 趙炳學, 金應允, 李相堯, 韓基澤.[70]

〈표 43〉 경성제국대학 의학부의 교수진(기초의학, 1925~45)[71]

학과	강좌	교수
해부학	제1강좌	담임교수 上田常吉(1926.4.1. 補 의학부장), 조교수 鈴 木淸(任 1926.9.13.) 美國在留 1933.11.8.~1935.7.20.
	제2강좌	담임교수 津崎孝道, (任 1926.4.1) 미국재유 1927.5.13. 조교수 尾村正義 (1926.8.26.~1931.3.28.), 조교수 小濱基次(1926.9.13.~1932.5.12.), 조교수 松本淸(1935.4.13.) 出征(1938.10.25~?)
	제3강좌	조교수 今村豊(任 1926.4.1.), (담임교수 1928.4.18.),(補 의학부장1938.10.25~ 1940.10.25) 조교수 荒瀨進, 任 1929.4.24.~1933.9.22. 조교수 島五郎,任 1936.7.24
생리학	제1강좌	담임교수 中西政周, 任1926.4.1. 조교수 橋本程次 任 1931.3.16.出征 1938.9.30.
	제2강좌	담임교수 大塚藤吉, 任 1926.4.1. 조교수 衛藤忠雄, 任 1926.8.26~33.5.30. 조교수 矢野眞琴, 任 1940.5.3~1941.6.20.
의화학	제1강좌	담임교수 佐藤剛藏, 任1926.4.1. 兼 경성의전 교장 1927.10.7. 分擔 1931.3.30. 再 담임교수 1933.4.6. 轉 1935.3.30.
		교수 中島拓, 任 1931.4.23. 分擔 1933.4.6. 미국재유 1933.1.24~34.2.24. 分擔 1934.5.9. 담임교수 1935.3.30.
		조교수 赤尾晃, 任 1926.7.19.~38.3.31. 조교수 黑田嘉一郎, 任 1926.9.13.
약물학 (약리학)	제1강좌	담임교수 大澤勝, 任 1926.4.1. 조교수 鹽谷信男, 任 1928.4.11. 轉 1930.4.19. (東大) 조교수 北原靜雄, 任 1930.4.16. 死 1932.7.6. 겸조교수 挾間文一, 任 1935.7.11.~36.6.11. 조교수 上田重郞, 任 1938.7.19. 轉
	제2강좌	
병리학	제1강좌	담임교수 德光美福, 任 1926.4.1.조교수 尹日善, 任 1928.3.30.(副手 1926.6.21. 助手 1927.2.28.)~1929.4.18. 조교수 赤沼順四郞, 任1930.10.18.~1940.10.30. 조교수 西尾直人, 任 1941.
	제2강좌	

70)『서울대학교 의과대학사』, 73-4쪽.
71) 기창덕,「의학교육의 현대화 과정」, 앞의 책, 제3권 제1호, 1994, 103쪽.

미생 물학	제1강좌	담임교수 綿引朝光, 任 1926.4.1.~1937.6.2. 담임교수 志賀潔, 任 1927.6.2. ~1930.6.11. 담임교수 中村敬三, 任 1930.6.11. 미국재유 1931.7.18.~1933.5. 19. 免 1935.7.18, 교수 細川正一 담임교수 1937.4.13.
		제2강좌 기생충학
위생학 (예방 의학)	제1강좌	담임교수 綿引朝光, 任 1927.6.2. 미국재유 1927.11.9.~1928.10.21.
		조교수 水島治夫, 분담 1927.4.5. 미국재유 1928.4.11. 분담 1933.11.7. 任 교수 1934.10.4. 담임교수, 轉 1940.9.26.(九州帝大교수) 강사 須川豊 1940.11.4. 분담 교수 木村正一, 任 1941. 담임교수
		兼 조교수 椎葉 芳 분담 1928.1.10~10.21. 任 교수 1931.2.26. 免 교수 2.27. 조교수 大神盛正, 任 19?
법의학	제1강좌	교수 佐藤武雄, 任 1929.4.27. 담임교수 1929.4.27. 미국재유 1931.7.18.~1933.5.19. 補 의학부장 1940.10.25.~1944.7.11.
		조교수 國房二三, 任 1931.5.22. 분담 1931.9.11.~1933.5.19. 轉 1940.7.27.(長崎醫大敎授)

〈표 44〉 경성제국대학 의학부 교수진(임상의학, 1925~45)[72)]

*표는 1945년 이후까지

학 과	강 좌	교수 변동
내과학	제1강좌	교수岩井誠四郎, 任1927.4.6. 담임교수 1927.6.2. 補 부속의원장1934.5.31.*
	제2강좌	교수 伊藤正義, 任1927.5.11. 담임교수 1928.4.18. 西歐. 美在留 1927.5.13~1928.8.26. 補 附屬醫院長 1944.6.1.~1944.10.25.*
	제3강좌	조교수 成田夬介, 任1927.4.5. 分擔1928.4.18.~8.26.免1929.12.18. 조교수高永珣, 任1928.12.23.免12.26.
		조교수稻田宣男, 任1928.29.免1940.6.10. 조교수風呂中不二夫, 任1929.4.24. 免1938.5.31. 조교수三木榮, 任1933.2.24.轉1935.8.13.조교수 油谷友三, 任19?조교수 野坂三技, 任19?.在留1935.7.15.~? 轉1938.1.17.
외과학	제1강좌	교수松井權平, 任1927.4.5. 담임교수1927.6.2. 補부속의원장1932.5.31~1934.5.31.*
	제2강좌	조교수小川蕃, 任1927.4.5. 담임교수1928.4.18. 死1939.9.1. 교수本名文任, 任1940.1.30.담임교수*
		조교수 岩野權治, 任1938.7.19.分擔1939.9.21.~1940.1.30. 조교수 中野祐. 任1940.8.2.*
안과학	제1강좌	교수早野龍三, 任1927.5.10.담임1928.4.18. 補원장1928.6.1~1930.5.31. 교수任勝三, 任1942.담임교수*
		조교수 中島墾, 任1928.6.23. 免1933.9.15. 조교수 江波知隆, 任1935.4.13.免1939.10.6.조교수 橘川篤, 任1940.8.2. 조교수 森田回郎, 任1943.4.*

72) 위의 책, 105쪽.

소아과	제1강좌	교수 土橋光太郎, 任1927.5.11. 담임교수1928.4.18. 補의학부장1929.10. 20.西歐, 美在留, 1929.8.14.~1930.8.7. 免1941.4.5. 교수 和田成之,任19?*
		조교수原弘毅, 任28.12.20. 分擔29.10.9~30.8.7. 免1931.6.30. 조교수高井俊夫, 任1932.7.20.*
부인과학	제1강좌	교수高南榮, 任1927.5.11.담임교수1928.4.18.西歐, 美在留1927.5.26.補의학부장1929.10.20.~1935.10.20.補 부속의원장1936.5.31.~1938.5.31. 免1941.4.5.교수 秦清三郎, 任19?*
		조교수 橫山茂樹, 任1927.5.26.分擔1928.4.18.~1928.7.13.西歐,美在留1928.6.19.轉任 경성의전교수1929.9.14.
		조교수 井上繁, 任1929.4.24.免1942.9.21.
정신신경과학	제1강좌	교수 久保喜代二, 任1927.5.11.담임교수1928.4.18. 轉1941.6.4.담임교수 渡邊道雄, 任19?*
		조교수 服部六郎, 任1928.12.20.免1942.1.31.조교수 伊東 高麗人, 任19?*
이비인후과학	제1강좌	교수 小林靜雄, 任1928.3.20. 담임교수1928.4.18. 龍山鐵道醫院醫長1928.10.13. 補 부속의원장 1940.5.31~1942.6.1.*
		조교수 廣田康寬治, 任1927.7.19.轉1935.5.29. 조교수 三宅彰, 任1940.4.13.出征1938.9.30. 死1944. 조교수 須江奎二郎, 任19?*
피부비뇨기과학	제1강좌	교수 廣田康, 任1928.3.20. 담임교수1928.4.18. 補 부속의원장, 1930.5.31.~1932.5.31. 免1938.7.9.교수 北村精一, 任1939.3.25.담임교수 補 부속의원장 1942.6.1.~1944.6.1.*
		조교수 石渡忠太郎,任1928.8.3.~1939.3.25.轉1940.5.1.
정형외과학	제1강좌	교수 中村兩造, 任1928.3.20. 담임교수1928.4.18. 西歐.美 在留1928.9.24.~1930.11.24.免1940.12.19.교수 鈴木忠一郎,任 담임교수19?*
		조교수 鈴木元晴,任1928.4.18.轉補 방사선과 1940.5.11.
방사선과		조교수 鈴木元晴,分擔1940.5.25.*

그리고 당시의 기초의학과 임상의학의 교수진들은 〈표 43〉과 〈표 44〉와 같이 정리할 수 있다.

③ 경성제국대학 의학부의 특색적인 교육 내용

신설 경성제국대학 의학부 기초의학이나 임상의학은 일본의 제국대학 의학부에 비해 손색이 없었다. 강좌 시수로 볼 때 해부학 3, 생리학 2, 의화학 1, 병리학 2, 약물학(后에 약리학) 2, 미생물학 2, 위생학 1, 법의학 1, 내과학 3, 외과학 2, 정형외과학 1, 안과학 1, 소아과학 1, 산부인과학 1, 피부비뇨기과학 1 이외에도 치과(강좌는 없음)도 교육하여 일본 대학에 손색없는 한국 의학의 중추 전당이 된 것이다. 특히 이 의학과의 두 가지 특색은 하나는 미생물학에 제2강좌를 설치한 것과 다른 하나는 약물학에 제2 강좌를 설치한 것이었다.

당시 한국에는 풍토병이 있어 폐디스토마병이나 말라리아 환자 등이 많아, 한국인들에게 해독을 끼치고 있었다. 이와 같이 동물성 病源으로 인한 질환자는 한국 특종의 것으로 신설 의과대학으로서는 이 방면의 연구가 필요했고, 예방의학에 공헌하며, 그 病源을 절감하지 않으면 안 되는 실정이었다. 그래서 미생물학 제2 강좌를 열도록 하였다.

이에 해당하는 강좌는 조선총독부의원의 연구과와 연계된다고 말할 수 있다. 이는 조선인들의 인체연구와 관련되는 내용이었다.

약물학 제2강좌는 초근목피(草根木皮)를 주로 하는 한약 연구를 그 사명으로 하고 있고, 조선에 설립된 의과대학으로 타당한 것이고, 뜻 있는 강좌였다.[73]

이 두 가지가 경성제국대학의 특색 사업으로 추진된 것이었는데, 이는 그 이면에 일제가 조선 통치를 위한 의학을 도구로 시도한 것이었다. 즉, 그 전에는(조선총독부의원 때) 연구과를 두어 실시했던 사업을 이제는 본격적으로 한약 연구를 위한 약물학 제2강좌를 개설하여 기존의 우리의 한방의를 점령하고자 하는 정치적 목적이 경성제국대학 의학부의 특색 사업이었음을 지적해 볼 수 있다.

한국 학생들의 민족적 운동은 1920년대 후반 이후부터 찾아보기 힘들게 되었다. 그러나 여기서 특기할 만한 학생들의 활동 하나가 있었는데, 그것은 〈한글보급운동〉이었다.

이 운동은 조선일보사 주체로 1934년 6월 10일에 "아는 것이 힘", "모르는 것이 원수"라는 두 표어를 내 걸고, 민중적 사업으로 청년 학생들이

---

73) 佐藤剛藏 著, 李忠浩 譯, 「경성 제국 대학 의학부의 구상과 특색」, 앞의 책, 128~129쪽.

궐기를 호소하였다. 이 문자 보급운동에 참가한 학생 수는 125개교 5,078명이었다. 이 운동은 3·1운동 이후 가장 큰 학생운동으로 볼 수 있다. 여기에 경성제국대학 의학부 학생들이 85명이나 참가하였다. 또 경의전 학생이 29명, 대구의전 학생이 7명이었다(松都高普 650명으로 가장 많았고, 그 다음이 普成高普 422명 순이었다).[74]

이미 이 때는 경의전을 비롯한 고등교육 기관의 과반수이상의 학생은 일본 학생들이었기 때문에 민족운동에 참가한다는 것은 극히 힘든 분위기였다. 따라서 전문학교 이상의 학교에서 참가한 학생 수는 매우 적게 나타나고 있다.

④ 학술 연구 사업

경의전 때부터 의관들을 중심으로 재외연수제도를 만들어 교수들에게 해외 연수를 실시하였다. 이 해외연수는 경성제대 의학부가 개설되기 이전부터 이 의학부에 교수로 임용될 대상자들을 중심으로 보내기도 하였다.[75]

경의전 때 佐藤剛藏사토고오쬬는 독일에 유학했을 때 독일 서점에서 도서·잡지를 구입해 왔다. 이런 일들은 모두 의과대학 개설 준비의 하나였다고 그는 이야기하고 있다.[76]

앞의 〈표 39〉에서 연도별로 재외연구 중인 자의 수를 표시하였는데, 1928년에서 1930년 사이에 가장 많았다. 보통 매년 1~2명 정도였는데, 이 시기는 3~4명이나 되었다. 구체적으로 살펴보면, 1926년에는 杉原德行스기하라토쿠유키, 大塚藤吉오츠카후지요시, 小杉虎一고스기도리이치, 今村豊이마무라유타카 4명이고, 1927년에는 津崎孝道즈자키다카미치 1명이고, 1928년에는 高楠榮다카

---

74) 朴星義, 「일제하의 언어 문화정책」, 『日帝의 文化侵奪史』, 아세아문화연구소, 민중서관, 1976, 291~293쪽.

75) 주로 미국, 영국, 프랑스, 독일 4개국으로 파견하였다.

76) 佐藤剛藏 著, 李忠浩 譯, 앞의 책, 98쪽.

276   일제 암흑기 의사 교육사

綿引朝光^{와타비키이사미츠}(위생과), 伊藤正義^{이토미사요시}(이비과) 3명이었
다. 1929년에는 中村兩造, 久保喜代二, 橫山茂樹, 水島治夫 4명이었다. 이
와 같이 계속해서 해외 연수자를 파견시켜 연구와 견문을 넓히고 돌아오
게 하였다.

이와 같은 혜택의 기회가 우리 한국인들에게는 주어질리 없었다. 전부
일본인 교수들이 독점하였다. 연구비까지도 일본인 교수들의 독점이었
다. 당시 연구비의 종류로는 일본제국 학사원 학술보조 연구비(200~
1,500원), 재단법인 服部報公會 학술연구비 원조(500~3,150원), 일본 학
술진흥회 연구비 보조(200~1,845원) 등이 있었으나, 물론 그 혜택은 전부
일본인이 독점하였다. 한국인으로는 고작 일본인 교수와 합작으로 金明
學, 朴乾源, 申雄浩 등이 동참하였다. 그 연구비로 연구한 연구 논문의 주
제는,

  ▷ 김병학, 小川蕃^{오가와반}: 北鮮에 있어서의 特有한 骨疾患(500원), 1929
  ▷ 김명학, 小川蕃: 朝鮮에 있어서의 地方病的 關節 疾患(土疾)(300원), 1931
  ▷ 박건원, 小川蕃: 朝鮮 北部 山間 地方에 있어서의 地方病的 骨關節疾
     患(土疾)(350원), 1931
  ▷ 신응호, 高楠榮: 內鮮婦人의 체질의 비교 연구(300원), 1938 등이었다.[77)

3) 입학 및 졸업생 현황

① 입학

학생들의 입학은 예과 졸업생들이 대부분이고, 경의전 출신, 지방의 대
구·평양 의학전문학교 출신들이었다. 또 전공과생과 청강생 제도가 있
었는데, 이들의 입학 자격은 전공과생은 의사 자격을 가진 자가 전공 학과
의 이수를 목적으로 할 때 지원할 수 있게 되어 있고, 연구과란 이름 그대

---

77) 서울대학교 의과대학사 편찬위원회(편), 앞의 책, 71~72쪽.

로 수업료를 내고 연구하는 연구생들을 말한다. 청강생은 다른 학부 학생들이 들을 수 있었다.

그리고 일반 교과목 중 영어로 인하여 다른 일반 학과를 경시하고, 그 결과 국민 교육 체제를 파괴할 우를 범할 것을 우려하여 教學 쇄신의 정신에 비추어 管下 대학 예과·고등전문학교의 입학 시험과목에서 영어가 1940년부터 폐지되었다.[78]

경성제국대학에 입학한 학생 총 수를 각 학부별 연대별로 비교하여 정리하면 <표 45>와 같다.

〈표 45〉 경성제국대학 연도별 전체 학생수(1924~1938)[79]

	예과			법문학부			의학부			총계		
	한국	일본	계	한국	일본	계	한국	일본	계	한국	일본	계
1924	44	124	168							44	124	168
1925	91	228	319							91	228	319
1926	103	235	338	33	51	84	14	52	66	150	338	488
1927	104	204	308	53	101	154	32	112	144	189	417	606
1928	112	202	314	84	142	226	56	156	212	252	500	752
1929	109	186	295	81	147	228	80	202	282	270	535	805
1930	86	216	302	87	137	224	96	198	294	269	551	820
1931	102	216	318	82	131	213	98	204	302	282	551	833
1932	110	214	324	91	144	235	85	212	297	286	570	856
1933	97	217	314	98	129	227	85	217	302	280	563	843
1934	109	200	309	95	132	227	65	233	298	269	565	834
1935	112	197	309	102	135	237	71	236	307	285	568	853
1936	159	288	447	67	99	166	62	208	270	288	595	883
1937	165	296	461	69	87	156	57	202	259	291	585	876
1938	185	329	514	64	94	158	67	181	248	316	604	920

78) 朝鮮總督府, 『施政 30年史』, 「高等專門學校入學試驗に於ける英語廢止」, 759쪽.
79) 『朝鮮敎育年鑑(1936년)』, 『朝鮮諸學校一覽(1940)』, 『朝鮮年鑑(1944)』 등에서 작성함.

〈표 45〉에서 보면 예과의 학생 수가 1936년 138명이나 급증하여 400명 대를 넘었다. 이후 계속 증가하여 1938년에는 500명 대를 넘었다. 이는 1937년 중·일 전쟁과 관련되는 것인지, 아니면 태평양 전쟁 준비를 위한 사전계획에 의한 교육의 양상이 아닌가 짐작해 볼 수 있다. 이보다 유력한 이유로는 당시 일본 경제가 최고의 호황기였기 때문에 학생 수가 증가되었다고 사료된다.

② 졸업생 현황

1930년의 의학부 제1회 졸업생의 총 수는 45명이었다. 이들 중에서 한국 학생 수는 겨우 12명(24%)에 불과했고, 일본 학생 중에서 13명은 졸업하지 않고 일본으로 귀국하여 32명의 학생이 그 해 졸업장을 받았다. 개교부터 1943년까지의 졸업생의 수는 한국 학생이 265명이고, 일본 학생이 691명으로 총 956명이었다. 이는 일본 학생이 72% 이상을 차지하고 있다. 당시 경성제국대학 의학부의 학생 분포가 이와 같은 형편이었다. 이를 볼 때, 한국 학생들의 입학을 여러 가지 방법으로 억제하고 있었다는 것을 알 수 있다. 경성제국대학 의학부의 교육은 일본인 자제들에게 본국 연계 교육을 실시할 목적으로 설치한 것이었다. 이 현상은 의학부의 경우가 가장 심하기는 하나 예과에서나 법문학부의 경우도 마찬가지였다. 이 학생 분포 비율은 〈표 46〉과 같다.

<표 46> 경성제국대학의 학생 분포(1924~1938)[80]

학부 \ 국별	한국인(비율)	일본인(비율)	계
예과	1,688(33.5%)	3,352(66.5%)	5,040
법문과	1,006(39.7%)	1,529(60.3%)	2,535
의학부	868(26.5%)	2,413(73.5%)	3,281
계	3,562(32.8%)	7,294(67.2%)	10,856명

* 이 통계는 매년 총 학생수를 합산한 숫자임.

이와 같이 학생들의 분포를 보면 대부분이 일본 학생들이었으므로 이들의 교육 또한 일본의 대학 직제에 따라서 교육이 이루어지지 않을 수 없는 현상이었다.

경성제국대학은 개교 21년 만에 폐교되었다. 그간 의학부는 17회에 걸쳐 310명의 한국인 의사를 배출하였다. 이들의 각 회 별 졸업생 수는 〈표 47〉과 같다.

〈표 47〉 각 회 졸업생 수(한국인 1930~45년)[81]

회(연도)	졸업생 수	회(연도)	졸업생 수
제1회(1930)	12명	제10회(1939)	16명
제2회(1931)	14명	제11회(1940)	4명
제3회(1932)	21명	제12회(41.3)	20명
제4회(1933)	18명	제13회(41.9)	18명
제5회(1934)	29명	제14회(1942)	24명
제6회(1935)	15명	제15회(1943)	29명
제7회(1936)	12명	제16회(1944)	18명
제8회(1937)	22명	제17회(1945)	27명
제9회(1938)	11명	계	310명

---

80) 『朝鮮 敎育年鑑(1936)』, 『朝鮮 諸學校要覽(1940)』에서 참조.
81) 서울대학교 의과대학사 편찬위원회(편), 앞의 책, 80쪽에 나오는 내용을 도표로 정리한 것임.

1941년에는 3월과 9월 전시(태평양 전쟁)체제에서 동시에 졸업시켰다.

경성제대 의학부 제1회 졸업생(1930년)은 예과에 16명이 입학해서 4명이 중도에 그만두고 12명만이 졸업하였다. 제1회와 마지막인 제17회의 명단은 아래와 같다.

[제1회(1930년)]

金能基, 金鳳應, 金星鎭, 金龍業, 明桂完, 朴乾源, 朴天圭, 尹鳳憲, 李世珪, 李義植, 李正馥, 咸元英

[제17회(1945년)]

姜重求, 金慶集, 金東浩, 金世景, 金永蚪, 金亨鎭, 金熹泰, 盧鐘文, 朴明璣, 朴昌濟, 咸鏞周, 蘇柱永, 孫凌得, 安慶龜, 梁源吉, 吳世春, 尹光秀, 李石柱, 李鼎柱, 李永好, 李履成, 鄭尙柔, 鄭寅鎬, 朱相淳, 洪性圭, 洪淳湜, 洪相蝗[82]

이들 졸업생들의 활동은 경성의전, 사립 세브란스의전, 사립 경성여자의전, 대구의전, 평양의전 그 외 지방의 각 자혜의원에 근무하였다. 이들 졸업생들이 각각 근무지 별로 조사된 사람들만 정리해 본다.

■ 사립 세브란스의전에 근무한 자[83]

▷ 鄭壹千: 기초의학인 해부학 조교수(1936~1941) ▷ 朴昌薰: 기초의학인 해부학 강사(1913~?)

■ 경의전에 근무 한 자

▷ 金鳴善: 생리학 교수(1932~1950) ▷ 李錫申: 의화학 강사(1928~1933)에서 교수(1933~1944) ▷ 尹日善: 병리학 강사(1926~1929)에서 교수

---

82) 위의 책, 80쪽.
83) 사립 세브란스연합 의학전문학교, 『세브란스 연합 전문학교 일람』, 1936, 17쪽.

(1929~1945) ▷ 李永春: 병리학 강사 ▷ 崔永泰: 미생물학 강사(~1934)에서 교수(1934~1945), 위생학 교수(1940~1943) ▷ 金昌世: 위생학 조교수 (1925~1928) ▷ 李世珪: 약리학 조교수에서 교수(1935~ 1952) ▷ 李觀泳: 약리학 교수(1923~1933).

■ 대구의전에 근무한 자[84]

▷ 李明薰: 이비인후과 강사(1934.4~5)에서 조교수(1935.5~1936.5).

■ 사립 경성여자의전에 근무한 자[85]

기초의학 담당자 ▷ 羅世振: 1932년 졸업, 해부학 교수(1939.3~), ▷ 李明馥: 1939년 졸업, 해부학 조수(1939.3~), ▷ 李鍾綸: 경의전 1924년 졸업 후 경성제국대학에서 한국인 최초 박사 취득, 생리학 교수, ▷ 李濟九: 1937년 졸업, 병리학 교수(1939.3~), 許逵(1932년 졸업, 세균학 교수, ▷ 朴鎭泳: 1941년 졸업, 세균학 조수(1939.3~), ▷ 吳鎭燮: 1932년 졸업, 약리학 교수(1939.3), 임상의학 담당자 ▷ 李正馥: 1930년 졸업, 제2내과 교수(1941.8~), ▷ 韓基澤: 1932년 졸업, 이비인후과 교수(1941.8~), ▷ 申雄浩: 1932년 졸업, 산부인과 교수(1941.8~), 1938.1.10. 大阪帝國大學 의학부에서 박사 학위 취득, ▷ 韓龍杓: 1942.6.7 東京帝國大學 의학부에서 학위를 취득하였다.[86] 이처럼 여자의전에서는 한국인을 많이 채용하

---

84) 대구의학전문학교, 『대구의학전문학교일람』, 昭和 12년.
85) 佐藤剛藏 著, 李忠浩 譯, 「재단법인 경성여자의학전문학교의 창설」, 앞의 책, 147쪽. 나는 원칙으로 교수, 조교수는 조선인으로 하고 일본인으로 다른 학교의 현직자에게 강사를 겸해 주도록 해서, 주체는 조선인이 되도록 염원한 것이 나의 방침이었다. 경성의 대학이나 일본의 대학 그리고 의전을 나온 조선인으로 적임자는 교수로 할 예정으로 각 방면으로 교섭하였다. 그 때문에 나는 일본 본토의 대학에도 가서 물색 해 보았다. 다행히도 대부분은 城大(경성제국대학) 의학부로부터 적당한 인재를 추천 받았다.

였다. 경의전 임상의학 담당 ▷ 鄭民澤: 1945.9.8. 경성제국대학 의학부에서 학위 취득, 내과 교수(1926~1927), 강사(1927~1930)로 활약하였다.

평양의전의 경우는 한국인 의사를 전혀 채용하지 않았다.

먼저 의전이 생기기 전인 평양의학강습소 출신인 公炳禹는[87] 총독부 의사시험에 합격하여 의주도립병원에서 임상 수련을 받았다. 그 후 그는 경의전 병리학 교실 稻本龜五郎[이나모토가메고로] 교수 밑에서 조수로 들어가 병리학을 공부했다(1929). 1930년에서 1934년까지 안과 조수로 근무했고,[88] 1935년 4월부터 경성제국대학 의학부 병리학 교실 德光교수의 개인 문하생으로 지도를 받았다. 그후 1936년 나고야(名古屋)대학에서 공부하였다. 그의 주요 논문은 〈中心性脈絡網膜炎 增用氏의 本態에 관한 硏究〉가 있다.[89]

끝으로 평양의전과 대구의전 출신으로 경성제대 의학부에서 학위를 취득한 한국인의 활동 상황은 다음과 같다.

■ 평양의전 출신[90]

▷ 李相堯는 제1회 졸업생(1933년)으로 1940년에 학위를 받았다. 주 논문은 〈生體家兎에서 실시한 一新 耳殼血管流方法〉, ▷ 盧德三(1908~)은 제1회 졸업생(1933년)으로 1942년 10월 27일, 학위 수여함. 주 논문은 〈絹炎龜臟灌流液에 관한 知見補遺〉, ▷ 金炳哲은 1943년 2월 13일에 학위 수

---

86) 東京帝國大學 의학부 한국인 졸업자 명단(平生 2年度 版, 同窓會 名簿) 참조.
87) 公炳禹, 『의사가 되어 신의주로 가다』, 〈나는 내식대로 살아왔다.〉, 대원사, 1989, 40쪽.
88) 『경성의학전문학교 일람(직원)』, 昭和 8~9년.
89) 위의 책, 昭和 14년, 1935년 4월 5일 강사로 임명되었다가 1935년 4월 18일자로 사임한 것으로 되어 있다. 이는 公炳禹 자신도 정확한 시기를 기록하고 있지 않고 있으나, 아마 이 시기에 병리학 교실로 옮긴 것으로 짐작이 간다.
90) 기창덕, 「평양에서의 의학교육」, 앞의 책, 제2권 제2호, 1993, 138~139쪽.

여함. 주 논문은 〈히스토톡신 研究 補遺〉, ▷ 崔基鉉은 제5회 졸업생(1937)
으로 1945년 6월 29일에 학위 수여함. 주 논문은 〈웨덴기氏 制止현상에
관한 研究〉, ▷ 李鍾元(1912~)은 1937년 졸업하여 1945년 9월 8일 학위
를 수여함. 주 논문은 〈왈쯔슈만 현상에 관한 연구〉, ▷ 朱敏淳 1939년도
졸업하여 1945년 9월 8일에 학위 수여함. 주 논문은 〈에스마르히 氏 驅血
帶緊搏의 開腹 患者에 미치는 영향에 관한 臨床的 研究〉, ▷ 金東俊(1917~)
1939년도 졸업하여 1945년 9월 8일 학위 수여함. 주 논문으로는 〈蛤心臟
의 일반적 성질에 대하여〉, ▷ 黃明燁은 1936년도 졸업하여 1945년 9월 8
일 학위 수여함. 주 논문으로는 〈家兎胃 運動에 미치는 前庭迷路刺戟의
영향에 대하여〉, ▷ 李時采는 1937년도 졸업하여 1945년 9월 8일 학위 수
여함. 주 논문으로는 〈心臟의 不應期에 관한 研究〉, ▷ 權昌貞(1909~)
1935년도에 졸업하여 1945년 11월 1일 학위 수여함. 주 논문으로는 〈小腸
및 膀胱 運動에 관한 藥理學的 研究〉, ▷ 全克熱은 1939년도 졸업하여
1945년 11월 1일 학위 수여함. 주 논문으로는 〈벤졸 中毒 특히 그 血液狀
에 관한 知見 補遺〉, ▷ 李宗珍(1916~)은 1939년도 졸업하여 1945년
11월 9일에 학위 수여함. 주 논문으로는 〈睾丸 乳劑를 반복 주사했을 때
의 家兎 및 家鷄의 睾丸 分泌에 관한 研究〉가 있다.

■ 대구의전 출신[91]

▷ 金性基는 1938년 졸업생으로 1945년 9월 8일 학위를 수여함. 주 논
문은 〈壓挫傷에 관한 실험적 연구〉, ▷ 朴斗軾(1913~)은 1936년 졸업생
으로 1945년 9월 26일 학위 수여함. 주논문은 〈惡性 腫瘍家兎에서 비타민
C의 消長에 대하여〉, ▷ 申羽浩(1915~)는 1938년 졸업생으로 1945년 학
위를 수여하였다. 주 논문은 〈特發性脫疽에 관한 연구〉 등이 있다.

---

91) 위의 책, 「대구에서의 의학 교육」, 156쪽.

■ 경성의학전문학교 출신(명단만 기재함)

　▷ 李鍾綸은 1924년 졸업생으로 1932년 2월 24일 학위 수여함(한국인으로 처음). 주논문으로는 〈赤筋 및 白筋의 神經司配에 관한 知見補遺〉가 있다. 그 외는 명단만 살펴보면, 吳一承, 朴鍾榮, 李丙勳, 金夏植, 金河登, 金重華, 金銓植, 許信, 朴鍾濬, 晉寅懸, 鄭壹千, 尹基寧, 金衡翼, 明大赫, 朴昌善, 安鍾一, 李聖鳳, 李在崑, 白基昊, 尹泰權, 白承鎭, 趙炳學, 李孝燮, 姜大元, 韓明洙, 李世淵, 金德性, 鄭學容, 崔龍哲, 劉錫昶, 全鍾暉, 李鍾奎, 孫禎均, 兪興鎭, 李晉基, 朴秉來, 朴俊, 朴鏞洛, 金炳善, 錢東赫 등이 경성제국대학 의학부에서 박사 학위를 받았다〈부록 9 참조〉.

　이상과 같이 각 의전 출신들이 경성제국대학에서 박사 학위를 받고 각지에서 활동하였다.

　결론적으로 3 · 1운동 이후 우리 민족의 일치단결된 힘으로 일제에 도전한 것이 바로 민립대학 설립운동이었는데, 이에 대처하는 방법으로 일제가 경성제국대학 의학부를 설립하여 의과대학 교육활동을 시작하였다.

　이는 우리의 민족운동을 좌절시킨 일제의 잔악한 식민지 통치 수법이었다.

　일제가 조선제국대학으로 명명하지 않고, 교명을 경성제국대학이라고 결정하는 데에는 많은 논란이 있었다. 이처럼 일제는 교명을 정하는 데까지 상당한 신경을 써서 독립국 조선의 대학이란 이미지를 주지 않고자 하였다. 경성이란 이름을 사용한 것은 단지 일본의 하나의 지역인 경성의 대학이란 의미로 식민지 조선의 최초 관립대학으로 설립되었다(1924년). 그래서 경성제국대학이란 이름은 민족과 주권을 상실한 시대상의 상징이 되었다.

　이 대학은 예과, 법문학부, 의학부로 된 아주 소규모의 종합대학으로 출발되었다. 이 경성제국대학은 그 내용으로 볼 때 우리의 대학이 아니었다. 왜냐 하면, 우리 땅에 설립된 일본인 중심의 대학이었다. 앞에서 살펴본 교수의 구성이나, 학생들 수에 있어서도 일본의 대학이나 조금도 다를 바가 없었다. 일제는 경성제국대학을 만들어 놓고 선전하기를 일본에 있는 대학과 비교해서 시설 면이나 교수진 모든 면이 일본에 있는 대학과 다를 것 없이 갖추었다고 하였다. 물론 제국대학령에 맞도록 학제의 운영과 교육과정이 그대로 적용되었다. 그러나 학생과 교수들이 거의 일본인이었기 때문에 우리의 대학이 아닌 것이다. 우리 땅에 설치된 대학에 우리 한국인들은 마치 유학생과 같았다. 이는 한국인들이 입학하는 데에 있어서는 비공식적인 장치로 규제한 결과로 생각된다. 이 대학은 식민지 국민과 피식민지 국민과의 차별 교육을 통한 동화정책 실시 기관이었다. 이처럼 일제는 고등교육 기관부터 철저한 일본주의 교육을 실시하여 (교육과정이 일본의 제국대학령 이므로) 일본의 문화에 젖어들도록 소수 우수한 한국 학생들을 선별 입학시켜 친일로 동화시켜 갔다. 이들에게 민족의 울분과 독립심을 상실하도록 많은 일본 학생들 속에서 동화교육을 시켰다.

이 대학은 일본인 교수들의 지도하에서 대부분의 일본 학생들로 구성된 분위기 가운데 소수의 한국인을 동화교육하기 위한 일제의 한반도에서의 대학교육이었다. 특히 한국에서 당시의 의사교육 활동은 바로 이와 같은 일제의 식민지 교육의 도구로 이용되었다. 인술이란 근대 서양 의학 기술을 가르쳐 준다는 의미로 아무런 저항감 없이 받아들일 수 있게 한 가장 좋은 교육 형태였다. 무의식 중에 일제 주도의 식민지 교육으로 우리의 우수한 인재들이 일제의 하수인으로 전락해 갔다. 경의전이나 경성제국대학 의학부에서는 소수의 조선인을 교수로 채용하여 친일 교육을 주도하도록 유도해 간 것이다. 특히 경성여자의학전문학교가 설립(1938.4)되자, 가급적이면 경성제국대학에서 교육을 받은 동화교육된 한국인 교수를 채용하고자 佐藤剛藏^{사토고오죠}는 교활한 제안을 하였다.

경성제국대학 의학부는 1928년 조선총독부의원을 부속대학병원으로 이관시켜 의학 교육을 실시하였다. 제1회 졸업생들이 배출되자 후속 조치로 대학원을 설치하고, 종합대학으로 체제를 갖추어 박사 학위를 수여하였다.

또 1941년 태평양 전쟁 때에는 3월과 9월 두 차례나 조기 졸업생을 배출하여 軍醫로 활약하도록 하였다. 1924년 예과를 설치하고, 1926년부터 1945년까지 일제는 조선인 의사 310명을 배출하였다. 이 중 1/3 정도가 계속 연구하여 박사 학위를 받았다.

일제는 이와 같이 경성제국대학 의학부에서 그들의 식민지 교육 방향대로 많은 조선인 인재를 양성하였고, 이들은 각 분야의 의료계에서 활약하였다.

당시 일제 식민지 통치하에서 교육받은 한국인들은 오히려 민족의식은 강했지만, 일제의 식민교육에 대한 향수를 지금도 느끼고 있을 정도로 무의식 중에 철저히 동화되었다. 의학이란 도구를 식민지 고등교육 기관에 적용한 고도의 지능적인 수단을 한반도에서 실시한 것이 일제의 경성제국대학 의학부의 교육활동 내용이었다.

Ⅶ. 결 론

일제의 한국에 대한 의사교육 정책이 식민지 교육 정책의 주도적 비중을 차지했던 것을 살펴보았다. 고대부터 인간 사회에 공통적 관심사였던 의료 문제는 어느 지역 어떤 대상에게도 아무런 거부 반응 없이 수용될 수 있는 특징을 지닌 것이다.

그래서 이질 문화 집단사회에 침투하는 방편으로 의료 지식은 인류 문화의 흐름 가운데서 긴요하게 이용되어져 왔다.

즉, 고대 불교 의학이 불교 전파를 위하여 그러했고, 중세 사회에 성리학이 전파될 때에 역시 중국의 한의학이 그러하였다. 근대 사회에 접어들어서는 서양 문물이 서세동점하는 과정에서 서양의학이 그 역할을 다 하였다.

일본이 막부 시대를 종결짓고, 근대화 과정으로 이행하는데 아무런 거부 반응을 주지 않도록 그 촉매 역할을 한 것이 네덜란드 의사들이었다. 일본은 여러 가지 요인들도 있었겠지만, 서양의 문화를 받아들이는 데 있어서는 큰 거부 반응이 없었다. 반면 한반도에서는 흥선 대원군의 거센 통상 거부정책으로 인하여 서양 문화에 대한 문호 개방이 쉽지 않았다. 문호가 개방되자 한·미 수호 통상조약이 체결되고, 곧이어 미국 선교사들이 우리나라에 들어오게 되었다. 그들은 교육과 의료사업을 매개체로 하여 기독교 문화를 우리나라에 전파하였다.

언급한 바와 같이 일본은 초창기에 네덜란드인들의 영향을 많이 받았으나, 그 후 의학 분야에 있어서는 오히려 독일과 관계하여 독일의 의학을 공부하고 그 영향을 전적으로 받게 되었다. 물론 독일에 가서 독일 의학을 공부하고 온 유학생들이 일본 의학계의 주도 세력이 되었다.

반면 한반도에서는 미국 의료 선교사 알렌이 갑신정변을 계기로 왕실의 신임을 받아 왕립병원인 광혜원을 설립하고, 의료 행위와 서양의학을 가르치기도 하여 미국 의학이 그 위력을 나타내 보였다.

이렇게 하여 우리나라에는 미국 의학의 영향을 전적으로 받고, 미국 의학이 확산되고 있었다. 이와 같이 일본은 독일 의학이, 한국에는 미국 의학이 지대한 영향을 미치고 있을 무렵, 일본은 대륙 진출과 더불어 한국에 일본 軍醫를 비롯한 많은 의사들이 이질 문화 사회에 의학을 매개로 침투하였다.

이것이 바로 앞에서 서술한 바 있는 「同仁會」의 의사교육 활동이었다. 한국이 완전히 식민 통치 하에 들어가자, 그들이 처음으로 시도한 교육 양상이 바로 의사교육 활동이었다. 이 의사교육은 식민지 교육을 수행하는 모형으로 시도되었다.

일제의 식민지 정책으로 이루어지는 의사교육 활동은 미국 의학이 한국으로 대거 유입되는 것을 차단하는 결과를 초래하였다. 그리하여 일제 점령기에는 미국 의학보다 독일 의학이 그 주체 세력으로 등장하게 되었다.

이처럼 일제의 식민지 교육사에서 의사교육 활동은 우리나라에 서양의학의 전래 방향을 결정한 결과가 될 정도로 엄청난 영향력을 발휘하였다. 뿐만 아니라, 식민지 의사교육 활동은 식민지 교육사의 근간이 되었고, 식민지 교육의 시도로써 시행되었다. 앞에서 언급한 그 내용들을 하나하나 정리해 보면 다음과 같다.

① 동인회가 한국에 침투한 것은 미미해 보였으나, 일제의 조선 식민지 교육의 도화선의 역할을 다하기에 충분하였다. 이것이 꼬투리가 되어 많은 일본인 의사들이 한국으로 들어오게 되었다.

② 이를 기초로 하여 차관 정치의 실시(1907년 한·일 신협약 이후)와 함께 우리의 의사교육 기관 및 의료 기관에 일본인들이 한국인을 밀어내고 주도권을 장악하였다. 이 작업이 바로 대한의원의 설립이었다. 대한의원은 우리의 의료기관을 일제의 목적에 따라 통합한 것이었다.

또 그 부속의학교 역시 일본인 교수들로 거의 대부분 임명하였다. 이는 우리의 의료기관을 완벽하게 조선총독부 체제 하에 넣기 위한 준비 작업이었다.

③ 일제가 조선총독부를 설치하고, 대한의원을 총독부의원으로 개칭하여 그 醫育기구를 임시변통으로 조선총독부 의학강습소라 하여 의사교육에는 신경을 쓰지 않은 듯 하였다. 그러나 실질적으로는 국어(일어) 교육과 수신을 필수 과목으로 전학년에 가르친 식민지 교육을 처음으로 실시한 교육기관이 되었다. 이러한 계획 하에 일제의 고등교육기관으로 등장한 것이 전문학교의 설치였다. 이에 따라 의학강습소가 경성의학전문학교로 승격되었다(1916년).

④ 실질적인 식민지 교육체제가 갖추어져 가는 것은 경성의학전문학교의 성립으로 시작된다.

일제는 일본인과 공학체제를 이루어 식민지 국민과 피식민지 국민간의 동화교육 체제를 만들어 식민지 교육의 모델로 적용하였다. 그러면서 민족차별 교육을 실시하자, 우리의 학생들은 심한 반발로 항일 민족 투쟁으로 이에 대항하였다(久保교수 망언 사건).

이에 대한 대책으로 일제는 한국인과 일본인 학생의 비율을 3 : 7 정도로 의도적으로 입학시켜 민족운동을 하지 못하도록 엄밀히 대책을 강구하였다. 즉 소수의 우수한 두뇌를 친일화시켜 조선총독부의 식민지 정책에 이용하고자 하는 그들의 음모가 의사교육 내용에서 찾아볼 수 있었다.

⑤ 또한 민립대학 설립의 분위기가 조성되자, 조선신교육령을 반포하여 우리의 민립대학 설립을 억제하였다. 이에 대한 일제의 대책은 경성제국대학을 설립하여 식민지 교육의 중추적인 고등교육기관을 만든 것이었다. 이 대학의 의학부는 일본인 중심의 교육기관이고, 소수의 한국 학생과 2~4명 정도의 한국인 교수가 채용된 것 뿐이었다(그 외 조교수, 강사, 조수도 약간 있었다). 이를 적용하여 일반 학교에도 점진적으로 대부분의 일본인을 채용하였다. 이는 일제의 의사교육이 식민지 동화교육의 시험단계로 적용한 교육활동이었다. 이와 같은 단계를 통하여 우리의 의사교육기관이 일제에 의해 침탈 당하여 새롭게 설치 · 운영된 과정을 살펴보았다.

일제는 다른 교육기관보다 의사교육기관이 그들의 목적대로 식민지 동화교육을 시키기 쉬울 것으로 판단하고 시도했다. 한 두 차례 문제는 있었지만, 그들의 목적대로 무리 없이 이루어졌다고 본다.

이런 점에서 일제 암흑기의 의사교육 활동은 식민지 교육사에서 커다란 역할을 했고, 이것이 일반적인 식민지 교육으로 확산해 갈 수 있는 배경을 만들었다. 이 점이 바로 일제 암흑기의 의사교육 활동의 주안점이었다.

그럼에도 불구하고 일본은 아직도 식민지 의료시혜설을 주장하고 식민지 국가에도 대학을 설치하는 등 시혜론을 이 분야에서도 그들은 주장하고 있다.

끝으로 의사교육 활동 결과 나타난 현상 몇 가지를 정리하고 이 글을 맺고자 한다. 그간 한국의 각종 의학교에서 1945년까지 배출된 의학생 수는 대략 다음 〈표 48〉 과 같이 정리해 볼 수 있다.[1]

---

1) 佐藤剛藏 著, 李忠浩 譯, 앞의 책, 151쪽.

〈표 48〉 일제 암흑기에 조선에서 배출된 의학생 수

학교명	한국인 수	일본인 수	계	입학 정원
경성제국대학	250	750	1,000	80
경성의학전문학교	1,100	1,200	2,300	80
세브란스의전	1,000	0	1,000	60
경성여자의전	190	10	200	60
평양의전	400	600	1,000	70
대구의전	400	600	1,000	70
합 계	3,340	3,160	6,500	420

위 〈표 48〉과 같이 한국 의학이 현저한 발달을 해 온 것은 ① 위정자의 통치에 적절함을 얻기 위함이라고 말할 수 있고, ② 한국에 있는 醫家의 협력과 성의에 힘입은 것이었다고 당시 이에 종사했던 佐藤剛藏^{사토고오죠}가 증언한 바 있다.

이와 같은 결과로 일제 식민지 통치 시대의 우리의 醫生 현황은 점점 줄어들었다. 당시 총독부 위생과의 통계에 의하면,[2] 1914년 5,813명(의생규칙에 의거 면허 취득자), 1924년 4,300여명(限年 醫生 포함), 1936년 3,739(限年 醫生 포함), 1944년 3,235명(限年 醫生 포함)이었다.

일제 침략으로 인하여 우리나라에서 의료 선교사들의 활약상도 또한 현격하게 줄어들었다. 그것은 일제가 의료 선교사들에게 직접 또는 간접으로 제약을 가했기 때문에 그들이 한국에서 활동하는 데 많은 어려움이 있었다.

이는 한국에 의료 선교사들이 연대별로 부임한 수를 통해서도 잘 파악할 수가 있다. 1880년대에는 불과 7명이던 것이 1890년대는 44명, 1900년대 53명, 1910년대 74명, 1920년대 86명이 한국에 의료 선교사로 왔다. 이는 점차적으로 증가하는 숫자였다. 그러나 일제의 식민지 정책이 한창일 때인 1930년대에는 19명으로 급격하게 줄어드는 현상을 보였고, 그 후 선교사들은 한국에 오지 않았다.

---

2) 한국현대문화사대계 4, 과학・기술사(상), 312~313쪽.

이들 의료 선교사들의 평균 근무 연수를 연대별로 살펴보면, 역시 비슷한 현상을 발견할 수가 있다. 통계 숫자를 보면, 1880년대 부임한 의료 선교사들은 평균 20.4년이란 비교적 긴 기간 체류하면서 활동하였다. 1890년대 17.5년, 1900년대 11.0년, 1910년대 15.4년으로 이 시기에는 약간 증가했다가 1920년대는 11.1년, 1930년대는 5.2년으로 현격하게 줄어들었다.[3] 이 사실에서 볼 때 대체적으로 일제의 식민지 통치가 이루어지고부터 점차적으로 의료 선교사들의 활동이 한국에서 무기력해 가고 있는 것은 이 통계 숫자가 잘 말해 주고 있는 사실이다.

일제의 식민지 통치가 서양의 의료 선교사들의 활동을 저해하였고, 오로지 일제만이 우리나라의 의사교육을 주도하게 된 것은 이 사실에서도 충분히 입증할 수 있다. 이 결과 미국의 의학이 도입될 수 있었던 기회는 상실되었고, 독일 의학의 영향을 전적으로 받게 되었다. 이와 같이 일제 침략기에 우리나라 의학계의 향방을 결정해 준 것은 바로 이 시기의 의사교육 활동의 결과로 볼 수 있다.

---

3) 황상익 · 기창덕 「朝鮮末과 日帝 강점기 동안에 대한 서양 선교 의료인의 활동 분석」, 앞의 책 제3권 제1호, 1994, 62쪽.

참고 문헌

1) 자료

· 官報(舊韓國官報 1894~1910, 內閣記錄局官報課, 影印 亞細亞文化史, 1973).
· 朝鮮總督府官報, 朝鮮總督府印刷局, 142冊, 亞細亞文化史, 1990.
· 高宗 純宗時代史(1~6권), 國史編纂委員會, 探求堂, 1970.
· 朝鮮王朝實錄, 太祖實錄.
· 이조실록(399~400冊), 麗江出版社(影印本).
· 高宗實錄, 探求堂 影印本, 1986.
· 承政院日記(순종1~7권), 사단법인 세종대왕기념사업회(신흥인쇄
　　　주식회사), 1994.
· 高麗史, 아세아문화사, 1983.
· 高麗史節要, 아세아문화사, 1983.
· 植民地 朝鮮教育政策 史料集成(全 71冊), 龍溪書舍, 大學書院(影印
　　　1990).
· 數字 朝鮮研究(1~4輯), 李如星 · 金世鎔共著, 京畿; 世光社, 1932.
· 朝鮮總督府醫院 年報(朝鮮總督府醫院) 大正 11年.
· 朝鮮 醫報(朝鮮醫師協會發行, 第1卷 昭和 5年).

· 朝鮮總督府, 朝鮮總督府職員錄(1926～1940).
· __________, 朝鮮總督府統計年報(1908～1920), 高島印刷所, 昨晟社(影印本, 1982).
· __________, 朝鮮教育年監(1943).
· 新聞資料: 獨立新聞(전 4권, 독립협회, 한국연구원 소장본), 대한매일신보(서울: 한국신문연구소, 1976(영인본), 1904.8～1910.8), 東亞日報, 東京新聞(明治 35年 6.19), 東京朝日新聞, 매일신보,1910～45년(韓國新聞研究所, 42册 影印本, 1977), 경성일보, 경향신문(한국교회사연구회, 影印本, 1906～1910), 한성신문, 大民新聞, 皇城新聞, 大海新聞, 帝國新聞, 中外醫師新聞, 醫師新聞(1973), 의협신보(1977), 基督新報(기독신보사, 16册, 한국기독교연구회, 影印本, 1986)。 京城醫學專門學校 紀要, 제1권 1호～13권 9호(1931.6～1943.9), 昭和 6년 5월호 창간.
· 國立서울대학교 의과대학; 同窓會名簿, 1960.
· 朝鮮醫學會雜誌; 創刊～第33卷 第 10號(1911.12～1943.10), 경성 조선의학회, 일본 국회도서관소장.
· 朝鮮學報 第1輯, 朝鮮學會.
· 朝鮮總督府醫院, 朝鮮總督府醫院年報〈第1回 年報(1911年)～第10回 年報(1923년)〉.
· 水田直昌, 土屋喬雄 編述, 朝鮮統治와 그 終局(朝鮮近代史料 朝鮮總督府關係重要文書選集 3), 財團法人 友邦協會, 昭和 37年.
· 京城府教育概況.
· 教育總會號,『文教の朝鮮』, 昭和 5年.
· 雜誌:『同仁』, 1927年 5月號 ～ 1929年 12月號(總 32號 발간됨), 매월 1회로 15일에 발간했다.

The Korean Repository. 제1권 1892.1~11, 제2권 1895~제5
권 1898, Appenzeller, Johnes 및 Hulbert.

The Korea Review 6권(1901~1906), Homer B. Hulbert.

· 新潮日本人名辭典, 新潮社辭典編輯部, 大日本印刷株式會社,1991.

2) 문헌

· 三木榮, 『朝鮮醫學史 及 疾病史』, 大阪; 富士精版印刷株式會社,
  1963.
· 佐藤剛藏, 『朝鮮醫育史』, 佐藤剛藏先生喜壽祝賀會, 1956.
· 京城帝國大學 同窓會刊(日本), 『京城帝大 創立 50週年 紀念誌』.
· 서울대학교 의과대학 편찬위원회(편), 『서울대학교 의대학년사』,
  1978.
· 연세대학교 의학백년 출판위원회, 『의학백년』, 연세대학교 출판부,
  1986.
· 고려대학교 의과대학 교우회, 『고려대학교 의대 50년사』, 1988.
· 고려대학교 민족문화연구소, 韓國現代文化史大系 4, 科學·技術
  史(上), 1981.
· 朝鮮醫學會 編纂, 『朝鮮醫學會雜誌』, 大正 元年.
· 朝鮮總督府, 『朝鮮總督府醫院 20年史』, 1930.
· _____, 『朝鮮總督府醫院 25年史』, 1935.
· _____, 『施政30年史』, 朝鮮印刷株式會社, 昭和 15年.
· _____, 『朝鮮要覽』, 朝鮮總督府編纂, 朝鮮印刷株式會社.
· _____, 『朝鮮教育要覽(大正 8年)』, 大和商會印刷所, 京城帝國
  大學學報.

- _____, 釜山教育會, 舊植民地教育資料輯 2, 『조선교육요람 부산교육 50년사』, 昭和 2年.
- _____, 조선교육연감(1936).
- _____, 조선연감(1940).
- 朝鮮總督府 學務局, 『朝鮮諸學校一覽』, 大正 12年 編纂.
- 韓國女性關係資料集(近代編, 上), 이화여자대학교 한국여성연구소 편, 이화여자대학교 출판부, 1979.
- 韓國女性關係資料集(近代編, 下), 이화여자대학교 한국여성연구소 편, 三省印刷株式會社, 1981.
- 韓國女性關係資料集, 韓末女性誌, 이화여자대학교 한국여성연구소, 天豊印刷株式會社, 1981.
- 國史編纂委員會編, 『韓國現代史』, 探求堂, 1982.
- _____, 『한국독립운동사』 8, 1990.
- 同仁會 40年史, 野口活版所, 昭和 18年.
- 金正明(編), 『日韓外交資料集成』 5 · 6(上 · 中 · 下), 東京: 巖南堂書房, 1967.
- 金正柱(編), 『日帝統治史料』, 한국사료 연구소, 1970, 章文閣.
- 鄭喬, 『大韓季年史』, 국사편찬위원회.
- 日本文部省內 教育史編纂會編修, 『明治以降教育制度發達史』 第10卷 朝鮮の部, 昭和15年(1940), 東京, 教育資料調査會(1964).
- 國會圖書館, 『韓國民族運動史料』(三一運動編 其一), 1977.
- 朝鮮教育會編, 『朝鮮教育者必携』, 京城; 1918.
- 亞細亞問題 研究所, 『日帝의 文化侵奪史』, 민중서관, 1976.
- 朝鮮教育會 獎學部, 『在內地朝鮮學生調査』.
- 新東亞, 1967年 1月號.
- 서울 600年史, 제4권, 서울특별시사 편찬위원회, 三和印刷株式會社, 1981.

3) 단행본

- 강동진,『일제의 한국침략정책사』, 한길사.
- 高橋浜吉,『朝鮮教育史考』, 帝國地方行政學會朝鮮本部, 1927.
- 高楠榮,『朝鮮の回顧』, 近澤書店, 1945.
- 成田不二生「私の京城医専とのご縁」,『馬頭山』京城醫專卒業五十周年記念誌.
- 古賀 十二郎,『西洋醫術傳來史』, 形成社, 1989.
- 公炳禹,『의사가 되어 신의주로 가다』, 대원사, 1989.
- 弓削幸太郎,『朝鮮の教育』, 自由討究社藏版.
- 吉貞姫,『나의 自敍傳』, 三護出版社, 1981.
- 金大元,『丁若鏞의 醫零』, 1991.
- 金斗鍾,『韓國醫學史』, 서울, 탐구당, 1981.
- _____,『韓國醫學文化大年表』, 탐구당, 1982.
- 金雲泰,『日本帝國主義의 韓國統治』, 博英社, 1986.
- 大野謙一,『朝鮮教育問題管見』, 朝鮮教育會, 1936.
- 문화체육부,『한국인의 재발견』, 대한교과서, 1994.10, 서울.
- 朴殷植 著, 南晚星 역,『韓國獨立運動之血史』, 瑞文文庫
- 朴殷植 著, 단국대학교 東洋學叢書 제4집『朴殷植全書 上』韓國獨立運動之血史.
- 白樂濬,『韓國改新教史』, 연세대학교출판부, 1985.
- 富士川 游,『日本醫學史』, 形成史, 1989.
- 北一輝,『北一輝著作集』제1권, みすず書房
- 山辺健太郎 著, 安炳武 譯,『한일합병사』, 汎友社, 1982.
- 셔우드홀(金東悅옮김),『닥터홀의 조선 회상』, 동아일보사, 1984.
- 小澤有作,『在日朝鮮人教育論 歷史篇』, 亞紀書房, 1988.

· 孫仁銖,『韓國近代教育史』, 연세대학교출판사, 광명인쇄공사, 1971.
· _____,『韓國開化教育研究』, 一志社, 1980.
· 孫弘烈,『中世의 醫療制度 研究』, 1985.
· 松尾遵悅編,『中國・朝鮮論』, 東洋文庫, 平凡社, 1970.
· 穗積八束,『憲法提要』, 1935.
· _____,『穗積八束博士論文集』, 有斐閣, 1948.
· 신동원,『公立濟衆院 1885~1894』, 韓國文化 16, 181~260쪽, 서울대학교 한국문화연구소, 서울, 1995.
· 阿部彰,『日本近代教育百年史Ⅰ』
· 鈴木敬夫,『법을 통한 조선식민지 지배에 관한 연구』, 고려대학교 민족문화 연구소, 1989.
· 吳千錫,『朝鮮新教育史』, 現代教育叢書出版社, 1964.
· 李光麟,『올리버 알 에비슨의 生涯: 한국 근대 서양의학과 근대 교육의 개척자』, 1992.
· 李圭景,『五洲衍文長箋散稿』, 明文堂, 1982.
· 李萬烈,『기독교 선교 초기의 의료사업』, 1985.
· _____,『韓國基督教와 歷史意識』, 知識産業社, 1981.
· 이병도 역주,『三國史記』
· 李炫熙,『東學革命史論』, 大光書林, 1994.
· _____,『日帝時代史 研究』, 三珍社, 1994.
· _____,『한국민족운동사의 재인식』학술총서 12, 자작아카데미, 1994.
· 長尾龍一,『日本法思想史研究』, 創文社, 1981.
· 全海宗,『韓國近代外關係文獻備要』, 서울대, 아세아문화연국소, 1966.
· 전휘종,『醫學概論』, 신광출판사, 1985.
· 鄭求忠,『韓國醫學의 開拓者』, 東方圖書, 1983.
· 井上蘇人,『朝鮮現世의 考察』

· 鄭在哲,『日帝의 對 韓國 식민지 교육 정책사』, 一志社, 1985.

· 鄭晋錫,『大韓每日申報와 裴說』, 도서출판사 나남, 1987.

· _____,『韓國言論關係文獻索引, 1883~1977』, 대한민국 국회도
  서관, 1978.

· 佐藤剛藏 著, 李忠浩 譯,『朝鮮醫育史』, 螢雪出版社, 1993.

· 朝鮮總督府編纂,『朝鮮統治秘話』, 螢雪出版社, 1993.

· 酒井シツ,『日本の醫療史』, 東京書籍株式會社, 昭和 57年(1982).

· 川上武,『現代日本の醫療史』, 勁草書房, 1972.

· 青木義勇,『同仁會診療防疫班』

· 崔漢綺,『明南樓叢書』, 大東文化研究院, 1971.

· 坪江汕二,『朝鮮民族獨立運動秘史』, 東京: 日刊勞動通信社, 1959.

· 韓㳓劤 譯,『經國大典』, 한국정신문화연구원, 1985.

· 허정,『에세이 의료 한국사』, 한울, 1992.

· 홍순원,『조선보건사』, 도서출판 청년세대, 1989.

4) 논문

· 권이혁,「한국의학의 발달사」,『대한의학협회지』제11권 11호,
  1968.

· 奇昌德,「西洋醫學敎育의 嚆矢」,『醫學史』제1권 제1호, 1992.

· _____,「국가에 의한 서양교육 1885~1945」,『醫史學』, 제2권 제1
  호, 1993.

· _____,「의학교육의 현대화 과정」,『醫史學』, 1994.

· 吉野作造,「朝鮮統治の改革に關する最小限度の要求」,『中國・朝鮮論』

· 金斗鍾,「仁術의 現代化」『한국 현대사』7, 신구문화사, 1971.

· 金良洙,「朝鮮後期 醫官의 顯官實職진출~경기도 守令등 지방관을 중심으로」,『淸大史林』제6집 31~57쪽, 1994.12 청주대학교 사학회, 淸州.
· 김영택,「한국 의학교육의 근대화」,『대한의학협회지』, 1967.
· 노정우,「한국 의학사」,『한국 현대문화사 대계』, 고대민족문화연구회, 1977.
· 박선미,「朝鮮時代 醫女敎育 硏究~ 그 養成과 活動을 中心으로-」, 1995.
· _____,「朝鮮前期 醫學敎育 강화책의 내용」,『韓國敎育史學 제17輯』, 한국교육학회교육사연구회; 서울, 1995.10.
· 박종렬,「일제식민주의 교육정책의 성격」(論文集 8, 春川敎育大學, 1970. 春川)
· 裵圭淑,「大韓帝國期 官立醫學校에 관한 硏究」, 이대 석사학위 논문, 1991.
· 三木榮,「朝鮮 醫學 敎育史, 百濟-新羅-高麗-李朝」,『朝鮮學報』제14집.
· 小松周吉,「國民敎育制度の成立」『敎育全集 3』, 近代敎育史.
· 孫弘烈,「삼국시대의 불교의학」, 伽山 李智冠스님 華甲紀念論叢『韓國佛敎文化思想史』, 1992.
· _____,「高麗時代의 醫療制度」,『역사교육』29, 1981.
· _____,「壬辰倭亂과 朝鮮의 醫學」,『淸大史林』 제6집 5~30쪽, 1994.12 청주대학교사학회.
· _____,「朝鮮中期 醫術과 醫藥의 發達」,『國史館論叢』 제56집, 국사편찬위원회, 1994.
· 宋春永,「高麗時代의 雜學敎育硏究」, 효성여자대학교 대학원 박사학위논문, 1991.
· 신동원,「일제의 보건의료정책 및 한국인의 보건상태에 관한 연구」, 서울대학교 보건대학원 석사학위논문, 1986.

- 申舜植,「高麗時代 이전의 韓醫學 文獻에 관한 硏究」『醫史學』제 4권 제1호, 1995.
- 申舜植,「高麗時代 以前의 韓醫學 文獻에 관한 硏究」『醫史學』제 4권 제1호, 1995.
- 여석기·노재훈,「崔漢綺의 醫學思想」,『醫史學』, 1993.
- 尹日善,「朝鮮醫界의 장래」,『新東亞』15, 1933.
- 李玟洙,「의료복지사연구」,『芝邨金甲周교수 회갑기념사학논총』, 서울: 1994.12.
- 李淑子,「日本統治下朝鮮における日本語教育－朝鮮教育令との 關連において」,『朝鮮學報』제75집, 1975.
- 李英澤,「서양의학의 수입 경로」대학신문, 서울대학교, 1952.
- _____,「우리나라에 처음으로 소개된 西醫設」『서울대 논문집』 자연과학 1집,1954.
- 李元淳,「북학론자의 서양 과학 기술 인식」,『朝鮮 西學史 硏究』, 一志社, 1989.
- 이종형,「한국 동의학사」,『한국 현대문화사 대계』, 고대민족문화 연구회, 1977.
- 이춘란,「한국에 있어서의 미국 선교의료 활동(1884~1934)」,『梨 大史苑 10』, 1972.
- 李忠浩,「大韓醫院의 醫師教育 活動」,『誠信史學』제12·13合輯, 215~252쪽, 1995.12.
- _____,「同仁會의 醫師教育 活動」『醫史學』제4권 제1호, 1995.
- _____,「日帝의 文化的 植民地 政策 -同仁會活動을 中心으로- 」, 『歷史教育論集』16집, 대구: 1991.
- 전휘종,「우리나라에 처음으로 소개된 西醫設」,『醫學史』제4권 제2호, 1995.

· _____, 「우리나라의 現代醫學 그 첫 世紀」『최신의학사』, 1987.

· 丁若鏞, 「種痘心法要旨」, 『韓國醫學 大系 36』, 麗江出版社, 1988.

· 佐藤剛藏, 「朝鮮道立病院の今昔」, 『滿鮮之界』19號, 1937.

· 洪文化, 「한국약학사」, 『한국문화사대계』4, 과학·기술사(上)

· 황상익·기창덕, 「조선말과 일제 강점기 동안 來韓한 서양 선교
  의료인의 활동 분석」, 『의사학』제3권 제1호, 1994.

ABSTRACT

Medical Education Movement
during Japanese Colonial Rule
(1910~1945)

Lee, Choong ho
Department of History
Graduate school
Sungshin Women's University

This study is a summary on how the medical education was performed from the early 1900 to 1945 under the Japanese colonial rule.

Japanese imperialist government made use of medical education policy as a colonial assimilation policy and which throught, it would be easy to perform.

The Japanese imperialist despatched doctors to Korea after establishing Tong-In' club(同仁會) in 1902 with the understanding and cooperation of the Japanese people by even mobilizing the royal family under the head of prime minister, in order to colonize Manchuria(滿洲) as well as the Korean peninsula, which was the most important project of the Japanese Government at that time.

Tong-In club was utilized as a means to conciliate the colonials under the name of Tong-In (同仁: the meaning of the word "Tong-In" is to become one nation.)

These doctors were despatched to the Korean peninsula to initiate the medical education in Korea by founding Tong-In hospitals in Pyong-Yang, Tae-gu and Young-San, respectively from the period of Bureau for the Resident General.

This medical education policy built the Japanese medical foundation in the Korean peninsula, which could not be precisely mentioned due to the lack of data.

As we see from the purpose of Tong-In club, the Japanese (Imperialists) applied the same medical education policy to colonize Korea as the western imperalists did.

The medical education had started to spread the idea of basic education policy of 'the same Humanity and Charity already in the era of Bureau for the Resident General [同仁] between Japan and Choson'(一視同仁).

Under this purpose, the Japanese set up Tong-In medical school in Pyong-yang and Tae-gu in 1907.

The medical education was performed competitively sometimes even confronting with each other.

Tae-gu Tong-In medical school stood for three years and failed to produce more graduates and was transferred to Jahae hospital (慈惠醫院).

It was known that the Pyong-yang Tong-In medical school had 57 students at the time of transfering to Jahae hospital (慈惠醫院) in 1910. The school had both.

Japanese and Korean students at this time. Only the first eight students graduated and were given doctors license, and the remaining students were transferred to Jahae hospital (慈惠醫院).

To unify the medical education policy and set up the foundation of the Korean penisula colonization, the Japanese established Dae-han hospital (大韓醫院) at the transition period, from the time of Bureau for the Resident General to that of the office of the Gorvernment General.

In this way they hubbed our medical education orgaization and deprived us of the initiative of medical education.

The Bureau for the Resident General prepared the education policy of the office of the Goverment General of Choson by changing the names of medical education organization from Education Department(教育部) to Medical Education Department

(醫育部) and Annexed Medical School at Dae-Han hospital at its will.

At first, the lectures were made by Japanese with Japanese-Korean interpreter and finally made in Japanese by publishing all the books only in Japanese, which was purposed to mean that the colonial education system had already been in effect.

Their education goal - to produce the skilled manpower rather than the professional technician - was evidently showed at this time.

Dae-Han hospital's medical education activities were performed by the head of the hospital succeeding from Stosusumu(佐藤進) to Kikuchi(菊池) and from Kikuchi to Huzita(藤田) respectively.

But the education was nothing more than the foundation work for colonization without producing the significant results.

The main points were to expel the Choson professors, to monopolize the medical education, mainly by Japanese, and to make the lectures only in Japanese.

Without producing a single graduate from march of 1907 to september of 1910, Dae-Han hospital was transferred to the medical training institute of the office of the Government-General of Choson.

Tong-In hospital and Dae-Han hospital were both controlled by the Japanese doctors despatched from the headquarters of Japanese Tong-In doctor's club.

The medical education by Dae-Han hsopital had ended without making any progress, exposing many problems due to the conflict between the Bureau for the Resident General and the Headquarter of Tong-In's club.

Although, the medical education by Dae-Han hospital had been intended to produce doctors, pharmacists and midwives, it let the modern medical education of Korea by eradicate failing to produce any single graduate. The medical education by Dae-Han hospital acted only as an assistance to form the colonization rule.

Through these progresses under the Bureau for the Resident General, our medical education was forced to be under the control of the Japanese colonial rule. The name of Dae-Han hospital was changed to be attached to the hospital of the office of the Government-General of Choson and the medical education was carried out by the annexed medical institute at the transition period, which did not mean that the medical education was performed under the well-organized colonial education plan.

The annexed hospital of the office of the Government-General of Choson was face-lifted and newly built, and became the hospital for the Japanese families who had been despatched to Choson to perform the colonial rule effectively. The psychiatric department and dental department were newly established at the annexed hospital. The hospital was separated into the first internal treatment department and the second internal treatment departments.

The Dae-Han hospital was forced to be one of the organizations which performed the policy of the Japanese colonial rule.

The attached hospital was expanded to be "General hospital", while The medical education aimed to bring up Choson medical doctors, which was neglected for the worst.

The medical institute was barely maintained by only a few persons who were interested in medical education and development of the medical education organization of Choson.

This institute followed the organization and system of Dae-Han hospital in every aspect.

The great differences were that the shape of students' caps were changed from round to rectangular and the number of faculty decreased to a great extent. The lectures were barely made by a few doctors working for the annexed hospital of the office of the Goverment-General of Choson.

In the curriclum, there was a mandatory moral subject which should be studied by all the students.

The moral subject was directly lectured by Huzida(藤田), the principal of the hospital, and the main contents were closely related with the colonial Japanese policy.

The first education to assimilate Koreans was the medical education activitiies performed by the annexed hospital of the Government-General after Japanese language was officially declared as the only national language, which was the epoch-making in colonial education history.

They established a co-educational system for Choson and Japanese people carried out assimiliation education. Their goal was to train medical technicians and assistants of doctors by gradualy adjusting the curriculum to mainly practical contents instead of theoretical ones.

The medical education of the annexed hospital was an example of colonial education system.

The medical education activities under the colonial rule were to establish the Kyong-sung medical junior college and the Medical Department of Kyong-sung Imperial University. These medical education activities were the highest educational ones under the colonial rule. From this we can easily guess how they performed the colonial higher education and how the education was like at Kyong-sung Imperial Universty.

The students of Kyong-Sung medical junior college participated in 3 · 1 Independence movement at earlier stage and later protested against Japanese discrimination policy which triggered insulting remarks against Choson people by professor Kubotakesi(久保武).

These incidents were the examples of national resistance movement against the Japanese colonial rule.

But later in the 1920's, According to the various statistics, we could assume that the medical education facilities were changed into the higher education institutions, under the control of the office of the Government -General(朝鮮總督府) of Choson to educate the Japanese children in Choson.

In 1928, the hospital of the Government-General(總督府) which was used as the annexed hospital of Kyong-Sung medical junior college had been changed to the annexed hospital of Kyong-Sung Imperial University as it had been expected. As a result, the annexed hospital of Kyong-Sung medical junior college had to be rebuilt.

The medical department of Kyong-Sung Imperial University became the highest medical education school where most Japanese professors and more than 70% of their children attended.

In 1932, the graduate course had been established to award doctorate - as a sequence of higher education.

In the meantime, I surveyed how the education at medical Junior college of Kyong-Sung and the medical department of Kyong-Sung Imperial University had played a role as the colonial higher education organizations.

The above contents showed how the higher education schools had been used to assimilate Choson elite people with the Choson Invasion by the Japanese Imperialist. As a result of medical education in the colonial rule, the medical field of Korea had been controlled by the Japanese Imperialist who had been greatly influenced by the German medical science.

In conclusion, the Japanese Imperialist applied the same ways and means of western Imperialists for the invasion of the Korean peninsula (medicine and education).

This is the summary of my thesis to clarify how the Japanese tried to use a colonization policy through an appeareance of a good medical educational program.

[부록 1]

內部令 제5호 大韓醫院 附屬醫學校 規則

第1章 總 則

第1條 大韓醫院 附屬醫學校에 醫學科·藥學科·産婆科 및 看護科
　　　를 둔다.

第2條 修業年限은 醫學科 4개년, 藥學科 3개년, 産婆科 2개년, 看護
　　　科 2개년으로 한다.

第3條 各科 各學年의 學科는 別表와 같음.
　　　每週의 敎授時間數는 大韓醫院長이 이를 定함.

第4條 本校 1학년의 學生定數는 醫學科에 50명, 藥學科에 10명, 産
　　　婆科에 10명, 看護科에 20명으로 함.

第5條 本校에서는 授業料를 徵收치 아니함.

第6條 醫學科·藥學科의 敎授는 日語로 함.

第7條 學年은 4월 1일에 시작하여 翌年 3월 31일에 終了함.

第8條 學年을 나누어 다음 2學期로 정함.
　　　前學期 4월 1일부터 10월 20일까지
　　　後學期 10월 21일부터 翌年 3월 31일까지

第9條 敎授日數는 每學年에 200일 이상으로 함.

第10條 休業日은 隆熙 2년 閣令 제6호로 정한 休暇日 外에 다음과
　　　같음.
　　　春季休業 4월 1일부터 同월 10일까지
　　　夏季休業 7월 21일부터 8월 31일까지
　　　冬季休業 12월 29일부터 翌年 1월 7일까지

第11條 전염병의 예방, 非常한 災變 기타 특별한 사정에 의하여 필요

하다고 인정할 때는 大韓醫院長이 認可를 얻어 臨時休業을
할 수 있음.

第2章 入學・退學・懲戒・黜學

第12條 入學을 許可할 만한 者는 나이 18세이상 25세 미만으로
품행이 방정한 자로 신체 검사 및 입학시험에 합격한
者에 限함.

第13條 入學시험의 科目 및 그 程度는 다음과 같음.
醫學科・藥學科는 國漢文(四書講讀・作文), 算術(四則・分
數), 日語(日本高等小學讀本의 講讀・會話・번역)
大韓醫院長은 필요가 있다고 인정할 때는 物理學・化學을
추가할 수 있음.

第14條 學生의 募集員數 및 期日은 大韓醫院長이 이를 정함.

第15條 入學志願者는 第1號 書式의 入學請書에 이력서를 붙여 本校
에 呈出할 것.

第16條 入學이 허가된 者는 第2號 書式의 契約書를 本校에 呈出할 것.

第17條 (省略)

第18條 (省略)

第19條 大韓醫院長은 교육상의 필요로 인정할 때는 학생에게 징계
를 실시할 수 있음. 징계는 戒飭, 勤愼 및 停學으로 함.

第20條 아래 各號의 1에 해당한 學生은 大韓醫院長이 黜學을 명함.
1. 性行不良한 者
2. 疾病이나 또는 學力이 不進하여 所望이 없다고 認定한 者.
3. 正當한 事由가 없고, 1개월 이상 連續缺席한 者나 또는 出
席이 無常한 者.

第3章 시험 ・ 졸업

第21~24條 (省略)

第25條 醫學科의 卒業者는 醫學進士, 藥學科의 卒業者는 藥學進士
의 稱號를 사용토록 함.

第4章 學費・義務

第26條 學生은 官費로 하여 食費・被服 및 雜費를 줌. 기숙사에 기
숙케 한 者에게는 食費를 주지 아니함.

第27條 (省略)

第28條 學生은 졸업한 후, 다음 其間內에 각기 修得한 技術을 要할
職務나, 또는 業務에 종사토록 命令을 받았을 때는 이를 거
부치 못함.

1. 醫學科 3개년

1. 藥學科 2개년

1. 産婆科・看護科 1개년

正當한 事由가 없고, 前項 業務를 이행치 않을 때는 在學中
이미 지급한 學費의 전부나 또는 一部를 償還케 함.

第5章 院外學生

第29條 私費로 入學을 請願하는 者가 있을 때는 大韓醫院은 學生定
數의 員外學生으로 하여 入學을 허가할 수 있음. 員外學生
은 醫學科에 20명, 藥學科에 10명, 産婆科에 10명으로 함.

第30條 (省略)

附則

第31條 本規則은 頒布日부터 시행함.

隆熙 4년 2월 1일

內部大臣 朴齊純

醫學科 學科表

1학년 : 物理, 化學, 解剖學, 組織學, 數學, 胎生學, 日語, 체조

2학년 : 解剖學, 生理學, 病理解部組織學, 藥物學, 處方調齊學, 診斷學, 外科總論, 日語, 체조

3학년 : 內科名論, 外科名論, 繃帶學, 眼科學, 婦人學科, 細菌學, 衛生學, 日語, 체조

4학년 : 內科, 外科, 眼科, 婦人科, 産科, 小兒科, 精神病科, 皮膚病科, 耳鼻咽喉科

[부록 2]

勅令 제9호 大韓醫院官制

第1條 大韓醫院은 議政府에 直隷하여 이를 漢城에 설치하고, 衛生 · 敎育 · 治病의 일을 담당한다.

第2條 大韓醫院에 아래의 職員을 둔다.

院　　長 1명

顧　　問 1명

醫　　員 17명

敎　　官 7명

藥 劑 師 9명

通　　譯 3명

通譯官補 5명

事 務 員 10명

技　　師 3명

第3條 院長은 內部大臣이 겸임한다.

第4條 院長은 顧問과 협의한 후에 院務를 整理한다.

第5條 (省略)

第6條 大韓醫院은 아래의 3部로 나눈다.

    1. 치료부

    2. 교육부

    3. 위생부

第7條 治療部

    ① 疾病救療

    ② 貧民施療

第8條 敎育部

    ① 醫師養成

    ② 藥劑師養成

    ③ 産婆 및 간호부 양성

    ④ 교과서 편찬

第9條 衛生部

    ① 醫師·藥劑師 및 産婆업무 · 藥品賣藥 取締에 관한 조사

    ② 전염병 및 地方病의 예방, 種痘 기타 공중 위생에 관한 조사

    ③ 楊徵·檢疫 및 停船에 관한 조사

    ④ 衛生會 및 地方病院에 관한 조사

第10～11條 (省略)

第12條 現今間 本院 職員中 外國人을 초빙하여 그 사무를 代辨토록 한다.

第13條 大韓醫院은 大韓赤十字社의 촉탁을 받아 그 병원에 속한 一切의 事務를 담당한다.

第14條 (省略)

附　則

第15條 본령은 광무 11년 3월 15일부터 시행한다.

第16條 本令 施行日부터 光武 9년 칙령 제10호 廣濟院 官制 및 光武
　　　3년 칙령 제7호 醫學校 官制를 함께 폐지한다.
　　　光武 11년 3월 10일

[부록 3]

勅令 제10호 大韓醫院 官制 改正

第1條　大韓醫院은 內部大臣의 管理에 속하여 질병의 진료에 관한 事
　　　項을 맡는다.
第2條　大韓醫院에 附屬醫學校를 설치하고, 醫師 · 藥劑師 · 産婆
　　　및 看護婦의 양성에 관한 事項을 맡게 한다.
第3條　大韓醫院에 아래의 職員을 둔다.
　　　　　院　長　　　1명 勅任 또는 奏任
　　　　　副院長　　　1명　〃
　　　　　醫 官 專任 12명 중 2명은 勅任
　　　　　教　授　〃　5명 奏任
　　　　　學生監　〃　1명　〃
　　　　　助　手　〃　17명　〃　判任
第4~11條 (省略)
附　則
第12條　本令은 隆熙 3년 2월 1일부터 시행함.
第13條　隆熙元年 칙령 제73호 大韓醫院 官制는 폐지함.
　　　　隆熙 3년 2월 1일

勅令 제73호 大韓醫院 官制

第1條　大韓醫院은 內部大臣 관할에 속하며, 治病 · 醫育 및 衛生의 試驗에 관한 業務를 담당한다.

第2條　大韓醫院에 아래의 職員을 둔다.

　　　院　長 1명 勅任
　　　副院長 1명 勅任 혹은 奏任
　　　醫　官　專任 10 奏任
　　　技　師　　〃　　4명　〃
　　　教　授　　〃　　6명　〃
　　　事務官　　〃　　2명　〃
　　　藥劑官　　〃　　1명　〃　또는 判任
　　　副教授　　〃　　3명　〃　또는 判任
　　　主　事　　〃　　6명　〃　또는 判任

第3～4條　(省略)

第5條　大韓醫院에 아래의 3部를 둔다.

　　　治療部(疾病救療, 貧施療)
　　　醫育部(醫師 겸 藥劑師 · 産婆 및 간호부 양성, 醫學교과서 편찬)
　　　衛生試驗部(傳染病 기타 病原검사, 위생분석, 檢査, 痘苗製造)

第9～13條　(省略)

第14條　本令은 隆熙 2년 1월 1일부터 시행한다.

第15條　光武 11년 칙령 제9호 大韓醫院 官制는 폐지한다.

　　　隆熙元年 12월 27일
　　　內部大臣　李完用

조선총독부령 제19호

〈조선총독부의원 부속의학강습소 규칙〉

제1장 總則

제1조 조선총독부의원 부속의학강습소에 의과·조산부과 및 간호과를 둔다.

제2조 수업 연한은 의과 4년, 조산부과 2년, 간호부과 1년반으로 한다.

제3조 학생 정원은 의과 각학년 75人, 조산부과 各學年 20人으로 한다.

제4조 의과·조산부과 각학년 및 간호부과 각학기의 학과는 별표와 같다.

제5조 의과 및 조산부과 학년은 4월 1일에 시작, 다음해 3월 31일에 끝임. 학년을 나누어 다음 2학기로 한다.
前學期 4월 1일부터 10월 20일까지
後學期 10월 21일부터 3월 31일까지
간호부과의 수업 연한은 이를 3학기로 나누어 각 학기의 기간은 前項 學期의 기간에 준한다.

제6조 교수 일수는 1학년 약 42주로 한다. 단 간호부과는 전학기를 통해서 약 63주로 한다. 각과의 교수 시수는 매주 약 30시간으로 한다. 각 학과의 교수 시수는 원장이 이를 정한다.

제7조 (생략)

제8조 수업료는 당분간 이를 징수한다.

제9조 학자는 의학과에 있어서는 학생 정원의 3분의 1, 조산부과 및 간호부과에 있어서는 학생 정원 반수에 한해, 이를 급여할 수 있다. 학자 급여에 관한 규정은 따로 이를 정함.

제2장 입학·퇴학·징계

제10조 의과 학생은 조선인 남자, 조산부과 및 간호부과 학생은 조
선인 여자로 하고, 의과·조산부과 제1학년 또는 간호부과
제1학기에 입학을 허가할 수 있는 자는 다음 각호에 해당하
여 입학시험에 합격해야 함.

1. 나이 17세 이상 25세 이하

2. 신체 건전하고 품행이 방정한 자.

고등학교 제1학년을 수료한 자는 의과에, 보통학교 제4학년
을 수료한 자는 조산부에, 보통학교 제3학년을 수료한 자는
간호부과에 시험을 보아 입학을 허가할 수 있다.

제11조 前條의 입학시험은 의원장이 이를 시행하고, 그 과목 및 정
도는 다음과 같다.

(別表) 醫學科 學科表

學 年	學 期	科 目
제1학년	전학기	修身, 國語, 물리학, 화학, 해부학, 조직학, 수학, 체조
	후학기	수신, 국어, 물리학, 화학, 해부학 및 실습, 조직학 및 태생학, 수학, 체조
제2학년	전학기	수신, 국어, 국소해부학 및 실습, 생리학, 병리해부조직 및 실습, 약물학, 진단학, 외과총론, 체조
	후학기	수신, 국어, 국소해부학 및 실습, 생화학 및 의화학, 병리해부조직학 및 실습, 약물학, 처방조제학 및 실습, 진단학, 외과총론, 체조
제3학년	전학기	수신, 국어, 내과각론임상강의, 외과각론임상강의, 붕대학, 안과학 및 임상강의, 부인과학 및 임상강의, 세균학 및 실습, 체조
	후학기	수신, 국어, 내과각론임상강의, 외과각론임상강의, 붕대학, 안과학 및 임상강의, 부인과학 및 임상강의, 세균학 및 실습, 위생학, 체조
제4학년	전학기	수신, 국어, 내과각론임상강의, 외과각론임상강의, 붕대학, 안과학 및 임상강의, 부인과학 및 임상강의, 산과 및 임상강의, 소아과학 및 임상강의, 피부과학 및 임상강의
	후학기	수신, 국어, 내과각론임상강의, 외과임상강의, 안과임상강의, 부인과학 및 임상강의, 산과학 및 임상강의, 정신병학 및 임상강의, 이비인후과학 및 임상강의

朝鮮總督府令 제50호

京城醫學專門學校 規程

제1조 본교의 修業年限은 4년으로 한다.

제2조 본교의 학과목 및 그 정도는 다음과 같다.

〈학과목 생략〉

국어를 상용하는 자는 국어에 대신해서 조선어를 배운다.

(註: 여기서 말하는 국어는 일본어)

학교장은 계절에 따라 각 학과목의 1학년 간에 있어서의 교수
시수의 총계를 증감할 수 있는 범위 내에서 매주 교수 시수를
변경할 수 있다.

제3조 각 학과목 중의 1과목 또는 교과목을 選擇 專修하고자 하는
자는 選科生으로서 그 입학을 허가할 수 있다.

제4조 본교 졸업자로서 다시 旣修한 학과에 연구하고자 하는 자는
연구생으로 2년 이내 이를 재학할 수 있도록 한다.

제5조 본교에 특과를 설치할 수 있다.

특과에 관한 規程은 조선총독의 인가를 얻어 학교장이 이를
정한다.

附則

本令은 發布日로부터 시행한다.

大正 5년(1916) 조선총독부령 제27호 경성의학전문학교 학생에 대
해서는 그 학과목 및 그 정도를 舊領에 의하거나, 또는 本令
을 斟酌할 수 있다.

大正11년

朝鮮總督 男爵 齋藤實

〈경성의학전문학교 處務細則〉

제1장 총칙
제1조 院務에 관해서는 따로 정하는 것을 제외하고는 本細則에 의
한다.
제2조 診療를 받는 자는 다음과 같이 구분한다.
　1. 外來患者
　2. 入院患者
　外來 또는 入院患者에 대해 料金의 전부를 면제할 때 官費患
　者라 하며, 그렇지 아니한 것은 私費患者라 한다. 但, 私費患
　者는 학용이 되고, 料金의 일부를 免除한 자를 半官費환자라
　한다.
제3조 진료를 받고자 하는 자에게 診療券를 교부한다.
제4조 외래환자의 접수 시간은 官廳 出勤 시간부터 정오까지로 한
다. 단, 急患者나 특별한 사정이 있는 자는 此限에 不在한다.
제5조 官費 및 半官費患者는 그 病症 교육상, 또는 학술 연구상 필요
하다고 인정할 때 해당 교수가 이를 허가한다. 官費 및 半官
費환자의 인원수는 이를 制限한다.

제2장 執務
제1절 醫務
제6조 외래환자의 진찰은 소정의 진료권을 갖는 자에 한 한다. 단,
救急의 경우는 此限에 없다.
제7조 진료는 환자 도착순에 의한다. 但, 症狀重態일 때나 특별한 사

정이 있을 때는 此限에 없다.

제8조 외래환자의 治驗日誌는 初診때 이를 만든다.

제9조 진찰 결과, 調劑, 治療, 수술, 기타 料金의 收納을 요하는 것은 다음 각호에 의해 이를 취급한다

1. 藥劑는 處方箋을 교부하고 會計係에 料金을 내고, 이를 약국에 差出하고 調製 交付할 때 이를 지시한다.

2. 治療 手術을 받아야 할 경우는 料金을 記入한 處方箋을 교부하고 料金 完納한 후 이를 행한다. 단, 治療 手術 등에 있어서 完了後가 아니면 料金을 정하기 어렵거나 특별한 사정이 있을 때에는 此限에 없다.

3. 환자의 필요에 의해 院外 處方箋, 診斷書, 또는 證明書를 교부하는 경우도 前項에 준한다.

4. 處方箋 및 治療箋의 文字는 疑義가 생기지 않도록 명료하게 記載하고, 藥劑의 用法에 있어서는 필요한 설명을 해 주어야 한다.

5. 處方箋 및 治療箋에는 擔當 醫師가 이에 捺印한다. 官費 또는 半官費患者에 있어서는 따로 관비 및 반관비임을 밝혀 捺印한다.

제10조 院外에서 사망한 자의 死亡 診斷書 또는 死體 檢案書를 청구하는 자가 있을 때는 그 死體를 해부하고, 수수료를 완납케한 뒤 이를 交付한다. 但, 특별한 事由가 있을 때는 此限에 없다.

제11조 法定 傳染病을 診定했을 때는 즉시 접수 서류를 작성하고, 서무계에 회부하고, 환자를 隔離室에 옮기는 등, 적절한 처치를 한다. 전항(前項)의 환자의 轉歸는 즉시 서무계에 통지한다.

제12조 환자를 입원시킬 때는 입퇴원 통지서에 所要의 사항을 記入하고, 이를 환자에게 交付하여 접수에 제출케 한다. 단 官費, 또는 半官費의 입원인 경우에는 해당과 교수가 官費 또는 半官費를 기입 확인 날인한다.

제13조 입원환자의 治驗日誌는 입원할 때 이를 調製한다.

제14조 입원환자에 藥劑를 교부할 때는 所定의 處方箋에 의해 前日 중 이를 약국에 회부한다. 단, 입원 당일 또는 응급을 요할 때는 수시로 약국에 회부할 수 있다.

제15조 입원환자를 私費에서 官費로 옮길 때 私費 퇴원 수속을 하고, 다시 官費 입원 수속을 해야 한다. 官費 입원환자가 그 목적에 적합하기 위해 私費로 옮길 때의 수속도 같다. 사비에서 半官費로, 또는 半官費에서 私費로 옮길 경우에는 입퇴원 통지서에 그 사실을 명기하고 當該 科 敎授의 확인 날인을 받아 접수계에 회부한다.

제16조 입원환자를 甲科에서 乙科로 옮기고자 할 때는 甲科에서 입퇴원 통지서에 所要 事項을 기입하고, 이를 乙科에 회부한다.

제17조 입원환자를 轉等, 轉室, 轉科하고자 할 때는 그 사실을 회계에 통지한다.

제18조 환자의 입퇴원, 轉等, 轉室, 轉科 등의 이동은 병실에서 매일 아침 所定의 통지부에 적어 서무계에 통지한다.

제19조 환자에게 他科의 진찰을 받게 할 필요가 있을 때에는 소정의 용지에 필요 사항을 기입하고 當該 科에 회부한다. 他科에서 의뢰해 온 환자에 대한 치료를 할 때에는 소정의 요금을 징수한다.

제20조 입원환자의 외출은 허가할 수 없다. 단, 특별한 이유로 인하여 외출 신청을 받았을 때는 時刻 또는 치료상 지장이 없는

경우에 한해 이를 허가할 수 있다. 刑事 被告人 기타 특수한 주의를 요하는 환자는 어떤 이유로서도 외출을 허가할 수 없다.

제21조 면회시간 이외에 입원환자를 방문하거나, 또는 來訪者가 病室에서 숙박을 원할 때, 혹은 입원환자에게 음식물을 주고자 하는 자가 있을 때는 情狀을 고려하여 가부를 정한다.

제22조 입원환자가 病狀의 重症, 增進, 危篤 또는 사망 등의 경우는 속히 해당과 교수에게 보고함과 동시에 가족 또는 보증인에 통지토록 서무계에 청구한다.

제23조 입원환자가 사망했을 때는 그 사망진단서를 서무계에 회부한다.

제24조 會計係에서 料金 滯納의 통보를 받았을 때는 환자의 症狀, 기타의 사정을 고려, 會計係와 협의 후 퇴원 수속토록 한다.

제25조 환자를 퇴원시키고자 할 때는 입퇴원 통지서에 所要의 사항을 기입, 서무계를 경유하여 이를 회계계에 회부한다.

제26조 입원환자로서 醫院의 지시에 위배하거나 또는 좋지 못한 짓을 하는 자는 퇴원을 命한다.

제27조 官費 및 半官費 입원환자가 다음의 1에 해당될 때는 官費 및 半官費 入院환자의 허가를 취소하거나 퇴원을 命한다.

　　1. 계약을 이행치 않거나 좋지 못한 짓을 할 때

　　2. 當該 疾病의 轉歸를 기다리지 않고 억지 퇴원을 청구할 때

　　(중략)

제28조 院外 處方箋, 진단서, 증명서, 屍體檢案書 및 法定傳染病 환자에 관한 접수서는 반드시 副本를 保有한다.

제2절 藥 局

　　제29-48조(생 략)

제3절 事 務

　　　제49-93조(생 략)

제4절 宿 直

　　　제94-95조(생 략)

　　　제96조 院務 숙직원의 근무 요령은 다음과 같다.

　　　1. 입원환자의 진료, 특히 重症, 增進, 危篤환자의 回診

　　　2. 불시 외래환자의 진료

　　　3. 비상시에 있어서의 입원환자의 피난 보호

　　　4. 간호의 실행 감독

　　　5. 환자의 입퇴원 및 사망자의 처치에 관한 指示

　　　6. 환자 보호자에 대한 지시

　　　7. 외래 진료에 있어서의 諸物品, 文書, 장부 등의 관리

　　　8. 숙직, 진찰실의 火炎 주의

　　　9. 전기, 가스, 蒸氣, 給水, 給湯, 기타 소모품 등의 절약 감독

　　　10. 風紀 유지

　　　11. 기타 醫務에 관한 사항

　　　제97-108조 (생략)

[부록 8]

학교의 규칙(大正8년 4월8일 總 제59호)

제1조 관립학교에 학교의를 둔다.

　　　공립학교에는 특별한 사정이 있을 때에는 당분간 학교의를
　　　둘 것.

제2조 학교의는 의사규칙에 의해 의사면허를 받은 자로 할 것을 요함.

제3조 학교의는 관립학교에 있어서는 조선총독, 공립학교에 있어서는 道長官이 이를 촉탁함.

제4조 학교의의 수당은 그 학교 경비에서 지급함.

제5조 학교의는 매월 적어도 1회 교수시간에 넣어서 해당 학교에서 교실 및 기숙사 등 위생상의 사항을 사찰하고, 그 요령을 시찰부에 기입할 것.

  1. 환기의 불량   2. 채광의 적부
  3. 실내의 온도   4. 난방장치의 적부
  5. 책걸상 및 그 배열 적부   6. 학교 청결 방법 실행의 상황
  7. 음료수의 좋고 나쁨   8. 직원 학생의 건강 상태
  9. 각호의 위생상 필요한 사항

제6조 학교의는 학교 시찰을 할 때 질병에 걸린 직원 학생을 발견할 때에는 병증에 따라 결근, 결과, 휴학 또는 치료를 위해서 학교장에 신고할 것.

제7조 학교의는 학교 부근 또는 학교 내에 있어서 전염병 발생이 있을 때는 학교에 와서 필요한 예방 및 소독 방법을 강구하고, 또 그 상황에 따라서 학교의 전부 또는 일부의 폐쇄가 필요하다고 인정될 때는 이를 학교장에게 신고할 것.

제8장 학교의는 본령에 규정하는 것 외에 학교장의 청구에 따라서 직원 학생의 신체검사 그 밖의 학교 위생상 필요한 사항에 대해 학교장 학교조합관리자 또는 감독관청에 의견의 진술을 득할 것.

부칙

본령은 발포의 날부터 이를 시행함.

[부록 9]

경성의학전문학교 졸업자 명단(학위 취득자)　　　　* 가나다순

姜大元(一) : 1931년 졸업.1941년 1월21일, 경성제국대학 의학부.
　　주논문 : 胃神經支配에 관한 약리학적 知見 補遺.
姜聲旭(1904－) : 1925년 졸업. 1935년 12월9일, 慶應大學 의학부.
　　주논문 : 구람陰性腸內細菌의 S형 R형과 박테리오파아지과의 관계.
岡一(一) : 졸업년도 미상. 1944년 12월17일, 崎長의과대학.
　　주논문 : 빈혈의 恢復機轉에 관한 연구.
姜日永(一) : 1925년 졸업. 1935년 5월17일, 九州帝國大學 의학부.
　　주논문 : 慢性鼻控炎의 임상학적 및 실험적 연구.
高文龍(1898－) : 1920년 졸업. 1933년 12월12일, 경도제국대학 의학부.
　　주논문 : 모르핀 習慣 및 禁斷症狀의 成因에 관한 一新考察.
高永穆(1898－)1919년 졸업. 1939년 8월15일, 熊本의과대학.
　　주논문 : 家兎眼壓에 관한 실험적 연구.
奇龍肅(1905~) : 1929년 졸업. 1942년 6월27일, 만주의과대학.
　　주논문 : 페스트균 항원에 관한 연구.
吉田捻(一) : 졸업년도 미상. 1942년 7월14일, 京都帝國大學 의학부.
　　주논문 : 세균소독에 대한 自然免疫破壞에 관한 연구.
金德性(一) : 졸업년도 미상. 1944년 3월19일, 경성제국대학 의학부.
　　주논문 : 인체 및 家兎正常혈액세포의 脂肪 所見.
金東益(1900－) : 1924년 졸업. 1932년 10월15일, 慶應義塾大學 의학부.

주논문 : 臨床的肝臟機能調査 및 諸種臨床肝臟機能檢查法의 優劣 批判.

金明學(1901－) : 1924년 졸업. 1930년 4월9일, 東北帝國大學 의학부.
주논문 : 肝機能에 미치는 上皮小體홀몬의 영향.

金炳善(1901－) : 1926년 졸업. 경성제국대학 의학부.
주논문 : 목솔에 의한 血液像.

金本光弘(一) : 졸업년도 미상. 1945년 10월16일, 경성제국대학 의학부.
주논문 : 梅毒家免過칼슘 血症에 관한 연구.

金聲宇(1895－) : 1928년 졸업. 1943년 10월21일, 京都帝國大學 의학부.
주논문 : 家免에 의한 催淋巴物質의 작용 태도에 관한 연구.

金星煥(1904－) : 1928년 졸업. 1941년 2월15일, 慶應大學 의학부.
주논문 : 피부호르몬 소위 에소후락신이 미치는 혈액학적 변화.

金永燦(一) : 1929년 졸업. 1943년 7월14일, 名古屋의과대학.
주논문 : 胃粘膜創傷 및 위염에 미치는 위수술의 영향.

金容弼(一) : 1929년 졸업. 1941년 11월21일, 慶應大學 의학부.
주논문 : 위액의 연구.

金將星(一) : 1935년 졸업. 1941년 7월31일, 慶應大學 의학부.
주논문 : 重金屬鹽類에 의한 백혈구 증다증에 관한 연구.

金銓植(一) : 1925년 졸업. 1934년 2월14일, 경성제국대학 의학부.
주논문 : 人類慢性 모르핀 中毒症에 대한 연구.

金重華(一) : 1927년 11월 29일, 경성제국대학 의학부.
주논문 : 肝臟機能의 形態學的 研究.

金河登(一) : 1926년 졸업. 1933년 11월10일. 경성제국대학 의학부.
주논문 : 高張食鹽水浣腸의 腸管運動에 미치는 영향에 대해서.

金夏植(一) : 1920년 졸업. 1933년 8월10일 경도제국대학 의학부.
주논문 : 阿片알카로이드 構造와 腸管運動.

金衡翼(1897－) : 1918년 졸업. 1936년 12월4일, 경성제국대학 의학부.
　주논문 : 아드레날린 및 비간돌에 의한 실험적動脈硬化症에 대한
　　　　　히스도토신의 영향에 대하여.

金熙圭(－) : 1936년 졸업. 1943년 2월20일, 名古屋의과대학.
　주논문 : 실험적 알레루기성 위궤양의 연구.

金希俊(1907－) : 1932년 졸업. 1941년 1월28일, 경도제국대학 의학부.
　주논문 : 朝鮮人眼의 人種 형태학적 연구.

大山景弘(－) : 졸업년도 미상. 1945년 9월8일, 경성제국대학 의학부.
　주논문 : Datura에 관한 연구.

德原國夫(－) : 졸업년도 미상. 1945년 9월8일, 경성제국대학 의학부.
　주논문 : 간장색소배설능과 혈액칼슘과의 관계.

明大赫(－) : 1922년 졸업. 1937년 8월16일, 경성제국대학 의학부.
　주논문 : 附子 및 아코니친의 聽器에 미치는 영향에 대하여.

木村元重(－) : 졸업년도 미상. 1943년 7월29일, 熊本의과대학.
　주논문 : 生體皮膚의 Hormon 排泄에 관한 실험적 연구.

閔丙祺(－) : 1926년 졸업. 1931년 8월4일, 京都帝國大學 의학부.
　주논문 : 朝鮮人蔘의 실험적 연구.

朴秉來(－) : 1924년 졸업. 1945년 11월1일, 경성제국대학 의학부.
　주논문 : 慢性骨髓性白血病의 基礎代謝 및 혈액화학과 尿排泄 성
　　　　　분에 대하여.

朴鏞洛(－) : 졸업년도 미상. 1945년 11월8일, 경성제국대학 의학부.
　주논문 : 鼓膜張筋內의 脂肪 細胞侵入에 대하여.

朴鍾榮(－) : 1926년 졸업. 1933년 6월5일, 경성제국대학 의학부.
　주논문 : 肺臟機能의 形態學的 연구.

朴鍾濬(－) : 1926년 졸업. 1934년 8월16일, 경성제국대학 의학부.
　주논문 : 脾臟의 免疫體産生促進 物質에 관한 연구.

朴柱秉(1902~) : 1922년 졸업. 1926년 독일프라이브르크대학.

　　주논문 : 화학적 물질의 管內로부터 管을 통하여 게이프 管內에
　　　　　　흡수되는 관계에 관한 계통적 연구. 1924년 2월16일, 만
　　　　　　주의과대학.

　　주논문 : 아드레나린 및 에훼드린의 약리 작용의 비교.

朴俊(1899－) : 1923년 졸업. 1945년 11월8일, 경성제국대학 의학부.

　　주논문 : 人肺淋巴裝置의 연구.

朴昌善(一) : 1925년 졸업. 1937년 8월16일, 경성제국대학 의학부.

　　주논문 : 蝎腎臟의 약리학적 知見 補遺.

朴昌薰(1897~) : 1918년 졸업. 1925년 3월26일. 경도제국대학 의학부.

　　주논문 : 木樣蜂巢織炎에 就하야.

芳山高明(一) : 졸업년도 미상. 1943년 10월21일, 경도제국대학 의학부.

　　주논문 : 蛙眼漠網色素 이동의 약리학적 연구.

白基昊(一) : 1932년 졸업. 1939년 11월9일, 경성제국대학 의학부.

　　주논문 : 蟹心臟의 약리학적 연구.

白麟濟(一) : 1921년 졸업. 1928년 4월6일, 동경제국대학 의학부.

　　주논문 : 실험적 佝瘻病의 연구.

白承鎭(一) : 1924년 졸업. 1940년 6월18일, 경성제국대학 의학부

　　주논문 : 破傷風毒素의 藥理.

白龍(一) : 1932년 졸업. 1942년 11월30일, 東京帝國大學 의학부

　　주논문 : 反腎臟호르몬에 관한 연구.

三原啓市(一) : 졸업년도 미상. 1945년 11월1일, 경성제국대학 의학부.

　　주논문 : 二, 三의 요약에 따르는 血小板增多症 및 同減少症의 發
　　　　　　生機轉에 관한 實驗的 硏究.

孫禎均(1915－) : 1945년 10월16일, 경성제국대학 의학부.

　　주논문 : 網狀織內皮細胞系統塡塞의 생물학적 의의.

松山茂(一) : 졸업년도 미상. 1945년 10월16일, 경성제국대학 의학부.

　　주논문 : 出産의 性比 특히 家門의 性에 集積하는 문제.

申聖雨(一) : 1925년 졸업. 1932년 2월일, 京都帝國大學 의학부

　　주논문 : 아드레나린 주사에 의한 各臟器의 연구.

申龍均(1902－) : 1925년 졸업. 1942년 4월2일, 九州帝國大學 의학부.

　　주논문 : 惡性腫瘍의 血液中乳酸量에 대하여.

沈相煌(1909－) : 1935년 졸업. 1945년 7월9일, 京都帝國大學 의학부.

　　주논문 : 의복의 열학적 연구.

安南奎(1891－) : 1918년 졸업, 독일 프라이브르크대학.

　　주논문 : 모루못도動物胚線結核에 대한 間細胞 變化(1930).

安鍾一(一) : 1927년 졸업. 1938년 5월9일, 경성제국대학 의학부.

　　주논문 : 마약중독 동물 중추신경 계통의 연구.

吳元錫(1898－) : 1919년 졸업. 1930년 7월1일, 東京帝國大學 의학부

　　주논문 : 水銀劑의 利尿作用機 轉에 관한 실험적 연구.

吳一承(一) : 1925년 졸업. 1933년 6월5일, 경성제국대학 의학부.

　　주논문 : 蟲樣突起炎에 관한 실험적 연구.

吳正國(一) : 1937년 졸업. 1944년 1월29일, 京都帝國大學 의학부.

　　주논문 : 백혈구 감소의 發生機轉에 관한 연구.

玉豊彬(一) : 1920년 졸업. 1935년 8월19일, 慶應大學 의학부.

　　주논문 : Morphin 過血糖의 轉機에 대하여.

劉錫昶(1900－) : 1928년 졸업. 1945년 9월8일, 경성제국대학 의학부.

　　주논문 : 膵臟 랑겔한스의 발생학적 知見 補遺.

兪日濬(1895～1932) : 1918년 졸업. 1923년 독일 프라이부르크대학.

　　주논문 : 腸窒扶斯菌 파라질부사균 및 赤痢菌족의 異變性에 관한
　　　　　　연구. 1926년 1월6일, 慶應대학 의학부.

　　주논문 : 디프스파라디프스 및 赤痢의 제연구.

俞興鎭(1907 -) : 1929년 졸업. 1945년 10월16일, 경성제국대학 의학부.
　　주논문 : 人體脾臟被裏 및 柱材에 있어서 平滑筋織維 所見에 관
　　　하여.

尹基寧(1903 -) : 1928년 졸업. 1935년 1월17日, 경성제국대학 의학부.
　　주논문 : 生體機能에 미치는 칼슘의 영향에 대하여.

尹治衡(1896~) : 1918년 졸업. 1922, 독일 푸레쓰라우대학. 1924년
　　　7월15일, 九州帝國大學 의학부 주논문 : 健康肺와 結
　　　核에 미치는 氣胸의 작용.

尹泰權(1903 -) : 1925년 졸업. 1939년 11월9일, 경성제국대학 의학부.
　　주논문 : 幼若胸線과 雌性內 生器와의 관계.

李甲秀(1899 -) : 1920년 졸업. 1936년 7월7일, 京都帝國大學 의학부.
　　주논문 : 生物體 內臟에 있어서의 膠樣銀의 運命에 대하여.

李東沂(1911 -) : 1936년 졸업. 1945년 7월1일, 東北帝國大學 의학부
　　주논문 : 膠質銀에 因한 貧血의 發生 機轉에 관한 연구.

李丙勳(-) : 1923년 졸업. 1933년 6월5日, 경성제국대학 의학부.
　　주논문 : 上皮小體의 機能에 관한 실험적 연구.

李錫申(-) : 1921년 졸업. 1932년 2월24日, 京都帝國大學 의학부.
　　주논문 : 조선인의 習慣食에 관한 연구.

李先根(1900 -) : 1924년 졸업. 1925년 11월30일, 東京帝國大學 의학부.
　　주논문 : 乳幼兒期에 있어 질환이 체격에 미치는 영향.

李聖鳳(-) : 1928년 졸업. 1938년 5월12일, 경성제국대학 의학부.
　　주논문 : 조선인 유아 신체 발육에 관한 연구.

李聖熟(-) : 졸업년도 미상. 1944년 2월17일. 京都帝國大學 의학부.
　　주논문 : Hauutdrmon 所謂 Esphvlaxin의 糖代射에 미치는 영향
　　　에 대한 실험적 연구.

李星鎔(-) : 1921년 졸업. 1924년 11월26일, 독일에서 의학박사 학
　　　위 취득 후 귀국.

李世淵(1900-) : 1921년 졸업. 1943년 6월21일, 경성제국대학 의학부.

　　주논문 : 器管緩衝能力에 관한 研究.

李晏敎(1911-) : 1937년 졸업. 1945년 5월10일, 千葉의과대학.

　　주논문 : 發疹熱에 관한 실험적 연구.

李龍馥(1911-) : 1934년 졸업. 경도제국대학 의학부.

　　주논문 : 扁桃腺銀反應에 관한 연구.

李在莒(一) : 1932년 졸업. 1939년 1월11일, 경성제국대학 의학부.

　　주논문 : 甲狀腺 기능의 형태학적 연구.

李在馥(一) : 1931년 졸업. 1939년 2월4일, 名古屋의과대학.

　　주논문 : 자외선의 혈액 재생 기능에 미치는 영향.

李鍾奎(1905-) : 1928년 졸업. 1945년 9월8일, 경성제국대학 의학부.

　　주논문 : 측뇌실맥락업에 있어서의 푸삼몬씨 소체의 형태학적 연
　　　　구 보유.

李鍾綸(1902-) : 1924년 졸업. 1932년 12월12일, 경성제국대학 의학부.

　　주논문 : 赤筋 및 白筋의 神經司配에 관한 知見補遺.

李晉基(1907-) : 1932년 졸업. 1945년 11월1일, 경성제국대학 의학부.

　　주논문 : 網膜垂의 조직학적 知見 補遺.

李孝燮(一) : 1927년 졸업. 1940년 6월18일, 경성제국대학 의학부.

　　주논문 : 細菌免疫과의 관련으로 본 腫瘍免疫에 대하여.

任明宰(一) : 1919년 졸업. 1930년 2월22일, 北海道大學 의학부.

　　주논문 : 發熱과 가다라제 및 肝臟과의 관계.

張起呂(1909-) : 1932년 졸업. 1940년 11월14일, 名古屋帝國大學 의
　　　　학부.

　　주논문 : 急性蟲垂炎 및 蟲垂炎聖腹膜炎의 세균학적 연구.

張有厚(一) : 졸업년도 미상. 1945년 9월18일, 金澤의과대학

　　주논문 : 조선에 있어서의 附子 中毒 특히 이로 인한 眼障害.

錢東赫(1910－) : 1937년 졸업. 경성제국대학 의학부.

　　주논문 : 兩性出生比에 관한 연구.

全鍾暉(1913－) : 1935년 졸업. 1945년 9월8일, 경성제국대학 의학부.

　　주논문 : 人體胃腸肝肺肩 및 骨髓의 鐵 所見.

鄭壹千(1906－) : 1928년 졸업. 1934년 11월 15일, 경성제국대학 의학부.

　　주논문 : 腸管에 있는 소위 黃色細胞에 관한 형태학적 연구.

鄭學溶(　－) : 1936년 졸업. 1944년 3월19일, 경성제국대학 의학부.

　　주논문 : 攝護腺의 병리조직학적 연구.

趙炳學(1908－) : 1924년 졸업. 1940년 6월18일, 경성제국대학 의학부.

　　주논문 : 皮膚淋巴線透過能에 관한 연구.

趙震錫(1901－) : 1927년 졸업. 1940년 3월25일, 名古屋帝國大學 의
　　　　　　　학부.

　　주논문 : 면역 유출에 관한 실험적 연구.

晉寅懸(　－) : 1927년 졸업. 1934년 8월16일, 경성제국대학 의학부.

　　주논문 : 灌流脾臟組織의 體外 培養에 의한 抗體産生의 실험적
　　　　　　연구.

崔經世(　－) : 1932년 졸업. 1942년 10월31일, 崎長의과대학.

　　주논문 : 諸種放射線의 眼網漠色素 이동에 미치는 영향.

崔相彩(　－) : 1924년 졸업. 1934년 11월2일, 경도제국대학 의학부.

　　주논문 : 白血球 分核의 본태에 관한 연구.

崔英植(　－) : 1934년 졸업. 1942년 11월30일, 東京帝國大學 의학부.

　　주논문 : Uber den Einfluss der Rontogenstrahlen auf die Wirkung
　　　　　　von vershiedenen Sympathonmimetica im Blutzuckersspiegel.

崔龍喆(1907－) : 1930년 졸업. 1945년 9월8일, 경성제국대학 의학부.

　　주논문 : 肩炎 肩灌流液의 治癒作用에 관한 知見 補遺.

平居康治(　－) : 졸업년도 미상. 1942년 10월31일, 京都帝國大學 의학부.

　　주논문 : 아루즈하루멜씨의 巨大細胞에 관한 知見 補遺.

豊田有康(─) : 졸업년도 미상. 1945년 9월8일, 경성제국대학 의학부.

　　　주논문 : 空氣 이온浴이 즈베르크린 반응에 미치는 영향.

韓明洙(─) : 1927년 졸업. 1942년 4월13일, 경성제국대학 의학부.

　　　주논문 : 二三藥物에 의한 蝸心室 구로나기시의 변화.

許信(─) : 1924년 졸업. 1934년 3월22일, 경성제국대학 의학부.

　　　주논문 : 産婦人科 領域에 있어서의 腦脊髓含糖量의 檢索.

玄圭煥(1901 ─) : 1927년 졸업. 만주의과대학.

　　　주논문 : 坑煖房時의 快感帶에 관하여.

黃尙撲(1909 ─) : 1932년 졸업. 1941년 11월30일, 東京帝國大學 의학부.

　　　주논문 : 血管系의 병리조직학적 연구.

[부록 10]

〈부록 : 勅令(日本) 제103호 京城帝國大學 官制 〉

제1조　경성제국대학에 左의 직원은 置함.

　　　總長 勅任

　　　書記 專任 2명 判任

제2조　총장은 조선총독의 감독을 받아 경성제국대학 일반의 업무를
　　　다스리고, 소속직원을 감독함. 총장은 高等官의 進退에 관하여
　　　는 조선총독에게 具申하고, 判任官에 관하여는 이를 詮衡함.

제3조　書記는 上官의 지휘를 받아 서무 회계에 종사함.

제4조　경성제국대학에 예과를 둠.

　　　예과에 아래의 직원을 둠.

　　　部長 · 敎授 專任 25人 奏任

生徒監 · 助教授 專任 2人 判任

部長은 豫科 敎授中으로부터 조선총독이 이를 補함. 總長의 命을 받아 예과의 사무를 掌理하고 所屬 職員을 감독함.

敎授 및 조교수는 生徒 敎育을 맡음.

生徒監은 豫科 敎授中에서 조선총독이 이를 補함. 部長의 命을 받아 生徒의 訓育을 맡음.

附 則

本令은 公布日부터 이를 시행함. 경성제국대학 총장은 당분간 이를 專任치 아니함. 大正 13년 5월 2일.

'[부록 11]

〈경성제국대학 학부에 관한 건〉

경성제국대학의 學部는 다음과 같음.

法文學部

醫學部

附 則

本令은 大正 15년 4월1일부터 이를 시행함.

大正 13년 5월 2일

〈경성제국대학 의학부 규정〉

제1장 授業
제1조 학년을 나누어 다음 3學期로 한다.
제1학기 4월1부터 8월31일까지
제2학기 9월1일부터 12월31일까지
제3학기 1월1일부터 3월31일까지
제2조 本學部에서 授業하는 과목 및 그 每週 時數는 아래와 같다. 교
      수상 특별한 필요가 있을 때는 이를 변경할 수 있다.
      (別表 참조)
제3조 他學部의 학생은 本學部長의 허가를 얻어, 本學部의 과목을
      聽講할 수 있다.

제2장 試驗
제4조 大學令 제10조의 규정에 따라 본 학부의 시험을 받아 醫學士
      라 칭하려면 다음 과목의 시험에 합격해야 한다.
      解剖學(조직학 및 태생학 포함)·생리학·의화학·미생물
      학·기생충학·병리학·약리학(처방학포함)·위생학·예
      방의학·법의학·내과학·의과학·정형외과학·산과학·
      부인과학·안과학·소아과학·이비인후과학·피부과학·
      비뇨기과학·정신과학·신경과학
      제4조의 2시험은 따로 정하는 바에 따라 각 학년말에 이를 행
      한다. 단, 時宜에 따라 학기 중 이를 행할 수도 있다.
제5조 학생 사고로 인하여 受驗 불능이거나 시험에 불합격했을 때

는 다음 학기말에 재시험을 행한다.

제6조 학업성적은 합격 불합격으로 한다.

제3장 재학 기간

제7조 학생의 재학 기간은 8년을 초과할 수 없다.

제4장 專攻生 및 聽講生

제8조 전공생은 다음의 자격을 가진 자로서 敎授會議를 거처 이를 허가한다. 단, 필요하다고 인정할 때는 학력을 檢定할 수 있다.

1. 의사면허증을 가진 자 또는 그 자격이 있는 자.

2. 외국 의과대학에서 학위를 받은 자.

3. 다른 학부 소정의 학위를 가진 자, 또는 그에 상당한 자격을 가진 자.

제9조 전공생 지망자는 원서를 호적등본 및 이력서 첨부, 학부장에 첨부한다.

제10조 전공생의 지도자는 교수 회의를 거처, 학부장이 이를 정한다.

제11조 전공생의 재학은 1년으로 한다. 단, 다시 연구를 계속하고자 하는 자는 연기원을 제출하여야 한다.

제12조 연구과는 1년 75원으로 하고, 지정 기일까지 이를 납부해야 한다. 연구료를 부하지 않았을 때는 전공생 허가를 취소한다. 이미 납부한 연구료는 환불치 않는다.

제13조 연구에 필요한 재료 및 약품은 자기 부담으로 한다.

제14조 전공생은 지도자의 허가 없이 환자를 취급, 또는 기계를 사용할 수 없다.

제14조의 2 本通則 제33조의 규정에 따라 본 학부 청강생을 지원하는 자가 있을 때는 교수회의를 거처 이를 허가한다.

전항의 지원자는 원서를 호적등본 및 이력서 첨부, 학부장에
제출한 제5장 講習生

제15조 의사에게 의학을 補習케 할 목적으로 강습과를 개설할 수 있다.

제16조 講習科 개설의 시기 및 방법은 교수 회의를 거쳐, 학부장이
이를 정하여 그 요령을 고시한다.

제17조 講習生은 따로 정하는 바에 따라 講習料를 前納 한다.

附則

本規程은 大正 15년(1926) 4월 1일부터 시행한다.

(별표) 매주 수업시수

과목		1학년 1학기	1학년 2학기	1학년 3학기	2학년 1학기	2학년 2학기	2학년 3학기	3학년 1학기	3학년 2학기	3학년 3학기	4학년 1학기	4학년 2학기	4학년 3학기
해부학	계통 해부학	8	6	6									
	조직학	3	2										
	해부학 실습		2회*	2회*	2회*								
	조직학실습 현미경사용법		2회*	2회*									
	태생학	1	1	1									
	국소해부학				2								
생리학	생리학	6	6	6									
	생리학실습				2회*								
의화학	의화학	4	2	2									
	의화학실습	2회*	2회*										
미생물학	미생물학				2	2	2	2					
	기생충학				1	1	1	1					
	미생물학					2회*	2회*	2회*					
	기생충학 실습												
	면역학 및 실습						2	2	2				
약리학	약리학(처방학포함)				2	4	2	2					
	약리학 실습							1회*					
병리학	병리총론				4	4							
	병리각론					2	4						
	병리조직학 실습						1회*	2회*					
	병리해부 실습				時時	時時	時時	時	時	時	時	時	時

구분	과목												
위생학 예방 의학	위생학·예방의학				2								
	위생학·예방의학 실습					2 1회 +	2 1회 +						
법의학	법의학										2	2	1
내과학	진단 및 실습				3	3	3						
	내과각론 및 임상강의					△							
	외래환자 임상강의							6	6	6	6	6	6
외과학	외과학총론				3	3	3						
	붕대 실습					△							
	외과강론 및 임상강의						6	6	6	6	6	6	6
	외래환자 임상강의							△	△	△	△	△	△
	외과수술 실습						△						
정형외 과학	정형외과학 임상강의							1	1	1			
	외래환자 임상강의								△	△	△	△	△
산과학 부인 과학	산과학·부인과학							3	3	3	3		
	산과부인과 임상강의										2	2	2
	외래환자 임상강의										△	△	△
	산과 모형 실습										△		
피부 과학 비뇨기 과학	피부과학												
	비뇨기과							2	2	2			
	피부과·비뇨기과 임상강의							1	1	1			
	피부과·비뇨기과 외래환자 임상강의										1	1	1
											△	△	△
안과학	안과학							3	3	3			
	안과 임상강의										1	1	1
	외래환자 임상강의										△	△	△
	檢眼法 및 視機檢査法實習								1	1			
이비인 후과학	이비인후과학							2	2	2			
	이비인후과 임상강의										1	1	1
	외래환자 임상강의										△	△	△
	이비인후검사법 실시								△	△			
소아 과학	소아과학							2	2	2			
	소아과 임상강의										1	1	1
	외래환자 임상강의										△	△	△
	種痘 실습										△		
理學的 療法科 學	理學的療法科學 임상강의										1	1	1
신경 과학 신경 과학	精神科學·神經科學								1	1			
	精神科學 임상강의										2	2	2
	외래환자 임상강의								△	△	△	△	△

치과학	치과학 및 임상강의								1	1	1	△
醫學史, 醫事法則, 社會醫學, 比較解剖學 人類學, 遺傳學, 醫心理學, 特 別講義		科外 講義(隨時)										
합 계		22	17	24	22	18	14	23	28	29	27	23	22

[부록 13]

〈경성제국대학 학위 규정〉

제1조 本學에서 수여하는 학위는 다음의 3종으로 한다.

법학 박사, 문학 박사, 의학박사

제2조 本대학원에서 2년 이상 연구에 종사한 자는 이력서를 붙여 그 청구하는 학위의 종류를 지정하여 학부장에게 논문을 제출한다. 학부장은 前項의 논문을 교수회의 심사에 회부한다.

제3조 前條에 해당됨이 없이 학위를 청구하는 자는 이력서를 붙여 그 청구하는 학위의 종류를 지정하여 총장에게 논문을 제출한다. 총장은 前項의 논문을 제출한 자가 청구하는 학위의 종류에 따라 相當 學部 교수회의 심사에 회부한다.

제4조 학위 청구 논문은 1편에 限 한다. 단, 참고로서 다른 논문을 부가 제출해도 무방하며, 심사를 위해 필요 있을 때는 학부 교수회는 학위 청구자에게 논문의 副本·譯本 또는 模型標本, 기타의 자료를 제출케 할 수 있다.

제5조 학위 청구를 위한 논문은 이를 還付한다.

제6조 학부 교수회는 그 심사에 회부된 논문을 교수 중 2인 이상의 위원을 선정, 이를 심사케 한다. 위원은 필요에 따라 다른 학부에 속하는 교수 또는 기타 교원으로 이를 보충할 수 있다.

제7조 심사위원은 1년 이내에 교수회의 그 심사의 결과를 보고한다. 단 특별한 사정이 있을 때는 교수회의 의결에 따라 심사 기간을 연장할 수 있다.

제8조 학부 교수회에서 심사의 결과에 대해 의결코자 할 때는 교수 전원의 3분의 2이상 출석을 요하며 학위 수여에 대한 의결은 출석 교수 3분의 2이상의 찬성을 요한다. 공무 또는 여행으로 출석이 불가능한 교수는 前項의 수에 算入하지 않는다.

제9조 학부 교수회에서 학위 수여를 결의했을 때는 학부장은 논문 및 그 심사의 요지를 붙여 이를 총장에게 보고한다.

제3조의 논문에 대해 학위를 수여토록 결의했을 경우에도 前項과 같다. 단, 심사의 要旨 첨부를 요하지 않는다.

제10조 학위를 가진 자가 그 榮譽를 汚辱하는 행위를 했을 때는 총장은 해당 학부 교수회의 결의 및 문부대신의 인가를 거쳐, 학위의 수여를 취소하고, 학위증을 환수한다. 교수회에서 前項의 議決을 위해서는 교수 전원의 3분의 2이상 출석을 요하며, 출석 교수 4분의 3이상의 찬성을 要한다.

제8조 제2항의 규정은 이 경우, 이를 準用한다.

제11조 학위증의 양식은 다음과 같다(以下 略).

[부록 14]

〈경성제국대학 의학부에서 한국인 의학박사 취득자(1932~40)〉

・李鍾綸/赤筋 및 白筋의 神經司配에 관한 知見補遺〈1932.12.24〉
・吳一承/蟲樣突起炎에 관한 實驗的 研究〈1933.6.20〉

- 李丙勳/上皮小體의 機能에 관한 實驗的研究〈1933.6.20〉
- 朴鍾榮/肺臟機能의 形態學的研究〈1933.6.20〉
- 金河橙/高張食鹽水浣腸의 腸管운동에 미치는 영향에 대해서〈1933.11.28〉
- 金重華/肝臟機能의 形態學的研究〈1933.12.15〉
- 金銓稙/人類慢性몰핀中毒症에 대한 研究〈1934.3.3〉
- 許 信/産婦人科 領域에 있어서의 腦脊髓液含糖量의 檢索〈1934.4.2〉
- 朴鍾璿/脾臟에   있어서의   免疫體産生促進物質에   관한   研究
    〈1934. 9.7〉
- 晋宙鉉/灌流脾臟組織의 體外培養에 의한 抗體産生의 實驗的 研究
    〈1934.9.7〉
- 鄭壹千/腸管에 있어서의 所謂 黃色細胞의 形態學的 및 發生學的研究
    補遺〈1934.12.4〉
- 尹基寧/生體機能에 미치는 [칼슘] 및 [카리음]의 影響에 대하여
    〈1935. 1.22〉
- 金晟鎭/腸閉塞時에 있어서의 消化液分泌에 관한 研究〈1936.1.15〉
- 李世珪/膀胱의 藥理學的知見補遺〈1936.10.6〉
- 金衝翼/[아드레나린] 및 [비간돌]에 의한 實驗的 動脈硬化症에 대한
    [히스토톡신]의 影響에 대하여〈1936.12.22〉
- 金能基/急性 亞砒酸 中毒의 本能에 관한 一考察에 대하여〈1937.4.23〉
- 李容尙/器官의 緩衝 能力에 관한 연구〈1937.8.13〉
- 林昌業/腎臟의 藥理學的 知見補遺〈1937.8.30〉
- 秦柄鎬/絞縊性 腸閉塞症에 관한 연구〈1937.8.30〉
- 明大赫/附子 및 [아코니친]의 聽器에 미치는 影響에 대하여〈1937.8.30〉
- 許 逵/單位菌フィルム培地培養法을 應用하는 細菌의 發育形成에
    관한 연구〈1937.12.17〉
- 李仁圭/朝鮮 學齡兒童의 身體 發育에 관한 研究〈1938.1.21〉

· 安鍾一/麻藥中毒 動物에 中樞神經 系統의 組織病理學的 비교 연구〈1938. 5.10〉
· 朱鍾勳/沈降素量에서 觀察되는 [카세인]의 特異性에 대하여〈1938.5.27〉
· 李聖鳳/朝鮮人 乳幼兒 身體發育에 관한 硏究〈1938.5.27〉
· 李鍾鎬/沈降素量에서 觀察되는 各種卵白의 特異性에 대하여〈1938.8.9〉
· 梁哲煥/人類의 生涯에 있어서 血液水分 含量의 變動에 관한 硏究
    〈1938. 11.28〉
· 李在崑/甲狀腺 機能의 形態學的 硏究〈1939.1.25〉
· 張 慶/肺結核症의 病理組織學的 硏究〈1939.1.25〉
· 鄭槿陽/皮下細胞織의 機能에 관한 硏究〈1939.2.3〉
· 姜洙瞞/姙娠의 [메라노휘렌] 擴張作用에 대하여〈1939.5.25〉
· 白基昊/兜蟹(투구게) 心臟의 藥理學的 연구〈1939.11.22〉
· 尹泰權/幼若胸腺과 雌性內性器와의 관계에 대하여〈1939.11.22〉
· 金錫煥/中性鹽類水溶液中에 있어서의 赤血球浮游液粘度(1939.11.22)
· 崔在緯/[설파닐아미드]에 의한 淋疾의 化學療法에 대한 實驗的 연구
    〈1940.4.11〉
· 白承鎭/破傷風 毒素의 藥理〈1940.4.11〉
· 金承鉉/實驗的 高血壓症과 腎臟과의 관계〈1940.4.11〉
· 金連熙/血淸內 抗甲狀腺 物質에 대하여〈1940.4.11〉
· 崔義楷/朝鮮 住民의 生命表〈1940.7.4〉
· 趙炳學/皮膚淋巴管透過能에 관한 硏究〈1940.7.4〉
· 金應尤/帶狀疱疹의 病毒에 관한 硏究〈1940.7.4〉
· 李相堯/生體家兎에 있어 시행되는 一新耳殼血管灌流方法 및 同方法
    에 의해 시행되는 二, 三의 實驗에 대하여〈1940.8.14〉
· 韓基澤/家兎腸管淋巴裝置의 藥理學的 硏究〈1941.8.23〉

[부록 15] 일제 침략기의 의사활동에 종사한 인물들(가나다순)

[일본인 의사 및 그 관련된 사람들]

· 가미무라타다치가(上村直親)‥대구 자혜의원장.

· 가미오카가즈아키(神岡一亨)‥조선총독부의원 외과 시료부장. 청주
　　　　자혜의원장.

· 가미오키나타다시(神翁正)‥경성의학전문대학교 부속의원 치과학 4
　　　　대 강사.

· 가와모토(河本)‥東大교수. 조선의학회 특별강사로 초청.

· 가와수키에이죠(金杉英藏)‥조선총독부의원 의관.

· 가이노우요시시게(戒能義重)‥경성제국대학 예과부장.

· 가츠라수상‥1909년 4월10일 한일합방 정책 결정.

· 가타야마(片山国嘉)‥동인회 부회장. 조선의 의사양성 急務를 선전.
　　　　대구동 인의원을 설립할 것을 청원.

· 가타오카하치사토(片岡八束)‥조선총독부의원 피부비뇨기과 의원.
　　　　경성의학전문학교 교수.

· 가토우겐(加藤元)‥慶應大學 교수. 경성의학전문학교 해부학 강사.

· 가토타카시(加藤隆)‥경성의학전문학교 부속의원 방사선학 2대 교수

· 고노마모루(河野衡)‥대한의원 소아과 과장. 조선총독부의원 소아
　　　　과 초대 과장.

· 고다마히데오(兒玉秀雄)‥조선총독부 5대 정무총감.

· 고다케츠쿠지(小竹武次)‥대한의원 교육부장.

· 고도셋죠(後藤節藏)‥동인회 이사. 風雲堂主.

· 고무라(小村)‥일본 외무대신으로 1909.4.10 가츠라 수상과 한일합
　　　　방 정책을 결정.

- 고바야시세이지로(小林晴治郎)‥경성의전 초대 겸임교수. 동물성 病原을 강의. 경성제국대 교수로 미생물학 제2강좌(미생물학)담임.
- 고바야시시즈오(小林靜雄)‥경성제국대학의학부 부속의원 이비인후과학 교수.
- 고바야시타카미(小林隆米)‥함흥의전 교장. 함흥도립병원장.
- 고바야시하루지로(小林晴次郎)‥조선총독부의원 기사. 동물학 전공.
- 고야마요시미(小山善)‥대한의원 치료부장. 이토 히로부미의 侍醫.
- 고우즈(高頭)‥동인회에서 경부철도 공사에 남부지방으로 파견된 5명 중 한 명.
- 고이소쿠니아키(小磯國昭)‥조선총독부 8대 육군대장 (1939.9~1944. 7 재임).
- 고이시구로(小石黑)‥조선의 의사 위생을 총감독 지휘하는 조선총독부 의원 초대원장.
- 고지마다카사토(兒島高里)‥대한의원 약학사로 약국장.
- 고쿠분(國分)‥통감부 서기관.
- 고타게타케지(小竹)‥경성의학교 교사. 대한의원 교육부장. 예비육군 군의정.
- 고토셋죠(後藤節藏)‥최초의 의학박사인 尹治衡의 지도교수
- 고하라신죠(小原新三)‥총독부 내무부 지방국장.
- 고하시시게오(小橋茂)‥城大 의학부 미생물학교실에서 志賀박사 지도하에 세균학을 수료한 후에 의전 교수. 만주 新京에서 병원 경영.
- 곤도(近藤)‥동인회에서 경부철도 공사에 남부지방으로 파견된 5명 중 한 명.
- 구니에다(國枝)‥일본 오오쿠라성 기사.

· 구도(工藤)‥전라남도 장관(1915.4).
· 구로다간이치(黑田幹一)‥경성제국대학 예과부장. 경성제국대학 독일어 초대교수
· 구보다케시(久保武)‥대한의원 부속의학교 해부학 교수. 南滿醫學堂에서 경성의원 해부학 교수로 발탁 임용. 경성의학전문학교 기요 제1권(1931. 6)에 독일어로 조선인의 골격이나 지문 또는 모발이나 손톱 등을 연구 조사 한 내용을 게재.
· 구보키요시(久保喜代二)‥조선총독부의원 정신과 제2대 과장. 경성의학전문학교 부속의원 정신과학 초대 강사. 城大 교수. 경성제국대학 의학부부속의원 정신과학 강좌 초대 교수.
· 구지나오타로(久慈直太郎)‥조선총독부의원 산부인과 제2대 과장.
· 구토우세이시로(工藤正四郎)‥경성제국대학 의학부 미생물학강좌 제4대 교수.
· 기리하라신이치(桐原眞一)‥총독부의원 외과 의관.
· 기무라세이이치(木村正一)‥경성제국대학 의학부 위생학 강좌 제3대 교수.
· 기쿠치다케이치(菊池武一)‥평양 理事廳 통감부 이사관. 평양공립동인의원 창설(1906.8.5)위원장. 총독부 농림국장.
· 기쿠치츠네사브로(菊池常三郎)‥육군군의총감. 대한의원 제2대 원장 및 교장(1909.7~1910.8).
· 나가하나미사오(長花操)‥경성의학전문학교 동물성병원 제2대 강사.
· 나리다후지오(成田不二生)‥경성의학전문학교 화학 주임교수. 농예화학 전공. [有隣]지를 1947년에 만듦.

- 나리타가이스케(成田快介)‥조선총독부의원 제1내과 의관. 경성의
  전 제2대 교장.
- 나카노아리미츠(中野有光)‥경무총감부 위생과장.
- 나카노칸(長野幹)‥학무국장(제3대 사이토마고토 총독 때 3번째).
- 나카니시마사카네(中西政周)‥대한의원 생리학 교수. 경성의학전문
  학교 생리학 초대 주임교수. 경성제
  국대학 의학부 생리학 제1강좌 초대
  교수.
- 나카다니다카시(永谷隆志)‥평양공립동인의원 창립 맨버. 의원(警視).
- 나카무라도미죠(中村富藏)‥평양동인의원 부원장. 전속 철도의. 평
  양동인의원 부속의학교 교육을 전담한
  4명 중의 하나. 동인회 평양지부 主事.
- 나카무라료죠(中村兩造)‥경성제국대학 정형외과학 강좌 초대 교수.
- 나카무라케이죠(中村敬三)‥경성제국대학 의학부 미생물학 강좌 제
  2대 교수.
- 나카무라타쿠(中村拓)‥경성제국대학 의학부 의화학 강좌 제2대 교수.
- 나카야마(中山)‥동인회에서 전속 철도의로 남부에 파견된 5명 중 한 명.
- 나카오카모리요시(長岡護美)‥1902~4년에 걸쳐 초대 동인회장. 동
  인회 창설에 특히 주력한 고노에아츠
  마로(近衛篤麿)를 회장으로 예정했지
  만, 그는 東亞同文會에 힘쓰다가 그
  가 사퇴하고 초대회장에 추천되었다.
- 노사카미기(野坂三枝)‥경성제국대학부설 철원 결핵요양소 원장. 경
  성제국대학 내과 교수.
- 노자와히토시(野澤鈞)‥경성의학전문대학 치과학 초대 강사.

- 니시가메미츠요시(西龜三圭)‥경무국 위생 과장. 경성의학전문학교 위생법규 강사. 조선총독부 위생과장.경성제국대학 위생법규 강사.
- 니시기메겐(西龜元)‥총독부 위생과장. 소록도 나요양소 원장.
- 니시오(西尾)‥동인회 본부 파견의사. 대구동인의원 부속의학교에서 기초의학 교수.
- 니시오카타츠죠(西岡辰藏)‥경성의학전문학교 제5대 주임교수.
- 니시자와신죠(西澤新藏)‥경성의전 신설 당시(1916) 계주임. 城大 사무관에서 경성여자 의전 설립 일체 사무를 담당(1938.5). 경성제국대학 학무국 사무관. 본부 서무과장. 학무과장으로 퇴임.
- 다나카세이지(田中正四)‥위생학 조수. 경성제대 의학박사(1945.9.8)
- 다나카타케오(田中武雄)‥제8대 小磯國昭총독시대(1939.9~44.7) 정무총감.
- 다데노다다시(館野正)‥평양동인의원 오노(小野)의원의 후임.
- 다시도료수케(田代賣介)‥동인회본부 전무이사.
- 다카기이츠마(高木逸磨)‥총독부의원 醫院技師. 東大출신. 세균학 전공.
- 다카나시츠네모토(高階經本)‥東大출신. 宮內省侍醫. 대한의원 내과 초대과장. 의원 부원장.
- 다카다세이지(高田昇)‥평양의학전문학교 제2대 교장. 평양도립의원장.
- 다카오신죠(高尾甚造)‥1938년 학무과장.
- 다카쿠스사카에(高楠榮)‥조선총독부의원 산부인과 3대 과장 의관. 경성제국대학 의학부 제2대 부장. 경성제국대학 제5대 원장. 교수. 재단법인경성여자의학전문학교 제2대 교장.(1941~1945) 경성제국대학 명예교수.

- 다카하시도루(高橋亨)‥경성제국대학 교수, 조선학회 부회장, 문학박사.
- 다케나가노리키(武永憲樹)‥조선총독부 학무국장.
- 데라우치마사타게(寺內正毅)‥초대 조선총독.
- 도미나가쥬지(富永忠司)‥내과 의관.
- 도미나가타다시(富永忠司)‥조선총독의원 내과 의관.
- 도이켄지로(土井兼次郎)‥약학 출신자로서 [滿鮮의 醫界]에 의학 연구 업적을 게재.
- 도이하루키(土井晴奇)‥경성의학전문학교 부속의원 약국 3대 국장 조교수.
- 도쿠미츠요시후쿠(德光米福)‥경성의학전문학교 병리학, 법의학 제2대 주임교수.
- 마루야마시케토시(丸山重俊)‥한일의정서 협정(1904.8.22)으로 취임한 경무고문.
- 마루야마츠루키치(丸山鶴吉 1883~1956)‥從三位 勳二等 同成會 本籍 東京都(應島出 生). 1909年 東京帝國大學 法科 卒, 監察官, 同보안부장, 지방국 겸 內務各 書記官, 東京市助役, 조선총독부경무국장, 경시총감, 宮城縣知事, 鹽釜, 東北 各海運局長 겸 軍需省 監理官, 東北地方總監 등을 역임. 1927년 해군 군비제한회의(스위스) 출석 재임(1931~1946). 전후 공직에서 추방됨. 저서『70년 여기저기』가 있음.
- 마에다켄이치(前田謙一)‥경성제국대학 의학부 부속의원 약국 2대 국장 조교수.
- 마자키나가도시(眞崎長年)‥조선총독부 8대 고이소쿠니아키(小磯國昭) 때 학무국장(1941) 경성여자의전 재정 보조에 힘썼다.

- 마츠바야시(松林)‥육군 主計장교, 총독부의원 의학강습소 서무과
  장 촉탁.
- 마츠오카겐고(松岡憲固)‥경성의학전문학교 미생물학 3대 주임교수.
- 마츠우라신지로(宋浦鎭次郎)‥문부차관 경성제국대학 2대 총장 법학사.
- 마츠이곤페이(松井權平)‥조선총독부의원 외과 3대 과장. 경성제국
  대학 의학부 부속의원 3대 원장, 외과학
  제1강좌 초대교수.
- 만베가즈오(滿部數雄)‥평양동인의원 의원.
- 모리시마고타(森島庫太)‥사토오고오죠씨의 은사. 京大 교수. 視學
  위원 자격으로 평양, 대구의전 및 세브란
  스의전 시찰.
- 모리야스랜키치(森安連吉)‥대한의원 내과 2대 과장, 조선총독부의원
  내과 초대 과장 의관. [衛生思想의 普及]
  [조선통치의 회고](조선신문 1936.5.19~24).
- 모토나분인(本名文任)‥경성제국대학 의학부 부속의원 의과학 강좌
  2대 교수.
- 무라가미류죠(村上龍藏)‥대한의원 내과 의관.
- 무라다쇼세이(村田昇淸)‥경무국 위생과장.
- 무라이후데노수케(村井筆之助)‥제15사단 군의부장. 동인회 평양지
  부 평의원.
- 무로야유타로(室谷脩太郎)‥조선총독부의원 외과 초대 과장.
- 무코다고죠(向田幸藏)‥경시.
- 무토쥬지(武藤忠次)‥경성의학전문학교 병리학, 법의학 3대 주임교수.
- 미나미지로(南次郎)‥제7대 조선총독(1936.8~1939.9)
- 미노아수에마치(三野輪末吉)‥평양동인병원 서기.

- 미야이리(宮入)‥九大교수, 페디스토마의 중간숙주가 우렁이, 민물 게임을 연구하는데 협력.
- 미우라긴노수케(三浦謹之助)‥1888년 東大졸업. 내과 권위자
- 미즈노랜타로(1868~1949 水野錬太郎)‥아키다(秋田)현 출신. 동경 제국대학 영법과 졸업. 지방자치제도 정비의 공로자. 법학박사. 1912년 貴族院議人으로됨. 1918년 寺内내 각의 내무대신. 사이토총독 때 정무총감(1919~1922). 1922년 加藤友三郎내각의 내무대신. 1924년 淸浦내 각의 내무대신. 1926년 政友會入党. 田中義一내각의 내무대신. 興亞同盟총재. ≪조선통치비화≫(1937년 조선총독부 출판)에서 정무 총감 재직 중의 상황을 상 세히 기록. 특히 보통경찰정치와 문화정치란 명목으 로 조선통치 방법을 일대 혁신한 장본인임.
- 미즈시마하루오(水島治夫)‥경성제국대학 의학부 위생학 강좌 2대 교수.
- 바바하루토시(馬場晴利)‥평양 일본거류민단장. 평양동인회지부 평의원. 부장. 해부학 강좌 제1 강좌 교수.
- 사다게쥬이치(佐竹秀一)‥경성의학전문학교 부속의원 안과학 교수. 5대 원장.
- 사다마나히코(佐多愛産)‥시학위원 자격으로 공립 평양・대구의전 및 세브란스의전 등의 시찰로 조선에 왔음.
- 사사키요모시(佐々木四方志)‥東大출신. 1904년 봄 동인회 추천으 로 경무의 중추기관인 제5과장. 경무고문의라는 公醫 (경찰의) 廣濟醫院長. 대한의원 위생부장. 철도의 총 수・경성동인회 상임이사.
- 사이토겐지(齋藤謙次)‥대한의원부속학교 세균학 교수.
- 사이토마고토(藤齋實)‥3대(1919.19~1927.12), 5대(1929.8~1931.6) 조선총독.

- 사카이기요시(阪井淸)··경성의전 이비인후과장 의관. 독일 파견(1920).
- 사카타세이죠(坂田淸造)··조선총독부의원 의관.
- 사타게쥰이치(佐竹囚一)··조선총독부의원 의원.
- 사토다케오(佐藤武雄)··경성제국대학 의학부 5대 부장. 법의학강좌
  교수. 함흥도립의원 의전을 돌봐줌.
- 사토스스무(佐藤進 1845~1921)··1864년 동경대학에서 최고의 위
  치. 동년 베를린 유학.1875년 순천당의원에서 외과 담
  당. 1888년 일본 제7호 의학박사. 순천당대학 창립자.
  西南전쟁, 천일전쟁, 러일전쟁에서 활약. 이홍장 저격
  사건에서 그 치료를 담당. 육군 군의통감에서 초대 대한
  의원장이 됨(1908~1909). 사토츠네나카(佐藤常中)의
  양자. 3대 순천당 堂主(新潮日本人名辭典, 815쪽.)
- 사토오고죠(佐藤剛藏)··1907.6~1945.12 조선 재임. 조선총독부 의육과
  장. 경성의학전문학교 부속의원 초대 원장 및 교
  장. 경성제국대학 의학부 의화학 강좌 초대 교수.
  재단법인 경성여자의학전문학교(1938) 초대 교장.
- 사토츠네마루(佐藤恒丸)··위생병원장. 조선군 군의부장. 궁내성의
  시의 책임자. 총독부의원 강습소 시료부
  촉탁. 데라우치총독의 侍醫. 경성의학전문
  학교 창립위원. 경성의학전문학교 내과 외
  래 위촉(주1회)
- 세키야데이자브로(關屋貞三郞)··총독부 내무부 학무국장(데라우치총
  독때). 문과의학종합대학안을 제창
- 소네아라스게(曾根荒助)··제2대 한국 통감(1909.6~1910.5)
- 소오시로(莊風四郞)··조선총독부의원 의관
- 수수키겐노스게(鈴木謙之助)··대한의원 외과 의관.
- 수에다(水田)··경성제국대학 司計과장

· 수코히데오(須古秀雄)‥총독부의원 이비인후과 의원. 경성의학전문
학교 부속의원 6대 원장. 이비인후과학 교수.

· 스기하라토쿠유키(杉原德行)‥경성제국대학 의학부부속의원 약리
학 제2강좌 교수. 부속생약연구소(개
성)장 겸무(1930.12).

· 스이즈노부히루(水津信治)‥조선총독부의원 정신과장.

· 스즈키(鈴木)‥度支部장관(후에 재무국장). 문과의과종합대학안 제창.

· 스즈키기요시(鈴木清)‥경성의학전문학교 해부학 강사.

· 스즈키모토하루(鈴木元晴)‥城大 조교수. 경성의학전문학교 부속의
원 방사선 초대 전임교수. 경성제국대학
의학부 부속의원 방사선학 조교수.

· 스즈키쥬이치로(鈴木忠一郎)‥경성제국대학 의학부 부속의원 정형
외과학 강좌 2대 교수.

· 시가기요시(志賀潔1870~1857)‥센다이(仙臺)현 출생. 明治·昭和期
의 세균학자. 東帝大의학대학 졸업. 慶
大 교수. 조선총독부의원장. 경성의전교
장. 京城帝大 총장(1929).

· 시노다하루카스‥경성제국대학교 6대 총장. 법학박사. 前李王職 次官.

· 시노자키코츠시로‥경성제국대학의학부 부속의원 6대 원장.

· 시모오카쥬지(下岡忠次 ?~1925)‥정무총감(제3대 총독 때 3번째).

· 시무사와에이치(涉澤榮一1840~1931)‥明治·大正期의 실업가. 무
사시보타구(武藏棒澤)의 鄕士의 子. 어릴 때 이름은
에이지로(榮二郎), 아버지로부터 논어를 배우고 그것
을 일생의 지침으로 삼았다. 도쿠가와요시노부(德川
康喜)가 장군이 되자 幕府의 육군 奉行支配 助役을 맡
았다. 1867년 도쿠가와키타케(德川昭武)를 수행해서

渡歐. 서구의 근대적 산업 설비, 경제제도를 배움.
1868년 귀국. 시즈오카(靜岡)에 合本組織(주식회사의
선구) 商法會所를 설립. 1919년 실업계를 은퇴하기까
지 많은 활약을 했다. ≪新潮日本人名辭典≫ 86쪽.

· 시바다젠자브로(紫田善三郎1877～1943)‥시즈오카(靜岡)현 출신. 1904
년 동경제국대학 법과대학 졸업. 同大學院修. 1906년
문부성 소속으로 되고, 宮崎縣 내무국장, 北海道廳 拓
殖 부장, 大阪府 내무부장, 조선총독부 학무국장.

· 시바요시야(椎葉義彌)‥경성의학전문대학 미생물학 교수.

· 시바타이타루(柴田至)‥경성의학전문학교 해부학 4대 주임교수.

· 시부야마사수에(涉谷正季)‥평양 민단장.

· 시시이노코(猪子)‥京大 교수.

· 시오하라도키사브로(鹽原時三郎)‥7대 미나미(南)총독의 비서. 학무국장

· 시쿠마다가오(志熊孝雄)‥경성의학전문학교 부속의원 이비인후과 교수.

· 신노요시히코(眞能義彦)‥경성의학전문학교 독일어 2대 교수.

· 신다니쥬로(新谷二郎)‥경성의학전문학교 부속의원 산부인과 2대 교수.

· 아라마에이지(有馬英二)‥조선총독부의원 내과 의관.

· 아라이모토시(荒井元)‥조선총독부의원 피부비뇨기과 초대 과장 의관.

· 아라키도라사브로(荒木寅三郎)‥京大醫化學教室 주임교수.

· 아리요시쥬이치(有吉忠一)‥정무총감(3대 총독 때 2번째).

· 아리카와도보루(蟻川亨)‥평양자혜의원 의관. 소록도 자혜의원장.

· 아베신코(阿部信行)‥제9대 조선총독(1944.7～1945.8).

· 아사리사브로(淺利三郎)‥경무국장.

· 아이카와타카시(愛川隆)‥경성의학전문학교 부속의원 치과학 3대 강사.

· 아카이시모토지로(明石元次郎)‥초대 경무총장(육군 중장). 대만총독.

- 아키야마마사노수(秋山雅之助)‥경성의학전문학교 창립위원. 총독부 참사관. 법학박사.
- 야나기라다츠미(柳樂見達)‥총독부의원 치과 과장. 의원 겸 의전 교수.
- 야마가타이사브로(山縣伊三郎)‥초대 정무총감.
- 야마구지료베(山口梁平)‥조선총독부의원 의관.
- 야마나요시키(山名善來)‥총독부 내무부 소속.
- 야마네마사츠쿠(山根正次 1857.12~1925.8)‥東大의대 졸업. 경찰醫長. 내부위생국 위생사무 촉탁. 山口郡部 무소속으로 중의원 6대 당선.
- 야마네세이지(山根政治)‥도립대구의학전문학교 교장. 대구도립의원장.
- 야마다레치모리(山田列盛)‥동인회 전무이사.
- 야마다미츠요시(山田三良)‥4대 경성제국대학 총장. 동경제국대학 명예교수. 법학박사
- 야마야신지(山家信次)‥공학박사. 해군기술 중장. 7대 경성제국대학 총장.
- 야수모토요시하시(安本義久)‥총독부의원 2대 약국장. 경성제국대학 초대 약국장
- 야쿠타노부야스(生田信保)‥총독부의원 치과 의원
- 에노키다사다요시(榎田貞義)‥경성의학전문학교 부속의원 2대 국장
- 에비슨‥세브란스병원장. 세브란스의전 초대 교장
- 엔도우류사쿠(遠藤柳作)‥정무총감(9대 총독 때).
- 오가와시게루(小川蕃)‥조선총독부의원 외과 의관. 경성제국대학 외과학 제2 강좌 초대 교수.
- 오노데라(小野寺)‥평양 여단장. 육군 소장. 평양지역 콜레라 유행구역 계엄령 선포.
- 오노메이지로(小野明治郎)‥동인회평양지부 의원.
- 오노켄이치(大野謙一)‥학무국장(8대 총독 때).

- 오노쿠이치로(大野綠一郎)‥정무총감(7대 총독 때).
- 오다쇼고(小田省吾)‥경성제국대학 예과 부장. 문학사. 법문학부 교수.
- 오바시시게오(小橋茂穗)‥경성의학전문학교 미생물학 2대 교수.
- 오사와마사루(大澤勝)‥조선총독부의원 내과 의관. 경성의학전문학교 약물학 초대 교수. 경성제국대학 의학부 약리학 강좌 제1 강좌 교수.『有隣』회지 발간에 힘씀.
- 오오츠카후지키치(大塚孝道)‥경성제국대학 의학부 해부학 강좌 제2 강좌 교수.
- 오오쿠마시게노부(大重信新)‥동인회 제2대 회장(1904.8), 와세다대학 창시자.
- 오요가와호우지(及川邦治)‥평양의학전문학교 초대 교장.
- 오이카와쿠니하루(及川邦治)‥평양도립위원장. 도립평양전문학교교장.
- 오츠카구니오(大塚九二生)‥경성의학전문학교 생리학 2대 주임교수.
- 오츠카츠네사브로(大塚常三郎)‥내무부 제2과장. 내무국장.
- 오츠카후지키치(大塚藤吉)‥경성의학전문학교 생리학 강좌 제2강좌 교수.
- 오카다와이치로(岡田和一郎)‥동인회 이사.
- 오카시노부(岡忍)‥조선총독부의원 의육과 교수.
- 오쿠누키키요스케(奧貫恭助)‥동경 경시청 기사. 소네통감때 내부 위생국 위생기사. 지방국 위생과 사무 중에서 도립병원 담당(총독부의원, 각도자혜의원)
- 오키나미미노루(沖波實)‥경성의학전문학교 동물성병원 3대 강사.
- 오타스스무(大田進)‥대구에서 동인병원의 명의를 빌어 개업한 醫者.
- 오하시코이치(大橋宏一)‥도립광주의전 교장. 광주도립의원장.
- 와고우우타로(和合卯太郎)‥경성제국대학 의학부 해부학강좌 제2강좌 교수. 생리학 강좌 2대 교수.

- 와이즈미시게유키(和泉成之)‥경성제국대학 의학부 부속의원 소아과학 강좌 2대 교수.
- 와타나베미치오(渡辺道雄)‥경성의학전문학교 부속의원 정신과학 2대 강사, 城大교수.
- 와타나베신(渡辺晋)‥조선총독부의원 피부비뇨기과 2대 과장 의관.
- 와타나베토히코(渡辺豊日子)‥학무국장(제6대 총독 때).
- 와타비키토모미츠(綿引朝光)‥경성의전 미생물학 교수. 경성제국대학의학부 위생학 강좌 초대 교수.
- 요네다(米田)‥평양 지사.
- 요시다(吉田)‥총독부의원 서무과장(사무관). 경성제국대학 의학부 부속의원 이관시 폐관 됨.
- 요시키요미죠(吉木彌三)‥조선총독부 의원 약국 초대 국장.
- 요코야마도시히사(横山俊久)‥경성의학전문학교 위생법규 강사. 조선총독부 기사.
- 요코야마시게키(横散茂樹)‥총독부의원 산부인과 의관. 경성의학전문학교 부속의원 산부인과학 초대 교수.
- 우가키가즈시게(宇垣一成 1868~1956)‥大正·昭和期의 군인, 정치가. 1924년 기요우라(淸浦)내각의 육군대신, 제6대 조선총독(1931.6~1936.8).
- 우노고우이치(宇野功一)‥대한의원 안과과장 의관. 조선총독부 안과 초대과장.
- 우사미가츠시(宇佐米勝夫)‥통감부 내무 차관. 조선총독부 초대 내무부장관. 2대 내무부장.
- 우에노츠네죠(上野常藏)‥평양동인의원의 조수.
- 우에다츠네키치(上田常吉)‥경성의학전문학교 해부학 2대 주임교수. 경성제국대학 의학부 3대 부장.

- 우에다하야토(上田隼人)‥1928년 경성의학전문학교 신임교수 발령.
- 우에무라준지(植村俊二)‥경성의전 외과 의관. 조선총독부의원 외과 제2대 과장.
- 우치다토시(內田徒志 1876~1945)‥1905 광제원 부임, 대한의원 창립위원, 대한의원 이비인후과 과장 의관.
- 우치무라야수타로(內村安太郎)‥평양자혜의원장(데라우치총독 때). 내과 전공 軍醫正. 평양도립의원장. 도립평양의학 강습소 초대 소장.
- 웨르스‥미국인 병원장(서문 밖).
- 유게고오타로(弓削幸太郎)‥학무과장(2대 총독 때).
- 유아사소우헤이(湯淺倉平)‥정무총감(3대 총독 때 4대, 1925~1927).
- 이나다스스무(稻田進)‥조선총독부의원 2대 제2 내과 과장.
- 이나모토가메고로(稻本龜五郎)‥京大출신. 조선총독부 의학강습소 병리학 교관(병리학 전문). 경성의학전문학교 병리학, 법의학 초대 주임교수. 경성의전 교무주임.
- 이노우에야에지(井上八重二)‥도립대구의학강습소 초대 소장(1929). 경상북도 위생과장.
- 이마무라유타카(今村豊)‥경성제국대학의학부 4대부장. 교수.
- 이마무라타모츠(今村保)‥東大출신. 의학박사. 대구공립동인의원 초대원장.
- 이마이다마사소노(今井田政德)‥정무총감(6대 총독 때).
- 이시구로다다나오(石黑忠悳)‥군의총감.
- 이오기료소(五百木良三)‥동인회 본부이사.
- 이와부치토모지(岩淵友次)‥九大출신. 軍醫. 적십자병원 초대원장. 회령도립의원장.
- 이와사(岩佐)‥高商교장.
- 이와사키시게토시(岩崎茂敏)‥경성의학전문학교 해부학 교수.

- 이와이세이시로(岩井誠四郎)‥조선총독부의원 내과 2대 제1내과 과장의관. 경성제국대학 의학부 부속의원 4대 원장. 동대학 내과 강좌 제1강좌 교수.
- 이와이죠사브로(岩井長三郎)‥조선총독부 영선방면 기사. 공학사. 여자의전 건축 담당.
- 이이지마시게지로(飯島滋次郎)‥경성의학전문학교 독일어 3대 교수.
- 이케가미시로(池上四郎)‥京大출신. 대구동인의원장. 1907년 봄 조선에 부임. 정무총감(4대 야마나시(山梨)총독 때).
- 이케다신지로(上野常藏)‥평양동인회 사무원.
- 이쿠다(生田)‥내무국장(제4대 야마나시 총독 때).
- 이쿠타노부야수(生田信保)‥경성제국대학 의학부 부속의원 치과학 조교수.
- 이토마사요시(伊藤正義)‥경성제국대학 의학부 부속의원 내과 제2강좌 교수.
- 이토소죠(伊藤準三)‥京大교수. 사토 고오죠씨를 평양동인의원으로 가도록 권유.
- 이토타로(伊藤太郎)‥1906년 이후 사토스스무 남작을 초빙하여 대한의원 창립을 감독케 함.
- 이하라토시오(井原俊男)‥경성제국대학 의학부 부속의원 외과학 제2 강좌 2대 교수.
- 주보마사수에(周防正季)‥경기도 위생과장. 1934년 소록도 소장. 의학박사.
- 즈루다요시시게(鶴田善重)‥대한의원 외과 의관.
- 즈루마타카시(弦間孝)‥평양동인병원 의원.
- 즈사키다카미(津崎孝道)‥경성의학전문학교 해부학 3대 주임교수.

- 지바추쿠노리(千葉叔則)‥조선총독부의원 의관.
- 코수키도라이치(小杉虎一)‥경성제국대학 의학부 병리학 강좌 제1강
  좌 교수.
- 키타무라세이이치(北村精一)‥경성제국대학 피부비뇨기과 강좌 2대 교수.
- 타나카마지베‥조선총독부의원 내과 의관.
- 테라사카모토(寺阪源雄)‥경성의학전문학교 약물학 2대 주임교수.
- 토미나가타다시(田申丸治平)‥조선총독부 내과의관.
- 토바시미츠타로(土橋光太郎)‥경성제국대학 의학부 부속의원 소아과
  학강좌 초대 교수.
- 토쿠미츠요시토미(德光米福)‥경성제국대학 의학부 병리학 강좌 제
  2강좌 교수.
- 하가에이지로(芳賀榮次郎)‥1888년 東大졸업. 외과학계의 권위자.
  육군군의 총감. 2대 총독부의원장(1914.8 ～
  1920.9) 겸 경성의전 초대 교장. 문과의
  학 종합대학안 제안. 경성제국대학 개원
  식전 참가(1928). 의관. 외과 전문으로 진
  료에 종사. 지방병 전염병연구과 창설.
- 하세가와가메지로(長谷川龜四郎)‥대한의원 부속의학교 물리학, 화
  학교수.
- 하세가와요시미치(長谷川好道)‥육군대장, 2대 총독.
- 하야노류죠(早野龍三)‥경성제국대학부속의원 의학부 교수. 초대 부
  속 의원장. 안과학 강좌 초대교수.
- 하야마즈히카루(速水滉)‥경성제국대학 5대 총장. 문학박사. 교수.
  문학부장.
- 하야시시게키(林繁樹)‥3대 총독 때 2대 학무국장.

- 하야시카츠죠(林勝三)‥경성제국대학 의학부 부속의원 안과학 강좌
  2대 교수.
- 하야시하루오(林春雄)‥東大 교수. 시학위원 자격으로 경성에 왔음.
- 하이다시게오(灰田茂生)‥경성의학전문학교 부속의원 외과학 3대
  제2외과 교수.
- 하자분이치(狹間文一)‥경성의학전문학교 약물학 3대 주임교수.
- 하타세이자브로(秦清三郎)‥경성제국대학 의학부 부속의원 산부인
  과학 강좌. 2대 교수.
- 핫토리우노키치(腹部宇之吉)‥동경제국대학 교수. 문학부장 겸임.
  경성제국대학 초대 총장.
- 호소가와쇼이치(細川正一)‥경성제국대학 의학부 미생물학 강좌 3대 교수.
- 홀(Hall 許乙부인)‥1892년 의료선교사로 평양에 왔음. 동대문 부인
  병원 경영(1908년 설립). 이 병원에서 女醫 양성
  에 힘썼다. 부인이 훈육한 3명을 총독부의원 의
  학강습소를 졸업시켜 의사로 활동하게 했다. 최
  초로 맹아교육을 담당. 이 부인병원은 후에
  Cutler의 협력으로 廣東병원에서 충실히 활동했
  다. 홀기념병원 (The Hall morial Hospital)은 그
  남편이 보낸 돈으로 설립.
- 후로다카후지오(風呂中不二夫)‥경성의학전문학교 부속병원 내과
  3대 제2 내과 교수.
- 후시케마아츠사브로(福島壓三郎)‥평양동인병원 약제 주임.
- 후지고이키치(富士貞吉)‥경성의학전문학교 위생학 주임교수.
- 후지나와분순(藤繩文順)‥대구동인병원 부원장(사무장, 경영자).
- 후지다츠키아키(藤田嗣章)‥1906년 한국주둔군 군의 부장으로 내
  한하여 통감부의 경성 방역본부 부총장, 통감부 의무

고문 등으로 위촉되었다가 1907년 한국 의병 토벌에 공을 세우고, 대한의원 원장직을 원했으나 사토(佐藤 進)가 원장으로 부임하므로 부원장에 약 10개월 있었다. 그리고 1910년 7월 통감부 위생사무로 촉탁되어 중앙의원을 비롯해서 지방의 자혜의원 등 한국의 의료 체제를 계획한 장본인임. 키쿠치 원장이 사임한 뒤 대한의원 원장 서리로 있다가 조선총독부의원 원장이 되었다. 그는 한국과 한국인을 몹시 무시했던 인물로 평가 받고 있다. 조선군의부장. 육군군의 총감. 대한의원 3대 원장 및 교장. 대한의원장 사무 취급. 조선총독부의원 초대 원장.

- 후지시치로(藤七郞)‥九大 의학부의 외과 교수.
- 후지이도라이코(藤井虎彦)‥대한의원 산부인과 과장‧의관‧총독부의원 산부인과 초대과장‧하가원장 때 해외 출장.
- 후지죠키치(富士貞吉)‥경성의전 교수. [有隣]회지 발간에 힘씀.
- 후지하라요시죠(藤原喜藏)‥평안남도지사. 평양의전 창설을 위해 힘씀(1933.1).
- 후쿠다케(福武)‥동인회 본부에서 대구동인병원에 파견된 의원.
- 히나다요시하루(日南田義治)‥교수. 총독부의원 약제수. 경성의학 전문학교 초대 약국장 겸 사무장.
- 히라도마고토(平渡信)‥평양동인회지부 평의원. 警視.
- 히라마츠고마타로(平松駒太郞)‥東大출신. 의학사. 평양동인의원 초대원장.
- 히라오카다츠지(平岡辰二)‥조선총독부의원 제1 내과 의원. 경성의학전문학교 내과학 제2 내과 3대 교수.

- 히라이(平井)‥학무국장. 의전병원 부지 마련에 노력(昭格町 : 현 서울대 치과).
- 히로가와고자브로(廣川幸三郎)‥경성의학전문학교 의화학 2대 주임교수.
- 히로나기요시(廣瀨淸)‥경성의학전문학교 치과학 2대 강사.
- 히로나카스스무(弘中進)‥조선총독부의원 소아과 의원. 경성의학전문학교 소아과학 교수.
- 히로다야수시(廣田康)‥조선총독부의원 피부비뇨기과 3대 과장. 경성제국대학 의학부 부속의원 2대 원장. 경성제국대학 의학부부속의원 피부 비뇨기과 강좌 초대 교수.
- 히카타게겐지로(桶下田謙次郎)‥조선총독부의원 의육과 교원.

[한국인 의사]

- 慶 鈺 : 字는 君相. 순조 10년생. 哲宗 12년 辛酉式年 醫科에 登第하였다. 1901년 2월 18일 太醫院員 典醫補, 1903년 4월 英親王 痘候平復으로 그해 6월에 김제군수에 敍하였다. 1906년 정월에 정3품 太醫院 典醫에 任하였다.
- 郭鍾龜 : 1897년 6월19일에 軍部 軍醫. 1898년 8월 22일에 太醫院 典醫에 任하고, 1901년 12월 30일에 正 3品 軍醫에 任하였다.
- 김낙진 : 평양 참여관.
- 金炳觀 : 1899년 3월 惠衆局 醫士 겸임. 1900년 7월 11일에 廣濟院 醫師에 任함. 1902년 7월에 內部 廣濟院 醫師를 免하고, 1903년 5월에 軍醫補, 1904년 4월에 典醫補, 1905년 3월에 太醫院 典醫에 任하였다.

- 金聖培 : 1899년 5월 1일에 내부 병원 의사. 1900년 3월부터 1906년 7월까지 광제원 의사에 근무하였다.

- 金鐘翼 : 전라남도 순천 출신. 순천에 대농을 가진 부요한 자산가. 東京 모 사립 법제대학 졸업. 1937년 봄 설사로 대학부속병원에 입원하여 사망. 미망인 박춘자는 그의 유언에 따라 1938년 경성여자의전 설립. 아호는 友石.

- 金鐸遠 : 경성의전 출신(1921). 그 부인은 동경의전 출신. 경성여자의전 설립 전까지 여의 양성을 하다가 설립 후 1학년에 편입시켰다.

- 金顯周 : 경성의학전문학교 교수.

- 金興圭 : 字는 起成. 主簿. 칠종 11년생. 고종 16년 醫科에 登第하였다. 1896년 1월 13일에 典醫司 典醫補에 任하고, 곧 이어 典醫에 任했다. 1902년 7월 太醫院 典醫에 任하고, 1904년 2월에 甕津郡守에 任하였다.

- 李公雨 : 1899년 9월 29일에 경남 종두 사무원으로 내부병원 의사에 任하였다. 1900년 7월 11일에 內部 種痘司 醫師, 1905년 2월에 종두사 技師에 任하였다.

- 李圭商 : 1898년 8월 23일에 군부 군의에 임하고, 1902년 7월에 內部 광제원 의사에 任하였다.

- 李圭尙 : 1901년 12월 30일에 軍醫補로서 시위 제1연대 제1대대에 근무하였다. 1902년 7월에는 內部 광제원 의사에 補하였다.

- 李圭濬 : 1871년 11월 4일생. 189년 9월 內部 病院 醫師에 任하다. 1900년 7월 11일에 직제 개편으로 인하여 광제원 의사에 임하여 1906년 7월까지 근무하였다. 1907년 3월 정 3품 대한의원 醫員에 임하고, 1908년 1월에 대한의원 醫官에 任하였다.

- 李基元 : 고종 6년 9월 18일생. 1897년 6월 9일에 軍醫. 1898년 8월 22일에 太醫院 典醫에 任하고, 武官學校 軍醫를 겸하였다.

1902년 5월 3等 軍醫. 1904년 7월에 2등 군의에 任하고, 동 10월에 陸軍武官學校 敎官에 任하고, 1906년 7월에 1等 軍醫에 敍하였다.

- 李秀一 : 1899년 6월 26일에 내부병원 의사에 임하고, 1900년 7월 10일 내부 종두사 의사로서 1904년 7월까지 근무하였다. 1905년 3월부터 1905년 4월까지 광제원 의사에 任하였다.

- 李應遠 : 1888년 5월 14일생. 1896년 관립 한성사범학교를 졸업하고, 1897년 5월에 종두의 양성소를 졸업하였다. 1899년 5월에 내부병원 의사, 1903년 4월 광제원 의사로 任하였다. 1899년부터 1903년 까지 전북·함남·충남·충북·평남 종두사무위원에 任하고, 1904년 10월에 내부 광제원 의사, 제약사로서 1905년 3월까지 근무하였다. 1907년 3월에 대한의원 약제사, 1908년 1월에는 대한의원 조수에 任하였다.

- 李義福 : 1899년 6월 26일에 내부병원 의사에 임하고, 1900년 7월에는 내부광제원 技師에 任하였다.

- 李在馥 : 경성의학전문학교 부속의원 외과학 2대 교수.

- 李峻奎 : 1898년 11월 2일에 聖候平復으로 太醫院 典醫에 陞敍하고, 1900년 1월에 정 3품, 내부병원장. 1900년 7월 14일 광제원장에 任하고 1904년 10월 太子妃 缺寧 時入直醫官에 명하였다. 1906년 4월에 여주군수, 時從院副卿에 任하고 勅任官 3等에 敍하였다. 동년 고종의 명을 받들어 醫方撮要 1권을 저술했다.

- 李重天 : 평양군수. 평양동인회지부 평의원.

- 李軫鎬 : 평안도 관찰사. 학무국장(5대 총독 때).

- 李海昌 : 典醫. 1841년 3월 14일생. 1907년 2월 太醫院 典醫. 1875년 8월에 통훈대부, 始興縣令에 任하였다. 1880년 4월에 포천

현감, 1881년에 통정대부에 敍하였다. 1882년에 가평군수, 고양군수, 1883년 麻田군수, 1885년에 연천현감을 역임하였다. 1897년 12월 太醫院 典醫에 補하고, 1903년 6월 보성군수에 임하였다. 1907년 11월 正3品 시종원 전의에 補하였다.

- 李浩來 : 1899년 5월 1일에 내부병원 의사에 임하고, 1900년 7월에는 內部種痘司 醫師에 任하였다.
- 李鎬瑩 : 철종 4년 10월 12일생. 1899년 5월 1일에 內部病院 醫師에 임하였다. 직제 변경 1900년 7월 11일에 廣濟院 醫師로 발령되어 1904년 11월까지 근무하였다. 10월에는 太子妃 缺寧時 入直醫官이 되었다.
- 李喜復 : 철종 4년생. 1900년 7월 11일부터 1903년 5월까지 內部 광제원 의사로 근무하였다.
- 朴逸根 : 1899년 3월 7일에 濟生醫院 醫師로서 中署 壽進洞에서 병원을 설립하고 내외과, 부인, 소아, 안과 등의 전문 진료에 종사했다.
- 朴準承 : 1895년(고종 32) 5월 25일 3品으로서 侍從醫典醫司典醫에 任하고 秦任官 6等에 敍하였다. 1898년 11월 2일에 聖候平復하므로 1等에 陞하고 熟馬 1匹을 賜하였다. 1900년 4월 典醫로서 내부 위생국장에 任하였다. 1903년 4월에 英親王 痘候平復으로 守令을 敍하였다. 1907년 11월 正3品 侍從醫 典醫. 1909년 10월에 侍從院醫典. 勳5等 八卦章을 賜하였다. 1910년 8월 大韓醫士會主催 東西醫學院의 東醫學 講師로 추천되고 從2品에 敍하였다.
- 朴春子 : 김종익의 부인. 경성의전 설립.
- 朴泰煥 : 대구의전 생리학 교수. 나고야대학에서 의학박사.

- 朴馨來 : 철종 12년 5월 5일생. 1897년 12월에 種痘醫 養成所를 졸업하고, 1899년 5월에 內部病院 醫師에 任하였다. 1900년 7월 11일에 內部 種痘司 技手, 1903년 3월에 忠南 種痘員, 그 후 平北 種痘院에 임하였다. 1904년 11월에 內部 종두사 의사에 任하고, 1905년 3월에는 광제원 의사 또는 약제사에 임했다. 1908년 1월에 대한의원 主事에 임하였다.
- 白麟濟 : 조선총독부의원 의원. 경성의학전문학교 부속의원 외과학 초대교수.
- 成樂春 : 1899년 10월 30일에 內部 病院 醫師, 1900년 7월 11일부터 1905년 1월까지 內部 종두사 醫師에 任하였다.
- 吳兢善 : 세브란스의전 2대 교장.
- 兪日濬 : 경기도 안성 출신. 1918년 경성의전 졸업. 의학박사. 경성의전 미생물학 초대 주임교수. 독일 유학.『경성의전 기요』제1권 1호에 [衣風體內에 於ける 發疹 [チ ブス]病毒의 實驗的研究] 1~11쪽.
- 尹治衡 : 경성의전 졸업. 조선인 최초의 의학박사. 후쿠오카(福岡)에서 고토(後藤) 교수의 지도를 받았음.
- 이시영 : 평안도 관찰사. 동인회 평양지부장.
- 이영준 : 旭醫學校 3대 교장. 木山으로 개명.
- 張容駿 : 1900년 1월 28일에 太醫院 典醫에 任하고, 1904년 4월에 侍從 겸 典醫, 동년 6월에는 內部 광제원장에 任하다.
- 田相雨 : 1898년 8월23일 軍部 軍醫에 임하고, 1901년 12월 30일에 육군의로 補로서 第二大隊에 勤務하였다. 1902년 9월에 親衛 第一聯隊 第三大隊 군의에 補하였다.
- 鄭寅鎭 : 1839년 2월 24일생. 1892년부터 通訓大夫, 三登縣令, 龍仁縣令, 牙山縣令을 역임하고, 1895년 5월 25일 전의사 전의

에 任하였다. 1897년 10월 23일에 正3品에 陞하고, 1903년 11월 英親王 疹候平復으로 嘉義를 加資하고 從一品에 敍하였다. 1906년 1월에 太醫院 典醫에 任하였다.

- 鄭忠求 : 大阪 의대 출신. 의학박사. 종로 4거리에서 개업. 여자의전 외과 교수. 여자의전 교장(1945).

- 池錫永(1854~1935) : 字는 公胤, 또는 松村. 종두법에 탁월한 소신을 갖고 있었음. 일본[報知新聞] 明治 12년 12월에 그에 대한 보도가 있었다. 의학교 교장. 대한의원 생도감. 종두법 실시.

- 崔圭憲(1846~) : 字 胤章, 호는 夢庵, 1864년 甲子式年 醫科에 登第하였다. 1898년 11월 2일에 太醫院 典醫로서 三登郡守를 역임한 당시의 소아과 名醫이다. 그의 遺稿는 小兒醫方이 세상에 전한다.

- 崔斗鉉 : 1897년 6월 19일 軍部軍醫. 1898년 8월 22일에 太醫院醫典에 任하고 1901년 12월 30일에 侍衛 第1 聯隊 醫官에 補하였다.

- 崔昌鎭 : 중국에서 우두법을 배웠음.

- 崔勳柱 : 1898년 1월 5일에 衛生局長에 임하고, 1899년 5월 1일에는 內部 病院長을 겸임하였다. 1900년 1월 15일에 겸관을 면하고, 4월에는 고양군수에 임하였다.

- 沈浩燮 : 총독부의학강습소 졸업(1913). 세브란스의전 내과 교수. 경성의전 교장(1945). 한국 최초의 의학박사.

- 皮秉俊 : 字는 景秀. 1864(고종 원년)년 1월 3일생. 1886년 增廣醫科에 登第하였다. 1900년 5월 3일에 內部 病院 醫師에 임하고, 7월 11일에 직제 변경에 따라 廣濟院 의사로 개편되어 1906년 12월까지 계속 근무하였다. 1907년 3월에 大韓醫院 醫長

에 任하고, 1908년 1월에는 대한의원 조수에 채용되었다.

· 韓 宇 : 1899년 3월 內部衛生局에서 대한병원을 설치하고(昭義門內), 사립 惠衆局을 경영하였다. 1899년 5월 1일에 內部病院 의사에 임하여 1905년 11월까지 계속 근무하다가 1906년 4월에 廣濟院 醫師를 免하였다.

· 洪哲晋 : 철종 4년 5월 27일생. 1895년 5월 25일에 典醫司典醫에 任하였다. 1897년 10월 23일에 正3品에 陞하고, 1898년에 聖候平復으로 熟馬一匹을 賜하였다. 1904년 7월 4일 英親王疹候平復으로 一級을 陞敍하고, 동년 7월에 內部 衛生局長에 任하였다. 1905년 5월 內部 衛生局長, 그 해 9월에 콜레라 豫防委員, 1907년 1월에 太醫院 典醫 奏任 正3品에 陞敍하였다. 1907년 11월 承寧府 典醫에 任하였다. 1909년 3월 1일 承寧府 典醫로서 南巡時에 扈從하고, 동 1월 21일 西巡時에 扈從하였다. 동년 9월에 承寧府 典醫로서 勳5等을 敍하고 八卦章을 賜하였다.

환자 연도별 일람표(1910~1922)

출처 : 조선총독부의원 제9회 연보(大正 11년), 13쪽.

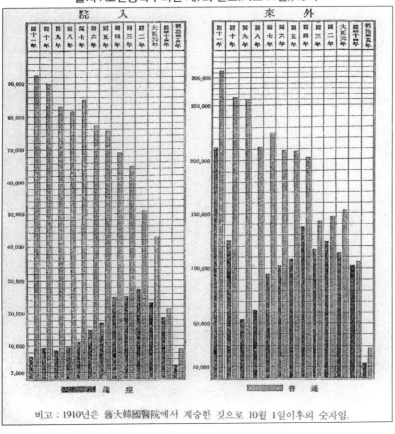

조선총독부의원 평면도

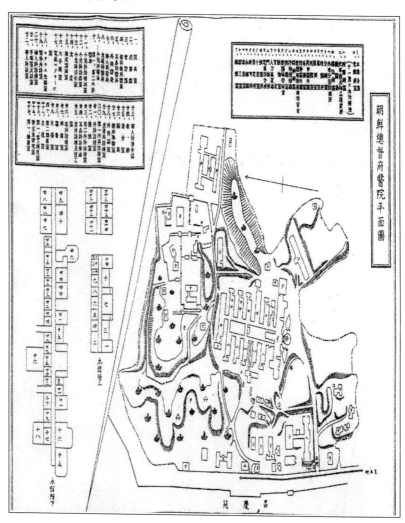

찾아보기

韓國史硏究叢書 103

일제 암흑기 의사 교육사

인쇄일 초판 1쇄 2011년 9월 28일
        2쇄 2018년 1월 20일
발행일 초판 1쇄 2011년 9월 30일
        2쇄 2018년 1월 24일

지은이 이 충 호
발행인 정 구 형
발행처 **국학자료원**
등록일 2006.113.02 제2007-12호
서울시 강동구 성내동 447-11 현영빌딩 2층
Tel : 442-4623~4 Fax : 442-4625
www. kookhak.co.kr
E- mail : kookhak2001@hanmail.net
ISBN 978-89-279-0136-5 *94900
가 격 28,000원